KB263650

TUNE IN

튠 인

판단을 흔드는 열 가지 함정

누알라 월시 지음

이주영 옮김

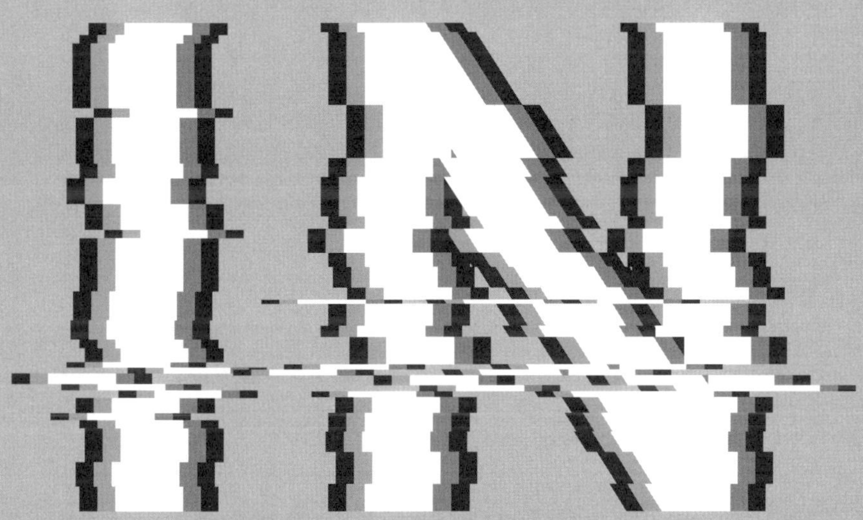

이든서재

현대 사회에서 의사결정자들이 직면하는 과제에 대해 많은 생각을 하게끔 만드는 탐구적인 책이다. 이 전문 작가는 판단의 복잡성과 씨름하고 비즈니스와 스포츠의 영역에서 일상적으로 맞닥뜨리는 함정을 풀어낸다. 이 책은 판단력을 향상하고 인적 오류를 최소화하려는 모든 이가 반드시 읽어야 할 책이다.

로버트 치알디니Robert Cialdini
뉴욕 타임스 베스트셀러 『설득의 심리학』 『초전 설득』의 저자

읽고 나서 뭔가 똑똑해진 것 같은 느낌이 드는 책이 있다. 또 어떤 책들은 독자들에게 용기를 심어 주고 세상을 받아들일 준비가 되도록 만든다. 정말 좋은 책은 두 가지 역할을 모두 하는데, 바로 이 책이 그렇다. 단순히 사업 경험이 있는 것에 그치는 게 아니라, 성공적인 사업가가 된 작가가 쓴 이 책은 '무엇을', '어떻게' 해야 할지를 가르쳐주는 통찰로 가득 차 있다. 소장할 가치가 있는 책이다.

스티브 마틴Steve Martin
뉴욕 타임스 베스트셀러 『메신저』 『설득의 심리학_YES를 끌어내는 설득의 50가지 비밀』의 저자

강력한 리더와 나약한 리더를 나누는 가장 큰 기준은 효과적인 판단 능력이다. 그러나 넘쳐나는 의견과 데이터, 무의식적 편견은 의사결정을 때때로 복불복처럼 느끼게 만든다. 이 책은 그런 혼란 속에서 현명한 결정을 내리기 위한 명확한 지도와 같다. 누알라 월시는 리더십의 현실을 생생하게 그려내며, 독자들이 가진 인간 행동에 대한 감각을 날카롭게 깨운다. 이를 통해 독자들은 자신만의 통찰력을 '초능력'처럼 강화할 수 있다. 리더십을 맡은 이들이 실질적으로 도움을 받을 만한, 정보와 재미를 함께 갖춘, 보기 드문 책이다.

데비 휴이트Debbie Hewitt
잉글랜드 축구협회 회장이자 비자Visa 유럽 회장

누알라 월시는 의사결정의 질을 향상하기 위해 그리고 잘못된 목소리에 귀를 기울임으로써 발생하는 치명적인 실수를 피하기 위해 비판적 사고방식과 행동과학을 적용하는 귀중한 방법을 알려 준다. 이 책은 필독서이다.

대니얼 크로스비Daniel Crosby
뉴욕 타임스 베스트셀러 『결국 부자가 되는 사람들의 원칙』 『제3의 부의 원칙』의 저자

이 책을 추천하게 되어 영광이다. 오늘날처럼 정보가 넘치고 선택의 속도가 빨라진 시대에 이 책은 의사결정이 지니는 긍정·부정적 영향과 그 배후의 심리적 요인을 날카롭게 짚어낸다. 저자는 숨겨진 요소들을 정확히 이해하고 있으며, 독자가 불필요한 실수를 줄이고 더 나은 결정을 내릴 수 있도록 돕는다. 아빠의 작은 선택부터 조직을 움직이는 리더의 판단까지, 의사결정은 모두에게 영향을 미친다. 이 책은 그런 책임의 무게를 깨닫게 해 주며, 실수가 초래하는 난관을 이해하고 대비할 수 있는 통찰을 제공한다. 개인적 선택의 힘을 더 많은 사람이 자각할 때, 더 나은 세상이 될 것이라 믿는다.

행동경제학자 비즈니스 컨설턴트인 누알라 월시는 이 책의 독자들을 마음속이라는 흥미로운 여정으로 이끌고, 그 속에서 정보가 필터링 되는 무시무시한 방식을 보여 준다. 월시가 이 책 전반에 걸쳐 계속 예리하게 증명해 보이듯이, 우리의 눈과 귀는 끊임없이 우리를 속이고 있다. 그녀의 설득력 있는 주장처럼, 출세 지향적인 리더를 포함한 모든 리더는 그들 주변에서 실제로 일어나고 있는 일이 무엇인지 재해석하기 위해 '맹점blind spot'뿐만 아니라 '농점deaf spot'을 파악할 필요가 있다. 삶의 질을 개선하고 더 나은 결정을 내리고 싶다면 반드시 이 책을 읽어야 한다.

빠르게 전개되는 강력하고 도발적인 책. 이 잘못된 판단에 관한 마스터 클래스는 당신이 생각하는 방식과 듣는 방식에 도전한다. 흥미진진한 연구가 곁들어진 이 책은 널리 알려진 과거 사건들을 분석한다. 독자들은 잠시 멈춰서 생각하고 지금까지 이해한 바를 재고하게 될 것이다. 저자는 위험을 방지하고, 명성을 유지하고, 조직에 가치를 더하기 위해 현대의 리더들이 인간 행동의 심리학을 어떻게 적용할 수 있는지 제안한다. 개인적으로 이 책은 오늘날 리더들이 반드시 읽어야 할 책이라고 생각한다.

가까이 두고 싶은 책. 유익하고 교육적이며 모든 사업에 있어 귀중한 참고 자료가 될 책.

이 실용적인 책을 읽은 사람이라면 누구나 이 책을 좋아하게 될 것이다. 이 책은 흘려듣기가 성행하는 오늘날의 양극화 사회와 관련성이 높을 뿐만 아니라, 문화, 직업과 상관없이 모든 의사결정권자에게 정말 중요한 정보에 귀 기울이는 실용적인 방법을 알려 준다. 접근성과 통찰력이 있는 이 책은 그동안 소홀히 여겨졌던 해석의 미학을 강조해 모두가 의사결정의 '농점'을 피할 수 있도록 돕는다.

흘려듣기가 너무나 흔해진 이 시기, 이 책은 성공의 열쇠가 판단의 함정을 인식하고 피하는 능력에 달렸다는 걸 일깨워 준다. 당신이 리더이든, 기업가이든, 지식을 추구하는 사람이든, 아니면 단순히 후회를 줄이고 영향력을 극대화하려는 사람이든 이 설득력 있는 책은 당신을 현명한 판단으로 이끌 지름길이다. 의사결정에 관한 책은 이 책 하나면 된다.

첫 장부터 독자를 사로잡는 이 책은, 의사결정 과정의 간과된 복잡성을 명료하게 풀어내며 일상에서 중요한 목소리를 흘려듣는 일이 초래하는 결과를 전문적·개인적 관점에서 균형 있게 보여 준다. 쉽고 포괄적이며 검증된 문체로 쓰인 이 책은 행동 변화를 이끄는 새로운 통찰을 제시하고, 어떤 상황에서도 더 정보에 기반한 자신감 있는 결정을 내릴 수 있도록 역량을 강화한다. 흥미롭고 영감을 주는 이 여정에 함께하길 바란다.

PART 3 · 귀 기울이기: 시의적절한 판단

무엇을 말했느냐가 중요한 게 아니다.

중요한 건 무엇을 들었느냐다.

제프리 프라이|Jeffrey Fry

서문

현대 사회는 수많은 위기에 직면해 있다. 그중에서도 가장 과소평가된 위기는 경제적·정치적·기술적 위기도, 기후 위기도 아니다. 많은 이의 생각과 달리, 진짜 문제는 인간의 '의사결정 위기'다. 이 위기는 정작 중요한 문제를 경시하는 우리의 성향에서 비롯된다. 그 대가는 무엇일까? 지속적인 인적 오류와 하향 평준화된 우리의 의사결정 능력이다.

목소리를 낼 플랫폼이 수없이 많은 디지털 세상에서 우리가 더 적게 듣는다는 사실은 참 아이러니하다. 엄선된 이미지로 가득한 시각적 사회에서 우리는 많은 것을 보지만, 듣지 않는다. 우리 탓은 아니다. 우리는 우리에게 해로운 환경에 무방비로 노출되어 있다. 엄청난 양의 데이터, 집중력 방해 요소, 허위 정보에 압도된 우리는 중요한 문제에 주의를 기울일 시간이 터무니없이 적다. 들리는 모든 걸 믿을 수는 없다. 들리는 게 다가 아니기 때문이다.

사람은 무엇을 '듣고' 결정하는 게 아니라 누군가를 '보고' 결정한다. 대개는 자신이 어떤 목소리에 귀를 기울이는지 생각하지 않는다. 그리고 중요한 순간에 자신을 둘러싼 소음을 필터링해야만 올바른 신호를 판독할 수 있지만, 대부분 그렇게 하지 못한다.

우리는 중요한 문제에 귀 기울이고 있다고 생각하지만, 역사는 그렇지 않음을 시사한다. 정답을 안다고 생각하는 순간, 사람은 듣기를 멈추고 잘못된 판단을 내리기 시작한다.

오늘날 우리는 그 어느 때보다 더 자주 잘못된 판단을 내린다. 그러나 이제는 바뀔 수 있다. 이 책을 통해 나는 왜 우리가 항상 잘못된 목소리에 동조하고 정말 중요한 내용을 듣지 못하는지 그리고 왜 우리가 들리는 것보다 보이는 것을 더 중요하게 생각하는지를 밝힐 것이다. 수십 년 치의 과학적 증거를 이용해 과거의 실수를 설명하고, 이를 통해 내일의 실수를 예방하고자 한다.

또한 고위험 상황에서 판단을 내려야 하는 의사결정권자와 문제 해결자들에게 즉시 활용할 수 있는 '테크닉 뷔페'를 제공하고자 한다. 강조하건대 가장 위험한 탈선은 들은 내용을 왜곡하거나 아예 들으려 하지 않는 데서 시작된다.

간단히 말해 나는 여러분이 올바른 결정을 내리고, 잘못된 결정으로 인한 손해를 줄이도록 도울 것이다. 독자들이 후회라는 극심한 고통을 피하고 '귀를 닫은 리더십'이라는 현대 위기를 헤쳐 나가도록 도울 것이다.

『튠 인』은 더 많이, 더 잘 듣는 것에 관한 이야기가 아니다. 자신이 이미 뛰어난 청자이자 의사결정자라고 생각하는 이도 많다. 하지만 대부분은 그렇지 않다. 사실 대다수가 이분법적이고 편향적이며 닫힌 사고를 한다. 듣고자 하는 의지가 있는 사람마저 겨우 25%의 효율성을 발휘할 뿐이다. 어니스트 헤밍웨이Ernest Hemingway는 이렇게 말했다.

"대부분 사람이 상대가 말할 때 전혀 귀담아 듣지 않는다.[1]"

어떤 최신 앱도 이런 정신적 악성 코드를 해결할 수 없다. 『튠 인』은 보이는 것과 들리는 것 사이의 균형을 맞추고, 이성적인 설명보다는 인간적인 설명에 귀를 기울임으로써 상황을 더욱 효과적으로 판단하는 것에 관한 책이다.

내가 귀를 기울일 때, 상대방은 자신의 목소리가 가닿고 있음을 느낀다. 사람은 자기 말이 닿는다고 느낄 때 비로소 타인의 이야기에 귀를 연다. 이것이 권력과 성과, 번영으로 가는 길이다.

편견의 맹점을 인식하는 사람은 많지만, 가공할 만한 힘을 가진 '농점'을 인식하는 사람은 아직 드물다. 『튠 인』은 다른 책과 달리 우리의 일상적인 결정에 악영향을 미치는 '듣기'에 관해 널리 알려진 '편견'에 초점을 맞췄다.

누구를 위한 책인가?

이 책은 의사결정의 영향력을 극대화하고, 후회를 최소화하고자 하는 모든 사람을 위한 책이다. 빠른 성과를 달성하면서 혹은 평판이 깎이는 일을 피하면서 조직의 사다리를 오르려는 야심가들을 위한 책이다. 인간 행동에 대한 이해를 높이고, 전문적인 기술을 보완하고자 하는 지적 호기심이 많은 리더와 배움을 갈망하는 이들을 위한 책이기도 하다. 이 책이 즉각적인 해결책을 제공하지는 않지만, 한 가지는 보장할 수 있다. 당신의 영향력과 당신을 향한 신뢰는 이 책을 읽기 전보다 더 커질 것이다.

생각보다 당신이 내리는 결정은 아주 중요하다. 당신의 결정이 고용, 해고, 접대, 협상, 조언, 설교, 교육, 행정 명령을 비롯해 어떤 종류이든 모든 결정은 누군가의 삶을 바꿀 수 있다.

귀를 기울이는 일은 당신이 중요하다고 여기는 그리고 다른 이들이 중요하지 않다고 여기는 것을 듣기 위한 첫걸음이다. 오늘날 너무나 많은 직원, 고객, 환경 운동가, 시민, 청소년, 소수자가 아무도 자신의 목소리를 들어 주지 않는다고 느낀다. 사회 운동이 확산되고, 산업이 무너지고, 이사회가 실패하며, 기업이 붕괴하고, 브랜드에 대한 불신이 커지고, 스캔들과 사기, 자살률이 높아지는 이유다.

문제 해결 상황에서 우리는 카드 한 벌을 전부 손에 쥔 채 플레이한다고 생각한다. 그러나 그렇지 않다. 대부분 숨겨진 에이스를 생각하지 못한다. 이 감춰진 에이스는 인간 행동을 이해하는 데 있다. 인공지능이 모든 문제를 해결할 수는 없다. 결국 필요한 것은 인간의 지적 능력이다.

인간의 행동을 이해하면 무의식처럼 보이는 것들을 인지하게 된다. 산업 전반에서 인적 오류가 증가하는 현상은 기회가 많아지고 있음을 의미하기도 한다. '판단력'은 시대를 통틀어 가장 중요한 능력이다.

판단 능력을 제대로 갖추려면, 의사결정이 형성되는 맥락을 이해해야 한다. 나는 당신이 더 영향력 있고 존경받는 '의사결정 고수'로 성장하도록 안내할 것이다. 이 여정을 마치면 당신은 오류를 사전에 방지하고, 잘못된 판단이 빠르게 증가하는 이 시대를 헤쳐 나갈 준비가 되어 있을 것이다. 이제 당신은 과소평가된 초능력, 즉 '인간의 통찰력'을 활용해 최고의 인생을 살며 다른 이들을 같은 길로 인도할 수 있게 될 것이다.

이 책의 내용은 세 가지로 요약할 수 있다.
- 미래의 잘못된 판단에 대비한 보험
- 과거의 잘못된 판단을 설명하는 행동 측면의 엑스레이 behavioural x-ray
- 실시간 평판 및 성과 가속 장치

이 책은 세 파트로 구성되어 있다.

PART 1은 왜 우리가 그 어느 때보다 흘려듣게 되었으며, 주의를 기울이지 못하는지에 초점을 맞췄다. 잘못된 판단에 관한 문제의 본질, 규모 그리고 원인을 파헤치며 우리가 누구의 말을 받아들이고 어떤 방식으로 결정을 내리는지, 나아가 현대의 초고속 사회가 어떤 영향을 미쳤는지를 설명한다. 여기서

'오류의 3요소'라고 명명한 다음의 세 가지를 특히 중점적으로 다루고자 한다. 심리적 맹점 blind spot, 농점 deaf spot, 아점 dumb spot 이다.*

이는 PART 2에서 소개할 새로운 체계의 토대가 되는데, PART 2에서는 무의식적으로 우리의 관점을 결속하고 편향시키는 열 가지 무형의 요인인 Power권력, Ego자아, Risk위험, Identity정체성, Memory기억, Ethics윤리, Time시간, Emotion감정, Relationships관계, Story이야기를 설명한다. 열 가지 요인은 각각의 앞 글자를 따 'PERIMETERS'로 일컫는다.

나는 사고방식을 제한하는 경향이 우리 안에 내재한다는 점을 반영하고자 이 단어를 택했다. 관리되지 않은 소극적 상태에서 각각의 요인은 잠재적으로 편견을 활성화하는 함정으로 작용한다. 왜냐하면 각각의 함정은 잘못된 정보의 근원이기 때문이다. 종합적으로 볼 때 이러한 함정은 75개가 넘는 심리적 편견과 오류 그리고 그 영향의 범위를 아우른다. 그러나 적극적으로 관리하면 각각의 요인은 강력한 영향력과 이로움의 원천이 된다.

저명한 학자, 심리학자, 과학자가 적립한 이론이 많은 도움이 되었다. 이 책에 실린 수많은 엄선된 이야기가 독자들에게도 의미 있게 남기를 바란다.

PART 3에서는 이러한 함정에 대처하기 위한 해결책을 제시한다. '의사결정 마찰'을 활용한 과학 기반 전략이다. 실증적으로 검증된 이 전략은 판단 속도를 늦추고, 반발심을 가라앉혀 이성적 사고를 회복함으로써 잘못된 판단으로 치닫는 일을 막아 준다. 이로써 독자들은 더 나은 미래의 자신을 발견하게 될 것이다.

---

* 농점과 아점이라는 단어는 존재하지 않으나, 이 책에서 반복적으로 언급되는 관계로 각각 듣지 못하는 사람, 농인(聾人)과 말을 하지 못하는 사람, 아인(啞人)의 한자어에서 한 글자씩 따서 이름을 붙였다.

이 책이 말하고자 하는 바는 명확하다. 귀를 기울이면 당신이 돋보이게 된다. 그렇지 않으면 기회를 놓치고, 소외될 것이다. 한 권의 책만으로 의사결정 오류의 위험을 없애기는 충분하지 않다는 것을 잘 안다. 그러나 이 책이 중요한 결정을 앞두고 귀를 기울일 수 있도록 독자들을 충분히 자극하는 책이 되기를 바란다.

이 책은 단지 시작일 뿐이다.

**나는 나를 둘러싼 환경의 산물이 아니다.
나는 내 선택의 산물이다.**

스티븐 커비|Stephen Covey

우리의 결정은 주변 인물, 우리의 성격, 외부 상황에 따라 달라진다. 우리 마음속에 내재하는 전후 사정context은 종종 과소평가된다. 가장 이룬 게 많은 사람조차 편견에 눈멀고, 의사결정의 함정에 귀먹고, 중요한 순간에 꿀 먹은 벙어리가 된다. 아이러니하게도 가장 영향력 있는 사람조차 정말 중요한 목소리를 흘려들을 때가 있다.

다소 줄어든 대화

미시시피주에 투펠로Tupelo라는 마을이 있다. 이 마을은 대부분 흑인 가구로 구성되어 있으며, 노동자 계층의 판자촌이 즐비한 지역이다. 1935년 이 지역의 올드 살티요 306번가의 8.5평짜리 집에서 한 백인 소년이 태어났다. 나는 문득 이 집이 나중에 이 청년이 10억 2,500달러에 사들인 저택의 거실보다 작다는 아이러니한 생각을 떠올렸다.

소년이 열세 살이 되었을 때, 가족들은 더 나은 삶을 위해 테네시주 멤피스

Memphis로 이사했다. 수줍음이 많은 마마보이는 고등학생 시절, 외톨이였고 가끔은 따돌림을 당했다. 졸업 후 그는 낮에는 트럭 모는 일을 하며, 밤에는 음악의 성지 순례를 떠났다. 밤의 순례는 그의 인생을 바꾸어 놓았다.

정식 교육을 받지 못한 그는 악보 없이 들은 바에 의존해 기타를 연주했고, 드물게도 2옥타브 반이나 되는 음역대로 노래를 불렀다. 그는 항상 실험 정신이 투철했는데, 성가와 팝, 블루스, 컨트리 음악을 한데 녹인 크로스오버를 즐겼다. 그는 나고 자란 흑인 사회의 음악 스타일에서 영향을 받았고, 시간이 흐르면서 그의 실험적인 음악은 인종의 경계를 넘어섰다.

"저 같은 스타일로 노래하는 사람은 없죠" 1957년, 그가 한 말이다. 그처럼 춤추는 사람도 없었다. 무대 위에서 그의 수줍음은 온데간데없어졌다. 그의 열정적인 퍼포먼스는 강력한 번개만큼이나 충격적이었다. 타고난 재능, 빼어난 외모, 부드러운 남부 스타일 목소리는 어딜 가든 관객들을 사로잡았다. 그는 음악적 분류를 뛰어넘어 '남성도 여성도 아닌, 흑인도 백인도 아닌, 록도 아니고 컨트리도 아닌[1]' 음악에 도전했다. 십 대 청소년을 둔 부모들은 으르렁거리고, 엉덩이를 비비고 흔들며 입술을 떠는 이 변장한 악마를 두려워했다.

그의 예술적 행보는 결실을 보았다. 1958년, 이 촌스러운 열아홉 청년은 자기 트럭을 캐딜락으로 바꾸었고, 처음으로 백만 달러를 모았다. 극빈자 무덤에 묻힌 쌍둥이 형과는 전혀 다른 삶이었다.[2]

그 후로 30년 동안 엘비스 에런 프레슬리 Elvis Aaron Presley는 여러 세대에 영향을 미쳤고 음악 산업을 영원히 뒤바꿔 놓았다. 다수의 히트곡이 미국 주요 차트에서 1위를 차지했고, 그는 마이클 잭슨, 마돈나, 테일러 스위프트조차 따라잡을 수 없는 역대 최고의 솔로 아티스트가 되었다.[3]

시간이 흐르며 업계는 변화했지만, 그의 목소리는 시간이라는 시험을 견뎌냈다. 싱어송라이터이자 기타리스트인 B. B. 킹은 이런 말을 한 적이 있다. "사람들이 엘비스를 '제왕'이라고 칭한 건 실수가 아니다"

작가 피터 구랠닉 Peter Guralnick은 그에 대해 이렇게 묘사했다. "엘비스는 시대를 초월한 존재다. 그의 막강한 영향력은… 그 세대의 음악, 문화, 인종, 성별 간 경계를 무너뜨렸다"

그러나 자신이 무적이 된 것 같다는 생각, 스스로가 특별하다는 생각과 편협한 시각이 성공과 함께 찾아온다. 갑작스레 스타가 된 엘비스는 이에 대비하지 못하고 다른 것 또한 무너뜨리기 시작했다. 바로 자기 자신이었다.[4]

판단을 결정짓는 가장 중요한 요인은 결정을 내리는 맥락, 즉 내적 사고방식과 외적 환경이다. 엘비스의 노래 〈제일하우스 록 Jailhouse Rock〉이 발표된 해인 1957년, 심리학자 허버트 사이먼 Herbert Simon은 '제한된 합리성 bounded rationality'이라는 개념을 소개했는데, 이는 <u>우리의 관점이 무의식적으로 우리의 경험, 배경, 교육, 사회적 관계로 인해 제한된다는 것이다.</u> 말하자면, <u>합리적 사고는 주변 환경에 의해 제한된다.</u> 다른 이의 결정을 이해하려면 전후 사정, 즉 그 사람이 처한 환경을 이해해야 한다.

나는 학생이던 1990년에 지금의 남편과 함께 처음으로 그레이스랜드 Graceland*를 방문했다. 그때는 전후 사정이 의사결정에 미치는 영향력에 대해 충분히 이해하지 못했고, 나중이 되어서야 알게 됐다.

우리의 인맥과 사회적 관계는 개인적, 직업적 의사결정에 영향을 미친다. 우주비행사 버즈 올드린 Buzz Aldrin은 이런 말을 남긴 적이 있다. "당신의 친구들에 대해 알려 주면 당신 미래를 예측해 드리지요"

---

* 테네시주 멤피스에 위치한 저택으로, 엘비스 프레슬리가 생전 거주하던 곳이다. 현재는 그를 기념하는 박물관으로 운영되고 있다.

'멤피스 마피아'라는 보호막*은 엘비스의 변덕을 받아 냈고, 다혈질 기질을 가라앉히려 필사적으로 노력했다. 상시 대기조였던 측근들은 20년 동안 사치스러운 생활로 보상받았다. 찰리 하지Charlie Hodge**는 다음과 같이 말했다. "엘비스는 정말 친절한 사람이었어요. 측근을 위해 무엇이든 했을 겁니다. 성격이 불같긴 했지만요" 통제가 힘들 정도로 강박적이고 완벽주의자였던 엘비스의 병적인 과소비는 무책임했다. 어쩌면 팬에게 해 준 사인보다 수표에 서명한 횟수가 더 많을지도 모른다.

많은 리더가 자기에게 호의적인 조력자나 팬, 기회주의자grabbers를 가까이 두는 일이 많다. 그러나 이는 상당히 위험한 일이다. 그 순간부터 그들은 진실 앞에 침묵하게 된다. 자신에게 먹이를 주는 이의 손을 무는 사람은 거의 없기 때문이다.

무대와 카메라 밖에서 엘비스는 그레이스랜드라는 사적 성역에 머물며 외부로부터의 보호를 누렸다. 그는 간혹 어두운 침실에서 몇 주를 보내며 세상과 고의적으로 단절했다. 이러한 자기 고립은 그의 불안을 증폭시켰고, 결국 응축된 불안은 그의 시야를 더욱 제한했다.

인생이라는 게임에서 당신이 정점에 있든지, 환멸을 느끼거나 우울감에 빠졌거나 지쳐 있든지, 이는 당신의 의사결정에 영향을 미친다. 구랠닉은 엘비스가 '의사결정에 대한 부담감을 결코 완전히 내려놓지 못했다'고 했다.

사실 그럴 필요가 없었다. 이 슈퍼스타는 자신의 상업적 의사결정과 건강에

---

*　엘비스의 측근들을 일컫는 말.

**　엘비스 프레슬리의 측근으로, 그레이스랜드에 기거했다.

관한 결정을 신뢰할 만한 고문, 부적과 스타일리스트*에게 맡겼기 때문이다. 엘비스의 부친은 제대로 된 교육을 받은 적 없지만, 아들의 회계사 노릇을 했다. 엘비스는 직업적 중압감, 실패에 대한 두려움, 야간 공연으로 인한 체력 고갈을 극복하기 위해 수년간 약과 비타민에 의존했다.

많은 사람이 합리적이지 않은 상황에서도 타인에게 권력을 내어 준다. 엘비스는 수십 년 동안 아마추어 에이전트에 자기 사업을 통제할 권한을 부여했다. 처음에는 수익성이 좋았다. 그러나 엘비스의 매니저 톰 파커Thomas Parker는 자기 잇속만 차리는 계약 여럿을 타결했다. 엘비스의 어머니인 글래디스 프레슬리Gladys Presley는 파커를 불신하며 그를 '악마 그 자체'라고 했다. 그러나 어머니와는 다르게 엘비스는 파커에게 감사하는 마음을 가졌으며, 파커를 '아버지처럼' 사랑한다는 전보를 보내기도 했다.[5]

군 복무를 마친 1960년대에 엘비스는 연기를 진지한 목표로 삼았으나, 그의 바람은 이루어지지 않았다. "그 영화들은 제 삶을 틀에 박힌 단조로운 삶으로 만들었습니다. 형편없는 영화를 보는 것보다 더 불쾌한 일은 형편없는 영화에 출연하는 일이죠[6]" 그러나 할리우드에서 주는 출연료는 음악으로 벌어들이는 돈의 세 배였고 팬들은 그의 영화를 좋아했다. 매니저와 엘비스 모두 대본을 읽지도 않고 서명했다.

커리어에는 대개 정점과 저점이 있다. 비틀스 같은 강력한 경쟁자가 등장하면서 음반 매출은 줄어들었다. 하지만 엘비스는 1968년 TV 컴백과 함께 전환점을 맞았다. 《뉴욕 타임스》의 록 음악 평론가는 이렇게 썼다. "자기 자신을 잃어버린 사람이 자기 집을 찾아가는 여정을 지켜보는 일은 마치 마법 같다[7]"

---

* 엘비스가 공식 석상에서 모습을 드러낼 때 입을 정장을 선택해 엘비스 특유의 상업적 이미지를 만들고, 유지하는 데 이바지하려 했다.

그러나 기회는 오래가지 못했다. 전용기 다섯 대를 소유했지만, 여행에 대한 열정은 사그라들었다. "유럽에 가고 싶죠…. 일본에도요…. 일할 때 말고는 이 나라를 벗어난 적이 없네요" 1972년 기자 회견에서 그는 이렇게 말했다.

이 슈퍼스타는 자기 삶을 쥐고 흔드는 익숙한 목소리에 반기를 들지 못했다. 엄청난 권력과 특권, 역대 최고의 목소리를 가졌음에도 자기 의견을 주장할 때만큼은 큰 목소리를 내지 못했다.

그는 왜 주도권을 잡지 못했을까?

그의 전처 프리실라Priscilla는 그 이유가 엉뚱한 충성심과 '파커에게 맞서지 못하고, 자기 인생에 대해 책임을 다하지 못하는 무능함'에 있다고 주장한다. 불편한 우려가 있을 때 충돌을 일으키기보다 그냥 귓등으로 흘려보내기가 더 쉽다. 은행 잔고가 불어나는 때라면 더더욱 그렇다. 악마와의 계약은 방탕한 생활을 지원하는 자금줄로 오랜 기간 묶여 있었다. 성공 가도를 달리는 와중에 곱씹거나 새로운 관점을 가지려는 시도는 사치일 뿐이다. 엘비스도 이를 인정하듯 "인생은 빠르다. 좀처럼 속도를 늦출 수가 없다"라고 말했다.[8] 그의 정열적인 무대 공연은 그의 의사결정 스타일을 보여 주는 예시다.

우리 모두 자기 이미지를 '관리'한다. 시간이 지남에 따라 자기가 만든 이미지는 무거운 왕관이 될 수 있다. 엘비스는 이렇게 한탄했다. "대중에게 보여 주는 모습과 인간적인 면모는 전혀 다르다. 이미지에 걸맞게 사는 일은 정말 어렵다[9]" 프리실라는 또 이렇게 말했다. "대중들은 그가 완벽하기를 바랐고, 언론은 가차 없이 그의 결점을 부풀렸다"

오늘날의 디지털 세계에서도 변한 건 거의 없다. 여느 고객 중심 브랜드처럼, 로큰롤의 제왕은 청중들과 조화를 이뤘다. 그러나 엘비스는 대중들의 무조건적인 인정에 목말라 있었다. 깊은 신앙심으로 밤마다 성경을 읽으면서도 그는 여러 번의 불륜을 저질렀다. 그러면서 아내를 향해서는 이중 잣대를 들이댔다.

이혼 및 채무 불이행이라는 결론을 맞게 된 1973년, 그는 자신의 650개 음반 전체에 대한 권리를 헐값에 팔았는데, 이 거래는 음악 역사상 최악의 거래로 손꼽힌다. 그는 168건에 달하는 힘겨운 투어 일정을 소화해야 했다. 이러한 살인적인 스케줄은 그의 건강 상태를 악화시켰고, 장기간 앓던 암페타민 중독은 더욱 심해졌다.

세상이 그의 목소리를 듣고자 환호할 때, 그는 누구의 목소리를 듣고 있었을까? 관중의 함성이 너무 큰 까닭에 그가 올바른 목소리에 귀 기울이지 못했던 걸까? 아니면 자아가 너무 강해서 '귀먹음 증후군deaf ear syndrome'에 걸려 반대 의견을 무시했던 걸까? 엘비스는 위험 신호를 감지하지 못했고, 가장 중요한 순간에 충고의 목소리에 귀 기울이지도 못했다. 알랑거리는 측근들도 엘비스의 목소리를 무시하기는 마찬가지였다. 그는 '너무 외롭다…. 이제 더 이상 누구에게 얘기할 수 있을지, 누구에게 의지할 수 있을지 모르겠다'고 썼다.[10]

CEO, 유명인, 작곡가, 고성과자는 종종 고립감을 느낀다. 싱어송라이터이자 페미니즘의 선두 주자였던 시네이드 오코너Sinéad O'Connor는 투어의 외로움을 다음과 같이 표현했다. "주변에 많은 사람이 있었지만, 아무도 나를 볼 수 없었고 나조차도 나 자신을 볼 수 없었다[11]"

전설적인 테니스 선수 존 매켄로John McEnroe도 마찬가지다. "테니스 선수는 삶 대부분을 홀로 보낸다. 좋든 나쁘든 그냥 혼자 있는 것이다. 굉장히 무서운 일이다[12]"

정상에 서면 갈 수 있는 유일한 길은 내리막뿐이다. 엘비스에게 생긴 균열은 깔끔하게 빗어 넘긴 머리 스타일과 체로키족 특유의 광대뼈로 완벽히 갈고 닦은 이미지를 작살내 버렸다. "잘생겼다는 게 호감형이라는 의미는 아니다[13]"

1976년에는 만성적인 우울증이 찾아왔다. 그는 프로듀서에게 "이제 엘비스 프레슬리 노릇에 신물이 난다"라고 했다.[14] 엘비스의 절친한 친구인 제리 쉴링

Jerry Schilling은 이렇게 말했다. "엘비스는 슬퍼했고, 외로워했다. 채울 수 없는 공허함을 달래려 노력했다"

고된 일에 치이고 체중이 늘면서도 엘비스는 자신의 팀원 39명의 급여 지급을 최우선으로 삼았다. 왜 잘못된 상황을 바로잡지 않았을까? 그는 아마 이렇게 말할 것이다. "내게 의지하는 사람이 많다. 내겐 그만한 의무감이 있다. 그만두기엔 너무 멀리 왔다[15]"

수많은 권력자가 그러했듯, 아무것도 아닌 사람이 될지도 모른다는 두려움, 극단적인 자기 보호, 줄어드는 은행 잔고는 합리적인 생각을 불가능하게 했다. 그의 노래 〈서스피셔스 마인즈Suspicious Minds〉의 가사 '함정에 빠졌어. 빠져나갈 수 없어We'e caught in a trap, I can' walk out'는 소름 돋는 예언이었던 셈이다.

탁월한 선택과 잘못된 결정, 초고속 라이프스타일이 한데 뒤섞여 시대의 아이콘 엘비스 프레슬리는 결국 막대한 대가를 치렀다. 고속 충전된 에너지가 사그라들며, 1977년 전설적인 록스타는 세상을 떠났다.

중요한 순간

이 책을 마무리할 무렵, 나는 다시 그레이스랜드를 찾고 싶었다. 인간의 의사결정 과정에 관한 여정뿐 아니라 내 삶도 더 큰 맥락에서 돌아보고 싶었다. 음악으로 가득한 저택의 대문을 다시 넘는 순간, 나는 시간의 속도와 과거 유산의 의미 그리고 맥락·성격·주변인이 의사결정에 미치는 영향에 대해 새삼 깊이 이해하게 되었다. 대단한 로큰롤 팬은 아니지만, 내 어린 시절을 지배한 목소리와 그의 엄청난 재능이 너무나도 빠르게 저버렸다는 사실에 설명할 수 없는 참담함을 느꼈다.

아마도 내가 투자 관리 분야에서 30년 넘게 일하면서, 슈퍼스타였던 동료들이 잘못된 목소리에 귀 기울이고 성급하게 잘못된 판단을 내려 너무 이른 시기에 자신의 인생을 망치고 스스로 경력을 망치는 걸 목격한 탓일 것이다.

남성 중심적인 업계에서 고위 임원이 되기 위해 나 역시 많은 것을 야망의 이름으로 희생했다. 워커홀릭이 된 나는 사무실 안에서만 사고가 순환했고, 그 공간은 어느새 나만의 '그레이스랜드'가 되어 있었다.

나는 내 일을 사랑했다. 태양을 한 바퀴 돌 만큼의 항공 마일리지를 쌓기도 했다. 돈으로 살 수 없을 만한 기회도 누렸다. 이를테면 대통령을 인터뷰하거나 달 착륙 우주비행사와의 저녁 식사 같은 것들이다. 영웅과 악당, 할리우드의 전설, 왕족, 올림픽 챔피언을 만났다.

하지만 내가 좁은 시야로 영광의 타이틀을 얻으려고 돌진할 때, 항상 신호를 읽어 내거나 중요한 순간에 옳은 목소리에 귀 기울였던 건 아니다. 사회 초년생 시절 나는 쉬운 일보다는 올바른 일을 하고 싶었는데, 한번은 업계에서 명성이 자자한 리더가 이런 나를 '귀머거리'라고 했다. 그의 말마따나 나는 때때로 귀머거리였다.

오늘날, 치열한 생존 경쟁의 한복판에서 벗어나 사색이라는 사치를 누리는 행동심리학자로서 나는 이사회에 참석하고 대학에서 강의하며 일류 기업에 조언하고 있다. 이런 과정에서 나는 선택적 '귀 기울이기'가 얼마나 과소평가된 힘인지 누구보다 잘 알게 되었다. 그리고 '흘려듣기'가 얼마나 흔하게 의사 결정을 저해하는지 또한 깊이 깨닫고 있다.

슈퍼스타든 외과 의사든 부모든 배관공이든, 자기 자신과 타인의 안녕에 해가 되는 결정을 내리고 싶은 사람은 아무도 없다. 그러나 우리는 그런 결정을 내린다. 형편없는 판단을 방지하는 알고리즘은 현존하지 않는다. 그 도의적 책임은 당신의 것이다. 제리 쉴링의 말처럼 오직 엘비스만이 자기 자신을 구할 수 있었다.[16]

그는 삶을 짧게 마감했다. 그런데 순간의 기쁨을 추구하는 광란의 세상에서 당신이라면 더 나은 선택을 할 수 있었을까? 질문을 던지고, 답변에 의문을 품을 수 있었을까? 다른 목소리에 귀 기울였을까? 그럴 수 있기를 바란다. 나는 누군가의 행동에 대해 도덕적 판단을 내리지 않는다. 우리는 행동을 예측할 수 없고 단지 편견을 예측할 수 있을 뿐이다.

✳✳✳

이 책을 통해 나는 우리가 무의식적으로 권력, 감정, 자아, 정체성, 관계에 기반한 함정에 빠져 기회를 낭비하고 최선의 삶을 살지 못하게 된다는 것을 이야기하고자 한다. 나이, 직함, 재능, 수입, 배경과 관계없이 우리 모두 자신의 삶이라는 왕국에서 절대자가 아니다.

일상생활에서는 모든 함정이 명백해 보이거나 친숙해 보일 수 있지만, 그만큼 우리의 의사결정 과정에 무의식적인 영향을 미친다. 따라서 이 함정들은 잠재적으로 상당히 위험한 의사결정 방해 요소가 될 수 있다.

다음 각각의 요소들이 중요한 의사결정을 내리는 당신의 사고에 어떤 영향을 미치는지 자문해 보자.

Power 권력 우상, 권위, 전문가를 높이 평가하는 경향

Ego 자아 다른 사람의 아이디어보다 자신의 아이디어에 몰입하는 경향

Risk 위험 스릴을 갈망하고 의심을 견디지 못하는 경향

Identity 정체성 이미지를 관리하고 좋은 인상을 남기려는 경향

Memory 기억 데이터를 정확하게 기억하려는 경향

Ethics 윤리 유혹이나 악행에 저항하려는 경향

Time^{시간} 과거나 현재, 혹은 미래에만 머무르려는 경향

Emotion^{감정} 충동과 과잉을 조절하려는 경향

Relationships^{관계} 군중을 따르는 경향

Story^{이야기} 주어진 이야기를 사실로 간주하는 경향

PERIMETERS 함정은 다수의 심리학적 맹점, 농점, 아점에 의해 뒷받침되며, 이로 인해 우리는 합리적인 의사결정과 영향력 있는 결과에 도달하도록 돕는 신호를 무시하게 된다.

***

대다수 의견과는 달리, 나는 이 세대가 직면한 위험 중 인간의 의사결정 오류의 위험과 정말 중요한 문제에 귀 기울이는 능력이 가장 과소평가되고 있다고 생각한다.

당신의 결정은 당신이 생각하는 것보다 중요하다. 당신의 현명한 판단이 다른 이들을 옳은 길로 인도한다.

의사결정권자는 대체로 옳은 판단을 내리지만, 단 한 번의 실수만으로도 큰 피해를 초래할 수 있다. 여러 연구에 따르면 대형 사고의 상당수가 인적 오류에서 비롯된다.[17·18] 교통사고의 94%, 사이버 폭력의 88%, 항공 사고의 80%가 그렇다. 심지어 미국의 사망 원인 4위가 의학적 오진이다.[19] 인적 오류는 사이비 숭배, 사기, 스캔들, 사법 오류 등 다양한 사회적 문제의 출발점이 된다.

인적 오류는 중요한 목소리를 흘려듣는 데에서 시작한다. 고객, 직원, 유권자, 환자, 반대자, 소수자의 의견을 무시한 대가로 기업과 정부는 불신의 대상이 된다. 사회활동이 증가하고 국가가 양극화되고 신생 기업이 자멸하고 합병

에 실패하는 이유도 마찬가지다.

흘려듣기는 광범위한 의사결정 저해 요인이다. 흘려듣기에는 항상 그 대가가 따른다. 인적 오류와 의사결정 능력의 하향 평준화가 바로 그 대가다. 지성, 부, 지위, 직업은 언론인, 연쇄 살인범, 학생, 벤처 캐피털리스트, 억만장자, 심리 상담가, 금융 사기꾼 등이 자초하는 인적 오류에 대한 보호막이 될 수 없다. 이러한 전문가도 잘못된 판단을 내린다. 한 개인은 엄청나게 똑똑하면서 동시에 엄청나게 바보 같을 수도 있다. 그렇다면 왜 우리는 흘려들을까? 그리고 흘려듣기는 어떻게 예방할 수 있을까?

성공은 올바른 목소리에 선택적으로 귀 기울일 수 있을 만큼 충분히 속도를 늦추는 데 달려있다. 당신도 모든 목소리를 다 듣고 싶지는 않을 것이다. 가장 처음 들려오는 목소리나, 가장 나이가 많은 사람의 의견이나, 가장 목소리가 큰 사람의 의견을 듣고 싶지도 않을 것이다. 그저 주어진 상황에 가장 알맞은 의견을 듣길 원할 것이다.

인공지능이 프로그래밍 코드를 짜 주는 세상이 도래했지만, 후회 없는 선택을 위한 코드는 존재하지 않는다. 약 80% 이상의 리더가 자기 조직의 의사결정 능력이 뛰어나지 않은 편이라고 평가했으며, 절반이 넘는 의사결정이 여러 모로 비효과적인 것으로 나타났다.[20] 10년에 걸친 한 연구에 따르면, CEO 후보자의 45%가 의사결정 실패에 책임이 있음을 시인했으며, 그 결과 직함을 잃거나 사업에 심각한 피해를 초래했다.[21]

맥킨지McKinsey가 추산한 바에 따르면 포춘 500 기업들은 의사결정 오류와 관련해 평균적으로 매년 약 2억 5천만 달러의 비용을 부담하는 데, 바로 이 때문에 판단 능력을 연마하는 일이 그 어느 때보다 중요하다.

시끄러운 세상 속에서 잘못된 판단을 내리는 건 순전히 당신만의 잘못은 아니다. 그러나 더 나은 결정을 내리는 건 당신에게 달렸다.

'인생'이라는 사운드트랙

인간의 행동에는 여러 동기가 얽혀 있으며, 200개가 넘는 요인이 우리가 '귀머거리'가 되는 이유를 설명한다. 우리는 매일 약 3만 5천 건의 결정을 내리는데, 그중 95%는 무의식적인 결정이다.

그러나 기회는 존재한다. 인간은 예측 가능한 존재고, 예측할 수 있는 건 예방할 수 있기 때문이다. 내가 해석 능력을 키우고 '청각 지능sonic intelligence'을 고양하는 과학 기반 솔루션을 제시하는 이유도 여기에 있다. 내가 제시하는 솔루션에는 2차 사고, 확률론적 사고, 찌르기nudge, 관점 바꾸기, 야누스Janus 옵션, 그리고 내가 '의사결정 마찰'이라고 부르는 것이 포함된다.

이 책에서 당신은 위기를 예방하기 위해 해석 능력과 판단 기술을 세심하게 조율하는 방법을 배울 것이다. 모든 의사결정 딜레마에 적절한 진단을 내려 시간을 절약하고, 잘못된 정보를 걸러 내고, 더 큰 영향력을 미칠 의사결정을 설계하게 될 것이다. 글로벌 리더, 정책 입안자, 기업가, 야심 찬 전문가처럼 더 많은 의사결정권자가 이 세상을 후회 없이 살아가는 데 인간에 대한 이해가 얼마나 큰 도움이 되는지를 알게 된다면 더할 나위 없겠다.

투펠로 출신의 수줍은 소년에게는 단순하지만 단단한 철학이 있었다. "진실은 태양과 같다. 잠시 가로막을 수는 있지만, 영원히 사라지진 않는다" 만약 그가 비판의 목소리를 다시 해석할 수 있을 만큼 여유로운 속도로 살아갔더라면, 그의 삶은 달라졌을지도 모른다. 그의 이야기는 우리의 이야기이기도 하다. 그는 어마어마한 대가를 치렀지만, 당신은 그러지 않아도 된다.

그의 이야기는 현명한 판단에 대한 중요성과 이 책의 핵심 주제를 잘 보여준다. 이 책의 핵심 주제는 다음과 같다.

- 초고속 사회, 시각적 사회, 데이터 중심 사회, 양극화 사회, 흘려듣기가 만연한 사회에서 좋은 판단을 내릴 확률은 매우 희박하다.
- 인간의 행동을 이해하고 심리적인 것과 논리적인 것을 구분하는 능력은 인지적 함정을 인지적 강점으로 전환할 수 있게 돕는다. 이는 들리지 않는 것과 들리는 것의 차이를, 권력을 잃는 것과 권력을 유지하는 것의 차이를 만들어 낸다.
- 결론에 다다르기 전에 농점을 인식함으로써 보이는 것과 들리는 것 사이의 균형을 맞출 수 있다. 논리적으로 사고하고, 재고하고, 재해석하는 데 단 몇 초면 충분하다.

이 책은 스스로 최선의 삶을 살고, 다른 이들의 삶을 풍요롭게 하려는 모든 개인의 이야기를 빚어낼 것이다. 장담할 수는 없지만, 한 가지는 확실히 말할 수 있다. 행동과학적 통찰력을 얻게 된다면, 그렇지 않을 때보다 당신은 훨씬 더 나은 삶을 살게 될 것이다.

성공은 정말 중요한 문제에 선택적으로 집중하고, 나머지는 흘려들을 수 있는 능력에 달렸다. 인적 위험을 무시한다면 인생이 험난해질 것이고, 그것을 인지한다면 인생이 달라질 것이다.

자, 이제 귀를 기울여 보자.

PART 1

시끄러운 세상 속 잘못된 판단

"속삭임에 귀 기울여라. 고함은 들을 필요 없다"

체로키 부족 속담

　우리는 많은 것을 듣지만, 그중 가치 있는 것은 많지 않다. 오히려 진짜 가치 있는 것은 존재하지 않는 것처럼 조용하다. 진공 상태에서는 어떠한 의사결정도 이루어지지 않는다. 어떤 목소리에 귀를 기울일지는 맥락에 따라 달라지며, 이는 우리가 처한 상황에 따라 결정된다. 초고속·데이터 중심·고도로 시각화된 환경은 우리가 사고하고 듣는 방식, 우리가 결정하는 방식에 영향을 미친다.

　현대 기술이 그 어느 때보다 더 많은 플랫폼을 제공함에 따라 우리에게는 자신의 목소리를 낼 기회가 많아졌지만, 갈등하고 경쟁하는 목소리가 전파를 지배하고 있다. 고객, 직원, 유권자, 소외 계층의 목소리를 들으라는 사회적 압력이 있음에도 귀를 기울이는 능력은 심각하게 손상되고 있다.

　셀 수 없이 많은 채널이 24시간 메시지를 송출한다. 알림과 뉴스 피드가 우리의 머릿속에 쉴 새 없이 쏟아지는데, 이를 해독해 무엇이 우리에게 가장 도움이 되는지 결정할 수 있는 시간만큼의 숨을 돌리는 것조차 불가능하게 만든다. 우리는 디지털 소음, 데이터 과부하, 그릇된 정보가 돌고 도는 생태 시스템에서 사건을 판단한다. 그 결과는 무엇일까? 이전보다 주의깊게 듣지 않게 되었다는 것이다.

　결정을 내리는 맥락을 고려하려면, 문화에서부터 기후, 성격 그리고 우리와 관계 맺는 주변인에 이르기까지 다양한 요인이 전후 사정에 어떻게 영향을 미치는지를 이해해야 한다. 나는 '맥락'이 '인지'와 결합해 우리의 해석을 형성한다고 보는데, 해석은 판단 이전의 필수적인 단계로 의사결정의 질을 판가름하는 요소다. 그림과 같이 우리의 결정은 보상이나 후회의 수준을 판가름한다.

　바쁜 의사결정권자들은 해석을 소홀히 하는 경향이 있다. 의도적인 건 아니다. 그러나 역사가 증명하듯, 대량 학살이라는 잔혹한 행위나 잘못 해석된 군사 명령을 떠올려 보기만 해도 알 수 있다. 항공 교통 관제사의 말을 잘못 알아들은 조종사, 희귀병을 잘못 진단한 의사, 고객 선호도를 무시하는 기관, 국민

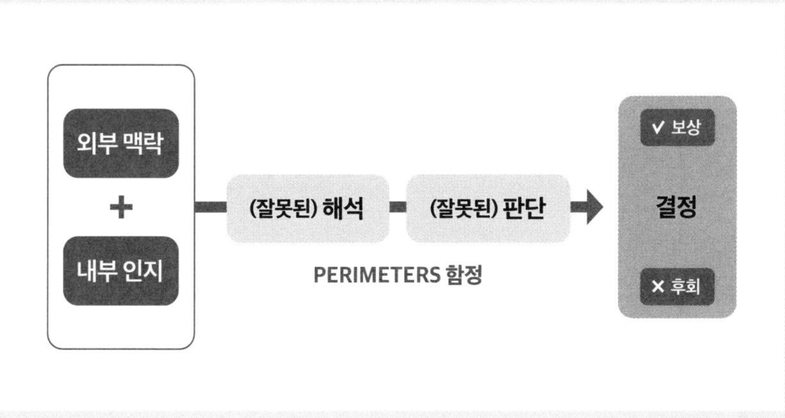

의 불만을 무시하는 정치인을 생각해 보라.

PART 1에서 이어지는 세 개의 챕터는 외부 맥락과 내부 인지의 상호 작용에 초점을 맞춘다.

CHAPTER 1에서는 잘못된 정보의 외부적 측면이 어떻게 잘못된 판단의 위험을 증가시키는지를 다룬다.

CHAPTER 2에서는 내부적 측면이 잘못된 판단의 위험을 어떻게 증가시키는지를 살펴볼 것이다. 이름하여 오류의 3요소인 심리적 맹점, 농점, 아점이다. 나는 '동기화된 추론'과 '귀먹음 증후군'을 그 주요 원인으로 꼽는다.

CHAPTER 3에서는 전후 사정과 인지가 어떻게 상호작용해 제한되고 편향된 이분법적 판단을 형성하는지를 'PERIMETERS 효과'를 적용해 설명한다. 독자는 전문가가 내린 오판이 사업계, 법조계, 의학계, 기술계, 언론계, 정치계에 만연하다는 사실을 알게 될 것이다.

먼저 정보의 외부적인 측면에서부터 시작해 보자.

CHAPTER 01

흘려듣기, 그릇된 정보 그리고 잘못된 판단

명백한 사실보다 더 기만적인 것은 없다.[1]

아서 코난 도일Arthur Conan Doyle

흘려듣기Tuning out는 많은 걸 설명한다. 위대한 예술가와 최고의 전문가가 사기당하는 이유는 바로 흘려듣기에 있다. 규제기관이 폰지 사기Ponzi scheme를 눈치채지 못한 것도, 정보기관이 테러 경고를 놓치는 이유도 마찬가지다. 사기꾼에게 수조 달러를 잃는 피해자가 전 세계에 만연하고, 매출의 5%라는 눈 뒤집힐 만한 금액을 편취당하는 기업이 매년 생겨나는 이유이기도 하다.[2] 권력을 쥐고 있을 때 흘려듣기는 특히 심각해진다. 사업체, 국가가 반쪽짜리 진실 위에, 은유와 오해 위에 세워진다.

모든 사람은 자신의 말이 누군가에게 닿기를 원한다. 이는 우리의 DNA에 각인된 것이다. 시인은 시로 말하고, 음악가는 노래로 말한다. 비욘세는 "제 얘기 들리나요?Can You Hear Me?"라고 힘주어 노래한다.* 싱어송라이터이자 사회운동가였던 시네이드 오코너는 한때 병원 벽을 '그저 내 이야기가 닿길 원할

뿐'이라는 문구로 채웠다.[3]

　당신의 말이 고객, 동료, 이해관계자에게 닿길 바라는 만큼, 그들도 당신이 들어 주길 바란다. 그러나 대개 그들의 말은 당신에게 닿지 않는다. 오늘날, 이처럼 시끄러운 세상에서 다수의 피고용인은 자기 이야기가 닿지 않는다고 느낀다. 실제로도 그렇다.

　경청은 리더십의 기본 역량이지만, 정작 고객들은 자신의 문의나 요구가 제대로 전달되지 않는다고 느낀다. 그 결과 고객 충성도는 점차 낮아졌다. 실제로 맥킨지McKinsey 조사에 따르면, 최근 몇 년 사이 고객들은 그 어느 때보다 브랜드를 바꿀 의향이 큰 것으로 나타났다.[4]

　소수자는 여러 세대에 걸쳐 오랜 기간 그저 허공에 대고 외치고 있다고 느껴 왔다. 이유가 뭘까? 우리는 나와 다른 사람의 이야기를 흘려듣기 때문에 세계를 보는 우리의 관점은 더욱 좁아진다.

　일상의 급박한 선택의 순간, 우리는 성급한 판단을 내리고 너무 빨리 잘못된 결론에 다다른다. 우리는 가정을 재고하기보다는 다른 사람의 주장을 차단한다. 맥락에 귀를 기울이지 않으면 착각과 혼란에 빠지거나 기만당할 위험이 증가한다. 심리학자들이 말하듯이 "유전자가 총을 장전하고, 환경이 방아쇠를 당긴다"

　이 장에서는 잘못된 정보의 외부적 요인이 우리의 결정에 어떤 영향을 미치는지 살펴본다. 다시 말해, 우리가 결정을 내릴 때 참고하는 외부 맥락은 우리의 사고방식, 즉 내부 인지 과정에도 직접적인 영향을 준다. 판단을 왜곡해 사고는 더 이분법적이고 단기적으로 좁아든다. 빠르게 움직이는 생활 방식은 단

---

*　비욘세의 앨범 카우보이 카터(Cowboy Carter) 중 아메리칸 레퀴엠(Ameriican Requiem)이란 곡의 가사다. 그녀의 목소리를 무시하거나 거부하는 사람들에게 보내는 호소이기도 하다.

기적 사고방식short-termism을 부추긴다. 데이터 과부하는 정신을 산만하게 하며 이러지도 저러지도 못하게 만든다. 시각적 자극은 더 많은 것을 보여 주지만 정작 듣는 것을 방해한다. 양극화된 시스템과 구조는 이분법적 관점을 내포한다.

다음 그림을 보라. 그림 속 요소는 중요한 정보와 대화를 재해석하는 데 사용할 시간과 주의력, 인내력을 떨어뜨린다. 그 결과 말을 헛듣거나, 말하지 않은 내용을 추측하게 된다. 우리는 실제 들은 내용을 재해석하기보다는 들었다고 생각하는 내용을 곡해한다. 그로 인해 잘못된 판단이 급증하고 뻔한 인적 오류가 쇄도하게 된다.

이사회, 리더십, 규제기관, 양육자와 정책 입안자가 일부러 오판하는 건 아니다. 헛듣기mishearing가 누구에게, 무엇에 주의를 기울여야 할지 알기 어렵게

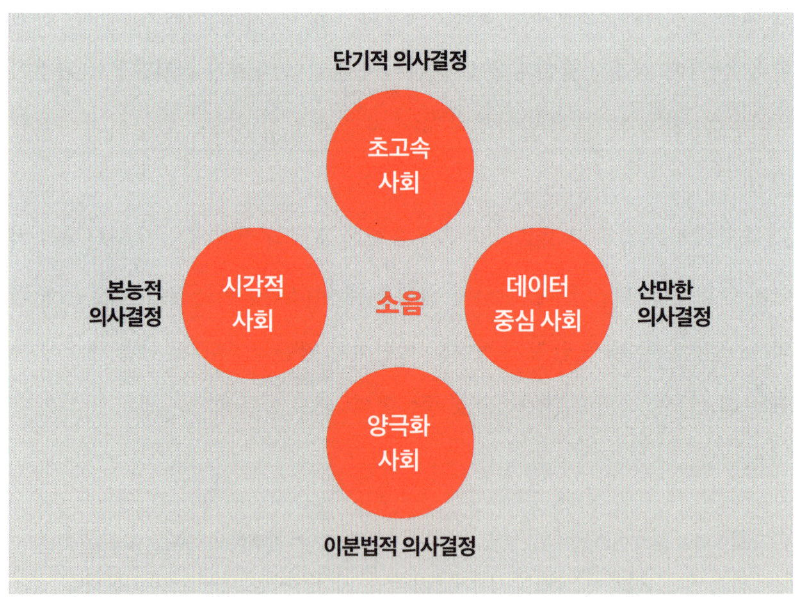

하는 것이다. 그러나 그 결과 금전적인 비용이 발생하고 평판이 훼손될 뿐 아니라, 심지어는 사회적인 비용을 초래하기도 한다. 작가 대니얼 핑크Daniel Pink의 온라인 팔로워 100만 명이 짜증 나는 성격으로 '듣지 않는 태도'를 1위로 꼽았다.

빠르게 돌아가는 세상이 귀를 기울이려는 우리의 의지와 능력을 어떻게 감소시키는지 살펴보자.

1. 초고속 사회

우리는 인스턴트식품, 인스턴트머니,* 효과 빠른 진통제, 초고속 다이어트의 세계에 산다. 참을성 없는 투자자는 더 빠른 수익을 원한다. 1940년대 뉴욕 증권 거래소에서 거래되는 주식의 평균 보유 기간은 7년이었다. 오늘날에는 5개월을 겨우 넘어서는 수준이다.

코로나19 팬데믹 동안 평범한 사람 수백만 명이 가입 절차가 간편한 로빈후드Robinhood 플랫폼을 통해 데이 트레이딩 계좌를 개설했다. '로빈후드'는 게임적인 요소를 반쯤 결합한 시스템으로 널리 홍보되었다. 일리노이 출신의 스무 살 대학생 알렉산더 컨스Alexander Kearns는 빚을 갚기 위해 로빈후드에 가입했다. 2020년 6월 11일 목요일, 그는 마이너스 73만 165달러의 잔액이 찍혀 있는 걸 발견했다. 정산이 아직 끝나지 않은 옵션 거래 처리 과정 중이라 실제 잔액이 아니었다. 그러나 투자 거래의 처리 방식에 대해 잘 몰랐던 알렉산더는 극심한 공포와 절망에 빠졌고, 다음 날 아침 스스로 목숨을 끊었다. 그는 다음

---

* 즉시 현금화가 가능한 화폐를 의미한다.

과 같은 유서를 남겼다. "수입도 없는 스무 살이 어떻게 거의 백만 달러에 달하는 레버리지를 받게 된 걸까요?[5]" 복합 금융 상품 관련 경험이 전혀 없었던 그는 알 길이 없다고 덧붙였다.[6]

맥락을 잘못 이해한 데다가 심리적 압박감에 시달린 나머지, 알렉산더는 데이터를 잘못 해석했다. 그의 시야가 위험하리만치 좁아진 것이다.

오늘날 빠르게 움직이는 사회에서는 의사결정이 숨 가쁘게 이루어지는 때가 많다. 참 아이러니한 일이다. 우리는 신중한 결정을 위해 전문가에게 적잖은 돈을 지급하지만, 즉각적인 답변과 신속한 해결책에 환호하고 보상한다.

조직 시스템과 구조는 의도치 않게 연중무휴 24시간 빠른 속도로 돌아가는 문화를 양산하고, 긴박한 의사결정이 필요하다는 인식을 심어 놓는다. 즉각적 성과라는 컨베이어 벨트 위에 존재하는 고옥탄high-octane* 산업은 직원을 고속 열차에 강제로 몸을 싣게 만든다. 변호사, 컨설턴트, 심리 치료사는 일당이나 시간당이 아닌 분당 요금을 청구한다. 단 100분의 몇 초 차이로 운동선수의 메달 색이 달라지고, 전투기 공중전은 40초 안에 승부가 갈린다.[7]

1만 7,000명의 고위 경영진을 대상으로 한 10년간의 연구에 따르면, 좋은 의사결정보다 빠른 의사결정이 성공에 더 중요한 역할을 하는 것으로 보인다.[8] '더 일찍, 더 빨리, 더 강한 확신을 가지고' 결정한 사람이 우수한 실적을 달성한 CEO가 될 가능성이 열두 배 더 높았다.

페덱스FedEx는 '빠르게 생각하고, 페덱스를 고려하라', 페라리는 '빠른 것보다 더 빠르다', 버라이즌Verizon은 '인생의 속도로 움직입니다'라고 말한다. 엘비스 프레슬리의 모토는 '눈 깜짝할 새에 일을 처리하자'였다.

위 문구들은 알게 모르게 신속한 의사결정이라는 개념을 강화해 우리로 하

---

* 옥탄은 가솔린 속의 화학 물질로, 여기서는 높은 활동성을 나타내는 의미로 쓰였다.

여금 인생의 추월차선을 달리게 만든다.

빠른 결정 vs 느린 결정

가장 최근에 내린 큰 결정을 떠올려 보라. 당신은 그 결정을 어떻게 내렸는가? 빠르고 본능적으로? 아니면 천천히 곱씹어 보면서?

노벨상 수상자 대니얼 카너먼Daniel Kahneman은 두 가지 인지 시스템에 접근하는 방법을 설명한다.[9] 시스템 1은 자동적이고 신속한 방식이고, 시스템 2는 느리고 신중한 방식이다. 사람은 결정을 내릴 때 무의식적으로 둘 중 하나의 방식을 사용하게 된다.

예를 들어 보자. 커피를 만들거나 스포츠를 즐기거나 직장에 출퇴근할 때는 좀 더 본능적인 시스템 1을 사용한다. 반면 위험부담이 크고, 비용이 많이 들거나 자본 집약적인 의사결정을 할 때는 시스템 2를 사용한다. 두 경우 모두 오류가 발생할 가능성이 있다. 시스템 1의 본능이 당신을 잘못된 길로 인도할 가능성은 좀 더 들쭉날쭉하고 예측 불가능하다. 부적절한 발언, 갑작스럽게 짜증 내는 상황을 생각해 보라. 그러나 신중하게 생각하고 곱씹기가 특징인 시스템 2 또한 잘못된 판단과 행위로 이어질 때가 있다. 다음은 우리가 결정을 내리는 방식에 관련된 세 가지 사실이다.

- 사람은 본래 감정적이므로, 이성적으로 판단하려면 충동을 다스릴 시간이 필요하다.
- 의사결정은 항상 주변 환경과 문화, 가치에 따라 달라진다.
- 어떤 방식도 절대적으로 우월하지 않다. 본능과 습관은 페인트 색을 고를 때는 유효하지만, 집을 선택할 때는 적합하지 않다.

문제는 재고 없이 결론으로 넘어갈 때 발생한다. 한 연구에서 80명의 심리학자는 단 5분 만에 환자에 대한 임상 평가를 수행했다.[10] 물론 전문 지식 덕분에 때때로 즉각적인 진단이 가능하기도 하지만, 대개 빠른 결정은 초고속 사회와 단기적 사고방식의 부산물이다.

지금이 아니면 안 돼

검증이나 재해석 없이 누군가 제시하는 데이터를 그대로 받아들이는가? 대부분 단기 지향 사회에서는 메시지와 그 전달자를 과신한다.

《하버드 비즈니스 리뷰》에 실린 논문에서 듀크대 교수 도리 클라크Dorie Clark는 두 연구를 비교 분석한다. 한 연구에서는 97%의 리더가 장기적인 가치에 중점을 두고 전략적인 문제 해결 방식을 추구한다고 주장한 반면, 다른 연구에서는 96%의 리더가 눈앞의 불을 끄느라 전략을 개발할 시간이 없다고 인정한다. 이런 딜레마는 흔히 발생한다.

장기적인 관점에서 앞서 생각하고 문제를 해결하는 사람은 조직으로부터 보상받는다. 이들은 잠재력이 높은 직원으로 인정받을 확률이 네 배 더 높고, 성공적인 리더로 평가될 확률 또한 여섯 배 높은 것으로 나타났다.

장기적 사고는 전략, 관계, 투자, 교육, 동물 보호에 관한 결정에 매우 중요하다. 그러나 지금의 문화적 흐름은 단기적 사고방식을 가속화하고 있다. 현대 사회에서 장기적 사고방식은 자취를 감췄다.

속독을, 스피드 데이팅을 즐기는가? 기사 제목만 훑고 요점만 파악하는가? 커뮤니케이션에서부터 책, 영화, 소셜 미디어 채팅, 투자에 이르기까지 모든 게 짧고 빨라지는 중이다.

100만 단어에 달하는 프루스트 스타일의 벽돌 책을 느릿느릿 읽어 나가길 원하는 사람은 거의 없다. 그러나 간결한 문체로 쓰인 문장은 본질적인 풍부함이 부족하다. 현대의 의사소통은 줄임의 미학으로 대체되었고, 280자의 짧은 트윗과 캐치프레이즈, 각종 요약본이 산재해 있다. 할리우드에서는 신scene조차 줄어들고 있다. 요즘 시나리오 작가는 1970년대 작가보다 더 빠른 속도로 초안을 써낸다.[11] 넷플릭스는 소화하기 쉬운 크기의 짤막한 에피소드를 공개하고, 우리는 이를 통해 콘텐츠에 대한 갈망을 충족한다.

베스트셀러 서적 페이지 수도 줄었다. 2021년에 400페이지를 넘는 책이 38%였는데, 10년 전보다 3분의 1이 줄어든 수치다.[12] 분량이 적은 책은 분량이 많은 책보다 베스트셀러 목록에 2주 더 오래 머무른다. 심지어 블링키스트Blinkist라는 앱에서 요약본을 찾아볼 수 있다.

빠르고 단기적인 선택을 우선시한 기업은 시간이 지날수록 그 대가를 생존으로 치르고 있다. 1958년 S&P500 기업의 평균 수명은 61년이었다. 오늘날에는 18년에 그친다. 맥킨지의 추산에 따르면, 현재 S&P500 기업 75%가 2027년에는 존재하지 않을 것이다.

물론, 계속 곱씹어 본다고 해서 편견이 중화된다는 보장은 없다. 하지만 비판적인 사고가 현명한 결정으로 이어진다는 증거는 수없이 많다. 주의를 분산시키는 요소가 너무 많고 데이터가 풍부한 세상에서는 충분한 집중력을 발휘하기가 어렵다. 이는 우리의 인지에 영향을 미치는 주요인이기도 하다.

2. 데이터 중심 사회

영국 브래드포드에 사는 서른두 살의 트레버 버드솔Trevor Birdsall은 이런 농담을 했다. "내 친구 중에 수줍음 많은 애가 있는데, 그 친구는 영국 북부 여성들을 공포에 떨게 해요" 그러나 그건 농담이 아니었다. 함께 유흥가를 어슬렁거릴 때, 친구는 오랫동안 사라졌다가 나중에 돌아와서는 자기가 성매매 여성을 두들겨 패고 돈을 내지 않았다고 허세를 부렸다. 버드솔은 그 말을 믿어야 할지 몰랐다. 언론에서 요크셔 리퍼Yorkshire Ripper*에 대한 이야기가 쏟아져 나왔다. "그 친구와 연관이 있을지도 모른다는 생각이 들었어요" 그가 말했다.[13]

결국 버드솔은 경찰에 제보했다. 그때까지 3만 건 이상의 진술, 25만 건의 이름과 수백만 개의 차량 번호가 수집되었다. 다량의 데이터에 주의가 분산된 경찰은 버드솔의 경고를 놓쳤다. 요크셔 리퍼가 세 번이나 범죄 현장 인근에서 목격되었고, 5년 동안 아홉 번이나 조사를 받았는데도 말이다.[14] 피터 서트클리프Peter Sutcliffe는 불시 차량 검문을 통해 체포된 뒤 열세 건의 살인을 자백했다. 그는 '신의 목소리를 따른 것뿐'이라고 항변했다.

이처럼 필요한 말이 제때 닿지 않는 경우가 있다. 1981년 바이포드 보고서에서는 이 사건을 두고 '정보가 제때 처리되지 않고 적체되었기 때문에 관련 정보의 중요한 부분을 서로 연결 짓는 데 실패했다'라고 결론 내렸다.[15]

현대 사회의 정보 쓰나미는 과부하, 주의 분산, 부주의라는 의도치 않은 결과를 낳았다. 우리는 제대로 듣지 않는다.

데이터와 과부하

과부하는 이제 새로운 규범이다. 마이크로소프트 직원의 68%는 방해받지 않는 시간이, 64%는 업무를 수행할 시간이 부족하다고 답했다.[16]

---

*   영국 요크셔의 매춘부 연쇄 살인범 피터 서트클리프를 런던의 연쇄 살인범 잭 더 리퍼(Jack the Ripper)에 비유하며 일컫는 별칭.

놀랄 일도 아니다. 정보의 홍수 속에 살고 있는 현시대 근로자는 끊임없이 울리는 스마트폰 알림음에 방해를 받는다. 카네기멜론대학의 연구에 따르면, 예상치 못한 방해를 받았을 때 우리의 작업 성과는 20% 줄어든다.[17] 자기 자신의 생각에 귀 기울이는 것조차 불가능해지는 것이다.

우리는 하루 종일 쏟아지는 정보의 바닷속에 있다. 데이터의 양은 10년 만에 32배나 늘었고, 이들 모두 우리의 관심을 끌고자 애쓴다. 그런데도 우리는 스크롤을 내리고 훑으며 더 많은 데이터를 찾는다. 받은 메일함은 광고 메일로 가득 차 있다. 직장 동료는 스크린숏을 수없이 공유한다.

우리의 뇌가 버틸 수 없는 수준이다. 중요한 것을 추려 내는 능력은 강화되기는커녕 퇴화하고 있다. 통계 전문가 네이트 실버Nate Silver는 자신의 책에 이렇게 썼다. "신호와 소음을 구별하기 위해서는 과학적 지식과 자기 이해, 이 두 가지가 필요합니다[18]" 신호를 해석하고 우연, 모순, 불일치를 찾아내는 일은 쉽지 않다. 그래서 우리는 공손히 고개를 끄덕이고 들은 것을 액면 그대로 받아들인다. 오픈소스 AI와 챗GPT의 보급으로 예전보다 많은 잘못된 정보가 그대로 받아들여지고, 종국에는 잘못된 정보가 사실로 둔갑하기에 이른다. 정보를 액면 그대로 받아들이면 정보의 가치에 대한 착각을 불러일으킬 수 있다.

이런 정보의 소용돌이 속에서 더 풍부한 데이터가 곧 더 나은 결정을 의미한다는 생각은 당연하게 들릴 수도 있다. 그러나 과도한 데이터에 속아 넘어가게 되면 우리는 아무 관련도 없는 것에서 상상 속의 패턴을 찾는다.

오리건대학의 폴 슬로빅Paul Slovic 교수는 백 개의 변수를 접한 사람은 다섯 개의 변수를 접한 사람보다 예측 정확도가 떨어진다는 사실을 발견했다.[19] 데이터가 많을수록 정확도보다는 자신감이 상승하는 경향이 있다.[20] 돈과 마찬가지로 데이터가 많다고 해서 더 행복해지거나 더 현명해지거나 더 정확해지지 않는다. 많은 데이터는 그저 위안을 줄 뿐이다.

예측 기술도 도움이 되지 않기는 마찬가지다. 그래머리Grammarly, 챗GPT, 제미나이Gemini가 편지를 대신 써 주고, 양식에 맞춰 문서를 자동으로 채워 준다. 앱은 어떤 영화를 볼지, 어떤 식당에 갈지, 심지어는 어떤 사람과 결혼할지를 제안한다. 그러니 스스로 생각할 필요가 어디 있겠는가?

너무 많거나 적은 데이터로 인해 우리의 사고력이 제한되면, 인지 능력 또한 제한적인 합리성을 갖게 된다. 정신이 제한되면 우리는 주변 효과Perimeters Effect의 영향을 받기 쉽다. 다시 말해, 다양한 요인 중 그저 무작위적인 요인이 무의식적으로 우리의 합리적인 사고를 제한한다.

데이터와 주의 분산

지나치게 많은 데이터가 쏟아질 때 집중해서 좋은 결정을 내리기란 불가능에 가깝다. 어떤 사람은 아무리 부정확하든, 아무리 부적절하든, 아무리 위협적이든 마음속에 처음으로 떠오른 생각을 계속 되뇌기도 한다. FTX의 설립자인 샘 뱅크먼-프리드Sam Bankman-Fried가 그중 한 명이다.

암호화폐 거래소가 붕괴하자 그의 시스템 1이 공황 상태에 빠지기 시작했다. 그는 언론을 통해 이렇게 말했다. "너무 많은 업무로 눈코 뜰 새 없이 바쁜 데다가 다른 프로젝트에 주의를 뺏기다 보니 트레이딩 펌에서 발생하고 있는 위험을 미처 감지하지 못했습니다. 주변에서 일어나는 모든 일을 파악할 만한 정신이 없었어요" 그는 읽지 않은 이메일을 6만 통 이하로 유지하는 것을 목표로 했지만 자주 실패했다고 법정에서 증언했다.

주의력 분산은 합리적 사고를 억제하고, 이성의 목소리에 귀를 기울이지 않게 만든다. 집중하지 못한 상태에서 내린 결정은 다양한 결과를 초래한다. 일례로, 당신은 생일날 좀 더 주의가 산만해진다고 느낀 적 있는가? 생일날 내린 결정이 좋은 선택이었는가, 나쁜 선택이었는가? 4만 7,489명의 외과 의사가 수행한 98만 876건의 응급 수술을 분석한 결과, 수술을 진행한 외과 의사의 생일날 환자가 사망할 확률이 더 높은 것으로 나타났다.[21]

누구도 피할 수 없다. 영화 〈러스트Rust〉 촬영 중 배우 알렉 볼드윈Alec Baldwin이 소품용 총을 실수로 잘못 쏘는 바람에 카메라 감독이 사망하는 사고가 일어났다. 검찰 측 주장에 따르면 그가 훈련 중 가족과 통화하느라 훈련에 집중하지 않았다는 증언이 제기된 바 있다.[22]

빠르게 돌아가는 세상에서 집중력이 줄어드는 일은 당연한 현상이다. 당신만의 문제가 아니다. 킹스 칼리지 런던King's College London의 주의력 연구 센터 The Centre for Attention Studies는 성인 49%가 주의력이 줄고 있음을 느낀다고 밝혔다.[23] 일터에서는 산책하러 갈 생각을 하고, 산책할 땐 업무에 관해 생각한다. 제대로 쉬지도, 집중하지도 못한다. 심리학자인 허버트 사이먼이 말한 것처럼, 정보의 과다는 주의력 결핍을 낳는다.

이제 소셜 미디어 사용자는 인기 급상승 주제에 관한 자신의 게시물에 달린 댓글을 관리하는 데 점점 더 적은 시간을 쓴다. 덴마크의 물리학자이자 온라인 트렌드 분석 전문가인 수네 레만Sune Lehmann은 상위 50개의 트위터 트렌드를 분석했다. 온라인에서 하나의 이슈가 소비되는 평균 시간은 2013년 17.5시간에서 2016년 11.9시간으로 줄어들었다.[24] 아마 오늘날에는 이보다 더 짧아졌을 것이다. 새로 들려오는 소식에 관심이 쏠리면서 이전 사건에 대한 흥미는 빠르게 식는다.

노벨 문학상을 수상한 앙드레 지드는 '모든 진실은 이미 언급되었으나 아무도 듣지 않았으니, 이제 다시 시작할 차례'라고 했다.

데이터와 부주의

캘리포니아대학의 정보학 교수 글로리아 마크Gloria Mark는 나이와 직업에 관계없이 사람들이 3분에 한 번씩 주의를 다른 곳으로 돌린다는 사실을 발견했다.[25] 지난 10년간 평균 스크린 타임*은 74초에서 47초로 줄었다.[26]

'생각보다 심각하지는 않네?'라고 생각할지도 모른다. 그러나 세부 사항이 중요한 직장 생활에서는 1초의 망설임이 중요한 차이를 만들기도 한다.

나사NASA의 엔지니어들을 괴롭히는 자본 집약적 프로젝트를 생각해 보라.

1998년, 1억 2,500만 달러짜리 화성 기후 궤도선Mars Climate Orbiter이 엄청난 환호를 받으며 발사되었다. 대기의 구성 요소에 관한 자료를 수집하기 위함이었는데, 당시에는 상당히 획기적인 기술이었다. 그러나 10개월 동안 순항하던 궤도선은 갑자기 공중 분해되었다. 지상관제 센터와 우주선 사이의 통신은 끊어졌다. 무슨 일이 발생한 걸까? 기술자들은 이를 이해할 수 없어 당혹스러웠다. 결국 이 사건은 인적 오류로 판명 났다.

계약에 따라 우주선을 제작한 록히드 마틴Lockheed Martin Corp 엔지니어들은 소프트웨어에 야드와 파운드 단위를 사용했지만, 나사의 제트 추진 연구소Jet Propulsion Lab는 우주에서 궤도선의 위치를 파악할 때 미터법을 사용했다. 록히드 마틴 엔지니어들이 측정값을 미터법으로 잘못 변환하는 바람에 시스템 간의 통신이 원활하지 않아 데이터 오류가 걷잡을 수 없이 커졌다. 중요한 세부 사항에 주의를 기울이는 일은 몇 초면 충분하다. 그러나 이는 방대한 프로젝트 규모와 천문학적인 투자 금액에 눌려 도외시 되었다.

작가이자 저널리스트인 요한 하리Johann Hari는 부주의의 증가가 거의 사회

---

* 일반적인 스크린 타임과는 다른 의미로, 하나의 콘텐츠에 집중하는 시간을 뜻한다.

적 위기에 달하는 수준이라고 주장한다.[27] 그는 생명을 앗아가는 알고리즘, 소셜 미디어 플랫폼, 열악한 식단, 오염, 스트레스와 수면 부족 같은 몇 가지 거시적 요인을 그 근거로 든다. 예를 들면 그는 미국수면재단National Sleep Foundation의 연구에 따르면 지난 세기 동안 인간의 평균 수면 시간은 20% 감소했다. 좀비 상태에 빠지면, 당연히 인적 오류에 취약할 수밖에 없다. 표준 프로토콜과 절차를 따르지 않고, 제품 라벨이나 안전 지침과 같은 중요한 사항을 빠뜨리게 되는 것이다.

수면 부족에 시달리는 전문가는 계약서, 광고, 법정 사건이나 제품 설명에 누락된 정보를 알아채지 못할 위험이 있다. 데이터를 숙지하기보다는 짤막한 정보를 토대로 이해하려 하거나 진술된 동기가 실제 동기와 같다고 오판할 수 있다. 난장판이나 궁지에 몰린 상황에서는 휴리스틱heuristic*에 의존할 가능성이 높아진다. 그러나 휴리스틱은 본질적으로 편향된 것이다.

우리는 무엇을 보고 누구를 보느냐에 따라 삶을 단순화한다. 왜 그럴까? 판단은 어렵고, 우리는 언제나 쉬운 길을 선호하기 때문이다. 그 결과 당신이 보는 것이 곧 당신이 얻는 것이 된다. 특히 오늘날과 같은 시각적 사회에서는 더더욱.

---

*　문제 해결을 위해 시행착오를 통해 답을 찾아가는 방식이다. 이는 아직 명확한 알고리즘이나 규칙이 확립되지 않았을 때 사용되며, 도형 인식, 학습 과정, 자기 형성 등의 기능을 활용해 해답에 도달하는 방법이다.

3. 시각적 사회

2007년 1월 12일 아침, 한 젊은 바이올리니스트가 워싱턴 DC 지하철에서 바흐의 '샤콘'을 연주했다. 43분 동안 1,097명의 공무원이 그 옆을 지나쳤다. 야구 모자를 눌러쓴 바이올리니스트의 연주를 듣기 위해 멈춰 선 통근자는 단 일곱 명이었다. 겨우 32달러 17센트를 손에 쥔 연주가는 이렇게 말했다.

사람들이 제게 전혀 주의를 기울이지 않아서 깜짝 놀랐어요. 마치 투명 인간이라도 된 것 같았죠. 제 연주 소리가 그렇게 작지는 않았을 텐데 말이죠.

세계적인 연주가 조슈아 벨Joshua Bell이었다. 그를 알아본 사람은 단 한 명뿐이었다. 불과 며칠 전, 그는 보스턴 심포니 홀에서 1713년에 만들어진 350만 달러짜리 스트라디바리우스 바이올린을 연주했는데, 티켓은 장당 수백 달러에 팔렸다.[28]

사람들은 서로 다른 상황에서 서로 다른 뜻을 찾는다. 팟캐스트 '히든 브레인Hidden Brain'의 운영자 샹카르 베단탐Shankar Vedantam은 다음과 같이 말했다. "사람들은 서로 다른 생각을 하고, 서로 다른 메시지를 듣고, 서로 다른 음악 취향을 가지고 있죠[29]"

우리는 들리는 것보다 보이는 것에 더 많이 의존한다. 그러나 들리는 것은 그 이상의 의미를 지닌다. 스마트폰, TV 속 수많은 이미지는 우리의 뇌를 과도하게 자극한다. 물론 이들은 우리에게 도움이 되기도 한다. 문제는 우리가 들리는 것보다 보이는 것을 더 신뢰한다는 데 있다.

예를 들어 보자. 디지털이 우리 삶을 지나치게 지배하고 있기 때문에, 브랜드는 온라인 평점이 곧 입소문이라고 생각한다. 그러나 연구에 따르면 채팅방,

블로그, 바이럴 마케팅은 입소문의 7%만 차지할 뿐이다. 왜일까? 브랜드 관련 소셜 미디어 댓글은 청각적 자극이 아닌 시각적 자극으로 이루어져 있기 때문이다. 우리는 얼굴을 마주한 채 대화하는 것의 중요성을 잊곤 한다.[30] 만약 아마존 이용자가 실망스럽거나 만족스러운 경험을 한다면, 인터넷 댓글을 남기기보다는 바로 다른 사람에게 이야기할 것이다. 우리는 전략과 상황 그리고 사람을 공정하게 평가한다고 생각하지만, 실제로는 그렇지 않다. 이웃을 속단하거나 인스타그램 프로필을 통해 상대를 미리 파악하지 않는 사람이 어딨는가? 낯선 사람과 대화를 시작하기 전에 상대를 대강 어림해 보지 않는 사람이 어딨는가? 회의 때 발표자의 말을 듣기 전에 슬라이드 뒷장을 넘겨보지 않는 사람이 어딨는가? 우리는 섬네일로 영화를 고르고, 표지를 보고 책을 고른다.

본다는 건 곧 믿는다는 것

전문가들조차 본 것을 그대로 믿는다.[31] 네덜란드의 미술 평론가 아브라함 브레디우스Abraham Bredius는 1660년대 화가 요하네스 페르메이르Johannes Vermeer를 연구한 학자이다. 그는 82세 때 페르메이르의 작품 〈엠마우스에서의 만찬The Supper at Emmaus〉를 보고 너무 감동한 나머지 그게 위조품이라는 사실을 알아차리지 못했다. 그가 본 건 한스 판 메이헤런Hans Van Meegeren이 모사해 수백만 달러에 판매한 위조품이었다.

평론가들은 '페르메이르의 희귀 작품들이 어떻게 이렇게 짧은 기간에 시장에 쏟아진 걸까?'라는 당연한 의문을 제기하지 못했다. 먼 훗날, 이 위조품은 히틀러의 오른팔인 헤르만 괴링Hermann Göring의 사무실에서 발견되었다.

시각적 데이터에 과도하게 의존하는 건 만연한 현상이다. 어떤 사람은 UFO나 초자연적 현상을 목격했다고 주장한다. 일부 열성 신도는 성모 마리아 동상이 흐느끼는 모습을 틀림없이 보았다고 말한다. 애널리스트들은 다른 생각에 사로잡힌 채 파이 차트와 그래프를 흘끗 보고 그걸 요약한다. 《데일리 미러Daily Mirror》편집자 피어스 모건Piers Morgan은 영국 군인들이 이라크 포로를 학대하는 가짜 사진에 속은 적이 있다. 헤드라인을 뽑으려는 욕심에 눈이 멀어 반쪽짜리 진실에 속아 넘어가 버린 것이다.

앨버트 메라비언Albert Mehrabian의 '7-38-55 커뮤니케이션 모델'에 따르면 55%의 시각적 보디랭귀지, 38%의 어조, 7%의 단어가 의사소통의 영향력을 좌우한다고 한다. 다르게 표현하면, 당신이 말한 내용을 7%밖에 기억하지 못한다는 것이다. 사람들이 기억하는 나머지 93%는 당신이 어떻게 말했는가다.

시각적 정보가 판단을 좌우하는 한 가지 이유는 고정관념 때문이다. 공유 차량 서비스 Lyft 운전자 22만 2,838명을 대상으로 한 연구에 따르면, 플로리다주 경찰은 같은 속도로 운전하고 있었음에도 백인 운전자보다 흑인 운전자를 24~33% 더 자주 멈춰 세운 것으로 나타났다. 이들이 모두 같은 속도로 운전하고 있었는데도 말이다. 게다가 흑인 운전자가 벌금을 낼 확률도 23~34% 더 높았다. 플로리다주엔 과속 운전하는 흑인이 많지 않다. 인종차별이 한몫하는 것이다.[32]

사람들은 본능적으로 자기의 감각을 과신하는데, 특히 청각보다는 시각에 있어서 더 그렇다. 뉴욕대 심리학 교수 에밀리 발세티스Emily Balcetis는 학생들에게 가장 잃고 싶지 않은 감각이 무엇인지 물었다. 당신이라면 어떤 것을 택하겠는가? 70%가 넘는 학생들이 시각을 선택했다. 이 말은 곧 70%의 학생이 그들의 청각, 후각, 미각을 희생하는 선택을 했다는 것이다.

플로리다주의 운전자 연구, 조슈아 벨 실험, 피어스 모건 사건, 아브라함 브레디우스의 사례에서 볼 수 있듯, 첫인상은 편향된 시각 데이터에 의해 형성되며, 종종 잘못된 판단으로 이어진다.

첫눈에 반한다는 것

우리는 보이는 것에 속아 넘어간다. 이미지와 첫인상은 어떻게 우리의 판단을 좌우할까? 해답은, 물리학, 신경과학, 교육 세 영역에 걸쳐져 있다.

먼저 물리학적으로 살펴보자. 천둥소리가 나기 전에 번개가 친다. 스포츠 팬들은 함성이 들리기 전에 득점을 목격한다. 알렉 볼드윈은 아마 총소리가 들리기 전에 섬광을 보았을 것이다.

다음으로 신경과학적인 측면을 살펴보자. 우리의 뇌가 처리할 수 있는 데이터에는 한계가 있다. 그러나 사람들은 여전히 많은 데이터가 제공하는 안도감에 빠져 있다. 아폴로 11호에 탔던 우주비행사 마이클 콜린스 Michael Collins 는 이렇게 한탄했다. "제 뇌가 받아들이거나 평가할 수 있는 양보다 제 눈이 더 많은 걸 봤다는 사실이 애석할 따름이죠[33]" 우리의 뇌는 단어보다 이미지를 더 빨리 처리한다.[34] MIT의 신경과학자들은 뇌가 이미지를 처리하는 데 0.013초가 걸린다고 밝혔다. 이 문장을 읽는 데 걸리는 시간보다 더 짧다.[35]

세 번째로 살펴볼 내용은 교육의 역할이다. 1920년대에 심리학자들은 세 가지 학습 유형을 제시했다. 시각적 학습, 청각적 학습, 운동 감각적 학습이 그 세 가지다. 사람들 대부분은 이미지나 그림을 통해 학습하고, 일부는 듣기를 통해 학습한다. 직접 몸을 움직여 배우는 사람은 소수에 불과하다.

일상생활과 업무에 '듣기'가 매우 중요한 기술인 점을 고려해 보면, 시각적 커리큘럼에 비해 청각적 커리큘럼은 도외시되는 경향이 있다. 인간 행동에 대한 이해 또한 마찬가지다. 교육 프로그램은 다양한 데이터를 이해하고 해석하는 능력보다는 지식 습득에 초점을 두고 있다. 교사들은 숨은 의미를 해석하려 하지 말고 수업에 귀를 기울일 것을 요구한다. 독립적으로 사고하는 학생보다 교사의 견해를 그대로 받아들이고 텍스트를 암기하는 학생에게 엄지를 치켜

세운다.

리더십은 고객, 주주, 시장의 의견에 귀 기울일 것을 강조한다. 그러나 고객의 불만이나 반대 의견, 비판의 목소리, 불편한 규제는 무시한다. 동조하는 목소리에만 귀 기울일뿐, 동조하지 않는 목소리는 흘려듣는다.

주의 깊게 듣고 재해석함으로써 우리는 건전한 판단을 내릴 수 있다. 그러나 강렬한 시각적 자극은 중요한 정보를 흘려듣도록 방해하고 우리를 심리적인 농인으로 만든다.

잘못된 판단을 내리게 만드는 또 다른 외부 요인은 현대의 양극화된 사회다. 양극화 사회는 분열된 정치, 종교, 스포츠에서 찾을 수 있다. 이런 사회는 우리가 극단적이고 이분법적인 생각을 하도록 만든다.

4. 양극화 사회: 그들 그리고 우리

농부가 키우던 말을 잃어버리는 내용의 한 고대 우화가 있다. 이웃들이 농부를 위로하며 "안됐네요"라고 말하자, 농부는 이렇게 대답한다. "잘된 일인지 안된 일인지 잘 모르겠네요"

며칠 뒤 농부의 말은 다른 말 일곱 마리와 함께 집으로 돌아온다. 이웃들이 기뻐하며 "잘됐네요"라고 말하자, 농부는 어깨를 으쓱하며 말한다. "잘된 일인지 안 된 일인지 잘 모르겠네요"

다음날 농부의 아들이 새로운 말 한 마리를 타다가 낙마해 다리가 부러지는 일이 발생한다. 이웃들은 그를 측은히 여기며 "운이 안 좋았네요"라고 말한다. 이번에도 농부는 그저 어깨를 으쓱하고 만다.

일주일 뒤 군 장교들이 청년들을 징집하기 위해 마을에 들이닥친다. 아들의 다리가 부러진 것을 본 그들은 그냥 돌아간다. 이웃들이 가슴을 쓸어내리며 "운이 좋았네요"라고 말하자, 농부는 "운이 좋은지 안 좋은지 잘 모르겠네요"라고 대답했다.

우리는 극단적으로 생각하는 경향이 있다.

2022년 9월 비교적 유명하지 않았던 엘리자베스 트러스Elizabeth Liz Truss가 보리스 존슨의 뒤를 이어 영국 총리가 되었다. 이틀 뒤 엘리자베스 2세 여왕이 세상을 떠났다. 트러스는 갑작스럽게 세간의 주목을 받으며 수십억 명의 군중 앞에 섰다. 그녀는 취임 연설에서 "저는 행동할 것입니다.[36] … 국민께 한 약속을 반드시 지킬 것입니다"라며 성장에 대한 강한 의지를 드러냈지만, 바로 그것이 문제가 되었다.

취임 일주일도 지나지 않아 트러스가 발표한 예산안은 경제적 실패라는 비판을 받았다. 그녀는 대처주의* 신념에 따라 국제통화기금의 경고를 무시하고 공격적인 정책을 밀어붙였다. 장관들에게는 확신에 찬 지도자로 보였지만,[37] 실제로는 반대 의견과 사회의 경고음을 외면하고 있었다. 그 결과 주택담보대출 시장은 무너졌고, 파운드화 가치는 폭락했으며, 잉글랜드은행은 650억 파운드 규모의 구제 금융에 나서야 했다.

급박한 정책 공표로 당의 지지를 받는 데 실패한 신임 총리는 값비싼 대가를 치러야 했다. 트러스는 6,700만 명의 시민을 이끌어야 할 자신의 사명을 저버렸다. 여러 가지 편견이 이런 결과를 낳았다. 《파이낸셜 타임스》는 트러스의 이분법적 정책관을 '모 아니면 도'라고 칭했다.[38] 사실상 결과는 '빽도'였고, 그

---

* '철의 여인'이라는 별명을 가진 영국의 전 총리 마거릿 대처의 정책이나 그와 유사한 정책을 의미한다.

녀는 총리직에서 물러나야 했다. 트러스가 집권한 총 임기는 44일이었다.[*]

거대한 균열: 이분법적 판단

농부의 우화처럼 우리는 선택을 '둘 중 하나'라는 조건으로 압축한다. 정책은 옳거나 그르거나, 긍정적이거나 부정적이다. 선택은 승패로 갈리며 그 폭이 좁아진다.

이분법적 분류 방식은 계층화된 시스템과 구조에 내재하고 있다. 마케팅 전문가는 고객을 X세대, Y세대, Z세대로 세분화한다. 동료들은 스포츠를 좋아하거나 학구적이고, 내향적이거나 외향적이며, 잠재력이 높거나 낮은 것으로 양분화된다. 시장은 규제가 심하거나 전혀 규제되지 않고, 노동자는 숙련 노동자와 비숙련 노동자로 구분된다. 심지어는 우유도 저지방과 전유로 나뉜다.

셰익스피어의 『햄릿』에는 이런 구절이 있다. "좋거나 나쁜 건 없다. 단지 생각이란 게 그렇게 만들 뿐이다" 이분법적인 사고는 미묘한 차이를 부정한다. 그러나 '선호'라는 건 유동적이어서 깔끔한 상자 안에 딱 들어맞을 수 없다.

일차원적인 분류가 이해하기는 쉽다. 그러나 우리 세상이 지나치게 단순화된 카테고리, 부문, 선택으로 점철되어 있다면, 수평적 사고는 불가능하다. 예를 들어, 귀차니즘이 심한 인사 평가 매니저는 5점식 인사고과처럼 엄격히 수치화된 평가 체계만을 사용하고, 360도 피드백과 같은 수평적·질적 평가 방식은 고려하지 않을 수 있다. 이 경우 정상 참작의 여지는 사라지고, 인재는 과소평가되며 회사는 소중한 지적 자산을 잃게 된다. 때때로 양극화는 조직적·사회적 컴플라이언스를 강화하기 위해 전략적으로 사용된다. 이분법적 사고방

[*] 실제 트러스의 임기는 2022년 9월 6일부터 2022년 10월 25일까지 50일이다.

식은 '전부 아니면 전무'라는 인상을 주고, 시야를 좁힌다.

　세상은 2차원이 아니다. '고정된 사고방식'은 위험한 종교적, 경쟁적, 정치적 분열을 조장한다. '받아들이거나 버리거나' 같은 태도는 문제를 심화한다. 트러스는 강경한 목표 지향적 태도와 반성의 여지가 없는 태도가 만나면 얼마나 처참하게 실패할 수 있는지를 설득력 있게 보여 줬다.

내키지 않는 사색

　킹스 칼리지 런던의 주의력 실험에서 응답자 47%는 '깊이 생각하는 일'이 더 이상 일상적이지 않다고 답했다.[39] 그럴 만한 결과다. 생각하는 일은 진이 빠진다. 그래서 많은 사람이 시간을 들여 숙고하기보다 신속하고 즉각적인 결정을 더 선호한다.

　대니얼 카너먼은 이런 말을 했다. "인간에게 생각이란 고양이의 수영과 같다. 고양이도 수영할 수 있지만, 수영을 좋아하지는 않는다[40]" 틀린 말은 아니다. 시끄러운 세상 속에서 신체적, 정신적 능력이 고갈되면 반추하기가 꺼려지는 게 당연하다. 일종의 '피로 효과'다. 하지만 아이러니하게도 우리는 활동적이고 바쁘게 살길 좋아한다.

　그러나 극단적인 행동 편향*은 주의할 필요가 있다. 한 연구에서 64%의 남성 참가자는 15분 동안 가만히 있기보다는 스스로 가벼운 전기 충격을 가하길 가하길 선택했다.[41] 매튜 킬링스워스Matthew Killingsworth 박사와 하버드대학 교수인 댄 길버트Dan Gilbert는 스마트폰을 이용해 행복을 자가 진단하는 연구를 수행했다. 그들은 해당 연구를 통해 얻은 결론을 논문 제목으로 했는데, 그 논

---

*　　인간이 행동하지 않기보다 행동하기를 선택하는 경향.

문의 제목은 「방황하는 마음은 곧 불행한 마음」이다.[42]

활동적인 상황에서 우리는 듣지 않고, 들은 것을 재해석하지도 않으며, '뭐가 빠진 거지?'하고 자문하지도 않는다. 판단의 어려움은 바로 여기에 있다. 여러 테스트를 통해 증명된 사실에 따르면, 심지어 듣고 있을 때조차도 우리는 25%의 효율성만을 발휘한다.[43] 75%는 낭비되는 셈이다. 진심으로 다른 이의 말을 듣고자 하는데 왜 이런 일이 일어날까? 이 질문에 대답하기 위해 다시 신경과학의 힘을 빌려야 한다. 우리의 뇌는 가장 말이 빠른 사람이 말하는 속도보다 네 배 더 빠르게 데이터를 처리한다. 뇌의 처리 속도를 따라잡기란 쉬운 일이 아니다.

과도한 데이터에 휩싸인 시각적이고 산만한 사회에서 우리는 스크롤을 내리고, 대충 훑어보고, 서둘러 요약하며 점점 더 편협하게 사고한다. 그 결과 정말 중요한 것들은 우리의 귀에 닿지 않는다. 그러나 우리는 귀 기울일 수 있다.

질문을 던진 다음 말을 이어가기 전에 얼마나 기다리는가? 일반적으로 교사는 학생에게 1초 미만의 생각할 시간을 준다. 교육자 메리 버드 로우Mary Budd Rowe는 교사가 질문을 던진 뒤 기다리는 시간이 길수록 아이들이 얼마나 더 깊이 있고 훌륭한 답변을 내놓는지를 연구했다. 그 결과 교사가 3초 동안 생각할 시간을 주면, 몇 배 더 심사숙고한 답변이 나오는 것으로 나타났다. 이 정도의 생각할 시간을 주게 되면 학생들은 더 큰 경청 의지를 갖게 되고, 비판적 사고를 적용하려는 의지 또한 커지는 것이다.[44] 들은 내용을 해석하는 데 들이는 시간은 1분 1초가 중요하다.

1970년대에 엘빈 토플러Alvin Toffler는 자신의 저서 『미래의 충격』에서 인간의 방어기제가 '우리의 편견을 더 확실시하는 방식으로 세상을 단순화시킬 것'이라고 예측했다. 그의 말이 맞았다. 우리는 세상을 이해하기 위해 복잡한 문제들을 단순화하고 제한된 표본만으로 일반화한다.

판단력을 무력화하고 이성적 목소리를 듣지 못하게 하는 데는 다양한 심리학적 방해 요소가 작용한다. 3대 오류에 대응하려면 반드시 중요한 문제가 무엇인지 걸러 내야 한다.

의사결정 고수가 되기 위한 핵심 원칙

- 누군가를 알거나 뭔가를 안다고 똑똑한 건 아니다. 중요한 건 당신이 어떤 방식으로 사고하느냐다.

- 상황, 낯선 사람, 전략을 어떻게 해석하느냐는 맥락의 영향을 받는다. 현대 사회는 정작 중요한 것을 듣는 데 도움이 되지 않고, 이를 핑계로 우리는 더더욱 흘려듣게 된다.

- 이분법적이고 편향되고 제한된 방식으로 생각하고, 듣고, 행동하게 되는 데에는 맥락과 인지가 함께 기여한다.

- 네 가지 상호 연관된 요인이 잘못된 판단의 위험을 증폭시킨다.

1. **초고속 사회** 속도는 단기적 사고방식을 부추길 뿐만 아니라 주의력을 감소하고 분산시킨다.

2. **데이터 중심 사회** 수많은 잡음과 방해 요소 때문에 **중요한 신호**를 감지히기가 쉽지 않다.

3. **양극화 사회** 사람들은 이분법적 시각으로 판단한다. 세상은 단순히 1차원 혹은 2차원이 아니다. 세상에는 많은 미묘한 차이가 존재한다. 가장 이지적인 해석은 세상이 다차원이라는 것이다.

4. **시각적 사회** 우리는 들은 것보다 본 것에 더 많이 의존한다. 신경과학, 물리학, 교육 그리고 디지털화가 그 이유를 설명한다.

- 인간은 끊임없이 성찰하기를 꺼리고 편리한 지름길을 선호한다. 1초라도 더 곱씹어 볼수록 의사결정에 실패할 위험에 더 잘 대응할 수 있다.

- 알고리즘이 인간의 판단력을 대체할 수는 없다. 인간의 판단력은 지금 그 어느 때보다 더 중요하다.

- 사회는 우리가 모든 이의 목소리를 들을 것을 요구한다. 그러나 원격화된 초고속 사회에서는 모든 이의 목소리가 모든 상황에서 똑같이 중요한 것은 아니다.

- 중요한 목소리에 선택적으로 귀를 기울여야 하고 무의미한 것에서 의미 있는 것을 걸러 내야 한다.

CHAPTER 02

판단 살인마:
맹점, 농점 그리고 아점

**인간을 정의하는 모든 방법 중에서 가장 최악은
인간을 합리적인 동물이라 칭하는 것이다.**

프랑스 작가, 아나톨 프랑스Anatole France

그리스 신화에서 카산드라는 아폴로의 구애를 뿌리친 대가로 저주를 받았다. 아폴로는 그녀에게 예언 능력은 그대로 두되, 아무리 진실을 말해도 누구도 믿지 않도록 만들었다. 때때로 우리도 카산드라처럼 아무도 듣지 않는 허공을 향해 소리친다.

램퍼트 투자자산운용회사Rampart Investment Management의 리더들은 금융 전문가 한 명에게 뉴욕의 립스틱 빌딩 17층에서 만들어 낸 뛰어난 결과를 재현하라고 말했다.* 1999년의 일이다. 5분도 채 지나지 않아 회계사 해리 마코폴로스Harry Markopolos는 버나드 메이도프Bernard Madoff가 언급한 숫자들이 비논리

---

* 　당시 뉴욕 립스틱 빌딩의 17층은 폰지 사기꾼 버나드 메이도프가 투자 자문 사업을 운영하던
　　곳이다.

적이라는 사실을 발견했으며, 역사상 가장 큰 폰지 사기를 밝혀냈다.[1]

마코폴로스는 폰지 사기를 수학적으로 증명하는 데 네 시간도 채 걸리지 않았다고 말했다. 그의 해석 능력은 DNA에 각인된 것이었다. 마코폴로스의 어머니가 말하기를, 학창 시절 그는 선생님들께 '저는 정답을 알고 있어요. 선생님들의 질문이 잘못된 거죠'라는 주장을 하곤 했다고 한다.

그의 저서 『아무도 듣지 않을 것이다No One Would Listen』에서 마코폴로스는 자신이 어떻게 증권거래위원회Securities and Exchange Commission, SEC에 이 유령 수익에 대한 의심을 제기했는지 설명한다. 그러나 그의 의견은 9년 동안이나 무시당했다. 그는 《월스트리트 저널》에도 이 사실을 알렸지만, 보도 우선순위에서 밀렸고 무용지물이 됐다. 시간이 지난 뒤 《월스트리트 저널》은 마코폴로스를 "약간 정신 나간 사람"으로 묘사하기도 했다.[2]

메이도프가 '다른 헤지펀드에 비해 세 배나 큰' 60억 달러 규모의 자산을 관리한다는 낭설이 나돌 때 시장에서 별다른 반응이 없었던 건 뭔가 잘못되었다는 명백한 신호였다. 월스트리트에서 돈 좀 번다는 투자자들은 상식의 목소리를 탐욕의 목소리로 덮어 버렸다. 이들은 마치 마술 같은 메이도프의 운용 결과를 '완벽한 시장 타이밍 덕분'이라고 합리화했다. 마코폴로스는 《가디언》지와의 인터뷰에서 다음과 같이 말했다. "그 정도의 위험 대비 수익률은 인류 역사상 본 적이 없었다[3]" 메이도프의 전략이 현실적으로 가능하려면 시카고 옵션 거래소에 존재하는 것보다 더 많은 옵션을 보유해야 했다.

마코폴로스는 자신의 주장을 입증하기 위해 14년 간의 데이터를 바탕으로 29개의 위험 신호를 정리했다. 2005년 그는 보스턴의 증권거래위원회에 스물한 페이지 분량의 서신을 보냈는데, 제목은 '세계에서 가장 규모가 큰 그 헤지펀드는 가짜다'였다. 보스턴은 이를 뉴욕으로 보냈다. 2007년 증권거래위원회는 메이도프와 그의 헤지펀드에 투자한 주요 투자회사인 페어필드 그리니치 그룹Fairfield Greenwich Group을 인터뷰했으나 사기 혐의를 발견하지 못했다. 규제기관은 세상 물정 모르고 머리만 비상한 괴짜, 마코폴로스보다 업계 거물의 목소리에 귀를 기울였다. 정말로 중요한 순간에 중요한 사실이 무엇인지 아무도 듣지 못했다. 2년 후 650억 달러의 폰지 사기가 무너졌다. 수백만 투자자가 평생 모은 돈을 잃었다. 마코폴로스는 2009년 미국 하원에서 이 이야기를 했다.[4] 그제야 그의 목소리가 퍼지기 시작했다.

흘려듣기는 전후 사정의 문제였을까. 인지의 문제였을까, 아니면 그 둘의 결합이었을까? 앞선 장에서는 외부적 맥락이 어떻게 판단을 빗나가게 하는지를 살펴보았다. 이 장에서는 내부적인 사고방식이 판단을 어떻게 손상시키는지 살펴볼 것이다. 당신이 접한 스캔들이나 당신이 직면한 딜레마는 모두 잘못된 판단으로 돌진하게 만들거나 판단을 주저하게 만드는 일련의 편견에서 비롯된 것일 수 있다.

편견의 맹점에 대해 들어 본 독자는 많겠지만, 편견의 농점이나 아점에 대해서는 익숙하지 않을 것이다. 1969년 정신분석학자인 루돌프 엣스테인Rudolf Ekstein은 심리 치료사가 보고 들은 관찰의 내용과 내담자가 말한 내용을 통합하여 분석할 것을 권장했다. 심리 치료사가 내담자의 행동을 해석하고 의사결정하는 능력을 개선하도록 돕기 위한 것이었다. 그는 다음과 같이 분류했다.

- 맹점(문제를 제대로 보지 못하는 능력)
- 농점(문제를 정확하게 듣지 못하는 능력)
- 아점(문제를 현명하게 말하지 못하는 능력)

이러한 심리적 현상은 모두 우리가 보고, 듣고, 말하는 것에 대해 잘못된 판단을 내리게 만든다. 나는 이를 오류의 3요소라고 부른다. 다음 그림을 보자.[5]

이 3요소는 우리의 사고방식에 영향을 미치는 잘못된 정보의 잠재적인 원천이다. 건전한 판단을 위해서는 1차원적 또는 2차원적 관점을 고수하기보다는 엣스테인의 3차원적 관점을 견지하는 것이 중요하다.

이 장에서는 이 세 가지 요소의 본질을 살펴보고, 다양하고 중대한 오류의 농점에 대해 다룰 것이다. 전하려는 메시지는 간단하다. '보이는 것이 다가 아니고, 들리는 것이 다가 아니며, 말하는 것이 다가 아니다.' 증권거래위원회 위원장처럼 가장 똑똑할 것 같은 리더나 권력자도 예외 없이 맹점에 시달리며, 원하는 것만 보게 된다. 이에 대해서 먼저 얘기해 보자.

맹점: 보이는 것이 다가 아니다

브렌트우드에 사는 34세의 멋진 모델은 가족과 친구, 경찰에게 전남편의 폭력적인 분노가 두렵다고 말했다. 1989년 새해 첫날, 그녀는 로스앤젤레스 경찰에 미친 듯이 신고 전화를 걸었다. 경찰관이 도착했을 때 그녀는 정원에서 운동복 바지와 브라 차림으로 "그가 저를 죽이려 해요!"라고 울부짖었다.[6] 그러나 경찰은 절차와 달리 그녀의 남편을 체포하지 않았다.

5년 뒤인 1994년 6월 12일 경찰관들은 피투성이가 된 여성을 발견했는데, 목에는 길게 베인 상흔이 있었다. 니콜 브라운 심슨Nicole Brown Simpson과 웨이터 론 골드먼Ron Goldman은 칼에 찔린 채 5년 전 바로 그 정원에 누워 있었다. 전 남편이자 스포츠 영웅인 O.J. 심슨의 행동은 그제야 뒤늦게 재조명되었다. 5년 전 경찰은 이미 그녀의 몸에 난 멍을 확인했고, 도움을 호소하는 목소리도 들었으나 의미 있는 조처를 하지 않았다.

《로스앤젤레스 타임스》는 다음과 같이 보도했다. "1989년 사건 이전에도 니콜은 7~8차례 도움을 요청했고 경찰은 그때마다 로킹엄 가Rockingham Avenue에 위치한 심슨의 집을 방문했다. 그러나 피고인은 한 번도 체포되지 않았다[7]" 경찰 내부에는 내통, 유착, 유명인 봐주기라는 오랜 관습이 있었다. 경찰들은 들었지만 듣지 못했고, 유명인인 심슨의 아우라에 갇혀 있었다.

맹점은 갑자기 생겨난 것이 아니다. 미국 심리학회American Psychological Association에서는 맹점을 '특정 행동 영역이나 성격 영역에 대한 통찰력이나 인식 부족'이라고 정의한다. 감정이나 동기를 인식하는 일은 고통스러울 수 있기 때문에, 맹점은 '억압된 충동이나 기억을 알아차리지 못하도록' 막는다.[8]

이노센스 프로젝트Innocence Project라는 비영리 조직에서 일하면서 나는 죄 없이 유죄 판결을 받은 사람들을 만났다. 2001년 터메인 힉스Termaine Hicks는 좁은 길에서 우연히 강간당한 여성을 발견했다. 도움을 요청하기 위해 휴대폰을 꺼내려는 순간 펜실베이니아 경찰은 그가 총을 꺼낸다고 생각하고 그의 등을 세 차례 쐈다. 피해자가 힉스를 강간범으로 지목하지 않았는데도, 경찰은 그를 강간범으로 단정했다. 부유한 심슨을 대할 때와는 달리, 경찰은 왜 평범한 유색인 남성을 범죄와 연관 지어 해석했을까? 왜 그가 유죄라고 성급하게 판단했을까? 왜 무장하지 않은 흑인에게 총을 쏘는 판단이 옳은지 의심하지 않았을까?

힉스는 감옥에서 무려 19년이라는 긴 시간을 낭비했다.[9] 오랜 법적 다툼 끝에 그는 마침내 부당하게 죄를 뒤집어쓴 피해자라는 판결을 받았다. 그가 승소 소식을 전해 들은 날의 이야기는, 듣는 이의 마음을 깊이 울렸다.

누군가 제 말을 들어 주었어요. 섬에 갇혔는데, 메시지가 담긴 유리병이 떠내려온 걸 발견한 느낌이었죠.

심리학자 에밀리 프로닌Emily Pronin은 편견에 대해 이해하는 것이 우리의 행동을 설명하는 데 도움이 된다고 주장한다.[10] 우리는 어떠한 상황을 해석할 때 성격과 신념뿐만이 아니라, 문화, 전후 사정, 주변인도 고려한다.

노벨 경제학상 수상자인 리처드 탈러Richard Thaler는 '관계없다고 여겨지는 요인supposedly irrelevant factors'이라는 개념을 언급한다.[11] 그는 사회 규범, 기분, 날씨, 또는 정보 제시 방법과 같은 비이성적 요인이 행동에 영향을 미친다고 주장한다. 예를 들어, 당신은 단지 배고프다는 이유로 다른 사람을 더 가혹하게 비판할 수도 있고, 단지 날씨가 좋은 날에는 흐린 미래를 위해 저축할 필요성을 느끼지 못할지도 모른다. 이러한 영향은 얼핏 보면 관련 없어 보이는 것들이지만, 실제로는 그렇지 않다.

어떤 이들은 편견을 부정한다. 아마 당신도 그럴지도 모른다. 사실 90%의 사람들은 자기가 보통 사람들보다 편견의 영향을 덜 받는다고 생각한다.[12] 법의학자의 71%도 마찬가지다.[13]

세계적인 회계·경영컨설팅 업체인 영국 KPMG의 전 회장인 빌 마이클Bill

Michael은 직원들에게 "무의식적인 편견이라는 건 없다"라고 말했다. 완전 헛소리였다. 훗날 그는 팬데믹 스트레스에 시달리는 직원에게 '찡찡거리지 말라'고 말해 해고당했다.[14] 똑똑하다거나 나이가 많다고 해서 중요한 목소리에 더 잘 귀를 기울이고, 데이터를 정확하게 해석하고, '부주의 맹시inattentional blindness*'의 오류를 피할 수 있다는 보장은 없다. 그러나 그렇게 할 수 있다면 경력을 쌓는 데 도움이 된다.

부주의 맹시

포화 자극의 세계에서는 주의가 제한되고, 고정 관념에 휩싸이기 쉬우며, 곁길로 새게 되는 경우가 많다. 아이러니하게도 우리는 무엇이 유용하고 중요한지 알아차리기에는 너무 바쁜 나머지 이미 우리가 아는 사실에 의존하고 그것을 사실이라고 여긴다.

대니얼 카너먼은 이를 '보이는 것이 전부다what-you-see-is-all-there-is', 줄여서 WYSIATI라고 칭했다.[15] 다시 말해, 우리는 자신이 정확히 보고 있다고 믿지만, 실제로 우리의 시야는 지각과 경험을 통해 이미 알고 있는 것에 의해 제한된다. 이는 허버트 사이먼의 '제한된 합리성' 개념과도 일맥상통한다.

코 앞에 있는 것에 최대한 주의를 기울이다 보면, 추가적인 디테일을 놓치게 된다. 세부 사항에 지나치게 집중함으로 인해 발생하는 일종의 부주의 맹시인 셈이다. 나는 이를 최고위 과정에서 배웠는데, 하버드대의 대니얼 시몬스Daniel Simons와 크리스토퍼 샤브리스Christopher Chabris의 실험을 통해서였다. 직접 시도해 보고 싶다면 www.invisiblegorilla.com을 방문하면 된다. 이 테스

---

*   주의를 기울이지 않아 실재하는 것을 보지 못하는 것을 일컫는 심리학 용어.

트는 단 한 번만 참여할 수 있다.

실험 영상에는 농구공을 패스하는 두 팀이 등장한다. 한 팀은 검은색 티셔츠를, 다른 팀은 흰색 티셔츠를 입고 있다. 참가자는 흰색 티셔츠 팀이 농구공을 몇 번 패스하는지 세면 된다. 특별한 기술은 필요 없다. 그저 관찰하면 된다. 내가 센 숫자는 6이었다. 하지만 숫자는 중요하지 않았다. 패스 횟수를 세느라 너무 바쁜 나머지, 검은색 고릴라 복장을 한 학생이 선수들 사이를 가로지르며 9초 동안 가슴을 두드리는 모습을 전혀 보지 못했기 때문이다. 사실이다. 발표자가 영상에서 무엇을 보았느냐고 묻자, 대부분은 아무 대답도 하지 못했다. 고릴라라고? 나처럼 시니컬한 사람을 위해 비디오는 한 번 더 재생되어야 했다.[16] 진짜 고릴라가 있었다. 이 실험은 우리가 과도하게 집중할 때 무엇을 놓칠 수 있는지를 잘 보여 준다.

제2차 세계대전 중, 영국 언론은 영국 왕립 공군의 테스트파일럿이자 '부엉이의 눈을 가진' 존 커닝햄John Cunningham의 위업을 대서특필했다. 그는 야간에 적의 전투기를 격추하는 데 뛰어난 실적을 보였다. 언론은 실내에서 선글라스를 끼고 있는 커닝햄의 사진을 쏟아냈고, 그가 천부적인 야간 시력을 위해 당근을 먹는 습관이 있었다며 떠들어댔다. 의도적인 시선 끌기였다. 실제 커닝햄의 전투기는 최신형 공중 요격 레이더를 탑재하고 있었다. 독일군은 그들이 (언론을 통해) 본 걸 그대로 믿었을 뿐, 결코 의심을 품지 않았다.

카너먼이 주장한 '보이는 것이 전부다'라는 개념을 바탕으로 나는 '들리는 것이 전부가 아니다what-you-hear-is-NOT-all-there-is'를 주장하고자 한다. 이는 맹점보다는 '농점'을 강조한다. 우리의 자신감은 우리가 들었다고 여기는 것에 바탕을 둔다. 농점은 귀중한 데이터, 모티브, 단서, 트렌드, 중립적인 의미의 꼬리표 및 신호를 그냥 흘려듣도록 만든다.

HR 전문가 폴 카포냐Paul Kaponya에 따르면, 심리학적 농점은 "우리의 신념에 반하는 사실들을 알아보고 이해하는 능력을 망가뜨린다[17]"

다시 말하자면, 언제나 달리 해석할 여지가 있다는 의미다.

농점: 들리는 것이 전부가 아니다

미국 가수 빙 크로스비Bing Crosby 연구는 '들리는 것이 전부가 아니다'라는 개념을 잘 담아내고 있다.[18] 네덜란드 연구진들은 참가자들에게 녹음된 백색 소음을 들려주면서 중간중간 명곡 〈화이트 크리스마스〉가 흘러나올 테니, 그 노래를 들으면 버튼을 누르라고 말했다. 실제 녹음에서 그런 노래는 나온 적이 없지만, 매 실험에서 참가자의 3분의 1이 버튼을 눌렀다. 이유가 뭘까? 참가자들이 그 노래를 들을 거라 예상했기 때문이다. 스트레스 상황에서는 가벼운 환각 증상을 겪기 쉬운데, 이는 시끄러운 현대 사회의 고질병이다. 우리가 듣는 게 항상 실재하는 것은 아니고, 우리가 듣는 것을 항상 믿을 수도 없다. 그렇지만 우리는 우리가 듣는 대로 믿는다.

부주의로 인한 청각 소실

부주의 맹시의 첫 번째 사촌은 '부주의로 인한 청각 소실Inattentional deafness'이다.[19] 학계에서는 부주의로 인한 청각 소실을 과도한 업무량과 연관 지었지만, 이론상으로 원인은 훨씬 더 광범위하다. 당신이 듣지 못하는 이유는 당신의 주의력이 한 곳에 집중되어 있기 때문이다. 유니버시티칼리지 런던University College London 보고서에서는 시각적인 집중이 우리를 '귀먹게' 만든다고 주장한다. 그 이유는 청각과 시각이 제한된 신경 자원을 공유하기 때문이다.[20] 예를 들어 당신은 책을 읽는 도중에 전화가 울리는 소리를 듣지 못할 수도 있다. 면세점 쇼핑을 하느라 항공사인 라이언에어Ryanair로부터 걸려 온 긴박한 전화를 듣지 못할지도 모른다.

시각적 사회에서는 화재 경보, 누군가가 도움을 요청하는 소리, 전자레인지 알림음, 개 짖는 소리가 배경 속으로 희미해진다. TV 제작자가 시청자를 깜짝 놀라게 하고 그들의 주의를 끌기 위해 높은 데시벨로 광고를 송출하는 이유도 이 때문이다.

부주의로 인한 청각 소실은 심리적 농점 및 청각적 무신경insensitivity to listening과 밀접한 관련이 있다.

때때로 우리는 일부러 흘려듣기도 한다. 허풍쟁이, 따분한 사람, 불평하는 사람, 비판하는 사람, 소리를 지르거나 위협하는 사람, 설교하는 사람으로부터 신경을 꺼 버린다. 하지만 선택적, 전략적 귀 기울임은 우리에게 득이 된다. 허풍쟁이가 당신에게 최신 트렌드를 알려 줄 수도 있고, 설교하는 사람은 암 치료법을 알고 있을지도 모른다.

득이 되지 않는 행동을 하는 게 전혀 새로운 일은 아니다. 아이패드, 아이폰, 아이로봇이 등장하기 2,500년도 훨씬 이전에 플라톤은 우리의 형편없는 자기 통제력을 '아크라시아akrasia'라고 명명했다.[21] 중요한 건 올바른 목소리를 선별적으로, 그리고 전략적으로 듣는 것이다.

✳✳✳

부주의로 인한 청각 소실은 범죄는 물론, 기업과 상업 전반에 심각한 결과를 초래한다. 1970년대에 한 벨기에 귀족과 그의 이탈리아 출신 동료는 프랑스 정유회사 엘프 아퀴테인Elf Aquitaine의 임원진에게 접근했다. 두 발명가는 해저 석유를 탐지하는 혁신적인 방법을 제시했다. 원유 공급에 대한 전매권이 없었던 엘프는 엄청난 상업적 압박을 받고 있었다. 이 혁신가들은 자본이 대규모로 투입되는 추출 프로세스를 생략할 수 있게끔 해수면 위에서 석유의 '냄새를 맡을 수 있는' 항공기를 선보였다. 그 회의에는 특허 보호를 이유로 과학자들의 접근이 제한되었다.

계약은 체결되었다. 4년이 넘는 기간 동안 정부는 이 극비 프로젝트에 약 2억 달러 가까이 투자했다.[22]

그러나 이는 커다란 농간이었다. 테스트는 실패했고 석유는 발견되지 않았다. 엘프 아퀴테인의 리더들은 적정한 감지 테스트를 적용하는 것보다는 전략적 구원과 수익성 회복의 영광에 더 많은 기대를 걸었을 것이다.

불확실한 상황이나 압박 속에서, 이미 주어진 해결책에 반기를 드는 사람은 거의 없다. 이는 PERIMETERS 효과와도 일맥상통한다. 편리한 해결책을 받아들이기가 더 쉬운 법이다.

잘못된 판단은 부지불식간에 일어난다. 청각과 관련된 흔한 심리학적 편향은 양심의 목소리에서부터 군중의 목소리에 이르기까지, 사기꾼들에서부터 우상에 이르기까지 어떤 목소리나 누군가의 목소리에 귀를 기울이게 하거나, 또는 흘려듣게 한다.

몇몇 편견은 귀먹음 증후군을 심해지게 만드는데, 특히 그 편견이 감정에 의해 유발될 때 더욱 그렇다. 예를 들어 우리는 우리가 사실이길 바라는 내용을 듣는다(희망 사항 듣기wishful hearing). 입에 쓴 내용은 거부하고(타조 효과ostrich effect), 메시지를 전달하는 이에 대한 감정에 따라 메시지를 수용하거나 거부한다(메신저 효과messenger effect). 언제나 농점을 증가시키는 널리 퍼진 편견 두 가지는 '믿음 지향default to truth'과 '확증 편향confirmation bias'이다. 이 두 가지는 탐구해 볼 만한 가치가 있다.

믿음 지향: 들은 것을 믿는다는 것

티머시 레빈Timothy Levine은 속임수에 대해 20년 동안 연구한 학자다. 그는 의심이나 이례적인 상황을 억누르려는 인간의 본능을 '믿음 지향 이론'으로 설명한다. 그는 우리가 대체로 믿음 지향적이며, 최악의 시나리오를 상상하지 못한다고 주장한다. 배심원들이 자녀를 살해한 부모에게 유죄 판결을 내리기 힘들어하는 이유가 여기에 있다. 데이트 살인이 고의적인 의도에 의한 것이 아니라 '충동적인 범죄'로 감경되는 이유도 마찬가지다. 믿을 수 없는 일이다. 학계에서는 이를 두고 '가족 할인'이냐며 비난한다.

가짜 이력서든 꾀병이든, 조작된 데이터에 기반한 연구든, 모두가 정직하리라 믿으면 사기를 당하거나 농점에 빠지기 쉽다. 훈장을 받은 교수들조차 예외는 아니다.

2012년 발표된 한 연구는 공식 문서의 하단이 아닌 상단에 서명하면 정직성이 10.25% 높아진다는 결론을 내렸다. 서약과 유사하게, 서명이 개인의 명예를 환기해 사기를 줄인다는 주장이다.

이 통찰은 여러 연구에 근거했으며, 그중 하나는 자동차 보험 데이터를 활용한 것이었다. 하버드대와 듀크대의 저명한 학자 다섯 명이 공동 집필한 이 논문은 강한 설득력으로 정부와 각종 기관에 널리 인용되었다.

그러나 2020년 독립 연구진은 해당 연구가 무작위 조건에서는 재현되지 않는다는 결론에 이르렀다. 당혹스러운 일이었다. 2012년 논문을 철회할지를 두고 저자들 사이에서도 의견이 갈렸다. 저자 중 한 명인 맥스 베이저만 Max Bazerman 교수는 철회를 주장했으나 표결에서 밀렸다. 그는 저서 『공모 Complicit』에서 자동차 보험 데이터에 의문을 제기했지만, 모호한 답변을 들은 채 '진실'이라는 가정하에 연구를 이어갔다고 밝혔다.

2021년 8월, 한 블로그는 해당 자동차 보험 데이터가 조작되었음을 입증했다. '정직의 효과'를 검증한 논문이 '거짓'에 기반했다는 아이러니였다. 비난은 자동차 연구를 맡은 듀크대 교수 댄 애리얼리Dan Ariely에게 향했다. 그는 과거 "우리는 '상당히 정직한 개인'이라는 이미지를 유지할 수 있는 범위까지는 부정한 방법을 쓴다"라고 말한 바 있다.[23] 그는 자동차 연구와 관련해 어떠한 부정행위도 없었다고 주장했다. 반면 베이저만 교수는 책임을 자신에게 돌렸다.

나는 데이터에 문제가 있을 수 있다는 의심을 품었고 그 의견을 공저자들과 나눴다. 더 나은 답변을 요구해야 했던 상황에서 나는 그들의 답변을 액면 그대로 받아들이고 그들을 믿었다.

하지만 베이저만 교수는 후회할 필요가 없다. 우리도 매일 모든 것을 액면 그대로 받아들이지 않는가? 2만 4,483명의 판사를 대상으로 한 206건의 연구를 분석한 결과가 말해 주듯이 사람들이 속임수를 알아챌 확률은 고작해야 절반쯤이다. 현실적으로 인간 대부분은 형편없는 거짓말 탐지기다. 파트너에게 배신당한 사람들에게 물어보라.

결단코, 들리는 게 전부가 아니다

버니 메이도프는 규제기관이 계약 상대방에게 연락했더라면, "눈치를 챘을 것"이라고 말했다.[24] 그는 아무도 자기에게 의문을 제기하지 않은 것에 충격을 받았다. "사기 행각이 걸리지 않았다니, 정말 놀랐다. SEC는 그게 폰지 사기라는 생각을 단 한 번도 하지 않았다"

언론은 교묘하고, 직원은 아첨하고, 커리어를 쌓으려는 사람은 부풀린다.

심령술사는 죽은 자와 교감할 수 있다고 믿는다. 문제는 현명한 사람이 다른 사람들보다 더 많이 믿는 경향이 있다는 것이다. 이 때문에 그들은 사기, 명의 도용, 부도덕한 설득에 더 취약해진다.

거짓말을 알아차리는가? 아니면 너무 많이 믿는가? 만우절 농담에 항상 속아 넘어가는가? 시끄러운 세상 사람들은 귀를 기울이거나 데이터를 해독하기에는 너무 지쳐 있다. 때문에 사기가 만연할 가능성이 더 크다.

우리는 좋아하거나 존경하는 사람, 또는 재밌는 사람의 말에 귀 기울이기 쉽다. 회유하는 상사, 기만적인 데이트 상대, 말만 번지르르하게 하는 후보자에게서 뭔가를 눈치채기는 더 어렵다. 헤드헌터조차도 지원자의 답변을 해석하는 데 어려움을 겪는다. 이 중 일부는 후광 효과halo effect로 설명할 수 있다. 경제 잡지 《포춘Fortune》은 다수의 영향력 있는 CEO가 과장된 이력서를 갖고 있다는 사실을 발견해 냈다.[25]

학계나 헤드헌터, 유권자만 속기 쉬운 건 아니다. 에든버러 공작부인은 홍보 대행사의 회장이면서 에드워드 왕자의 약혼자였던 시절, 타블로이드 신문인 《뉴스 오브 더 월드News of the World》가 가짜 사우디 왕자를 내세운 함정에 휘말렸다. 정치인을 험담하고, 세금 정책을 비판하고, 왕실 인맥을 잠재적으로 이용하려는 그녀의 발언이 녹음되었는데, 이 함정에 휘말림으로 인해 결국 그녀는 회장직에서 물러나야 했다. 그녀는 "자신의 잘못된 판단"에 대해 "크게 후회"했다.[26] 들리는 게 다가 아니다.

들리는 게 전부인 경우는 거의 없다. 의심스러운 정황이 보인다면, 대개는 의심스러운 게 맞다. 심지어 의심스러운 정황이 보이지 않는 경우여도 실제로는 상당히 의미심장할 수 있다.

***

미국 비밀경호국의 분석에 따르면, 교내 총기 난사 사건 서른일곱 건 중 서른한 건은 범인이 사전에 자신의 계획을 적어도 한 명에게 공유한 것으로 나타났다.[27] 고도의 훈련을 받은 전문가들조차 신호를 놓친다. 니콜라스 크루즈 Nicholas Cruz의 폭력적인 행동에 대해 시민들은 우려의 목소리를 담아 FBI에 제보했지만, 이는 수사 착수로 이어지지 못했다. 니콜라스 크루즈는 2018년 밸런타인데이에 플로리다주 파크랜드의 한 학교에서 총기를 난사했고, 이 사건으로 17명이 사망했다.

또 다른 사건의 범인은 범죄 계획을 연인에게 미리 귀띔했다. 워싱턴에 사는 15세 제일린 프라이버그 Jaylen Fryberg는 점심시간에 같은 반 친구 네 명의 머리에 총을 쐈다. 사건이 있기 전, 그는 전 여자친구에게 사진과 함께 "제발 나 좀 말려 줘"라는메시지를 보냈다.

답장이 없자 그는 "그래, 알겠어. 내 장례식에 오지 마"라고 보냈다.

다음날 프라이버그는 다음과 같이 말했다. "날짜를 정했어. 나랑 얘기하지 않은 걸 후회하길 바라. 내가 무슨 말 하는 건지 모르겠지. 근데 곧 알게 될 거야…. 빵, 빵. 난 죽은 목숨이지[28]" 그 후 그는 권총 자살했다. 믿음 지향 이론에 따르면, 사람들은 극단적인 주장이 현실이 될 거라고 믿지 않는다.

스트레스가 많은 직장에서는 중요한 신호를 놓치기 쉽다. 한 건설 책임자는 직원 두 명에게 자신의 시카고 자택 밑에 도랑을 파라고 지시했다. 직원들은 작업을 준비하고 악취를 막으려고 석회까지 뿌렸다. 왜 그런 지시를 내렸는지 누구도 묻지 않았고, 그도 설명하지 않았다. 그 밑에는 연쇄 살인범 존 웨인 게이시 John Wayne Gacy가 시신 29구를 묻어 둔 상태였다. 게이시는 "그 밑에 무엇이 있는지 몰랐다면, 그건 그놈들이 멍청한 거다"라고 말했다.[29] 직원들은 그의 지시를 그대로 받아들였다. 실종된 동료의 차를 선물로 받았을 때조차 의심하지 않았다. 그들은 주의를 기울이지 못한 채 사실상 '귀가 먹은' 상태였다.

하지만 쉽게 속는 사람들에게도 희망은 있다. 거짓말 탐지 훈련을 받은 경찰과 수사관은 60~80%의 확률로 거짓을 가려낸다.[30] 추측이나 의심을 무작정 좇기보다, 자신의 견해를 뒷받침하는 데이터만 찾으려는 태도를 의식적으로 멈춰야 한다. 그렇지 않으면 편견의 어머니인 확증 편향에 빠지기 쉽다.

확증 편향: 들은 것을 재확인하기

2001년 소설가 마이클 피터슨Michael Peterson은 아내 캐슬린Kathleen을 살해한 혐의를 받았다. 캐슬린은 끔찍한 두부 손상을 입은 채로 집 계단 아래에서 발견됐다. 마이클은 '무죄를 호소하는 일은 시간 낭비'라고 믿었다.[31] 확증 편향이라는 관점에서 보면, 그의 생각이 옳았다. 그는 자신의 무죄를 주장하면서도 (검사 측의) 압도적인 증거를 인정하는 알포드 항변Alford Plea*을 택했다.

그렇다면 확증 편향이란 무엇인가?

첫인상과 마찬가지로 처음 내린 결론은 깊게 뿌리내린다. 하나의 생각이 마음속에 들어오면 기꺼이 자리를 잡는다. 인지의 구두쇠인 우리는 너무 많이 생각하는 걸 좋아하지 않는다. 따라서 우리는 잇따른 정보를 첫 번째 믿음을 정당화하는 쪽으로 걸러 낸다. 걸러 내는 행위는 반박하는 목소리보다 찬성하는 목소리를 더 쉽게 떠올리게 만든다. 이로써 관점이 변화할 가능성은 더욱 줄어

---

*　자신의 범죄 행위를 인정하지 않는 측면에서 여전히 무죄를 주장하지만, 법적 증거의 관점에서 볼 때 자신에게 불리함을 인정하고 구형을 받아들이는 것.

든다. 누가 약하고, 어리석고, 무식해 보이고 싶겠는가? 아무도 없을 것이다. 그 결과 프로젝트가 과중해지고, 시장이 붕괴하고, 경쟁 업체가 수렁에 빠지고, 자격 없는 사람이 이사회를 감독하게 된다. 극단적인 경우 전쟁까지 초래한다.

한 연구에는 89%의 배심원이 진실을 심도 있게 논의하고, 동료 배심원을 존중하고, 증거에 분명하게 귀를 기울인다고 주장했다. 그러나 별도 연구에 따르면 몇 주나 몇 달에 걸쳐 지속되는 재판 도중에 마음을 바꾼 배심원은 24%에 불과하다.[32] 이는 많은 것을 보여 주는 증거다. 76%의 배심원은 초기에 형성된 의견이 뒤이어 접하게 되는 정보를 처리하는 과정에 미치는 영향에 대해 알지 못한 채 자신의 직감을 고수한다.

이것이 배심원들의 심의 시간이 짧은 이유를 설명할 수 있을까? 예를 들어, 마이클 피터슨 사건의 배심원단은 평결에 도달하는 데 나흘이 걸렸지만, O.J. 심슨 사건의 배심원단은 고작 네 시간이 걸렸다. 물론 배심원들이 세부 사항을 면밀히 검토하고 증거에 귀 기울인 끝에 기존의 판단을 유지했다고 볼 수도 있다. 그러나 확증 편향이 작동해, 배심원들이 법정 증거를 객관적으로 평가하기보다 무의식적으로 피고인의 유죄나 무죄를 재확인하는 관점에서 해석했을 가능성이 더 크다. 공을 공중에 무한히 띄워 둘 수 없듯, 사람에게는 판단을 무기한 유보할 능력이 없다.

18세 영국인 베이비시터 루이스 우드워드 Louise Woodward 사례를 보자.

들은 바를 합리화하는 것

우드워드는 8개월 된 아기 매튜 이펜 Matthew Eappen에 대한 2급 살해 혐의로 기소되었다. 이노센스 프로젝트의 설립자이자 O.J. 심슨의 변호사 배리 셰크

Barry Scheck가 우드워드의 변호를 맡았다. 그는 '유죄 아니면 무죄'라는 방어 전략을 취했다. 이 전략 옵션으로 과실치사는 없었다. 세간의 이목을 끈 이 재판이 진행되는 동안 우드워드는 피고인석에서 키득거리는 둥 악마 같은 모습을 보였다. 그녀의 태평한 태도는 배심원이 객관적인 판단을 내리는 데 전혀 도움이 되지 않았다.

패트릭 반스Patrick Barnes라는 의사는 이펜이 전형적인 '흔들린 아기 증후군'에 의해 사망했다고 증언했다.* 인권 변호사인 클라이브 스태포드 스미스Clive Stafford Smith는 그 이론에 반박했다. "그건 영국 신경학자 노먼 구스켈치Norman Guthkelch의 가설에 근거한 1972년 이론이고, 사실적 근거가 전혀 없다[33]" 그럼에도 우드워드는 15년 형을 선고받았다.

우드워드는 한참이 지나서야 무죄를 선고받았다. 항소심에서 힐러 조벨Hiller Zobel 판사는 사실 관계를 백지상태에서부터 검토했다. 그는 남들이 놓친 부분에 귀 기울였다. "피고의 행동이 혼란스러움, 경험 부족, 좌절 그리고 짜증에서 비롯한 것일 수는 있으나, 악의는 없었던 것으로 보인다"

조벨 판사는 과실치사 판결을 내렸다. 증언했던 의사 반스는 추후 자신의 심리적 단호함을 후회하며 "흔들린 아기 증후군을 대표하는 세 가지 증상에 편향되어 있었기 때문에, 다른 이야기를 믿지 않았던 것 같다"라고 인정했다.

우리는 우리가 갖지 못한 것에 집착하면서도, 알지 못하는 것은 쉽게 외면한다. 새로운 증거에 따라 믿음을 바로잡지 않으면, 뿌리 박힌 생각은 끝끝내 검증되지 않는다. 그리고 검사, 설교자, 이웃, 상사가 말하는 것을 그냥 받아들이게 된다. 특히 그냥 받아들이는 게 마음 편하고, 그들이 하는 말이 당신이 듣고

---

*   우드워드가 아기를 난폭하게 흔들었고, 이 때문에 아기가 흔들린 아기 증후군으로 사망했다는 게 검사 측 의견이었다.

싶은 말일 때는 더욱 그렇다. 이것이 조직적인 의사결정을 오염시킬 때, 문제는 걷잡을 수 없이 커진다.

조직적 사고방식의 완강함

확증 편향은 어디에서나 만연하다. 학자와 과학자는 자기 가설이 틀렸다고 검증하는 연구보다는 자기 가설이 옳다고 확증해 주는 연구자료를 선택한다. 이는 자연스러운 사고방식이다. 고위직 임원들은 종종 그들의 관점에 대해 매우 완강한 모습을 보인다. 독자들도 그런 사람 몇 명을 떠올릴지 모른다. 나는 확실히 그렇다.

야후의 전 CEO 마리사 마이어Marissa Mayer를 생각해 보라. 2012년부터 2017년까지 그녀의 임기 동안 야후는 53개의 기술 기반 기업을 인수했다. 그리고 52개가 실패했다. 그러한 신념을 언제 재고해야 했을까?

야후의 잘못된 판단은 1998년 10억 달러에 구글을 매수할 기회를 거부했을 때로 거슬러 올라간다. 상상해 보라! 2002년 야후는 매수 대가로 30억 달러를 제시했으나 구글은 50억 달러를 요구했다.

4년 뒤 야후는 페이스북의 입찰에 응한 뒤 10억 달러를 제안했다. 가격을 낮추는 야후로부터 모욕감을 느낀 마크 저커버그는 인수합병 논의를 중단했다. 2008년 마이크로소프트는 야후를 매수하는 대가로 446억 달러를 제안했으나, 거절당했다. 마이어가 물러나던 2017년 야후는 10배 낮은 45억 달러에 버라이즌Verizon에 매각되었다.[34]

우리의 정서적 사고를 확인해 주는 증거를 들었는데 왜 믿음을 굽혀야 하는가? 인터넷은 어떤 의견이든 뒷받침할 수 있는 충분한 증거를 제공한다. 그리고 현명한 사람들은 그럴듯한 이유를 더 빨리 찾아낸다.

1993년 당시 영국 총리였던 토니 블레어는 이라크의 대량 살상 무기에 관련된 증거를 믿었고, 그의 인생에서 "가장 어렵고, 가장 중대하고, 가장 괴로운" 결정에서 미국과 어깨를 나란히 하는 입장을 취했다. 이라크 전쟁 관련 설문조사에서 이에 대한 비판이 있자, 그는 "여러분이 생각하는바 이상으로 깊은 슬픔과 유감을 표합니다. 마음 깊이 사죄드립니다"라고 말했다.[35] 그러나 이어서 그는 "잘못된 판단은 아니었다"라고 주장하며, 자신이 내린 판단과 관련해 음모론자, 홀로코스트 부정론자, 선동가들이 극단적인 확증 편향을 보인다고 설명했다.

또 다른 예로, 라디오 진행자 알렉스 존스Alex Jones는 2012년 샌디 훅Sandy Hook 초등학교 총기 난사 사건이 가짜라고 주장했다. 26명의 희생자가 실제로 존재하는데도 말이다. 그가 음모론 웹사이트에 업로드한 동영상이 유튜브 추천 영상에 150억 회 이상 노출되면서, 기술이 이 가짜 정보를 퍼뜨리는 데 일조했다.[36] 슬퍼하는 희생자의 부모들은 '섭외된 배우'라는 조롱을 받았고, 자녀들의 무덤이 훼손되기도 했다. 이런 일은 10년 동안이나 계속되었다.

존스는 희생자 유가족에게 10억 달러의 합의금을 지급하라는 법원 명령을 받았다.[37] 그는 자신에게 '정신병'이 있어서 그렇다고 둘러대면서도 "미안하단 말은 접어 두겠습니다"라고 공언했다.

모든 '정신 나간' 이야기에도 청중이 있다. 알렉스 존스 사례는 들리는 걸 다 믿어서는 안 된다는 사실을 엄중하게 일깨워 준다.

＊＊＊

경청은 성과에 최대 40%까지 영향을 미칠 수 있다.[38] 경청을 잘하는 사람이 일반적으로 더 좋은 리더로 평가받는다.

경청이 우리의 급여 수준을 결정하지만 우리는 경청하지 않는다. 왜일까? 확증 편향과 믿음 지향이 잘못된 정보의 세계에서 우리를 귀머거리로 만들고, 어떠한 심경의 변화도 생겨나지 못하게 만드는 농점이기 때문이다.

맹점과 농점은 판단에 독립적으로 작용하지 않고, 오류의 3요소로 작용한다. 세 번째 현상은 심리적 아점이다. 스스로 침묵을 선택한다면, 우리는 그들의 목소리를 들을 수 없다. 이는 메시지를 전달하는 사람과 전달받는 사람 모두 잘못된 정보에 노출되게 하고 큰 그림을 놓치게 하는 요소다.

아점: 말하는 것이 전부가 아니다

내 어린 시절을 가득 채운 15세기 영국 속담이 있다. "애들은 소리를 내서는 안 된다Children should be seen and not heard" 물론 내 네 명의 자매와 나는 이에 동의한 적은 없다. 오늘날처럼 자기표현의 시대에는 이런 속담을 들어 본 일이 없을 것이다. 그러나 엣스테인이 묘사한 것처럼, 이러한 속담은 심리적 농점, 즉 말하기를 꺼리거나 말할 수 없게 만드는 토대가 되었다.

종교계 사건

수천 명의 무고한 어린이가 가톨릭 사제들에게 성추행을 당했지만, 많은 이가 침묵했다. 스스로 입을 다물었거나 권위 있는 인물들에게 협박당했기 때문이다. 이런 경험이 없는 사람은 부모들이 왜 위험 신호를 알아차리지 못했는지, 피해자들이 왜 오랫동안 말하지 않았는지 이해하기 어렵다. 그러나 핵심은 당시의 사회적 맥락이다.

가톨릭이 사회 전반을 지배하던 아일랜드에서 사제는 종교인을 넘어 거의 신적 존재였다. 학교와 병원, 기숙사와 요양원은 수도회가 운영했고, 주임 사제는 숭배의 대상이었다. 교회는 낙태와 이혼, 동성 결혼, 피임을 금지하며 정치에도 영향력을 행사했다. 여성은 통제의 대상이었고, 사소한 일탈조차 죄로 간주되었다.

주임 사제의 가정 방문은 성스러운 의식처럼 여겨졌다. 가장 좋은 식기와 음식이 준비됐고, 아이들은 얌전히 앉아 있었다. 사제의 '빈곤 서약'은 신실한 교구민이 내놓은 '적은 양의 음식'으로 유지되었다. 물론 그 말이 실제로 무엇을 뜻하는지는 모두 알고 있었다.

독신 서약을 한 사제가 아버지가 되었다는 사실이 1992년 드러났을 때, 교구는 충격에 빠졌다. 그러나 이는 시작에 불과했다. 시간이 지나 수백 명이 어린 시절의 성추행을 폭로했고, 교회 지도부가 이를 은폐해 왔다는 사실도 밝혀졌다. 내가 만난 한 소녀는 여러 사제에게 추행당한 뒤 '치료비' 명목으로 돈을 받았다고 했다. 그녀는 그 돈을 훗날 자녀의 교육비로 썼다.

침묵과 순응의 문화는 깊었다. 진실을 말하는 행위는 억압되었고, 견습 사제들은 "보고 듣되 말하지 말라"는 조언을 받았다.[39] 교회는 책임을 묻는 대신 문제를 은폐하며 사제들을 다른 교구로 옮겼다. 방관은 구조적이었다.

그럼에도 신자들은 일요일 미사에 참석했다. 이는 끓는 주전자에 뚜껑을 덮는 일과 같았다.

일부는 자신의 위치를 이용해 침묵을 깨려 했다. 1992년 시네이드 오코너는 가톨릭 교회의 부인을 규탄하며 교황의 사진을 찢었다. 당시 그녀는 신성모독자로 낙인찍혔지만, 오늘날이었다면 그 용기는 다르게 평가됐을 것이다. 동료 음악가들은 "그녀는 그저 자기 자신이었을 뿐"이라고 말했다.[40]

그녀의 목소리는 결국 세상에 울렸다. 그러나 살아 있을 때보다 죽은 뒤에 더 크게 울려 퍼졌다는 사실은 아이러니하다. 그녀가 세상을 떠난 직후, 음원 스트리밍은 2,885% 증가했다.

침묵의 소리

사람들은 다양한 방식으로 침묵한다. 떨어진 지원자에게 아무런 통보도 하지 않는 회사, 직장 동료의 협조 요청을 무시하는 사람, 잠수 이별과 같은 비겁한 행동을 생각해 보면 된다. 이메일이나 전화를 무시하는 건 직업의식이 없을뿐더러, 종종 역효과를 낸다.

직원들이 여러 가지 이유로 침묵하길 원하거나 잘못된 행위를 덮고자 할 때 아첨이 널리 퍼질 수 있다. 내부고발에 관한 나의 연구에서 가상의 따돌림에 노출된 뒤 화가 잔뜩 난 직원들은 91%가 이에 관해 목소리를 낼 것이라고 이야기했다. 그러나 몇 분 뒤 실질적인 지침을 얻기 위해 사내 고발 웹사이트를 클릭한 사람은 9%에 불과했다.[41]

조직 내에서 누군가의 침묵이 또 다른 피해로 이어질 수 있음에도, 직원들이 말하지 않는 데에는 상황적·기질적·문화적·조직적 요인이 복잡하게 얽혀 있다는 사실을 알게 되었다. 핵심은 보복에 대한 두려움, 문제 해결에 대한 낮은 기대 그리고 비난받기를 꺼리는 마음으로 요약된다. 여기에 자아나 지위가 위협받을 때 나타나는 일종의 알레르기 반응도 한몫한다.

마치 방사능 노출에 도전하는 것처럼, 내부고발은 '커리어와 삶에 끔찍한 결과'를 낳을 수 있다.[42] 내부고발자는 불충하고, 불만이 많고 위험한 사람으로 낙인찍힌다. 호주의 한 연구 결과에 따르면, 82%의 내부고발자가 과도한 괴롭힘을 당했고, 60%는 실직했으며, 17%는 집을 잃었고, 10%는 자살을 시도한 것으로 밝혀졌다.[43]

브랜드들은 부정행위가 보고되기를 원한다고 공언한다. 정말일까? 엔론 Enron의 셰론 왓킨스Sherron Watkins*는 회사의 '문화적 부패'를 발견하고 보고한 것에 감사 인사를 기대했지만, 좌천당했을 뿐이다.

잘못된 일을 목격했을 때, 다른 사람들이 중재하리라 생각하는가? 많은 사람이 그렇다. 이를 '방관자 효과bystander effect'라고 부른다. 펜실베이니아 주립대 축구 코치 제리 선더스키Jerry Sandusky는 열 명의 십 대 소년을 추행한 45건에 대해 유죄 판결을 받았다. 선더스키가 아이들을 추행한다는 사실을 알게 되었을 때 관리자들은 그 일을 덮었다. 펜실베이니아 주립대 총장 그레이엄 스패니어Graham Spanier 또한 잘못된 행위를 알리지 않았다. 그가 책임을 회피한 것일까? 아니면 자기 보호적인 결정을 내린 것일까? 그는 이렇게 한탄했다. "제가 더 면밀하게 중재에 나서지 못한 것을 깊이 후회합니다[44]"

이러한 잘못된 판단으로 많은 사람의 인생이 망가졌고, 학교는 6,000만 달러의 손해를 입었다.

허공에 대고 소리치기

19세기의 미국 정치인 프레더릭 더글러스Frederick Douglass는 이런 말을 남겼다. "발언할 자유를 억압하는 건 두 가지 잘못을 저지르는 것과 같다. 듣는 사람의 권리와 말하는 사람의 권리를 침해하기 때문이다[45]"

공산주의 국가에서 거리낌 없이 말하는 사람은 엄중한 처벌을 받는다. 2020년 중국 기업가 런즈창Ren Zhiqiang은 시진핑 주석의 팬데믹 리더십을 비판하며, 그를 가리켜 '황제 행세하길 좋아하는 벌거벗은 임금님'이라고 말했다.

---

* 엔론 스캔들을 발견하고 당시 CEO였던 케네스 레이에게 보고한 사람이다.

용감함일까? 어리석음일까? 즈창의 목소리는 중국 전역에 울려 퍼졌다. 뇌물 수수 혐의와 당 규정 위반 혐의가 뒤이었고, 즈창은 '당과 국가 이미지를 훼손한 불충하고 정직하지 못한 자'라는 낙인이 찍힌 채 징역 18년을 선고받았다.[46]

여자 테니스 복식 세계 랭킹 1위였던 펭 슈아이Peng Shuai는 웨이보에 올린 1,600자 글로 은퇴한 부총리 장가오리Zhang Gaoli의 성폭행을 폭로했다. 게시물은 즉시 검열됐고, 펭 슈아이는 돌연 자취를 감췄다.

국제적 우려가 커지자 그녀는 발언을 철회했다. 국제 테니스계의 지지 속에 여자테니스협회는 중국 내 대회를 중단했고, 미국은 2022년 베이징 올림픽을 보이콧했다. 결국 펭 슈아이는 은퇴를 선언했다.

목소리를 억압하는 건 공산주의 국가만이 아니다. 성평등 이슈가 한창인 시기에 중동에서는 두바이의 왕족 중 몇몇 여성의 탈출 시도가 있었다는 사실이 《뉴요커》에 의해 밝혀졌다.[47]

불편한 목소리

목소리를 낸다고 해서 누군가 들어 줄 것이란 보장은 없다. 조직이 귀머거리가 되는 일은 흔하다. 점점 더 많은 조직이 기밀 유지 서약을 침묵의 도구로 사용한다. 진실은 불편할 뿐 아니라 대가가 크기 때문이다.

2011년 항공기 제조사 보잉은 경쟁사 에어버스의 연료 효율성이 뛰어난 A320neo 모델과 치열한 경쟁에 맞닥뜨렸다. 이에 대응해 보잉사는 737 MAX 라인의 엔진을 재설계해 특정 조건에서 작동하는 소프트웨어 솔루션을 개발했는데, 여기에는 안전장치가 없었다. 보잉은 이 재설계에 대해 조종사에게 알릴 필요나 값비싼 보충 교육을 시행할 필요가 없다는 결론을 내렸다. 그러나 직원들은 테스트 실패, 공장 환경, 노동력 부족 등을 우려했다.[48]

우려하던 직원 에드 피어슨Ed Pierson은 보잉 경영진과 미 연방 항공청Federal Aviation Authority, FAA에 운영 환경에 관해 알렸다. "한번은 라이온 에어Lion Air 추락사고 전이었고, 또 한번은 에티오피아 항공Ethiopian Airlines 추락 사고 전이었다" 어느 날 연방항공청 직원은 열세 명의 엔지니어와 한 명의 프로젝트 조종사, 네 명의 매니저가 새 설계의 적합성에 의문을 제기하는 것을 들었다. 그러나 엔진 인증 과정에서 이 경고는 묵살됐다. 조직적 무시와 타협의 실패는 결국 346명의 승객과 승무원을 죽음으로 몰았다.

여기서 흔히 이런 질문이 제기된다. "흘려듣기는 젠더 문제인가, 성격 문제인가?" 누가 먼저 발언하느냐에는 성격이 영향을 미친다. 외향적인 사람의 목소리가 더 잘 들리는 경향이 있기 때문이다. 그러나 성격이 누가 말할지를 결정하지는 않는다. 실험 연구 결과, 내부고발 가능성은 성격 차이와 큰 관련이 없었고, 성별에 따라서도 유의미한 차이는 나타나지 않았다.

이러한 예시는 잘못된 목소리에 귀를 기울임으로써 발생하는 폐해의 아주 작은 부분이지만, 침묵은 좋은 방향으로 사용될 전략적인 도구이다.

목소리의 전염성

달라이 라마는 '침묵이 때로는 가장 현명한 대답'이라고 믿는다.

시끄러운 세상에서 침묵은 사람들로 하여금 잠시 멈추고 창의적으로 귀 기울일 수 있게 한다. 베토벤은 어떤 음도, 다른 이들의 방해하는 소리도 들을 수 없는 귀머거리 상태에서 '교향곡 9번'을 작곡했다. 튀르키예의 작가 오잔 바롤Ozan Varol은 다음과 같이 썼다.

들을 수 있는 것이 줄어들수록, 그는 더욱 독창적인 사람이 되었다. 귀가 완전히 먹었을 때, 그는 당시 음악계에서 유행하는 소리를 들을 수 없었으므로 그에 영향을 받지 않을 수 있었다. 다른 음악이 귓가에서 사라지자, 그는 자기 음악에 완전히 몰두할 수 있었다.[49]

불편한 침묵은 당신이 원하는 것보다 더 많은 것을 드러내게 만들기도 한다. 나는 이 분야에 탁월한 재능이 있는 뛰어난 HR 리더를 알고 있다. 유사하게, 애플의 최고경영자 팀 쿡Tim Cook도 의도적으로 오래 침묵한다. 아마존 회장 제프 베이조스Jeff Bezos는 회의를 침묵과 함께 시작함으로써 팀원들에게 집중해서 보고서를 훑어볼 시간을 제공한다. 목소리는 전염성이 있다. 배우 알리사 밀라노Alyssa Milano가 자신의 트위터와 페이스북 팔로워들에게 성폭행이나 성희롱에 노출된 경험을 공유해달라고 요청하자 24시간이 채 지나기도 전에 미국 페이스북 사용자의 45%가 #미투#MeToo라는 해시태그를 달았다. 영화감독 하비 와인스타인Harvey Weinstein의 성희롱 스캔들이 터졌을 때는 80명의 여성이 목소리를 냈다.[50] 영국의 메트로폴리탄 경찰청은 DJ이자 소아성애자인 지미 새빌Jimmy Savile에 대한 조사에 500명의 여성이 나섰다고 밝혔다.[51]

전염성은 잘못된 것일 가능성도 있다. 배우 케빈 스페이시Kevin Spacey는 6년 동안 아홉 건의 성폭행 혐의에 휘말렸으나 모두 무죄 판결을 받았다. 판결이 나자 그는 눈물을 쏟았다. 이 사건은 영국 가수 클리프 리처드Cliff Richard 사건을 떠올리게 하는데, 그 역시 성범죄 사건으로 거짓 고발을 당했다. 그들은 잘못된 행동에 대한 법적 판결이 확정되기 한참 전부터 사회적으로 매장당하고 비난받았다.

너무 많은 사람이 대중의 열광과 비난 사이에서, 그리고 미디어의 재판으로부터 고통받고 있다.

올바른 목소리에 귀를 기울이면 심리적 맹점, 농점, 아점에 잘 대응할 수 있다. 다음 장에서는 내·외부적으로 잘못된 정보가 어떻게 PERIMETERS 효과로 이어지는지를 보여 준다.

의사결정 고수가 되기 위한 핵심 원칙

- 들리는 모든 말을 믿을 수는 없다. 오류의 3요소는 이야기되고 있는 것, 그것이 암시하는 것, 그리고 그 의미에 대해 우리를 심리적으로 눈멀고, 귀먹고, 벙어리가 되게 만든다.
- 편견이 존재한다는 걸 믿지 않으면, 편견의 역설이 우리가 편향됨을 인지하지 못하게 만든다.
- 보이는 것이 다가 아니다. 맹점은 우리가 보는 것을 말 그대로도, 비유적으로도 지나치게 강조한다. 가장 큰 오류는 정보를 해석하기 위해 잠시 멈추지 못하는 데에서 온다.
- 들리는 것이 다가 아니다. 농점은 잘못 듣거나, 흘려듣거나, 아예 듣지 못할 확률을 증폭시킨다. 몇 가지 편견이 좁은 사고와 부주의로 인한 청각 소실을 배가한다.

1. **믿음 지향** 속임수를 감지하는 데 서투른 우리는 불가능해 보이는 것을 무시하고, 최악의 시나리오를 거부하고, 타인에게서 가장 훌륭한 모습을 찾으려 한다. 우리는 경험 너머에 있는 걸 상상할 줄 모른다.
2. **확증 편향** 모르는 것을 찾아내는 대신 우리가 알고 있다고 여기는 것을 재확인할 때, 사실 우리는 거짓된 것을 검증하는 셈이다.

- 말하는 것이 다가 아니다. 아점은 다른 이가 우리의 목소리를 들을 수 없을 것이라 여겨 스스로 침묵할 때 생긴다. 말한다고 해서 반드시 들릴 것이란 보장은 없다. 허공에 대고 소리치는 카산드라가 너무도 많다.

- 두려움은 조직 내에서, 그리고 심리적 안전성이 부족한 정권 내에서 침묵을 유지하게끔 추동한다.

- 상업적, 사회적 권력은 목소리의 전염성을 더욱 영향력 있게 만든다. 메아리가 되지 말고 변화의 목소리가 되어라. 다른 이에게 목소리를 닿게 하고 싶다면, 먼저 다른 이의 말을 경청하라.

- 좋은 판단이란 선택적으로 듣고, 본 것과 들은 것 사이의 균형을 다시 맞추는 것을 말한다.

들리는 모든 말을 믿을 수는 없다

CHAPTER 03

음악을 들을 수 없는 사람들은 춤추는 사람들을 보고는 미친 사람이라 생각했다.

프리드리히 니체Friedrich Nietzsche

가이아나의 존스타운 인민사원People's Temple of Jonestown, 한 남자의 시체 옆에 있는 문에는 다음과 같은 불길한 내용의 표지판이 걸려 있었다. "과거를 기억하지 못하는 자들은 불행히도 그 과거를 반복할지어다" 1978년 11월 18일, 세상이 결코 잊지 못할 바로 그날이었다.

수백만 명의 미국인은 왜 조국을 떠나 열대 우림으로 이주했고, 낯선 지도자를 따라 죽음에 이르렀을까? 왜 그들은 목사 짐 존스Jim Jones의 메시아적 망상에 의문을 품지 않았고, 그가 대량 학살을 저지른 독재자들과 닮았다는 사실을 알아차리지 못했을까?

수많은 추종자가 같은 유토피아적 환상을 믿게 만든 것은 상황이었을까, 성격이었을까, 사고방식이었을까? 무엇이 304명의 어머니로 하여금 '하느님 아버지'의 지시에 따라 청산가리가 든 포도 주스로 자식들을 죽이게 했을까?

평등 운동equality movement에 매료된 히피이자 스탠퍼드대 출신 변호사였던 티머시 스톤Timothy Stoen은 한때 존스의 교회를 섬겼다. 베트남전 반전 시위가 한창이던 시기, 그는 사회정의에 대한 급진적 열망 속에서 인민사원에 합류했고, 10여 년에 걸쳐 존스의 핵심 보좌관이 되었다.

그러나 스톤은 점차 선동과 인권 침해에 환멸을 느끼고 탈퇴했다. 문제는 여섯 살 아들이었다. 그는 과거 존스를 아이의 아버지로 지명하는 친자 진술서에 서명했고, 그 결과 아들을 두고 떠날 수밖에 없었다. 양육권을 되찾으려는 시도는 모두 실패했다.

스톤과 존스타운 신도들의 가족들은 대중과 법원에 경고했다. 그들은 집단 내부에 만연한 편집증적 과대망상, 폭력, 살해 협박, 헌신 강요, 외부의 위협을 꾸며 내는 행태를 폭로했다. 그러나 그들의 목소리는 거의 묵살됐다.

단 한 사람만이 귀를 기울였다. 레오 라이언Leo Ryan 하원 의원이었다. 그는 존스타운을 직접 방문했다. 처음에는 모든 것이 정상처럼 보였고, 신도들은 작은 콘서트까지 열었다. 그러나 일부는 비밀리에 도움을 요청했다.

그중에는 열다섯 살 소년 톰 보그Thom Bogue도 있었다.[1] 보그는 존스타운 생활을 싫어했고, 처음에는 '화이트 나이트' 자살극 리허설에 담긴 의미를 이해하지 못했다.* 겉치레를 걷어 내고 이를 재평가해 본 결과, 그의 탈출 의지는 더 확고해졌다.

라이언 의원의 방문 내내 존스는 분노를 억누르지 못했고, 통제력이 무너지

---

*　존스는 교리에 대한 믿음을 구실로 신도들에게 독약을 마시게 하는 '충성 테스트'를 몇 차례 실행했는데, 이를 '화이트 나이트'라고 불렀다. 처음 몇 번은 가짜 독약으로 '리허설'을 했으나, 마지막에는 진짜 독약으로 신도들을 죽음에 이르게 한 것이다. 독성의 효과가 나타나기 전까지 신도들은 독약이 진짜인지 가짜인지 알지 못했을 것이다.

고 있음을 느꼈다. 라이언은 탈퇴한 신도 열여섯 명과 함께 활주로로 향했으나, 방송 관계자 네 명과 함께 피살됐다. 보그는 비행기에 오르다 총성을 듣고 숲으로 달아났다. 몇 시간 뒤, 신도 909명은 짐 존스의 목소리에 맹목적으로 응답해 집단적 '혁명적 자살'을 감행했다.

대규모 자살이 발생하자 존스타운의 사람들 가운데 일부는 숨었고, 또 다른 이들은 저항하지 않은 채 다가오는 운명을 받아들였다. 들리는 바에 의하면, 교인이었던 크리스틴 밀러Christine Miller는 아이들을 살려 달라고 간청했다고 한다.[2] 그녀의 간청은 존스의 뻔뻔한 말과 함께 묵살당했다. "내가 없는 삶은 가치가 없다" 그는 이렇게 주장했다. "내가 바로 당신 생애 최고의 친구다"

존스의 마지막 순간에는 비통함이 그를 지배했다. "티머시 스톤은 더 이상 미워할 사람이 없을 것이다" 존스는 스톤의 아들을 구하길 거부했다. "그 아이는 내게 여기 있는 다른 아이들과 다를 바가 없다" 그러고 나서 그는 돌이킬 수 없는 지시를 내렸다. "어른들이 먼저 시작하도록, 녹색 C(청산가리cyanide)가 담긴 통을 가져오게"

어떻게 이런 일이 일어났을까? 우리는 다른 사람이 어떠한 결론을 내렸을 때, 그 경위를 이해하지 못하는 걸 반기지 않는다. 특히 우리의 가치관을 넘어서는 결정이나 우리의 판단과 이해를 지배하는 기준을 넘어서는 결정일 때 더욱 그렇다. 따라서 우리는 알지 못하는 부분은 추측으로 메운다. 존스가 요구한 신도들의 존엄한, 두려움 없는 자결은 그의 권한 밖의 과도한 명령이었다. 추후 회수된 테이프에는 겁에 질린 추종자들의 히스테릭한 비명이 담겨 있었다. 존스타운 주민들의 잘못된 판단은 전후 사정과 인지, 동료 효과peer effect가 결합해 나타난 결과일 수 있다.

우리의 결정은 우리가 어디에 있는가, 누구와 있는가, 우리 머릿속에 어떤 목소리가 있는가에 달려있다. 이러한 것들이 우리 관점의 너비와 한계를 결정한다.

＊＊＊

　존스는 최고 수준의 통제력을 발휘하기 위해 보편적인 편견을 여럿 활용했다. 스탠퍼드대 심리학 교수 필립 짐바르도Philip Zimbardo는 이렇게 말했다. "CIA는 MK-울트라 프로그램에서 인간 심리의 궁극적인 지배에 실패하였는데, 존스는 이 분야에서 성공했다. 이 점은 CIA가 인정해야 할 것이다[3]" 존스의 추종자들은 그들이 들은 걸 그대로 받아들였다. 그리고 집단은 그들의 결정을 정당화하는 데 필요한 사회적 증거를 제공하고, 강화했다. 그들은 가장 중요한 때에 무엇이 중요한지 듣지 못했다.

　이 이야기를 들으며, 독자들은 '나라면 안 그랬을 것 같은데'라고 생각할지도 모른다. 당신이 존스나 그의 추종자보다는 깨달음을 얻은 스톤과 더 비슷하다고 생각하면서 말이다. 혹은 그들이 단지 또 다른 잃어버린 영혼들이라고 생각할지도 모른다. 하지만 그들에겐 당신이 생각하는 것보다 당신과 비슷한 점이 많다.

　티머시 스톤은 중요한 순간에 양심의 목소리에 귀를 기울였다. 처음에는 선동되었지만, 나중에는 큰 위험이 수반됨에도 상충하는 메시지를 해석해 보게 되었다. 존스와 자기 자신을 포함해 그에 연루된 추종자를 재해석함에 따라 수년 간의 믿음은 산산조각이 났다.

　이전 장에서 나는 오류의 3요소가 어떻게 중요한 걸 듣지 못하도록 방해하는지를 설명했다. 존스타운의 사이비 종교는 우리가 존중하는 메시지 전달자를 과대평가하는 모습, 숨겨진 의도를 듣지 못하는 모습, 소신을 펼치는 게 불편할 때 침묵하는 모습을 보여 주는 전형적인 사례다.

이 장에서는 각각의 PERIMETERS 함정이 우리의 관점을 좁게 만드는 편견을 어떻게 촉발하는지에 관해 설명할 것이다. 이와 관련해 동기화된 추론 motivated reasoning과 귀먹음 증후군 deaf ear syndrome이라는 개념을 소개하고, 재해석의 미학을 강조할 것이다. 왜냐하면 우리가 듣는 건 큰 그림의 일부일 뿐이기 때문이다. 단 한 문장으로 설명할 수 있는 사건, 대화, 주장, 비극, 추문, 이야기는 거의 없다.

존스타운 사례에서 PERIMETERS 효과가 어떻게 나타났는지를 살펴보는 게 의미 있을 것 같다.

PERIMETERS 효과

우리가 듣는 걸 항상 믿을 수는 없다. 우리는 내부적 요인과 외부적 요인을 종합적으로 고려해 판단한다. 상황이 불확실하거나 압박을 받는 중이거나 철저한 정밀 조사를 받을 때, 몇 가지 무의식적인 요소가 작동해 우리의 사고가 좁아지고 실제로 들리는 바가 제한되는 경향이 있는데, 이를 'PERIMETERS(권력, 자아, 위험, 정체성, 기억, 윤리, 시간, 감정, 관계, 이야기) 함정'이라고 한다.

대부분의 일상생활에서는 여러 가지 함정이 발생한다. 이러한 함정으로 인해 당신의 시야가 제한되고 당신이 최선의 판단으로부터 멀어진다면, 그게 바로 PERIMETERS 효과다. 존스타운 사례를 통해 각각을 살펴보자.

당시도 아마 그들처럼 권력, 진중함, 권위를 가진 사람들의 마성에 현혹되어 봤을 것이다. 존스타운의 추종자들은 존스를 섬기기 위해 그들의 독립적인 목소리를 기꺼이 내어 주었다.

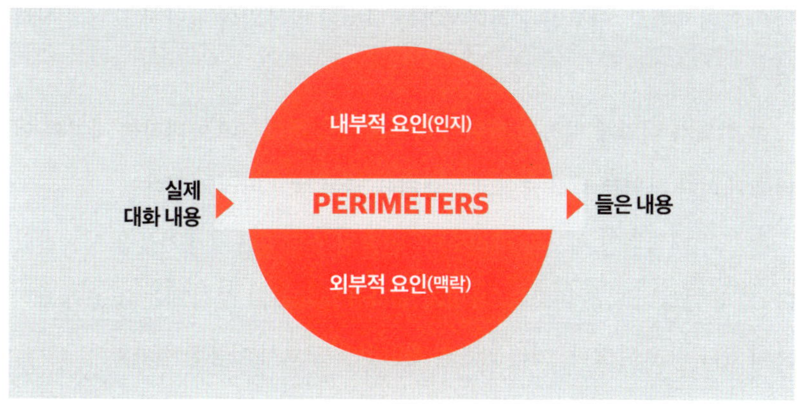

　　결국 이 숭배의 무리는 존스의 자기 믿음과 과장된 자아를 부추겼다. 오직 자신에게만 귀 기울이는 나르시시스트였던 존스는 마치 보호하는 예언자인 양 행동했고, 자신의 용기와 자비, 사랑을 과시했다. "여러분이 나와 같은 존재가 되기를, 나보다 더 위대한 존재가 되기를 바랍니다"

　　추종자들 역시 자신의 선택이 옳은 길이라고 믿으며 과도한 확신을 보였다. 가족을 가이아나의 정글로 이주시키는 데 커다란 위험이 따른다고 인식한 사람은 거의 없었다. 그들은 완벽한 세상이라는 환상에 사로잡혀, 재앙은 물론 최악의 결과가 초래될 가능성조차 외면했다.

　　존스타운에 합류한다는 것은 정체성과 공동체, 목적의식을 제공받는 일이었다. 인민사원은 사회에서 소외된 이들을 끌어안고 영적 보상을 약속했다. 그 대가로 신도들은 재정적 헌신을 바쳤고, 최소 30명은 집문서를 넘겼다.

　　소속에 대한 갈망은 이성적 판단을 흐렸다. 내집단이 형성되었고, 탈출을 시도한 사람은 공개적으로 모욕당했다. 어떤 어머니는 아들의 처형을 요구하기도 했다.

　　시간이 흐르자 구성원들은 존스타운 밖의 삶을 잊었다. 바다와 야자수의 기억은 희미해졌고, 외부인을 적대시하는 행동이 반복되며 집단적 고립이 심화됐다.

한 신도가 이렇게 말하는 장면이 녹음되기도 했다. "내 아비라는 작자와 언니를 데려다 가위로 찔러 죽이고 분쇄기에 넣어 갈아 버리고 싶다"

존스의 매력적인 외모와 카리스마, 연출된 스타일은 추종자들을 사로잡았다. 그의 아들 스티븐 존스는 "아버지는 사람들이 보고 싶어 하는 것을 정확히 보여 줬다"라고 말했다. 이는 인간의 취약성을 교묘히 이용한 결과였다.

우리는 들리는 것이 아니라 보이는 것에 의존한다. 당신의 판단력도 당신이 누굴 보느냐, 혹은 당신이 무엇을 보느냐에 영향을 받지 않는가? 우리 모두 그렇다는 사실을 잘 알고 있다.

사회적 변화를 추구한다는 인민사원의 메시지는 선동이나 학대에 관해 구성원들 마음속에 남아있는 윤리적인 우려를 정당화했을 것이다. 존스는 은혜로운 자신에게는 최종 계획을 실현할 권리가 있다고 믿으면서 도덕적인 측면에서 현실과 동떨어져 있었을 가능성이 크다.

결속력 있는 관계는 공동체의 응집력을 강화했다. 집단사고는 이의를 제기할 수 없게 했다. 개인은 장황한 언변에 동조하고, 명령에 따르고, 청산가리를 섭취하도록 집단의 목소리에 이끌렸다. 사회 심리학자 로버트 치알디니Robert Cialdini의 사회적 검증 이론theory of social proof을 생각해 보니, 돌이켜 봤을 때 무리 짓기는 예측할 수 있었다. 그들의 믿음은 너무 굳건해서 다른 진실은 용납되지 않았다.

스티븐은 "우리는 모두 소속감을 느끼고 싶었다"라고 회상했다.

브로드웨이의 연극배우처럼 존스는 이야기를 흥미진진하게 풀어내고, 자신의 논리를 설득력 있게 주입하는 인상적인 연사였다. 그는 기적의 치유miracle healing를 연출하고, 그 이야기에 완벽하게 테를 둘렀다.

이 대규모 사이비 종교가 보여 주듯이, 각각의 PERIMETERS 함정은 저마다 강력하다. 이 비극에 책임이 있는 단 하나의 함정이란 없다. 그러나 각각의 함정이 리더와 그 추종자 모두에게 서로 연관된 망상, 오류, 편견을 불러일으켰다. 이 함정이 어떻게 조합되는지와 상관없이 그 조합은 힘의 승수 효과force multiplier effect를 발생시켜 개인과 집단의 판단에 영향을 미칠 수 있다.

주어진 상황 하나에서도 여러 가지 편견이 발생하기 때문에, 각각을 식별하는 것은 더욱 복잡해지고, 규모에 따른 결과는 막대해진다.

다시 강조하지만, 전후 사정이 중요하다. 추종자들은 상황을 재해석할 수도 있었지만, 가이아나 정글은 물리적이면서 정신적인 경계선으로 작용했다.

이는 그레이스랜드, 혹은 사실상 모든 직장의 고립된 환경과 일맥상통한다. 인민사원이 가이아나로 이주하지 않고 샌프란시스코에 머물렀다면 이런 비극이 일어났을까?

고립된 정글에서의 커뮤니티는 동조를 강화하는 환경적 접착제 역할을 했다. 완벽한 폭풍이자, 심판의 지옥이었다. 물론 1997년 샌디에이고 외곽에서 천국의 문Heaven's Gate이 보여 준 것처럼 광신도 자살 사건은 대도시 주변에서 일어나기도 한다. 다만 커뮤니티의 심리적인, 그리고 물리적인 고립과 그 커뮤니티의 사회적 규범의 힘이 집단행동을 강화한다.

동기화된 청취motivated hearing는 고려해야 할 또 다른 핵심 요소로, 합리적인 판단력 상실에 영향을 미친다.

동기화된 헛듣기motivated to mishear

동기화된 추론에 따르면, 사람들은 원하는 바를 듣는다. 조직, 정부, 근본주의자, 종교, 또는 극우 단체의 미리 짜인 선전 문구를 믿는 모든 사람에게 해당하는 이야기다.

이 심리학 용어는 쉽게 '동기화된 청취'라고도 부를 수 있다.

사형에 관한 입장을 다룬 1979년 연구를 생각해 보자. 사형에 대한 의견이 서로 다른 그룹이 두 개의 조작된 보고서를 읽었는데, 하나는 효율적인 억제책으로써 사형을 지지하는 보고서였고, 다른 하나는 사형을 반대하는 보고서였다. 두 그룹 모두 각각 보고서의 신뢰성을 평가한다. 어느 그룹이 의견을 바꿨을 것으로 생각하는가?

두 그룹 모두 의견을 바꾸지 않았다. 두 그룹의 입장은 양극화되었고, 두 그룹 모두 그 어느 때보다 의견이 굳건해졌다.[4]

데이터는 항상 당신이 듣고 싶은 이야기를 해 준다. 경제학자인 로널드 코스Ronald Coase의 말을 빌리자면, "데이터를 충분히 오래 고문하면, 데이터는 무엇이든 자백할 것이다[5]"

이스라엘 심리학자 지바 쿤다Ziva Kunda는 우리가 타인의 관점보다 자신의 관점이 더 타당하다고 믿기 때문에, 결국 자기에게 득이 되는 결론을 내리게 된다고 주장한다.[6]

쿤다는 두 피실험 그룹에 카페인이 유방 낭종을 증가시킬 수 있다는 기사를 보여 주었다. 대개는 이 기사를 믿을 만하다고 생각했지만 한 가지 예외가 있었으니, 바로 커피를 많이 마시는 사람들이었다. 전혀 놀랍지 않은 결과다. 커피를 많이 마시는 사람들은 진실을 곡해해서 듣도록 동기 부여된 것이다. 어쩌면 속고 싶다는 건 어리석은 일일지 모른다.

우리가 어떤 믿음을 갖고 있든, 우리는 그 믿음을 정당화하기 위해 정보를 걸러낸다. 시장 예측에 관한 믿음일 수도 있고, 정치적 선거에 관한 것일 수도 있고, 가족계획이나 전략 선택에 관한 것일 수도 있다.

확증 편향에서와 마찬가지로, 우리는 심리적으로 반대되는 논거보다 지지하는 논거를 더 많이 찾아내려는 동기를 갖는다. 이것이 바로 임원진들이 전략적 의사결정을 재창조하기보다는 반복하는 이유다. 사람들은 약해 보이거나, 멍청해 보이거나, 틀린 것처럼 보이기를 두려워한다.

능동적으로 데이터를 해석하는 습관을 들이지 않으면, 시간이 지남에 따라 모든 결정의 순간마다 당신의 정신적 한계가 줄어들 것이고 당신은 그걸 알아차리지 못할 것이다.

배우이자 심리학자인 애니 듀크Annie Duke는 다음과 같은 올바른 믿음을 견지한다. "인생이 어떻게 풀릴지는 다음 두 가지에 달렸다. 하나는 운이요, 다른 하나는 당신이 내린 결정의 질이다"

전자는 통제할 수 없다. 그러나 후자는 그 이점이 과소평가되고 있으며, 중요한 것에 귀 기울이는 능력에 달렸다. 그리고 그 능력은 지적인 해석을 요구한다.

귀먹음 증후군

조직이 보고된, 인식된, 또는 실재하는 결함을 무시할 때, 연구자들은 이를 '귀먹음 증후군'이라고 부른다.[7]

사모펀드와 벤처캐피털리스트만큼 '다음의 마크 큐번Mark Cuban' 또는 '다음의 리처드 브랜슨Richard Branson'을 찾아 시장을 샅샅이 뒤지는 집단은 드물다.

2010년의 대표적 사례는 위워크WeWork의 공동 창업자 아담 노이만Adam Neumann으로, 일부 투자자들은 그가 난독증을 앓으며 22세가 되기 전까지 열세 번이나 이사 다녔다는 사실에도 불구하고 그를 전폭적으로 신뢰했다.

《월 스트리트 저널》에 따르면, '겸손하신' 노이만은 자기가 이스라엘 총리가 될 것이고, '세계의 대통령'이 될 것이며, 최초의 조만장자trillionaire가 될 것이라고 큰소리를 뻥뻥 치고 다녔다고 한다. 최초의 물리적, 사회적 네트워크를 구축하겠다는 그의 비전 뒤에는 테킬라 파티, 마약 복용, 부적절한 행실이 숨겨져 있었다. "우리는 세상을 바꾸기 위해 여기 와 있습니다. 그보다 미약한 건 제 관심을 끌지 못하죠[8]"

그는 빛을 발했고, 《타임》지의 가장 영향력 있는 인물 중 한 명으로 지목되기도 했다. 2019년까지 노이만은 29개국에서 무려 528개나 되는 사무실을 오픈했다며 자랑하고 다녔다. 위워크는 경쟁사보다 가격을 한참 낮게 책정했으며, 보고된 바에 의하면 확장기 동안 무려 시간당 21만 9,000달러의 손해를 입었다고 알려졌다.

사내 규칙은 엽기적이었다. 노이만의 아내가 채식주의자라는 이유로, 과로한 직원들은 육식이 포함된 식사비조차 청구하지 못했다.[9] 이직률이 어지러울 정도로 높았던 건 당연한 결과였다.

위워크 이사회는 수억 달러 규모의 투자를 승인하는 조잡한 방식으로 경영을 관리했고, 사상누각 위에서 그들은 자신들에게 후한 보상을 책정했다. 노이만은 자금을 다소 자유자재로 사용해 오션월드나 헬스장같이 사업과 무관한 벤처에 투자하기도 했다. 벤처캐피털리스트들은 그의 리더십 스타일을 전략적 강점으로 잘못 판단했다.

한 전직 투자자는 기자들에게 이렇게 말했다. "우리는 이 투자를 명백한 미친 짓이라 인정하기보다는 고의적인 무지와 탐욕을 택했다[10]"

상장 전 모건 스탠리는 위워크의 가치를 960억 달러로 평가했고, J.P. 모건은 1,020억 달러로 추산했다. 결국 투자자들은 스티븐 스필버그도 울고 갈 만한 수준의 예술적 농간을 간파했다. IPO는 철회되었고, '과장된 전략과 잘못된 회계 처리'에 관한 소송이 제기됐다. 결국 대가를 치른 건 투자자와 직원들 그리고 공급 업체들이었다.

가장 중요한 순간, 투자자들은 위험 신호를 무시한 채 노이만의 터무니 없는 과장과 허황된 약속을 받아들였다. 《뉴욕타임스》 기자 찰스 두히그Charles Duhigg에게 누군가 이런 말을 한 적이 있다. "은행가들 눈에는 오로지 금전적인 보상만 보였기 때문에, 노이만에게 그가 듣고 싶어 하는 말만 했다[11]"

출혈이 심했던 한 투자자는 일본의 억만장자이자 소프트뱅크 설립자인 손 마사요시(손정의)였다. 2016년 위워크의 투자 설명회에 늦게 도착한 손 씨는 12분 동안 사업장을 둘러본 뒤 44억 달러를 투자했다.[12] '인생 한 방'에 매료된 손 씨는 추가 투자로 약 230억 달러에 달하는 손실을 보게 되었다.[13]

로이터 통신은 후에 손 씨가 자신의 잘못된 판단을 인정하였다고 보도했다. "그는 자신이 노이만의 좋은 면을 과대평가했고, 기업의 지배구조 같은 것들에 대해서는 눈을 감았으며, 더 많은 걸 알아봐야 했었다고 말했다[14]"

소프트뱅크는 곧 실패할 또 다른 회사인 FTX에 1억 달러를 쏟아부어 손실이 눈덩이처럼 불어났다. 그러나 손 씨의 놀라운 투자 수완도 있었는데, 마윈의 알리바바에 2,000만 달러를 투자한 것이다. 손 씨는 "내가 찾는 건 회사가 아니라, 창업자이다"라고 말했다.[15] 대부분의 투자자와 마찬가지로 벤처캐피털리스트들의 운명 또한 엇갈리기 마련이다.

벤처캐피털리스트들은 직관적으로 재능의 냄새를 맡는 걸 자랑으로 여긴다. 페르메이르의 모작을 알아보지 못한 브레디우스 일화와 더불어 위워크의 실패와 소프트뱅크의 오락가락한 판단력은 희망적 사고 편향wishful thinking bias*이라는 말로 설명할 수 있다. 희망적 사고는 전문가적인 오판과 동기화된

---

* 믿고 싶은 대로 믿는 것을 의미한다.

청취가 결합한 것이다.

이러한 사례는 특히 고위험 상황에서 '의사결정 고수'가 되려면 보다 의식적으로 정보를 해석해야 한다는 사실을 잘 보여 준다.

반드시 그래야 할 필요는 없다: 해석의 예술

영국 경찰은 한 서툰 무장 강도 사건의 용의자로 문맹인 19세 청소년을 체포했다. 경찰은 소년의 공범에게 총을 내려놓으라고 명령했다. 붙잡힌 소년은 친구에게 "Let him have it!"이라고 소리쳤다.

그가 말하려던 바가 "그냥 쥐 버려!"였을까 아니면 "혼쭐내 줘!"였을까?[*] 분명하지 않았다.

친구는 총을 쏴 버렸고, 경찰 한 명이 죽었다.

소년은 살인 교사 혐의로 기소되었다. 1953년의 일이었다. 그 소년, 데릭 벤틀리Derek Bentley는 영국에서 교수형을 당한 마지막 인물이었다. 성급하게 내린 잘못된 판단이었고, 법원은 무려 45년이 지난 후 벤틀리의 사후 사면을 허가했다.

소년의 외침은 '평화를 요구하는 발언'으로도, '폭력을 부추기는 발언'으로도 해석될 수 있었던 것이다.

우리는 사람들이 우리의 말을 제대로 이해하리라 믿는다. 가장 최근에 누군가에게 모욕당했다고 느낀 게 언제였는가? 그 일로 기분이 상하거나 토라졌거

---

[*] 비격식체로 Let him have it은 '혼쭐내 주다'라는 의미가 있다. 소년이 말한 짧은 문장에 두 가지 의미가 있는 것.

나, 상대를 무시했지만, 나중에 알고 보니 상대는 그런 의도가 아니었거나 심지어 당신을 향한 말이 아니었다는 사실을 깨달은 적은 없는가? 얼마나 많은 다툼이 오해에서 비롯되는가?

나는 때로 기분 나쁜 말을 듣는 경우가 기분 나쁜 말을 하는 경우보다 더 많다는 사실을 알게 되었다. 귀는 우리를 속이고, 마음은 의도하지 않은 의미를 만들어 낸다. 우리는 피해의식에 사로잡혀 최악의 댓글을 상상하고, 어조를 곡해한다.

물론 해석을 멈춰야 할 때도 있다. 위험이 크고 감정이 격해지는 순간이 빈번한 시끄러운 현대 사회에서는, 말을 성급히 단정하기보다 제대로 해석하려는 태도가 더 현명하다.

이제 배심원들에게 법률상 구두 지시가 명확히 전달되는 법정을 상상해 보자. 유니버시티칼리지 런던의 셰릴 토마스Cheryl Thomas 교수의 분석에 따르면 대부분의 배심원은 판사의 지시를 이해했다고 생각하지만, 핵심 질문 두 가지를 기억해 낸 사람은 31%에 불과했다. 반면 지시가 서면으로 제공되었을 때 이 비율은 47%로 높아졌다. 이는 사람들이 들은 것보다 본 것을 더 잘 이해한다는 사실을 보여 준다.

올바른 '열두 번째 배심원'이 되는 길은 멀고도 험하다.

소극적으로 듣는지, 적극적으로 경청하는지보다 올바른 해석이 더 중요하다. 물론 우리는 지키지도 못할 약속을 하는 정치인을, 등을 토닥이는 동료를, 독실한 성직자를, 입에 발린 소릴 하는 영업사원을 믿고 싶어 한다. 하지만 중대한 이해관계가 걸려 있는 경우, 경청과 판단 사이에 재평가와 재해석 단계가 반드시 있어야 한다.

위대한 러시아 작곡가 이고르 스트라빈스키Igor Stravinsky가 한때 말했던 것처럼, "경청에는 노력이 필요하다. 그저 듣기만 하는 건 충분하지 않다. 오리도

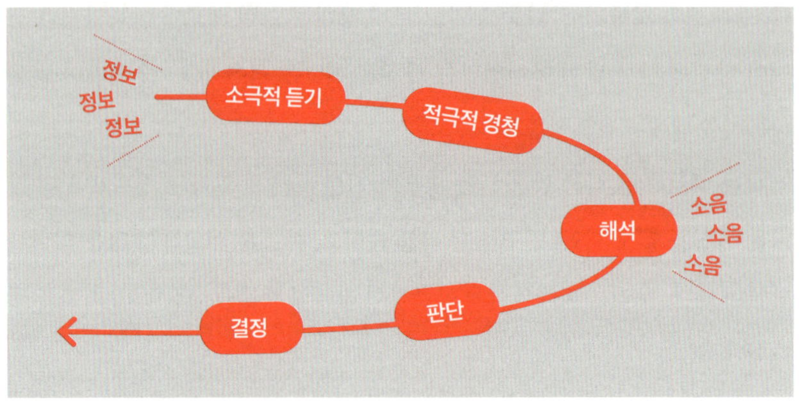

들을 수는 있다"

해석은 중요하다. 로널드 레이건 대통령은 러시아 비핵화 전략으로 '신뢰하되 검증하라'고 말했다. 그러나 끊임없는 편집증에 빠지지 않는 한, '불신하되 검증하라'는 태도가 더 현실적일 수도 있다. 해석은 이론적으로는 작은 차이처럼 보이지만, 실제로는 커다란 도약을 만든다.

여기서 필요한 것이 2차 사고다. '2차 사고'란 우리가 알고 있다고 믿는 수준을 넘어, 보통은 생각하지 않는 차원까지 사고를 확장하는 것이다. 이를 위해 "그다음에는?"이라는 질문을 반복하며 2차, 3차로 이어질 결과를 따져 봐야 한다. 그러면 사고의 지평이 빠르게 넓어진다.

방해가 끊이지 않는 시끄러운 세상에서 주의를 지키고, 제한된 마음의 용량을 관리하는 능력은 진짜 실력이며 중요한 차별점이다.

해석은 감정에 기반한다. 사람들은 무언가를 팔기 위해 상황을 재구성하고, 우리 역시 기분을 바꾸기 위해 같은 일을 한다. 대중 연설에 대한 불안을 떠올려 보자. 긴장을 '들뜬 상태'로 재해석하면 불안은 줄고 성과는 높아진다.

로체스터대학 심리학자 제이미 제이미슨Jamie Jamieson은 말한다. "중요한 것은 불안을 없애는 것이 아니라, 불안을 어떻게 해석하느냐다[16]”

　　행위의 결과를 예측하려면 1차 사고만으로는 부족하다. 즉각적인 결과뿐 아니라 연쇄적·부차적 효과를 보려면 2차 사고가 필요하다.

　　이란 출신 작가 카만드 코주리는 이렇게 말한다. “단어에 속지 말고, 그 뒤의 뉘앙스를 들어라” 예술가, 기자, 수사관, 정보 요원, 애널리스트, 상담가는 모두 정보를 듣고 다시 해석하는 일을 직업으로 삼는다. 그것이 그들의 일상이다.

　　일부 연구는 결론을 내리기 전에 미묘한 차이를 발견하는 데 여성이 특히 능숙하다는 것을 보여 준다.

　　한편, 여성에게는 호감을 사고 싶다는 욕구가 있기에 의사결정 과정에서 덜 공정할 것이라고 주장하는 다른 연구도 있다. 그러나 세상은 그렇게 이분법적이지 않다. 반면 성별이나 직업을 불문하고, 문화적 맥락이나 언어 등의 요소는 정확한 해석과 평가에 영향을 미친다.

번역 오류: 뉘앙스 해석하기

　　두 사람이 같은 비명, 같은 음pitch, 같은 말, 같은 대화를 듣더라도 각자의 전후 사정, 어디서 들은 소리인지, 그리고 주변 세계를 인식하는 각자의 가치관에 따라 그 의미가 다르게 해석될 수 있다.

　　“Get on the floor”라는 말을 DJ에게서 들으면 “다 같이 무대 위로!”가 되고, 소방관에게서 들으면 “자세를 낮추세요!”, 은행 강도에게서 들으면 “바닥에 엎드려!”가 된다. “I want you” 역시 마찬가지다. 보스에게 들으면 “이 일을 맡아 달라”는 뜻이고, 연인에게 듣는다면 “너를 원한다”는 고백이며, 사령관에게 들으면 “이 임무를 맡아라”는 명령이다. 같은 문장이라도 튀르키예에서, 플로리다주 탤러해시에서, 티베트에서 전혀 다른 의미로 받아들여질 수 있다.

의사소통은 언제나 어렵다. 특히 서두르거나 판단이 막혔을 때, 주의가 흐트러졌을 때는 내가 들었다고 믿는 말을 모두 신뢰할 수는 없다. 전후 사정을 따져 봐야 한다.

언어는 진화하므로 해석하기가 더욱 어렵다. 예를 들어, '셸쇼크shellshock'는 제1차 세계대전 당시 심리학자인 찰스 마이어스Charles Myers가 지금의 외상 후 스트레스 장애PTSD를 설명하기 위해 만든 단어다.[17] 2022년에는 650개 이상의 새로운 단어가 옥스퍼드 사전에 추가되었는데, 그중에는 'Jedi' 'nomophobia' 'easy-breezy'가 포함되어 있었다.[18]

게다가 해석에는 개인차가 있다. 심지어는 'perimeter'*라는 단어조차 다양하게 표현될 수 있다. 나사의 우주비행사에게는 이 단어가 지구와의 거리를 떠올리게 할 수도 있고, 수학 교사에게는 2차원 도형의 둘레를 의미할 수도 있다. 대다수에게는 경계나 구획을 의미할 가능성이 크다.

마이클 콜린스의 우주 프로그램 지원서는 해석의 개인적인 본질을 묘사한다. 그는 지원자들에게 자주 사용되는 심리 테스트인 로르샤흐 잉크 반점Rorschach inkblot 테스트를 이렇게 기억한다.

심사위원은 종이 위에 뭐가 보이냐고 물었는데, 그가 받은 건 8×10 크기의 백지였다. "어, 물론, 열한 마리 북극곰이죠. 눈더미에서 음탕하게 뒹굴고 있네요" 심사위원은 유머를 못 들은 체했고, 콜린스는 테스트에 불합격했다.

1년 뒤 그가 다시 지원서를 제출했을 땐 이렇게 말했다. "어머니와 아버지가 보이네요. 아버지는 약간 더 몸집이 크시고 권위적인 면이 있으신데, 어머니도 만만치 않으시죠" 그리고 합격했다.

---

*   주위, 둘레, 경계 등 다양한 의미를 갖는다.

발음도 판단을 좀먹는 요소다. 인공지능 앱이 한국 자동차 제조업체 현대에 대한 사용자 질문을 해석하지 못했을 때, 현대자동차는 명확한 발음을 알리는 광고를 냈다. 미국식 발음처럼 '현데이 Hyun-day'일까, 유럽식 발음처럼 '하이운다이 Hi-un-die'일까, 아니면 남아프리카식 발음처럼 '훈다이 Hoon-dai'일까?[19] 광고는 유머러스하게도 지도 앱을 통해 현대 매장을 찾는 고객들을 '하와이안 타이 Hawaiian Tie' 매장, '하일랜드 아이 Highland Eye'라는 식당, '하이앤다이 High'n'Dye'라는 미용실로 안내한다.*

어떤 언어가 됐든 통역하기는 여간 어려운 일이 아니다. 발음뿐만이 아니라 억양, 뉘앙스, 빈정거림, 투덜거림, 더듬거림, 완곡한 표현은 통역을 더욱 어렵게 만든다. 물론 술에 취한 사람들의 대화를 통역하는 건 완전히 다른 문제다. 들은 내용 대부분을 그냥 덜어 내면 된다.

∗∗∗

문화적인 뉘앙스 또한 해석의 정확성에 영향을 미친다. 『미국인과 일하기 Working with Americans』에서 국제 비즈니스 전문가 앨리슨 스튜어트-앨런 Allyson Stewart-Allen은 다문화적 해석의 중요성을 설명한다.[20]

미국인들은 일반적으로 '우리는 지금 전쟁 중이다'와 같이 간결하고 명시적인 사실 기반 논증을 채택하는 반면, 영국인들은 '감정이 격앙되어 있다'와 같이 복잡하고 암묵적인 논증을 채택한다.

문화를 이해해야만 대화에서 무엇을 빠뜨렸는지(의도적), 무엇이 빠졌는지

---

* 한국어에 익숙하지 않은 사람들이 현대를 제대로 발음하지 못해 비슷하게 발음되는 다른 장소로 안내받는 내용의 광고다.

(비의도적) 알 수 있다. "문화적 오해는 사업 또는 전투에서 가장 큰 골칫덩어리다. 실수일 때도 있지만 의도적일 때도 있다" 그녀의 말에 일리가 있다. 물론, 오해는 같은 문화권 내에서 발생하기도 한다.

1941년 진주만 공습, 그리고 제2차 세계대전 이후에 있었던 여타 사건들에 대한 대응으로 영국과 미국은 1945년 포츠담 회담을 통해 일본에 무조건적인 항복을 요구했다. 일본 총리는 회신 담화에서 'mokusatsu(일본어로 묵살黙殺)'라는 구체적인 단어를 사용해 제안을 거절했다. 역사학자들은 이를 더 건설적인 방향으로 해석하기 위해 고군분투했지만, 결국 이는 '무시하다' 혹은 '침묵으로 대처하다'는 뜻으로 널리 해석되었다.

얼마 지나지 않아 해리 트루먼Harry Truman 대통령은 히로시마와 나가사키에 원자 폭탄을 투하했고, 20만 명의 시민이 목숨을 잃었다.[21] 일본은 그제야 항복했고, 태평양 전쟁은 끝이 났다.

번역된 내용을 해석하는 것과 행간을 읽는 건 또 다른 문제다.

들은 바를 믿지 말라

일반적으로, 명시적인 정보를 해석하는 것보다는 정보를 수용하는 것이 리더의 책무다. 왜냐하면 중요한 정보는 계약서에 작은 글씨로 표시된 세부 항목과 같이 행간이나 뉘앙스에 담겨있기 때문이다. 연구자들은 다음과 같이 주장한다.

편견은 정보를 다르게 해석할 가능성이 있는 곳이라면 어디에서나 자라난다. 증거를 둘러싼 모호함이 있을 때마다 사람들은 자기 자신에게 유리한 결론에 도달하는 경향

이 있다.[22]

9.11 테러의 주요 설계자였던 칼리드 셰이크 모하메드Khalid Sheikh Mohammed 도 마찬가지였을까?

전투원 신분 조사 위원회Combatant Status Review Tribunal*에 따르면, 파키스탄 극단주의자 칼리드 셰이크 모하메드의 컴퓨터에서는 납치범의 이미지와 신상, 채팅 기록, 군인 목록, 오사마 빈 라덴으로부터 온 편지, 아랍 대사관에 대한 협박 문서가 발견되었다.

CIA는 관타나모만Guantanamo Bay에서 모하메드를 4년 동안 심문했다. 이 과정에서 수면 박탈, 183회의 물고문 등이 자행되었다.[23]

모하메드는 1993년 세계무역센터 폭탄 테러, 미국인 기자 대니얼 펄Daniel Pearl 참수, 나토 유럽 본부, 원자력 발전소, 뉴욕 증권 거래소, 영국 히드로 공항을 표적으로 하는 폭격 계획을 포함해 20년 동안 저지른 서른한건의 범죄를 시인했다. 또한 그는 빌 클린턴, 지미 카터, 교황 요한 바오로 2세의 암살을 계획했던 사실을 인정했다.

CIA 관계자는 ABC 뉴스와의 인터뷰에서 다음과 같이 말했다. "그가 가장 오래 버틴 건 물고문이었는데, 실토하기 전에 2분 30초나 버텼다[24]"

결국 그는 모든 것을 자백했다. 어디까지가 진실인지는 알 수 없지만.

4년 간의 극심한 심문을 견디며 자존감이 바닥난 군인을 믿을 수 있겠는가? 뉴욕타임스는 이 반미 전투원의 방대한 주장 중 얼마나 많은 것이 진짜일지 분명하지 않다고 주장했다.[25]

---

* 9.11 테러에 가담해 관타나모에 붙잡힌 사람들이 미국에 적대적인지 아닌지 조사하기 위한 일종의 재판소다.

게다가 그는 종교적 신념에 어긋난다며 진실만을 말하겠다는 선서를 거부했다. 군사 훈련 매뉴얼에서는 '과도한 고문이 심문관이 듣고 싶어 하는 말을 하도록 유도할 수 있다'고 경고한다. 당신이 듣는 건 다가 아니다. 당신이 듣는 게 사실이 아닐 수도 있다.

나는 이를 보고 '리드 기법Reid technique'을 떠올렸다. 리드 기법은 진실 왜곡, 암시, 조사 대상의 고립, 위협에 의존해 거짓 자백을 유도하기 때문에 진실 왜곡의 위험이 크다.

심문관이 대화의 90%를 점유하며 조사 대상을 정신적으로 압박하고 무너뜨리는 방식이 핵심이다.

들리는 말을 전부 믿을 수는 없다. 질문은 낱낱이 파헤쳐져 재해석되어야 한다. 미디어 트레이닝에서 인터뷰 대상자가 "마지막으로 아내를 때린 건 언제였나요?" 같은 함정 질문을 피하라는 교육을 받는 이유도 여기에 있다. "안 때렸어요" "결단코 때린 적 없습니다" "어떤 아내요?" 이 모든 답변은 그대로 신문 기사의 헤드라인이 될 수 있기 때문이다.

한 가지 해결 방법은 상황을 철저히 분해한 뒤 다시 조립해 보고, 기본 원리를 이용해 추론하면서 숨겨진 가정과 전제를 제거하는 것이다. 왜냐하면 사람들은 특히 압박을 받고 있을 때—심지어 그렇지 않을 때조차—잠깐 멈춰 잘못된 정보를 의심하기보다는, 정확한 정보를 잘못 해석하는 쪽을 택하기 때문이다.

오해를 낳는 표현은 말의 뉘앙스에서만 비롯되지 않는다. 그것은 조직 구조에서도 비롯된다.

사일로와 반향실

내가 일했던 곳에는 지역과 기능을 막론하고 전부 경쟁적인 사일로가 존재했다.[*] 경영진이 '하나의 기업'을 표방할 때도 그랬다. 영업, 마케팅, IT 부서는 승진과 예산, 영예라는 희소 자원을 둘러싸고 늘 경쟁해 왔다.

기업 구조는 설계 단계부터 반향실을 내장하고 있으며, 이는 우리의 사고를 쉽게 양극화한다. 사일로는 좋은 아이디어가 무덤까지 가도록, 다시 말해 아무도 그 생각을 들을 수 없도록 만든다. 그 결과 내집단 사고가 형성되고, 상업적 위험은 조직 내부에서 은폐된다.

문제는 여기서 끝나지 않는다. 내집단 사고가 제대로 관리되지 않으면 혁신은 붕괴되고, 지식 공유는 제한된다. 현대의 재택근무와 화상 회의 환경은 이러한 내집단을 더욱 고착화시키며, 외집단의 이야기에 귀 기울이기 어렵게 만든다.

메시지의 조작은 위에서부터 시작된다. 한 인사부장은 내게 "규칙은 이사회 수준에서 바뀐다"라고 말한 적이 있다. 자기방어적인 CEO는 핵심을 감춘 채 애널리스트와 주주, 이사들에게 잘 포장된 정보만을 전달한다. 경영진은 사업 부진을 숨기고, 이를 단지 '작은 문제'로 축소해 언급한다.

이제는 AI까지 여기에 가세했다. 네덜란드의 투자 운용사 로베코Robeco와 같은 기업들은 실적 발표 음성 회의록을 해독하는 데 알고리즘을 활용한다. 머뭇거림, 미세한 떨림, 추임새, 단어 선택이 이야기되지 않은 부분을 암시한다.[26]

---

[*]   사일로 효과(silo effect)는 기업의 하부 조직들이 각자 수집한 정보를 일종의 저장 창고인 '사일로'에 축적하는 것을 비유적으로 일컫는 말로, 하부 조직 간의 정보 교환이 제대로 이루어지지 않는 현상을 말한다.

이사회는 주주를 위해 경영자를 성실하게 관리하고 감독할 책임이 있지만, 소위 '친목 이사회'라 불리는 이들은 회사 경영에 충분한 의문을 제기하지 않는다. 이럴 때면 300페이지짜리 이사회 보고서도 무용지물이 된다.

이에 관해서는 언급할 예가 너무도 많다. 제대로 문서화된 기업경영 실패 사례는 배기가스 배출량을 허위로 보고해 147억 달러 규모의 손해를 일으킨 폭스바겐, 월드컴WorldCom의 회계 부정, 니코틴 중독의 심각성을 부정한 R. J. 레이놀즈 담배 회사, 7,100톤의 화학 폐기물을 투기한 듀퐁DuPont 등이 있다.

랜들 피터슨Randall Peterson 교수와 게리 브라운Gerry Brown은 그들의 저서 『이사회실의 재앙Disaster in the Boardroom』에서 기업경영 실패의 여섯 가지 패턴을 제시했다. 이사회의 동조, 종속, 불균형, 방관, 관료주의, 팽창이다.[27] 각각의 패턴 속에서 여러 이사회는 그들이 원하는 이야기만 듣고, 자기 잇속을 챙기느라 바쁜 자위적인 권력 사냥꾼들이 제시한 이야기를 믿었다.

물론 일부 기회주의자는 사일로를 이용해 다른 사람이 듣지 못하는 것을 듣는다. 트레이더는 가격 왜곡과 시장 이상 현상을 통해 번창한다. 사일로를 포착해 그를 통해 수익을 내는 게 그들의 일이다. 그들은 다른 사람이 듣지 못하는 걸 듣는다.

기회: 다른 이들이 듣지 못하는 것을 듣기

정보기관에는 국가 안보를 지킨다는 분명한 사명이 있다. FBI 특수 요원 케네스 윌리엄스Kenneth Williams가 애리조나의 한 비행 학교에서 의심스러운 활동을 포착했을 때, 그는 바로 그 사명을 수행하고 있었다. 몇몇 아랍인 조종사들이 이륙하는 법에는 큰 관심을 보였지만, 착륙하는 법에는 거의 관심을 두지 않았던 것이다.

윌리엄스는 이 단서를 상황 속에서 재해석하는 데 성공했다. 그러나 조직은 귀를 닫고 있었다. 관계자들은 그가 남긴 경고 메모를 무시했고, 그 결과는 모두가 알고 있다. 우리는 때로 너무 많은 질문에 성실히 답하면서도, 정작 그 대답 자체에 의문을 품는 일은 거의 하지 않는다.

미국인 투자자 마이클 버리Michael Burry는 주택 담보증권 시장의 붕괴를 예측했다. 이 이야기는 이미 널리 알려져 있다. FBI가 케네스 윌리엄스의 경고를 무시했고, SEC가 버니 메이도프가 지적한 모순을 흘려들었던 것처럼, 신용평가기관 역시 '괴짜'로 보이던 버리의 경고에 귀 기울이지 않았다.

마이클 버리가 전형적인 호감형 투자자가 아니었기 때문에, 신용평가기관은 그의 말보다 그의 외형과 인상에 더 집중했던 것일까? 기관들은 속임수의 고리에 주의를 기울이기보다 서로 공모하며 자신들의 이익을 보호했다.

아이러니하게도 은행들이 수백만 달러를 잃는 동안, 마이클 버리는 수백만 달러를 벌었다.

현명한 의사결정자는 시간을 내어 귀 기울이고, 현실에 집중한다. 해석이 하나의 능력이라면, 그 능력을 연마하는 유일한 방법은 시간을 투자하는 것이다. 조직의 관점에서 보면, 행동을 해석하는 법을 익히는 것만으로도 수십억 달러에 이르는 컨설턴트 수수료를 절약할 수 있다.

전 세계 조직들은 매년 컨설턴트 비용으로 무려 1,600억 달러를 지출한다. 이 비용의 일부만이라도 절약할 수 있다면, 학교와 도로, 병원과 다리, 식량과 주택 수당이 필요한 수많은 사람을 도울 수 있을 것이다.

좋은 분석만으로 좋은 판단이 완성되지는 않는다. 의사결정에 사용된 과정 자체 또한 좋은 판단을 규정하는 핵심 요소다.

컨설턴트 댄 로발로Dan Lovallo와 올리비에 시보니Olivier Sibony는 5년에 걸쳐

1,048건의 리더십 의사결정을 분석했다. 그 결과, 매출과 시장 점유율에 가장 큰 영향을 미친 것은 사실에 기반한 분석 자체가 아니라 의사결정 과정이었으며, 그 중요도는 거의 여섯 배에 달했다.

의사결정 과정의 일부는 지적, 의도적 해석으로 구성된다. 잘못된 해석과 엉뚱한 의사결정은 번거롭게 돌아가야 하는 것에서부터 시작해 리콜 비용, 경제적 손실, 평판 손상에 이르기까지 수많은 악영향을 낳는다.[28] 위워크, 보잉, 기타 많은 기업의 사례를 통해 배운 바와 같이 직원들이 그 타격을 받는 경우가 많다. 2023년 11월 위워크는 파산법 11조에 따른 파산을 신청했다.

잘못된 해석이 악순환으로 번져 대차대조표를 마비시킬 수도 있다. 예를 들어, 가속 페달 결함으로 도요타는 10억 달러의 손실을 입었고, 갤럭시 노트7의 결함으로 삼성은 170억 달러의 손실을 보았다. 그럼에도 불구하고 우리는 대개 놀라울 만큼 좋은 결론에 도달한다.

대부분의 리더는 다른 사람의 의견을 듣고 싶어 한다. 그러나 사공이 많으면 배가 산으로 간다. 그래서 많은 리더가 때로는 귀를 기울였다가, 때로는 의도적으로 흘려듣는다. 라디오의 주파수를 맞추듯, 모든 채널을 동시에 들을 수는 없기 때문이다.

결국 몇 개의 채널을 선택해 듣게 된다. 확신이 서지 않을 때 사람들은 익숙한 채널에 머무른다. 그러나 채널을 바꾸지 않으면 관점은 점점 좁아진다. 들리는 것이 곧 전부가 된다. 현명한 리더는 이해관계자들의 목소리에 선별적으로 귀를 기울인다.

다른 사람의 말을 듣는 건 완벽한 조직적, 사회적 기술이다. 윈스턴 처칠의 어머니인 랜돌프 처칠 여사Lady Randolph Churchill는 이를 다음과 같이 표현했다.

글래드스톤Gladstone 경 옆에 앉아 있다가 식당을 나설 때, 나는 그가 영국에서 가장 똑똑한 사람이라고 생각했어요. 그런데 디즈레일리Disraeli 경 옆에 앉았을 때는 내가 세상에서 가장 똑똑한 여자가 된 기분이었습니다.

PART 2에서 우리는 들리는, 혹은 들리지 않는 다양한 스펙트럼의 목소리들을 접하게 될 것이다. 우리는 이러한 목소리들에 무의식적으로 귀 기울이거나, 이러한 목소리들을 무의식적으로 흘려보낸다.

우리가 귀 기울이는 이가 누구인지에 관해 훨씬 더 신중하고 의도적으로 접근하는 것만이 우리의 문제 해결 능력과 의사결정 능력에 도움을 줄 것이며, 우리가 원하는 것을 향해 한 걸음 나아가고 우리가 되고 싶은 사람이 될 수 있게 만들어 줄 것이다.

위의 그림은 이를 도식화한 것으로, 메시지의 영향력이 맥락, 시간, 기술technology, 사회적 규범 및 문화에 따라 다르다는 점을 시사한다. 개인적으로 나는 이 방법이 우리가 누구의 말에 귀 기울이는지에 대해 생각해 보는 흥미로운 방법이라고 생각한다. 자기만의 스펙트럼을 채워 본다면 더 유용한 경험이 될 것이다.

존스타운의 사례가 주변이 개인들을 어떻게 샛길로 이끌 수 있는지를 보여준 지 거의 50년이 지났다. 티머시 스톤과 톰 보그는 자신의 믿음을 재해석하고, 자신의 관점을 바꿨으며, 살아남았다. 스톤은 주변 때문에 자기 사고방식이 휩쓸렸다는 점을 인정한다.

모든 인간은 스스로 생각해야 한다는 책임이 있습니다. 구세주도, 권위자도 없습니다. 상대가 아무리 사심 없어 보인다 해도 말이죠.

존스타운의 구성원들은 너무 많은 것을 희생했다. 믿음을 철회할 때 치러야 할 사회적 비용이 너무도 컸기에 그들은 기존의 신념에 매달렸다.

의사결정 고수는 이제 제대로 자리를 잡았으며, 의미, 메시지, 동기를 재해석할 준비를 마쳤다. 잠재적인 인적 오류가 PERIMETERS 함정을 가로질러 어떻게 이어지는지 이해하는 건 독자들이 갈망하는 권력P에서 시작해 독자들이 듣고자 하는 이야기S로 끝난다. 이것이 PART 2에서 다룰 내용이다.

의사결정 고수가 되기 위한 핵심 원칙

- 들리는 모든 것을 믿어서는 안 된다. 중요한 사실이 항상 명백한 건 아니기 때문이다. PERIMETERS 효과는 다양한 판단의 함정이 우리가 듣는 것을 제한할 때 발생한다. 이는 우리가 어디에 있는지, 누구와 있는지, 우리 머릿속에 무슨 생각이 있는지에 따라 형성된다.

- 해석은 판단에 있어 필요불가결한 부분이지만, 종종 간과되는 부분이기도 하다. 해석은 정보를 받아들이는 것과 결정을 내리는 것 사이에 있는 중간 단계이기도 하다.

- 잘못된 판단은 데이터를 너무 많이 습득하기 때문이 아니라, 데이터를 너무 조금 해석하기 때문에 발생한다.

- 들리는 바를 전부 믿을 수 없기에 해석이 중요하다. 사일로, 숨은 의미, 완곡어법, 발음, 악센트, 반향실, 문화는 '듣는 게 다가 아니다'라는 믿음을 한층 더 강화한다.

- 동기화된 추론은 귀먹음 증후군을 심화시키며 재해석의 가능성을 위협한다. 우리는 불편한 진실은 무시하고, 우리가 예상한 바와 우리의 기대에 부합하는 것을 듣는다.

- 흘려듣기는 점진적으로 발생한다. 끓는 물 속의 개구리가 되지 말라.

- 기회는 있다. PERIMETERS 함정은 사색적으로 논증하고, 의도적으로 경청하고, 편견에 대해 올바르게 이해함으로써 줄일 수 있다.

- 기본 원리를 이용해 추론하는 건 시야를 넓히고 힘의 승수 효과를 제한할 수 있다.

- 행위의 복잡성을 이해하고 독립적인 의견이나 대안, 반대 의견에 귀를 기울이는 개인은 시간을 절약할 수 있다. 조직은 이를 통해 수백만 시간을 절약할 수 있다.

- 라디오 채널을 맞추듯이 관련된 목소리에 선별적으로 귀를 기울여라.

PART 2

PERIMETERS
판단 함정

"생각하는 건 어려운 일이다.
그렇기에 대부분은 그냥 판단한다"

칼 융Carl Jung

투자자 워런 버핏이 나치 강제 수용소에서 탈출한 한 폴란드 여성을 만난 이야기를 한 적이 있다. 그녀는 너무 많은 걸 보고, 너무 많은 걸 잃었기에 아직도 사람들을 믿는 데 어려움을 겪고 있었다. 그녀는 결코 잊을 수 없는 말을 했다. "사람들을 볼 때마다 '저들이 날 숨겨 줄까?'라는 생각을 해요"

이것이 바로 제한된 시야다.

우리는 모두 세상을 볼 때, 상황을 평가할 때, 사람들을 읽을 때 일종의 필터를 사용한다. 이는 옳고 그름의 문제가 아니다. 당신이 사람들을 판단하는 방식은 단순히 당신이 살면서 본 것, 들은 것, 그리고 당신이 살아온 방식의 산물일 뿐이다.

PART 2에서 우리는 좁은 사고방식이 판단에 미치는 영향을 강조하기 위해 편견이 유발하는 PERIMETERS 함정을 살펴볼 것이다. 각 함정을 설명하기 위해 나는 개인, 조직, 사회라는 세 가지 수준의 사례를 제시할 것이다. 이러한 함정은 우리의 사고방식을 묶어 두기 때문에, 우리는 주의를 기울이지 않은 채 상황, 전략, 낯선 이를 잘못 해석할 위험에 빠지게 된다.

각각의 함정은 각 챕터를 할애해 다룰 것이다. 우리는 현대의 스캔들과 역사적 성공의 사례들을 행동학적 관점에서 해석하게 될 것이고, 의사결정 과정에서 다양한 목소리에 귀를 기울인 다양한 인물들을 만나게 될 것이다.

예를 들어, 권력을 좇을 때 우리는 권위의 목소리, 우상과 전문가의 목소리를 과대평가한다(CHAPTER 4 권력). 우리 자신의 목소리에 집중하다 보면 다른 사람의 목소리는 흘려듣게 되고(CHAPTER 5 자아), 실제 위험 가능성을 부정하게 된다(CHAPTER 6 위험). 우리는 내집단에 수용되기를 간절히 원하고(CHAPTER 7 정체성), 기억이 부정확할 수 있다는 걸 거의 고려하지 못한다(CHAPTER 8 기억). 유혹에 휩싸일 때 우리는 양심을 저버린다(CHAPTER 9 윤리). 우리는 현재를 과대평가하고 미래나 과거를 과소평가한다(CHAPTER 10

판단의 함정									
P	**E**	**R**	**I**	**M**	**E**	**T**	**E**	**R**	**S**
Power (권력)	Ego (자아)	Risk (위험)	Identity (정체성)	Memory (기억)	Ethics (윤리)	Time (시간)	Emotion (감정)	Relationships (관계)	Story (이야기)
우리는									
관련 있고 균형 잡힌	다른 사람의	확률과 거짓된 위안의	내면의 가치나 차이가 내는	잘못된 사실이나 기억의	도덕과 양심의	넓은 시야와 장기적 관점을 가진	차분하고 합리적인 이성의	객관적이고 비판적으로 이의를 제기하는	역사나 상식의
목소리보다는									
권위, 우상, 전문가의	우리 자신의 의견이나 아이디어가 내는	의심과 불확 실성의	내집단과 낯선 이들의	정확성과 진실의	불합리함과 유혹의	과거, 현재, 미래의	본능과 충동의	대중의	일반적으로 받아 들여지는 서사를 가진
목소리를									
높이 산다	듣는다	덮어 버린다	따른다	의심한다	받아 들인다	중요시 한다	따른다	가치 있다고 여긴다	내면화 한다
의사결정 과정에서 잘못된 정보의 원천									

시간). 격앙된 상태에서 우리는 감정보다는 이성을 덮어 둔다(CHAPTER 11 감정). 가르침을 얻기 위해 대중들에게 귀를 기울이는데(CHAPTER 12 관계), 대중적 서사에 이의를 제기하는 법은 거의 없다(CHAPTER 13 이야기).

PERIMETERS 판단 함정은 다음과 같이 요약할 수 있다.

이 파트는 전부를 다 읽을 수도 있지만, 부담 없는 분량이기 때문에 군데군데 따로 떼어내서 다시 읽을 수도 있다. 이 파트를 읽을 때는 독자들이 앞둔 중대한 의사결정이나 독자들이 이해하고 싶은 과거의 실수를 염두에 두고 읽기를 권한다.

CHAPTER 04

Power, 권력이라는 함정

**아버지는 평생 말씀하셨지만, 나는 아버지가
돌아가시기 전까지 아버지 말씀을 들어 본 적이 없다.**

배우 게이브리얼 번Gabriel Byrne

"경제 생태계는 정교하지도, 완벽하게 작동하고 있지도 않다. 우리는 건전한 금융 시스템을 구축해야 한다. 구시대적 규제가 아니라, 지금 중국에 필요한 것은 서류 작업 전문가가 아닌 정책 전문가다"

앤트 그룹과 알리바바의 공동 창업자 마윈이 2020년 10월 상하이 번드 서밋Bund Summit 연설 중 발췌한 내용이다.

오늘 이곳에 와서 연설하는 게 과연 옳을지 정말 많이 고민했다. 그는 걱정을 떨쳐 버리고 다음과 같이 계속했다.[1] 미래의 개혁에는 희생이 따를 것이다. 비용을 치러야 한다.

정말로 비용을 치러야 했다. 그러니까, 마윈이 말이다.

서양의 청중에게 이 발언은 평범한 리더의 수사처럼 들렸을지 모른다. 그러나 중국에서는 정부를 향해 공개적으로 비판하는 일은 신성 모독에 가깝다. 마윈은 선을 넘었고, 정치적으로 용인되는 범위를 벗어났다. 며칠 뒤 중국 규제 당국은 핀테크 기업 앤트 그룹의 340억 달러 규모 IPO를 전격 중단시켰다. '인류 역사상 최대 IPO'가 될 뻔했던 거래였다. 이후 마윈은 약 2년간 대중의 시야에서 사라졌다.

중국은 분명한 신호를 보냈다. 규제 당국은 대형 인터넷 플랫폼에 대한 강도 높은 단속에 나섰고, 앤트 그룹에는 지배구조를 이유로 전면적인 경영 개편을 요구했다. 2023년 구조조정이 발표된 뒤 알리바바는 독립 운영되는 여섯 개의 그룹으로 분할되었고, 마윈의 영향력은 크게 축소되었다. 한때 8,000억 달러에 달하던 기업의 의사결정 권한은 여섯 조각이 났다.[2]

한 가지 확실한 사실은 수많은 상황 속에서 권력은 약해지거나 상실될 수 있다는 것이다. 리더십의 첫 번째 규칙은 위계를 존중하고, 그 안에서 자신의 위치를 정확히 아는 데 있다.

첫 번째 교훈은 이것이다. 당신보다 덩치가 큰 곰은 언제나 존재한다. 마윈은 이 사실을 새겨듣지 못했다. 권력을 좇고 있거나 이미 손에 쥐고 있을 때, 필요할 순간에 귀 기울이는 능력은 자기 파괴의 확률을 크게 낮춘다. PERIMETERS 판단 함정 가운데 권력에 의한 편견은 가장 파괴적이다. 이는 커리어를 초장부터 망가뜨리고, 사업과 산업, 공동체와 국가에까지 심각한 혼란을 초래한다.

이 장에서는 권력을 좇고, 손에 쥐려는 생각에 사로잡혔을 때, 그것이 우리 판단력에 어떻게 악영향을 미치는지 그 여섯 가지 방법을 집중적으로 살펴본다. 지금까지 권력 추구라는 의사결정의 방해 요소를 심리적 농점의 관점에서 체계적으로 다룬 책은 거의 없었다.

예컨대 강박적으로 권력을 좇는 태도는 권력의 기반을 오히려 약화시킨다. 시야가 좁아지기 때문이다. 서열이 높은 사람의 목소리에 무비판적으로 복종하거나, 타인을 과도하게 찬탄하거나, 전문가의 의견에 판단을 맡길 때 우리는 스스로의 권력을 타인에게 넘겨준다. 사람들은 목소리의 톤과 음조, 속도를 근거로 타인의 지위를 잘못 추론하기도 한다. 또 우리는 자신의 재능과 노력, 희생은 보상받고, 잘못을 저지른 사람은 결국 처벌받을 것이라 쉽게 믿는다.

그러나 전략적으로 사용한다면 권력은 엄청난 자산이다. 판단에 앞서 우리의 경청을 돕거나 방해하는 권력의 조건에 대해 알아보자.

권력을 좇는 자

영화 〈매트릭스〉에서 네오는 오라클에게 이렇게 묻는다. "그 남자가 원하는 게 뭐죠?" 오라클은 이렇게 답한다. "권력을 가진 사람들men은 전부 뭘 원하겠나? 더 많은 권력이지"

당연하게도, 이는 특정 성별에 국한된 이야기가 아니다. 모든 사람이 권력에 수반되는 번거로움과 책임을 갈구하는 건 아니지만, 조직의 사다리를 오르려는 많은 이가 이와 관련된 인정, 지위, 부를 탐한다. 뭐가 됐든 명령을 내리는 게 명령을 받는 것보다 훨씬 기분이 좋으니까. 이런 이유로 권력을 가진 자들은 대개 그렇지 않은 자들보다 더 큰 성취감을 느낀다.

새로 직함을 얻은 리더들이 마치 날개를 단 듯 보이는가? 연구에 따르면 우리는 성공한 선배나 우상, 전문가를 지나치게 존경하며, 그들에게만 다른 방식으로 대한다.

권력은 상황에 따라 달라진다. 어떤 맥락에서는 당신이 권력자이지만, 다른 맥락에서는 그렇지 않다. 호텔 객실을 업그레이드해 주는 직원, 주택담보대출을 승인하는 은행원, 주차 위반 딱지를 붙이는 공무원은 모두 그 순간의 권력자다. 에어포스 원의 조종사는 비행 중인 동안만큼은 미국 대통령보다 더 큰 권력을 가졌다고 할 수 있다.

그러나 마윈의 사례가 보여 주듯, 권력은 언제나 변한다. 우리의 의사결정 방식은 우리가 권력을 좇고 있는지, 유지하려는지, 아니면 잃을까 두려워하는지에 따라 달라진다. 모두가 영향력 있는 자리에 있는 것은 아니지만, 권력을 잃고 싶어 하는 사람은 거의 없다. 온갖 장애물을 극복하고 일단 정상에 오른 CEO, 정치인, 운동선수가 스스로 물러나는 일은 드물다.[3] 권력에는 마치 마약과도 같은 중독성이 있다.

자기 왕국이 무너질 조짐을 감지한 화려한 공작새는 단기적 시야에 갇혀 이기적이고 무모한 결정을 내리기 쉽다. 도널드 트럼프가 연임에 집착한 끝에 미국 국회의사당 폭력 사태로 이어진 일을 떠올려 보라. 그는 자아도취적인 목소리에만 귀를 기울였고, 법적·정치적 건실함을 요구하는 목소리는 외면했다.

야망 있는 학생, 회복 중인 환자, 도전하는 기업가, 메달을 노리는 운동선수에게 오랫동안 목표 설정이 권장되었다. 목표는 행동에 목적과 가치를 부여하는 유용한 수단이다. 알렉산더 대왕에서 명나라에 이르기까지, 역사적 제국 건설에도 목표는 핵심적인 역할을 했다. 코로나19 팬데믹 동안에는 공격적인 연구개발 목표 덕분에 보통이라면 수년이 걸릴 백신을 몇 달 만에 신속하게 개발할 수 있었다.

권력 기반을 키우는 것이나 승진하는 게 당신의 최종 목표라면, 당신은 위험한 함정에 발을 디딜 수 있다. 정신적 시야가 좁아지기 때문이다. 상반되는 증거, 반론, 양심을 무시할 가능성이 더 높기도 하다. 권력을 좇는 리더는 비전을 잃고 근시안적인 시각으로 결정을 내리는 경향이 있다.

권력을 얻고 비전을 내어 주기

인터넷에는 매주 새로운 스캔들이 등장한다. 그중 특히 기억에 남는 사건이 하나 있는데, 비현실적인 매출 목표가 조직을 압력솥으로 몰아넣은 사례다.

2016년, 웰스 파고 직원 5,200명이 고객 계좌 수백만 개를 허위로 개설한 사실이 드러나며 신문 헤드라인을 장식했다. 문제의 핵심은 윗선의 지시였다. 고객 한 명당 계좌 여덟개를 만들라는 목표였다. 맥락을 살펴보자. 고객이 개설할 수 있는 계좌는 모기지, 저축, 예금, 사업용, 신용 계좌를 합쳐 평균 두 개 정도에 불과하다. 그렇다면 질문은 하나로 압축된다. 왜 여덟 개였을까? 웰스 파고의 전 CEO 존 스텀프John Stumpf는 미 상원 은행위원회Senate Banking Committee 청문회에서 이렇게 설명했다. "8eight이 위대한great 숫자니까요[4]" 자존심에 눈이 먼 나머지 그는 기업의 악독한 기업문화 대신 직원들을 비난했다.

직원들에게 줄 급여와 직원들의 일자리가 위태로워지자, 경영진은 스트레스를 받는 영업팀의 목소리와 고객 복지, 규제기관의 조언을 등한시했다. 전년도에 이미 1,930만 달러의 보너스를 챙긴 스텀프는 분기 실적 발표 당시 은행의 지속적인 성장을 자랑했다. 지극히 비현실적인 매출 목표는 은행에 30억 달러의 손해를 가져왔고, 스텀프의 커리어를 망쳤으며, 추산한 바에 따르면 환수금과 기회비용을 포함해 스텀프 개인이 입은 손실만 해도 7,000만 달러에 달했다.[5]

깨달은 바가 없었는지 웰스 파고는 나쁜 짓을 반복했다. 7년 후 웰스 파고의 차량 대출 사업부 임원들은 대출 수수료를 과도하게 청구하고, 정당한 권리 없이 주택 압류를 실행했으며, 불법으로 차량을 압류했다. 이번에 은행은 37억 달러의 손실을 봤다.[6] 권력, 지위, 이익을 좇는 행위로 인해 합리적인 관점과 균형 잡힌 판단이 파괴되는 일은 너무나도 자주 발생한다.

몇몇은 듣고 일어난다. 코로나19 격리 기간 중 다우닝가 10번지 일대에서 '파티게이트' 파문을 일으킨 보리스 존슨Boris Johnson 전 영국 총리는 대대적인 비난의 대상이 되었다. 그는 생존 전략으로 '빅독* 구출 작전Operation Save Big Dog'을 퍼뜨렸으나, 절박한 노력에도 불구하고 파티게이트에 연루된 자들은 큰 타격을 입었다.

＊＊＊

효율적인 리더들은 어떤 목소리에 귀 기울일까? 압박을 받으면 사고가 퇴화하고 합리적인 시각은 사라져 버릴 수 있다.

1997년 민영화 이후 프랑스 텔레콤 CEO 디디에 롬바르Didier Lombard는 1만 명의 직원을 재배치하고 노동조합 직원 2만 2천 명을 감축해야 했다. 품위를 저버린 그는 좌천, 과도한 업무량, 직원 감시, 경쟁적 해고 같은 위협적인 전략을 택했다.

2006년과 2009년 사이 프랑스 텔레콤 직원 60명이 극단적인 선택을 시도했다. 그들은 목을 매거나, 분신하거나, 창문에서 뛰어내리거나, 고속도로나 기찻길로 뛰어들었다. 급성 귀먹음 증후군에 걸린 롬바르는 전국 방송에 나와 이를 '유행'이라고 칭했다. 한 피해자는 롬바르의 '공포 통치'를 지적했다. 법원은 롬바르의 직장 내 괴롭힘 혐의에 대해 유죄 판결을 내렸다.

악독한 기업문화는 드문 일이 아니다. 최고위층에서도 극심한 압력이 존재한다. 스위스 취리히 보험Zurich Insurance Group의 CFO 피에르 워시어Pierre Wauthier는 2013년 자살로 생을 마감했다. 그는 기업의 공격적인 문화와 '인생

---

* 보리스 존슨이 자신을 일컫는 별칭.

최악의 회장'을 향한 날 선 비난의 내용을 담은 유서를 남겼다. 그러나 조사 결과 '불합리한 수준의 압력은 없었다'라는 결론이 났다. 2년이 지난 뒤, 같은 회사 CEO 마틴 센^{Martin Senn}도 뚜렷한 이유 없이 사임한 뒤 자살했다.[7] 그 당시 약 8년 동안 자살로 생을 마감한 스위스 기업 경영진은 다섯 명이었다.

이익 추구가 목적인 기업에서만 귀먹음 증후군이 나타나는 건 아니다. 개인과 국가도 마찬가지다. 예를 들어, 악플러, 따돌림 가해자, 사기꾼, 해커는 주로 악마의 목소리에 귀 기울인다.

이성으로부터 무시당했다고 주장하는 24세 남성 헌터 무어^{Hunter Moore}는 '누구 없나?^{Is Anyone Up}*라는 리벤지 포르노 웹사이트를 만들었다. 이 사이트는 누드 사진을 게시하면서 피해자의 소셜 미디어 계정 링크를 공유해 월수입 2만 달러를 벌어들였다. 무어는 스스로 '전문 인생 파괴범'이라고 칭했다. 《롤링 스톤》지는 '인터넷상 가장 미움 받는 남자'로 무어를 꼽았다. 결국 FBI는 무어를 해킹, 신원 도용, 공모 혐의로 고발했다. 무어의 좁아진 시야가 그의 삶을 파멸로 이끌었다.

국가 역시 예외가 아니다. 우주 개발 경쟁이든 핵 경쟁이든 올림픽이든, 국가는 쉽게 목적에 매몰된다. 역사를 통틀어 독재자들은 시민들이 자신의 메시지에 복종하도록 강요해 왔다. 블라디미르 푸틴의 우크라이나 침공은 목적 지향적 의사결정의 전형이다. 김정은은 삼촌의 공개 처형으로 맹종을 이끌어 냈다. 이오시프 스탈린^{Joseph Stalin}은 굴라그 강제수용소를 활용했고, 폴 포트^{Pol Pot} 정권은 700만 인구의 20%를 학살했다.

존스타운 사례가 보여 주듯, 이들 권력자는 통제력을 유지하기 위해 집단의

---

*　'시간 되는 사람 누구 없나'라는 의미와 리벤지 포르노 피해자를 일컬어 '사이트에 영상이 업로드된 사람 누구 없나?'라는 중의적인 의미로 해석할 수 있다.

순응에 의존했다.

권위의 목소리에 순응하는 것

대부분의 사람은 권위의 목소리에 순응한다. 그 목소리가 자신의 직관이나 전문성, 가치와 충돌할 때조차 그렇다. 이것이 바로 권위 편향authority bias이다. 우리는 상급자나 제복을 입은 사람이 내리는 규칙과 명령, 지시에 따르는 경향이 있다. 부기장은 기장의 판단을, 하급 병사는 중위의 명령을, 매니저는 CEO의 결정을 따른다. 우리는 누구의 말에 귀를 기울이는가? 권력, 사회적 지위, 부는 자연스럽게 위계를 만든다.

권력을 쥔다는 것은 열두 번째 배심원이 되는 것처럼 궁극적인 책임을 떠안는 일이다. 타인의 행복과 불행에 영향을 미칠 힘을 갖게 된다는 뜻이기도 하다.

순응이 많을수록 사회와 조직은 효율적으로 작동한다. 그러나 권위 편향은 너무도 본능적이어서, 돌봄을 직업으로 삼은 사람들조차 깊이 생각하지 않은 채 규칙에 따른다. 오하이오 병원 실험에서 간호사의 95%는 기존 관행에 어긋나는 약물 투여 지시에도 의사의 지시를 그대로 따랐다.[8]

당신의 개인적 권력은 다음 두 가지 상황에서 줄어든다. 첫째, 권위 있는 사람을 지나치게 존경admire할 때, 둘째, 권위 있는 사람을 지나치게 경외fear할 때. 우리는 다른 사람이 기뻐하길 바란다. 그래서 권력자들이 우리의 합리성이나 심지어는 도덕성을 시험에 들게 할 때에도 그들의 비위를 맞추고 번거로움을 피하고자 노력한다.

당신이 권력을 손에 쥔 존경받는 사람이라면, 당신의 권력은 미묘한 침묵 효과를 발생케 한다.

사회심리학계에서 가장 유명한 실험 중 하나는 위계질서에 동조하는 것이 타고난 본능임을 보여 준다. 1971년 모의 시뮬레이션에서 필립 짐바르도 교수는 2주간 24명의 학생을 모집했다. 그는 학생들을 교도관 역할을 할 학생과 죄수 역할을 할 학생들로 나눈 뒤 그들을 관찰했다.

제복을 입은 경비원은 '교도관님'으로 불리며 나무 몽둥이를 들고 다녔다. 몇 시간이 지나자 그들은 지루함 속에서 점점 포악해졌다. 반항적인 '수감자'를 찬장에 가두고 침대를 치웠으며, 음식을 주지 않겠다고 협박했다. 수감자를 발가벗겨 시를 거꾸로 외게 하고, 개처럼 짖거나 성행위를 흉내 내게도 했다. 설상가상으로 수감자들 역시 터무니없는 명령에 점점 저항하지 않게 되었다.

6일 후 짐바르도는 여자 친구의 혐오스럽다는 말을 듣고 실험을 중단했다.[9]

일부 과학자들은 스탠퍼드 감옥 실험이 믿을 만한 것인지에 의문을 제기한다. 논란이 있기는 하지만, 이 실험은 상황의 힘이 어떻게 사람들을 잘못된 길로 인도하는지를 보여 준다. 수백만 명의 사람이 이 실험에 매료되었고, 추후 이 실험의 내용은 영화화가 되기도 했다. 나중에 경비원과 수감자를 인터뷰했을 때, 그중 자신들의 선택을 논리적으로 설명할 수 있는 사람은 거의 없었다.

수년 후 아부그라이브Abu Ghraib 교도소에서 미국 교도관들이 이라크인 수감자들을 잔혹하게 고문하는 사건이 발생했다. 그러나 이는 실험이 아니었다. 사건의 조사를 맡은 안토니오 타구바Antonio Taguba 소장은 보고서를 통해 다음과 같이 언급했다.

구금자를 구타하고, 발로 차고, … 남성 구금자 여럿에게 자위행위를 시킨 뒤 이를 사진으로 찍고 동영상을 촬영하고, … 구금자의 몸에 염산을 뿌리고, … 야광봉이나 빗자루를 수감자의 항문에 삽입하고, … 전기 고문을 시뮬레이션함.

짐바르도는 아부그라이브 사건이 개개인의 기질적 문제라기보다는 상황적 문제라고 여겼다.[10] 당시 교도관이었던 군인들은 점차 무감각해졌다.

"명령에 따랐을 뿐이다" "위에서 시킨 일이다"라는 변명은 반복되어 왔다. 군사재판에 회부된 군인 칩 프레데릭Chip Frederik 역시 수감자를 가혹하게 대하는 분위기를 지휘관들이 조성했다고 주장했다. 그러나 이런 주장은 뉘른베르크 재판과 르완다 재판에서 받아들여지지 않았다. 군법은 군인이 무비판적으로 명령에 복종하는 존재가 아니라, 성찰적으로 판단해야 할 책임 주체임을 전제로 하기 때문이다.[11]

미국은 수감자 대우에 대한 교훈을 얻지 못한 게 분명하다. 2010년 십 대 소년 칼리프 브라우더Kalief Browder는 터무니없게도 3년 동안 라이커스 섬 교도소에 수감되었다. 당시 그는 배낭을 훔친 혐의로 재판을 기다리던 중이었다.[12] 이 기간 그는 700일을 독방에서 보냈는데, 그가 폭력적인 학대를 당하는 영상이 인터넷에 유포되었다. 권력 남용은 여러 방면에서 발생한다.

＊＊＊

서류 가방, 왕관, 흰 가운이 지닌 상징적 힘은 관계 속에 스며든다. 복종은 사고의 부담을 줄여 주는 가장 쉬운 선택이다. 우리는 모두 인지의 구두쇠이다. 그래서 사람들 대부분이 상사의 판단에 쉽게 동의한다.

와튼 스쿨의 애덤 그랜트 교수는 다음과 같이 말한다. "너무 많은 리더가 반대 의견을 수용하기보다는 그러한 의견으로부터 자신을 방어한다. 권력을 얻으면서, 그들은 배를 흔드는 자들을 무시하고 아첨하는 사람들의 말을 듣는다. 알랑거리는 아첨꾼들 사이에 둘러싸여 그들은 간신들의 유혹에 더욱 취약해진다[13]"

올림픽 메달리스트이자 세계육상연맹World Athletics 위원장인 서배스천 코Sebastian Coe는 럭비 선수 샘 워버튼Sam Warburton에게 리더십에 대해 다음과 같이 말한다."나약한 리더는 주변의 나약한 사람들을 선호한다" 나약한 리더가 특히 좋아하는 유형은 고분고분한 사람이다. 내가 평등을 지향하는 젠더 리더십 대책위원회에 합류했을 때, 개혁이란 반대 의견과 다른 목소리에 귀를 기울이는 일임을 배웠다. 2023년으로 빨리 감기 해 보자. 세계육상연맹은 스포츠 역사상 처음으로 50 대 50의 성평등을 달성한 국제 연맹이다.

때로는 의견을 숨기는 게 전략이 될 수도 있다. 그러나 이는 당신의 권력을 이양하는 것과 같다. 이사회, 뉴스룸, 법정에서 침묵하는 건 곧 습관이 된다.

권력을 내어 주는 건 권위에 대한 두려움 때문일 수도 있지만, 존경에서 나온 것일 수도 있다.

존경하는 이에게 권력을 내어 주기

우리가 누군가를 좋아하거나 존경할 때, 우리는 그들의 의견에 더 큰 무게를 실어 준다. 시네이드 오코너는 그녀가 존경했던 매니저에 대해 이렇게 쓴 적이 있다.

파크트나(Fachtna)가 좋다고 생각하는 건 그게 뭐가 됐든 좋은 것이다. 그가 좋아하는 게 뭐든지 나는 그게 좋다. 그가 싫어하는 건 나도 싫어하려고 한다. 난 그저 그에게 계속 좋은 인상을 남길 생각만 한다. 그에게 좋은 인상을 남길 것 같은 말만 한다. 그렇게 나는 그에게 좋은 인상을 남길 것 같은 사람이 된다. 어떤 때 나는 나 자신보다 그를 더 좋아하는 것 같다.[14]

어떤 주제에서든 우리는 고개를 끄덕일 뿐, 잘못된 정보를 제대로 걸러 내지 않는다. 후광 효과 때문에 한 분야의 전문성이 다른 분야로까지 옮겨 간다고 믿기 때문이다. 우사인 볼트의 정치 조언이나 조 바이든의 체력 단련 팁을 기대하는가? 그럼에도 우리는 유명하고, 부유하며, 잘생긴 사람에게 쉽게 권위를 내준다.

자금력이 있는 브랜드는 이런 후광 효과를 오래전부터 활용해 왔다. 스위스 커피 회사 네스프레소는 조지 클루니와 제휴하며 연간 약 4,000만 달러를 쓴 것으로 알려져 있다. 과연 조지 클루니가 커피를 직접 내려 마시기는 할까?

전직 최고 마케팅 경영자Chief Marketing Officer로서 나는 제휴의 힘을 적극적으로 활용했다. 예를 들자면, 나는 팀 중심 성과의 중요성을 상징하기 위해 수년간 유명한 ATP 테니스 투어, 라이더 컵Ryder Cup, 브리티시 앤드 아이리시 라이언스British and Irish Lions*를 후원했다. 그리고 빌 클린턴 대통령을 포함한 저명한 세계 인사들을 행사에 초대했다. 권력과 전문성을 모두 갖춘 그가 말할 때, 사람들은 귀 기울였다.

클린턴은 경제 발전의 황금기를 달성했지만, 그와 관련해 사람들이 가장 많이 떠올리는 건 1998년의 모니카 르윈스키 스캔들이다. 하지만 미국인들은 그를 용서했고 그의 뚝심을 존경한다.[15] 스캔들 이후 그의 지지율은 이전에 비해 10% 상승한 71%를 기록했다. 그의 비밀 무기는 다른 사람들의 기분을 좋게 만드는 것이었다. 그리고 나는 이를 직접 배웠다.

비엔나의 무대 위에서 그를 인터뷰하기 전에 있었던 일이다(비엔나 인터뷰는 또 다른 이야기다). 나는 권력자 곁에서 아첨하던 측근들이 자기 자금줄의 말을 얼마나 새겨듣는지, 그리고 자신들의 권위를, 때로는 위엄을 내려놓는 일이 얼

---

*   잉글랜드, 아일랜드, 스코틀랜드, 웨일스의 연합 럭비 국가대표팀.

마나 잦은지를 떠올릴 수밖에 없었다. 중요한 의견은 하나뿐이며, 그건 당신들의 의견이 아니다. 멤피스 마피아, 대부분의 직장은 이와 무섭도록 유사하다. 본사의 방문이 있을 때 사람들이 정신 사납게 앞다투며 허겁지겁 분주한 모습이 얼마나 우스꽝스러운가? 나는 위엄있는 리더가 인정받고 싶어 안달하는 어린아이로 전락하는 모습을 많이 봐 왔다. 아마 나도 그 중 한 사람이었을 것이다.

고객이 자문가나 대리인을 지나치게 존경하면, 정보는 그대로 받아들이고 세부는 검증하지 않게 된다. 엘비스 프레슬리 사망 후, 그의 재산 관리인은 매니저 톰 파커를 상대로 허술한 관리와 자기 거래, 권한 남용, 신뢰 관계 위반을 이유로 소송을 제기했다.[16]

소장에는 파커가 선량한 관리자의 의무와 충실 의무, 합리적인 주의 의무를 위반했으며, 엘비스의 재산을 자신의 사적, 금전적 이득과 이익을 극대화하는 목적으로 이용함으로써 엘비스에게 심각한 손해를 일으켰다는 내용이 담겨 있다.

예를 들면 65세인 파커는 총수입의 50%라는 어마어마한 수수료를 받았는데, 이는 업계 평균인 10%보다 지나치게 높은 수치다. 부당한 거래와 악의적인 조언으로 수백만 달러가 낭비되었다. 1973년 RCA는 음반에 대한 권리를 양도받으며 계약금으로 총 540만 달러를 일시 지급했는데, 이중 절반은 파커에게 돌아갔다.[17] 엘비스는 세금을 제하고 약 200만 달러를 받았다. 엘비스의 1972년 수입은 파커에게 돌아간 몫, 세금 및 경비를 모두 제한 뒤 400만 달러였다. 다시 말해, 엘비스의 전년도 수입은 자신이 평생에 걸쳐 작업한 음반 650곡을 전부 팔아서 번 돈의 두 배였다. 고작 38세에 엘비스는 미래에 벌어들일 수익 전부를 포기한 셈이다. 끔찍한 거래였다.

타인에 대해 지나친 존경심을 갖는 건 위험 신호다. 당신이 존경해 마지않는 영웅, 상호 의존적인 조언자, 업계 전문가가 절대로 실수하지 않는다거나 항상 당신에게 최선의 이익을 가져다줄 행동을 한다고 가정하지 말라. 때론 그들도 실수하거나, 당신의 이익에 부합하지 않는 행동을 할 테니 말이다.

오라클 같은 전문가

대부분이 전문가의 말을 신뢰하는 이유는 단순하다. '그들이 전문가이기 때문'이다. 그러나 한 사람에게 판단 권한을 독점시키면 오히려 사고는 흐려질 수 있다. 실적이나 벽에 걸린 학위를 보고 결정을 내리는 현상을 '챔피언 효과'라 한다. 우리는 투자 유치를 노리는 건설업자나 수임료를 노리는 변호사, 끼워팔기하는 정비공 앞에서 이 함정에 빠지곤 한다.

완벽한 지식을 지닌 전문가는 드물다. 그들 역시 단서와 시장, 추세를 오독하고, 압박 속에서는 합리성이 흔들린다. 합병이 반복해 실패하고 신생 기업이 무너지는 이유가 여기에 있다. 규제 기관이 메이도프 사기와 세계 금융 위기를 제대로 읽지 못한 것도 같은 맥락이다. 아니면 FBI가 학교 총기 난사 사건에 관한 경고를 흘려들은 이유다. 정치학자 필립 테틀록Philip Tetlock은 신문을 읽는 초보 독자들조차 전문가보다 더 나은 예측력을 보인다는 사실을 발견했다.[18]

그러나 전문가에 대한 우리의 신뢰는 절대적이다. 의학적인 예후에 대한 소견을 들었을 때, 아무리 중대한 상황일지라도 우리는 두 번째 의견을 구하기보다는 마치 전원이 나간 것처럼 갑작스럽게 마음의 문을 닫아 버린다. 인적 오류는 사망 원인 4위로 손꼽힌다. 대부분의 과실 사례는 '주의 깊지 못한 진단, 부적절한 진단, 잘못된 진단'과 같은 말로 표현된다.

항생제 처방을 예로 들어 보자. 질병통제예방센터Centers for Disease Control and Prevention는 항생제 처방의 30%는 불필요하고, 50%는 부적절한 것으로 추정한다. 나 또한 스스로 항생제가 필요하다고 생각하는 경향이 있다.

85세인 내 어머니는 매일 열여덟 개나 되는 알약을 복용하는데, 일부는 숙면을 돕기 위한 것이고 일부는 졸음을 막기 위한 것이다. 여느 환자들처럼 내 어머니 또한 약을 처방하는 의사에게 대주교라는 직위를 부여하고 단순히 그들이 좋은 판단력과 정확한 진단을 내렸을 거라 믿는다. 이의를 제기하는 사람은 거의 없다. 질병이 늘어나면, 처방도 늘어난다. 어머니의 제한된 합리성은 전문가 무결성의 신화를 뒷받침한다.

지나치게 많은 의료기관 종사자가 사소한 질병에 항생제를 처방한다. 왜 그럴까? 한 미국 연구에 따르면, 일부는 벌어들일 수 있는 돈에 집중하고, 일부는 환자를 편안하게 하는 데 혹은 의료과실을 줄이는 데 집중하기 때문이다.[19] 여러 가지 이유가 복합적으로 작용한다.

이와 유사하게 변호사들도 영광스러운 자리를 차지하고 있다. 변호 서비스를 찾는 고객들은 대개 곤경에 처해 걱정이 가득하다. 고소할지 합의할지, 배심원 재판을 할지 법정 재판을 할지, 형량을 거래할지 운에 맡길지, 고객들은 이러한 결정을 변호사에 위임한다.

합의금과 관련한 한 연구에서는 재판 진행 전 결렬된 협상금과 재판 후 결정된 합의금을 비교했다.[20] 61%의 경우, 원고 측 변호사는 소송의 결과를 잘못 예상해 재판 전의 후한 합의금을 거절했다. 이에 따라 원고가 입은 손실은 평균 4만 3,100달러였다. 피고 측 변호인의 결과 또한 나을 것이 없었다. 피고 측 변호사의 경우 24%가 재판 전 유리한 합의금을 거절해 기업 고객은 평균 114만 달러의 손해를 입었다.

전문가들이 항상 옳은 건 아니지만, 우리는 전문가들에게 의지한다. 그리고 그들을 신뢰한다.

특히 재정 문제에서 그렇다. 예를 들어 94%의 펀드매니저는 '상위 사분위'

실적, 즉 동료들 가운데 상위 25%에 속하는 실적을 가지고 있다고 주장한다. 그러나 이는 입맛에 맞게 선별한 특정 기간에 국한할 때만 맞는 말이다. 《파이낸셜 타임스》는 '10년 동안 상위 사분위 실적'이라고 자부한 펀드매니저가 사실은 1년, 3년, 5년의 기간으로 따졌을 때는 하위 사분위 실적이었던 사례들을 보도했다. 그리고 "몇몇은 1년 동안은 좋은 실적을 보였으나, 장기적으로는 형편없는 실적을 보였다"라고 덧붙였다.[21] 의심하지 않는 투자자는 전문가를 믿고 간다는 기본적인 자세가 깔린 것이다. 그러다 큰코다칠 수 있다.

의사결정자로서 우리는 오해의 소지가 있는 주장이나 공인된 수상 경력을 넘어서는 것들을 확인하고, 시끄러운 세상이 허용하는 범위보다 더 많은 것을 상당한 주의를 기울여 알아봐야 할 의무가 있다.

전문가를 지나치게 우상화하는 마음 때문에, 혹은 더 나쁘게는 전문가의 어조에 속아 그들이 무결하다고 가정하지 말라.

기만적인 권력의 신호: 어조

때로 우리는 어조에서 권력을 직감한다. 이는 거의 첫인상만큼이나 즉각적인 반응이다. 50개의 연구에서 대선 후보의 토론을 분석한 결과, 저음의 목소리를 가진 남성이 고음의 목소리를 가진 상대방보다 더 많이, 더 큰 차이로 승리하는 것으로 나타났다.[22]

같은 메시지로 테스트했을 때도 유권자의 70%는 좀 더 리더답다고 느껴지는 저음의 후보자에게 투표했다.[23] 이는 논리적이라기보다는 심리적인 것이며, 부분적으로는 대조 효과로 인한 것으로 설명할 수 있다. 큰 목소리는 부드러운 목소리를 더욱 부드럽게 들리도록 만드는데, 이에 따라 이성적이지 못한 연상 작용*이 발생할 여지가 있다. 반대로, 부드러운 목소리는 큰 목소리를 더 시끄럽게 들리도록 만든다.

심리학자 날리니 암바디Nalini Ambady는 어조가 행동에 미치는 영향을 보여주는 증거를 제시했다. 그녀는 의사와 환자 간의 대화를 녹화한 영상을 분석해 어떤 의사가 소송을 당할 가능성이 높은지를 예측했다. 그 결과, 지배적인 태도로 권력을 행사하는 의사일수록 법적 위험이 더 크다는 결론에 이르렀다. 이유는 분명하다. 어조는 존중이든 무시든, 우리가 상대를 어떻게 대하는지를 외부로 드러내며 호감도까지 함께 전달한다. 이 실험에서도 어조는 환자의 의사 결정에 직접적인 영향을 미쳤다.

어조는 의사결정의 자산이 될 수도, 걸림돌이 될 수도 있다. 적절한 어조는 누군가를 극단적인 선택에서 물러서게 하거나, 평화 협정을 중재하게 만들 수도 있다. 반대로 어조는 피상적인 진지함을 가장한 거짓 신호일 수도 있다. 리처드 탈러가 말한 '관계없다고 여겨지는 요인'에 해당하지만, 실제로는 결코 그렇지 않다.

그리고 이는 성 불평등과도 직접적으로 맞닿아 있다.

높은 음조에 말이 빠른 여성은 이사회 회의실에 앉아 있거나 국가 원수와 함께 연단에 서는 일이 거의 없다. 영국의 전 총리였던 마가렛 대처와 테레사 메이Theresa May는 특별한 보컬 트레이닝의 필요성을 느꼈다. 엘리자베스 홈스Elizabeth Holmes조차 실리콘 밸리에 들어가기 위해 바리톤 목소리를 얻었다. 어조와 음조는 하이톤 목소리를 가진 직원을 불리하게 만들고 부드러운 권력을 등한시하며 불평등을 강화한다. 대화 중에 말을 가로채거나 듣지 않는 일은 다

---

* 큰 목소리를 리더십과 연관 짓거나, 부드러운 목소리를 나약함과 연관 짓는 것이 그 예시가 될 수 있다.

반사다.

　메리 앤 시그하트Mary Ann Sieghart가 자신의 저서『권력의 간극The Authority Gap』에서 올바르게 지적한 것처럼 "남성은 그렇지 않다는 것이 증명될 때까지 유능하다고 여겨지는 한편, 여성은 그렇지 않다는 것이 증명될 때까지 무능하다고 여겨진다" 이로 인한 결과에 대해서는 추후 미적 편향beauty bias에 대해 논의할 때 다시 살펴보도록 하겠다.

　말하는 속도 또한 해석과 신뢰성에 영향을 미친다.

＊＊＊

　말을 빨리하는 사람으로서, 다른 사람들이 내 말을 들어 주길 원한다면 그들이 내 말을 어떻게 해석할지를 고려해야 한다는 사실을 잘 알고 있다. 누군가 웨비나에 사용할 목적으로 내 연설을 느린 배속으로 재생했을 때 나는 이러한 사실을 직시했다. AI 딥페이크 기술이 소리와 음성을 복제하다 보면 말하는 속도가 왜곡될 수 있다. 음악가들은 항상 더 나은 소리를 내기 위해 디지털 방식으로 음원을 리믹스하고, 영화 제작자는 캐릭터에 맞춰 어조를 변경하기도 한다. 상업적인 이유로 조작이 이루어지는 와중에도 우리는 여전히 들리는 바에 기만당한다.

　대화가 노골적으로 이뤄지는 경우는 드물며, 종종 중의적인 수사법이 등장한다. 존 F. 케네디 대통령이 1961년 쿠바를 침공하려는 피그스만 계획에 대해 조언을 구했을 때, 참모들은 "성공할 가능성이 없지 않다"라고 피드백했다. 사실 확률은 30%에 불과했으나, 그들은 이를 명확하게 언급하지 않았다.

　아마도 케네디는 '없지 않다'보다는 '성공'이라는 단어에 주목해 이를 호의적으로 해석했고, 해당 계획을 추진했을 것이다. 그 결과 수백 명이 목숨을 잃었고, 냉전에도 부정적인 영향을 미쳤다. 케네디는 소련 공산주의에 대해 공개적으로는 단호하고 결연한 어조를 유지했다. 그의 행정부는 우주 개발 경쟁에 1,850억 달러를 투입하고, 아시아와 서유럽을 지원하기 위한 군사력을 강화했다. 소련 지도자들과 미국 시민이 들은 메시지는 현실과는 달랐다.

따라서 우리가 듣는 것이 전부라고 믿어서는 안 된다. 시간이 흐른 뒤 기밀 해제된 기록이 보여 주듯, 굳게 닫힌 문 뒤에서 케네디의 실제 어조는 훨씬 더 회유의 느낌이었다. 케네디는 핵전쟁을 피하고자 전 소련 총리 니키타 흐루쇼프Nikita Khrushchyov와 비밀리에 협상했으며, 평화를 옹호하고 군비 축소를 위한 '부분적 핵실험 금지 조약Partial Nuclear Test Ban Treaty'에 서명했다. 이처럼 대외적으로 국가 권력을 과시하는 건 기업과 세계의 리더들에게 흔히 나타나는 것처럼 내부적인 자신감 부족을 숨기기 위한 것이었다. 계산된 시야는 진실을 가리곤 한다.

단어 선택은 메시지 전달에 있어 확실히 중요한 역할을 한다.

단어는 권력의 무기

당신의 성공은 그럴만한 가치가 있기 때문인가, 아니면 그럴만한 가치가 있는 것처럼 느껴지기 때문인가? 이를 구분하는 건 중요하다.

언어는 영향력이 있으며, 공격적인 어조는 반대 의견을 묵살하는 경향이 있다. 우리는 이를 잘 알고 있다. 런던에서 금융업에 종사할 당시, 인수기업은 목소리를 높이고 책상을 '탁' 치고 협상테이블에서 자리를 박차고 나가는 일이 잦았다. 사람들은 곰을 잘못 건드릴까 봐 두려워 양보했다. 이를 통해 인수기업은 수많은 '협상 불가' 거래를 따냈다. 이는 "이 정도 조건의 오퍼 기회는 다시 오지 않습니다" 같은 멘트를 하거나 양보를 강요하기 위해 마감일을 설정하는 것과 마찬가지로 전략적인 권력 행사의 한 예다.

화가 나거나 분노에 찬 목소리는 주의를 끌며 다른 사람을 위협할 수 있다. 의사결정 고수에게 중요한 건 이러한 어조가 자신의 아이디어, 평가, 선택에 어떤 영향을 미치는가이다.

심리학자 라리사 티든스Larissa Tiedens는 미국 소프트웨어 기업 데이터를 분석해, 화를 드러내는 동료가 우울해 보이는 동료보다 더 높은 지위를 지닌 인물로 인식되며, 보다 적절한 롤모델로 평가된다는 사실을 입증했다.[24] 그녀는 실험 참가자들에게 클린턴이 르윈스키 관련해 증언하는 영상을 보여 줬는데, 그때 클린턴은 분노와 뉘우침 사이에서 다양한 제스처를 보였다. 실험 참가자들은 클린턴이 화가 났을 때 더 큰 영향력을 발휘했다는 결론을 내렸다.

분노를 드러내는 게 누구에게나 적합한 건 아니지만, 일부 불도저 같은 상사들은 두려움을 이용해 리드하고 직원들은 그에 얼어붙어 복종한다. 아마존의 문화는 악명 높을 정도로 공격적이다. 아마존의 창립자이자 회장인 제프 베이조스의 폭언은 악명이 높다. "미안한데, 내가 오늘 멍청이 약을 먹은 건가?"라거나, "그 말을 또 한 번 듣게 되면 그냥 자살해야겠네" 하는 말들이다.[25] 이와는 반대로 사근사근한 기업계의 록 스타 마윈은 문화를 넘나드는 지성으로 유명했다. 전후 사정이 자본주의에 반하는 것이라 할지라도 말이다.

분노는 잠복해 있으며, 관련 없는 미래의 의사결정에 영향을 미친다. 아침에 화가 났었다면, 이는 오후에 내리는 의사결정에 영향을 미치다. 덜 관대하거나 더 비판적으로 변할 수도 있다. 이러한 잠재성은 잘못된 해석을 부추긴다. 그러나 실제 이유는 다른 곳에 있다.

말하는 순서 또한 상대방이 당신의 말을 얼마나 듣게 될지에 영향을 미친다. 비즈니스의 세계에서 특히 그렇다. 먼저 연설하는 사람은 일반적으로 뒤이어 연설하는 사람보다 더 지위가 높은 것으로 인식된다. 그러나 당신이 최고

연장자일 때, 당신의 의견을 먼저 말하는 것을 조심하라. 대부분이 리더의 목소리에 동조하기 때문이다.

긍정적인 단어를 사용하는 건 영향력을 높인다. 예를 들어, 자포스닷컴 Zappos.com을 설립한 토니 셰이Tony Hsieh는 온라인 신발 소매점을 만들며 "재미와 약간의 괴상함을 창조하자"라는 행복한 문구를 내세웠다. 이는 효과가 있었다. 아마존은 2009년 자포스를 12억 달러에 인수했다.[26]

미국의 택배 업체 페덱스FedEx의 창립 멤버였던 프랭크 맥과이어Frank Maguire를 만났을 때, 그는 직원들에게 수년간 똑같은 세 단어를 반복해서 말했던 걸 자랑스럽게 이야기했다. "여러분이 세계 최고입니다"였다. 나 또한 이 세 단어를 결코 잊지 못한다. 같은 이름의 책에서 그는 이 말이 직원을 인정할 뿐만 아니라, 수익성을 개선하기도 한다는 점을 설명한다. 한 달에 100만 달러의 손실을 보던 페덱스는 1980년부터 연간 40%의 성장을 이루어 냈다. 이제 페덱스는 동사로 쓰인다.* 동기 부여는 잠깐이지만 인정은 평생 지속된다는 맥과이어의 주장은 옳다.

하지만 가짜 인정은 언제나 재해석되어야 하는데, 특히 기업 합병 상황에서 그러하다.

불공평한 세상에서의 권력 다툼

뱅크 오브 아메리카의 전 CEO 데이비드 콜터David Coulter는 640억 달러 규모의 네이션스 뱅크NationsBank 인수합병을 총괄했다. 네이션스 뱅크의 CEO

---

*　　'페덱스로 보냈다'라는 의미를 '페덱스했다'라고 말하기도 한다는 의미다.

휴 맥콜Hugh McColl은 군대식으로 30개가 넘는 회사를 화전농업 하듯 인수합병했는데, 거의 '책상 위에 수류탄을 상비한 수준'이었다.[27]

반면 콜터는 '맥콜을 뒤이을 온화한 지식인'이었다. 결국엔 권선징악으로 끝이 난다는 믿음에서였다. 이러한 생각은 소위 세상은 정의롭다는 가설로부터 나온다.

콜터는 단합이라는 가짜 메시지를 재해석하는 데 실패했다. 합병 발표일에 맥콜이 콜터를 그늘진 자리에 머무르도록 했을 때 그게 적신호라는 걸 알아챘어야 했다. 그게 아니라면 고위직이 네이션스 뱅크 차지가 되고 이사회가 네이션스 뱅크에 유리한 인원들로 구성되었을 때라도. 뱅크 오브 아메리카의 이사였던 샌퍼드 로버츠Sanford Roberts는 콜터의 날이 얼마 남지 않았다며, "그들은 구실을 찾고 있었습니다"라고 말했다.

그리고 마침내 그들은 구실을 찾아냈다. 광범위한 거래 손실이 발생했을 때, 맥콜의 후계자로 여겨지던 콜터는 회사를 떠나야 했다.[28]

마윈처럼 콜터가 상황을 잘못 읽었던 걸까? 주의가 산만해진 나머지 귀가 먹었던 걸까? 직원들 대부분은 세상이 공평하고 열심히 일한다면 보상을 받으리라고 생각한다. 그러나 이는 망상에 불과하다.

내가 직함에 C자를 달게 되었을 때, 한 CEO는 내게 공정함을 기대하지 말라고 했다. 그는 자신이 친절해서 그 자리에 오른 것이 아니라고 말했다. 실제로도 그는 그다지 친절하지 않았다. 어차피 기업이라는 왕좌의 게임에서 직위가 지닌 힘은 빌려 온 것이다. 진짜 힘은 내면에 있다.

매년 CEO들은 주가를 떨어뜨리고, 막대한 퇴직금을 받고 회사를 떠난다. 그러나 이에 공모한 이사회 구성원은 아무런 불이익 없이 빠져나간다. 충성파와 반대파는 명분 없는 이유로 밀려나고, 해고된 오피니언 리더들은 경고의 메시지를 남긴다. 반면 정치적으로 순진한 사람들은 집중 공격의 대상이 된다.

공정함과는 관계없이, 선견지명이 있는 리더들은 권력을 유지할 방도를 마련한다. 메타Meta의 설립자 마크 저커버그는 절대 해고되지 않는다. "저는 회사의 의결권을 통제할 수 있는데, 이는 제가 일찌감치 목표로 했던 겁니다…. 이게 없었다면… 저는 해고됐을 겁니다[29]"

같은 이유로 정부는 정책을 바꾸기도 한다. 중국의 전국인민대표대회에서 임기 제한을 폐지함에 따라 국가주석 시진핑은 종신 집권할 것이다. 러시아 국민은 헌법을 개정해 푸틴이 2036년까지 집권할 수 있도록 했다.

사람들이 권력자를 조심스럽게 대하는 건 매우 흔한 일이다. 플로리다 남부지방 검사였던 알렉산더 아코스타Alexander Acosta는 2008년 30명의 미성년 피해자를 양산한 소아성애자 제프리 엡스타인Jeffrey Epstein에게 상당히 호의적인 판결을 내렸다. 전문가 책임 사무국Office of Professional Responsibility*은 해당 판결이 "좋지 않은 판결"이었음을 인정했다.[30] 수석 지방 검사였던 마리 비야파냐Marie Villafaña는 "뿌리 깊고 무의식적인 제도적 편견"으로 인해 정의가 실현되지 못한 것이라고 주장했다. 이는 (어떤 이들이) 무적이라는 (잘못된) 망상을 심화한다.

스탠퍼드대 조직 행동학 교수 제프리 페퍼Jeffrey Pfeffer는 권력에는 본질적으로 용서받을 권리가 내재한다고 주장한다. "일단 권력을 손에 쥐면, 이를 얻기 위해 한 일은 용서받고 잊힐 것이다[31]" 모든 증거가 그의 말이 옳다는 것을 보여 준다.

일부 리더는 기꺼이 권력을 내어 주거나, 은퇴하거나, 대규모 사직에 동참한다. 그러나 대개 권력은 불운, 타이밍, 거래, 통제력의 변화, 또는 이사회가

---

* 약칭은 OPR로, 몇몇 정부 기관 내에 소속되어 해당 기관의 업무상 윤리 행위 등을 감시하는 조직이다. 이 경우에는 법무부 소속 OPR을 의미한다.

팔을 한 번 휘두름으로 인해 상실된다. 언젠가 누가 내게 이런 말을 한 적이 있다. "그냥 당신과 잘 맞지 않는 거일 수도 있어요" 이유가 어찌 됐든, 급여, 직함, 일상의 상실은 트라우마처럼 느껴진다. 스웨덴의 실직 노동자에 관한 연구에 따르면, 실직 이후에 사망할 위험이 더 크다는 결론이 났다.[32] 그런 순간에는 파멸의 목소리가 크게 울려 퍼진다.

수년 전 나는 메드트로닉의 전 CEO이자 하버드 경영대학원 교수인 빌 조지 Bill George의 리더십 진정성에 관한 엄청난 강의에 참석했다. 그는 가치 중심 리더십과 진실한 방향성을 주창한다. 진부하게 들리겠지만, 얼마나 많은 이가 이를 실천할까? 이 강의를 들었던 주에 나는 사임하고 싶은 충동이 들 정도였다. 권력의 변화가 진정한 방향성을 되돌아볼 기회를 제공할 수 있을지 모르니 말이다.

권력 재정립하기

사업가, 음악가, 학자, 배우와 마찬가지로 운동선수는 커리어 내내 승리와 패배 사이에서 진자 운동을 한다. 평생을 주목받으며 사는 이들 중 일부는 쏟아지는 박수갈채와 인기 스타라는 흥분 상태를 재현하고자 한다. 권력을 잃고 나면, 어떤 이들은 아무것도 아닌 사람이 될까 두려워한다. 또 어떤 이들은 자신을 재창조한다.

테니스계의 아이콘 존 매켄로는 어떻게 하면 이길 수 있는지를 잘 알고 있었다. 그는 그랜드 슬램 7회를 포함해 ATP 싱글 및 더블 타이틀을 155개 획득했다. 그와 비오른 보리 Bjorn Borg, 지미 코너스 Jimmy Connors의 전설적인 라이벌 관계는 1980년대 테니스 열성팬들에게 숱한 즐거움을 주었다.

그의 승리를 바란 이가 수백만이었고, 그는 승리를 쟁취했다. 한동안은.

자기 목소리에 충실한 매켄로는 자신의 트레이드마크이기도 한 코트에서의 거침없는 언변으로 유명했다. 그의 목소리는 그의 자산이었을까, 아니면 골칫거리였을까? 사람들은 그의 테니스 실력에 주목했을까, 아니면 그의 거침없는 언변에 주목했을까? 티든스의 연구 결과와는 달리, 언론은 분노가 스포츠 정신에 어긋난다고 판단했다.

대개 높은 성취를 이루는 완벽주의자들과 마찬가지로, 그가 내린 가장 큰 오판은 비판의 목소리에 지나치게 귀 기울였던 것인 듯하다. 그의 결혼 생활은 점차 무너졌고 테니스계의 주목도 차츰 사라졌다.

매켄로는 대중들의 눈앞에서 힘겹게 지는 법을 잘 알고 있기도 했다. 『심각할 필요 없어You Cannot Be Serious』에 그는 이렇게 썼다. "정상에 오른 적 있는 사람이라면 전부 마찬가지다. 그걸 잃었을 때 모든 것은 통제 불능 상태에 빠지고, 다시 돌아올 길을 찾기란 매우 어려운 일이다[33]"

그는 동정 여론과는 거리가 먼 인물로, 오히려 자신의 목소리에 귀 기울이며 앞으로 나아갔다. 서른 명이 넘는 심리학자의 도움을 받았다는 농담을 하곤 했는데, 30년 넘게 곁을 지킨 매니저 게리 스웨인Gary Swain의 기민한 판단이 큰 힘이 되었다. 그 덕분에 매켄로는 은퇴 이후에도 오랫동안 업계의 선두를 지킬 수 있었다.

사인을 요구하는 관심이 지겹지 않느냐는 질문에 그는 "사랑받기를 마다할 사람이 어디 있겠습니까?"라고 답했다. US 오픈 볼 보이에서 출발한 그는 네 차례 우승을 거쳐 해설자로 에미상 후보에 오르며 커리어의 정점을 찍었다.

그는 자신의 커리어를 재창조하는 방법을 배웠고, 하나의 정체성에만 얽매이지 않았다. 음악가, 베스트셀러 작가, 미술관 오너, 자선 활동가, 자랑스러운 남편이자 부모로서 그는 돌아올 길을 찾은 것이다.

그의 목소리는 여러 세대에 영감을 준다. 2023년 그는 스탠퍼드대학의 학위수여식 연설에 초청받았다. 1981년 이래로 운동선수가 연단에 오른 것은 처음이었다. 같은 연단에 오른 인물로는 오프라 윈프리와 빌 게이츠 등이 있다.

해당 연설에서 매켄로는 넓은 시야를 가질 것을 강조했다. 비록 1980년 윔블던 결승에서 패배했지만, 그는 더 큰 것을 얻었다. 넬슨 만델라가 감옥에서 그와 비오른 보리의 경기를 시청했다는 걸 알게 되었기 때문이다.

27년 간 지옥 같은 투옥 생활을 견디던 만델라에게 잠시나마 휴식을 선사했다는 사실은 제가 받은 어떤 상보다 더 큰 의미가 있었습니다.

그가 전하고자 한 말의 핵심은 이러하다. "진정으로 마법 같은 일의 일부가 되기 위해 반드시 승리해야만 할 필요는 없습니다"

한때 '나쁜 놈'이었던 그가 착한 놈이 되어 돌아왔다. 어느 모로 보나 매켄로에게 유리한 일이다.

책임의 목소리에 귀 기울이기

외로움이 미덕이 되어서는 안 된다. 제프리 페퍼 교수는 리더들에게 동맹을 맺고 네트워크를 구축해 권력을 보전할 것을 촉구한다. 그는 권력이 난잡한 게임일 수는 있지만 흑마술은 아니며 책임감 있게 사용해야 한다고 주장한다.

권력이 좋은 일에 쓰이려면, 좋은 사람에게 더 많은 권력이 주어져야 한다.[34]

역사를 통틀어 넬슨 만델라, 에이브러햄 링컨, 마틴 루터 킹 주니어와 같은 리더들은 민주주의의 발전과 인권 강화를 위해 자신의 목소리를 사용한 것에 큰 박수를 받았다. 기업, 모임, 커뮤니티의 리더들은 매일 그들의 영향력을 좋은 일에 사용한다. 일부는 그러한 일을 대규모로 수행한다.

1980년대 래리 핑크Larry Fink는 투자은행인 퍼스트 보스턴First Boston에서 잘 나가는 고정 수익 트레이더였으며, 역대 최연소 상무이사였다. 하지만 시장이 반전되자 수백만 달러의 손실을 봤다. 그는 이렇게 회상했다. "저와 제 팀은 마치 록 스타 같았어요. 경영진은 저희를 특별히 아꼈죠. 저는 회사의 CEO가 되는 길목에 있었어요. 그런데 갑자기… 네, 제가 말아 먹은 거죠. 정말 끔찍했습니다[35]"

그는 일련의 기업 인수 전략과 데이터 중심 기술에 대한 헌신으로 일곱 명의 동료와 함께 블랙록BlackRock을 설립했다. 2006년 블랙록이 메릴린치 자산 운용Merrill Lynch Investment Managers을 인수했을 때, 나는 그곳의 직원으로서 세 가지를 직접 목격했다. 경청 의지, 팀 문화에 집중하는 끈질김, 장기 투자에 대한 집념이었다.

"블랙록은 희망을 판매하려는 회사다. 30년 후에 뭔가 더 좋아질 거라고 믿지 않는다면 누가 30년짜리 투자를 감행하겠는가?[36]"

핑크는 시장에, 돈을 맡긴 사람들, 그리고 고객에게 귀를 기울였다. 2004년 그는 "충분한 자신감이 없다"는 이유로 바클레이즈 글로벌 인베스터스Barclays Global Investors 인수 거래에서 한발 물러섰다.[37] 2010년이 되어서야 거래는 성사되었다. 컨설턴트 케이시 쿼크Casey Quirk는 "지난 10년을 돌이켜 보면 거래는 훌륭해 보인다. 그러나 그 당시 금융 위기 때는 규모가 크고 겁 나는 거래였다"라고 평했다. 그동안 블랙록 주가는 178.52달러에서 443.81달러로 올랐다.[38]

핑크가 말하면 정부, 연준, 전문가 집단이 귀를 기울인다. 경제학자 밀턴 프리드먼Milton Friedman의 사회적 책임 의무를 되뇌며, 그는 연례 서한을 통해 산업계 거물들에게 지속 가능한 투자를 장려할 것을 촉구하는 데 자신의 목소리를 낸다. "저는 오랫동안 CEO들이 세상에 자기 목소리를 내는 게 중요하다고 믿어 왔습니다" 그는 컨설팅 회사 맥킨지에 다음과 같이 말했다.

책임감 있는 목소리가 필요합니다. 돈을 맡긴 이들이 목소리를 내야 합니다. 목소리를 높여야 합니다. 정치인들에게, 규제기관에 목소리가 닿을 수 있게 해야 합니다. 그러나 그들에게 말하는 것으로는 충분하지 않습니다. 그들과 함께 말해야 합니다.[39]

핑크는 약간의 만성 편집증이 있다고 고백한다. 『돈의 심리학』에서 모건 하우절Morgan Housel은 역기 모양처럼 두 가지 상반된 성격을 갖는 게 투자 분야에서의 성공에 필수적이라고 말하며, "미래 자체에 대해서는 상당히 낙관적이지만 미래에 얻게 될 것들에 대해서는 약간의 편집증이 있는 것"이라고 말한다.[40]

낙관주의는 블랙록의 전 슬로건 '기회는 준비된 마음에 찾아온다'에 잘 드러난다. 오늘날 블랙록은 운용자산 10조 달러에 육박하는 월가의 투자 실세다. 훌륭한 조직은 강한 목소리를 지니지만, 최고의 리더는 그 목소리를 선한 방향에 쓴다.

대통령은 도서관을 건설하고, 스포츠계의 전설은 아카데미를 설립하고, 재단은 부를 분배한다. 맨체스터 유나이티드의 공격수 마커스 래시포드Marcus Rashford는 한때 사회 복지에 의지하는 삶을 살았다. 영국 정부가 여름 방학 동안 무료 급식을 중단했을 때, 그는 의회에 로비해 이 결정을 뒤집는 데 성공했다. 이는 권력을 좋은 일에 사용하는 하나의 예시다.

***

"사람들은 권력의 사례example of power보다는 사례가 주는 힘power of example에 더 큰 감명을 받는다" 빌 클린턴의 말이다. 그의 외교 수완, 섬세한 사고방식, 인내심의 결합은 그가 세계 평화를 이루는 데 일조했다. 빌 클린턴은 1993년 철천지원수인 이스라엘의 이츠하크 라빈Yitzhak Rabin과 팔레스타인의 야세르 아라파트Yasser Arafat 사이에서 중동 평화 협정을 중재했다. 악명 높은 백악관 잔디밭에서의 악수 사건이 이를 상징한다. 25년 전 북아일랜드에서는 성금요일 협정Good Friday Agreement*이 체결되는 데 중요한 역할을 했는데, 클린턴은 이를 현재 '내 생에서 가장 큰 축복'이라고 묘사한다.[41]

1998년 조지 W. 부시는 전염병 확산을 막기 위해 긴급 에이즈 구호 계획에 관대한 투자를 했다. 이 선견지명 덕분에 2023년까지 2,500만 명이 목숨을 구한 것으로 추산된다.[42]

어떤 권력을 쥐고 있든 그 힘은 선한 곳에 쓰여야 한다. 무엇을 좇든 중요한 목소리에 귀 기울여야 한다. 권력을 선한 방향으로 이끄는 핵심 동인은 자아와 자기충족 욕구다. 자아는 선한 힘이 될 수도 있지만, 동시에 가장 유독하면서도 간과되기 쉬운 의사결정의 방해 요소이기도 하다.

---

*   영국과 아일랜드 사이에 체결된 벨파스트 협정(Belfast Agreement)의 별칭.

의사결정 고수가 되기 위한
핵심 원칙

- 당신이 권력을 쥐고 있는지 아닌지를 잘 파악하라. 잘못된 판단 위험을 줄이고 권력 다툼을 피할 수 있게 해 줄 것이다.

- 무엇을 추구하느냐에 있어 항상 조심하라. 권력만을 일방적으로 좇는 건 시야를 좁게 만든다. 결과적으로 중요한 의견을 듣지 못할 위험을 높이고, 진실을 판독하기보다는 거짓을 받아들이게 된다.

- 당신이 (특별한 지위를 가진) 권력자이든 (특별한 지식을 가진) 권위자이든, 힘이 있다는 사실 때문에 농점에 취약할 수 있다. 권력이나 권위는 다른 사람들이 당신 말을 귀 기울여 듣는 동안 당신이 다른 목소리를 받아들이기 어렵게 만들 뿐만 아니라 누군가를 침묵하게끔 압박할 수도 있다.

- 존경하는 우상이나 전문가에게 지나치게 귀를 기울이면 비판적 사고와 개인적 영향력은 줄어들게 된다. 다른 이들이 당신의 목소리를 통제할 수 있다는 건, 당신이 이미 힘을 잃고 온전하지 못한 상태가 되었다는 뜻이다.

- 권력을 평가하거나 부여할 때, 어조, 말의 속도, 자세 또는 음가에 너무 큰 비중을 두지 말라. 어조는 인위적으로 생성되거나 디지털로 수정될 수 있다.

- 강력한 리더십 지위를 구축하기 위해서는 충분한 노력이 필요하다. 쉬운 선택을 하는 건 범인이 되는 지름길이지, 권력으로 향하는 길은 아니다.

- 더 많은 것을 얻을수록, 잃게 될 것을 더욱 두려워하게 마련이다. 바로 이 순간 판단력이 가장 큰 위험을 받게 된다. 무언가를 잃을까 봐 두려워하는 마음이 평판, 매출, 관계를 구렁텅이에 빠뜨리는 단기적, 파괴적 의사결정을 하도록 만든다.

- 세상은 공정하지 않으니, 권력을 잃을 것에 대비하라. 권력은 언제나 자리를 바꾸고, 이미지를 쇄신하고, 재정립될 수 있다.

- 권력을 얻었을 때, 그게 일시적 특권이라는 사실을 잊지 마라. 책임감 있는 의사결정을 내리고, 공공의 선을 위해 권력을 사용하라.

CHAPTER 05

Ego, 자아라는 함정

자아가 무너졌을 때 영혼은 깨어난다.

마하트마 간디 Mahatma Gandhi

벤처 캐피털 회사 세쿼이아 캐피털 Sequoia Capital 은 암호화폐 거래소 FTX의 설립자 샘 뱅크먼-프리드를 메시아적 용어를 사용해 묘사했다. 그의 지성이 '위협적일 만큼 굉장'하다는 것이다. 뱅크먼-프리드는 "저는 모든 잡지의 표지를 장식했고, FTX는 실리콘 밸리에서 사랑받는 기업이었습니다"라고 말했다.

세쿼이아, 블랙록, 소프트뱅크와 같이 평판 좋은 투자회사가 비트코인 열풍에 뛰어들었다. 정치인들이 떼 지어 몰려왔고, 내셔널 풋볼 리그의 쿼터백 톰 브래디 Tom Brady 는 열성팬이었다.[1] 뱅크먼-프리드는 세계 지도자들과 어울렸고, 심지어는 슈퍼볼에 광고까지 냈다.

암호화폐의 윤리적 안전 창고로 불렸던 FTX의 가치는 2022년 10월까지 320억 달러로 치솟았다. 일주일 뒤 뱅크먼-프리드는 부정행위와 경영 실패 혐의가 제기된 가운데 미국 내 파산을 신청했다. 겁에 질려 어쩔 줄 모르는 와중에 그는 어리숙하게도 바하마에서 다음과 같은 트윗을 남겼다.

제기랄, 다 망했네. 더 잘했어야 했는데⋯. 퍼즐을 맞춰 보는 중인데, 이번 주 초처럼 일이 이렇게 진행될 줄은 꿈에도 몰랐다.

좀 더 자세히 설명하자면, "우리가 너무 자만해져서 부주의했다"라는 것이다. 그는 고객 자금이 잠재적으로 유용되었을지도 모른다는 가능성을 시사하는 발언으로 기자들의 입을 떡 벌어지게 했다. "이용 약관 위반 사례에 대해서는 아는 게 없습니다⋯. 이용 약관을 줄줄이 꿰고 있지는 않으니까요. 위반 사례가 없었다고 자신 있게 답할 수는 없겠네요[2]" 말인지 방귀인지 모를 발언과 함께 그는 자기 자신을 멈출 수가 없었다며 수백만 달러의 불법 정치 기부금을 인정했다. 내셔널 퍼블릭 라디오는 이 사건을 두고 검사들에게는 '제 발로 찾아온 선물'이라고 칭했다.

선물 포장이 풀리자, 미 법무부는 그를 사기 열두 건과 고객 자금 80억 달러 유용 혐의로 기소했다. 이후 그는 모든 혐의에 대해 유죄 판결을 받았다.

가짜 천재성에 도취되거나 아첨하는 목소리에 둘러싸이면, 사람은 스스로를 불사신처럼 느끼기 쉽다. '자아'는 권력자와 권력을 좇는 이에게 가장 위험한 닻이다

자기중심주의는 스펙트럼에 가깝다. 가벼운 자기중심주의로 자기자랑을 하고 허영심을 드러내는 일은 무해하다. 누구나 기분을 추슬러야 할 때 그런 행동을 한다. 그러나 인정과 보상을 갈구하는 과도한 자기중심주의는 커리어에 치명적일 수 있다.

이 장에서는 PERIMETERS의 권력 기반 함정을 토대로, 여섯 가지 자아 관

련 편견이 어떻게 예상치 못한 순간에 판단력을 무너뜨리는지 살펴본다. 자아의 취약성이나 자긍심 자체를 논하는 것이 아니라 자기 목소리에 과도하게 의존하는 태도가 잘못된 정보와 헛듣기, 불운으로 이어지는 위험 요소임을 밝히려 한다.

저널리스트, 조깅하는 사람, 과학자, 탐험가, 혁신가의 이야기를 통해 우리는 자신의 판단력이 틀림없을 것이라는 느낌(타당성의 환상illusion of validity), 자신의 견해가 정확할 것이라는 느낌(과신overconfidence), 그리고 자신이 남들보다 낫다는 느낌(우월함에 대한 환상illusory superiority)을 묘사할 것이다. 자신의 판단이나 견해이기 때문에, 우리는 그에 오류가 없을 거라 여기고(불멸의 환상illusion of invulnerability), 모든 게 잘될 것이라고 자부한다. 우리는 자신의 무능함을 인식하지 못한다(더닝-크루거 효과Dunning–Kruger effect). 따라서 자신의 성공이 재능에서 나온 것이라고 말한다(잘못된 귀인false attribution). 그래서 우리는 모두가 우리의 실수를 지켜보고 있다고 생각한다. 마치 우리가 〈트루먼 쇼〉에 나오는 트루먼 버뱅크Truman Burbank라도 되는 것처럼 말이다.

그 결과, 권력자들은 위험을 과소평가하고, 조언을 거부하며, 시기적절한 비판을 받아들이지 못한다. 의사결정 고수가 되는 건 자아를 길들이는 법을 배우는 것과 같다.

자아 주파수

자아도취형 귀머거리는 의도는 좋으나 잘못된 길을 택하는 리더들 사이에 만연하다. 역사는 이와 관련해 엄청난 결과를 초래한 사례들로 가득 차 있다. 평화주의자 마하트마 간디는 상호 호혜에 대한 별다른 협상 없이 대영 제국의 제1차 세계대전에 100만 인도인의 목숨을 바쳤다. 영국의 전 총리 네빌 체임 벌린Neville Chamberlain은 전쟁을 선포하지 않겠다는 히틀러의 거짓된 약속을 헛되이 믿었다.

우리는 너무도 자주 자신의 해석이나 예측이 타당하다고 믿는다. 판단에 대한 이런 과도한 확신이 바로 타당성의 환상이다.[3] 전문가들은 매일 같이 이러한 환상의 희생양이 되어 대안적 사고에 귀 기울이지 않는다.

액세스 인터내셔널 어드바이저스Access International Advisors의 창립자인 프랑스 사업가 르네-티에리 마공 드라 빌르위셰René-Thierry Magon de la Villehuchet가 버니 메이도프의 펀드에 수십억 달러를 투자했을 때, 그는 마코폴로스의 증거에 귀를 기울이지 않았다. 그는 자신이 본 걸 믿었을 뿐, 들은 걸 믿지 않았다. 그는 7년 동안 차트가 한 방향으로 움직인다거나 지속적으로 1~2%의 월평균 수익을 보인다는 것에 의문을 제기하지 않았다. 메이도프가 주장한 정교한 분할 태환Split Strike Conversion 전략은 시장 기반 전략이지만, 실제로 S&P100 지수와의 상관관계는 지나치게 낮아 6%에 불과했다.* 또한 시장은 변동성이 크기 때문에, (7년 동안 매월 꾸준히 수익을 낸다는 건) 앞뒤가 맞지 않는 주장이었다. 그럼에도 빌르위셰는 거래 명세서에 대한 간단한 실사만 수행했다.

이렇게 제대로 된 교육을 받은 전문가가 수학적으로 불가능한 일을 이상하다고 여기지 않은 이유가 뭘까?

빌르위셰는 괴짜 마코폴로스보다 산업계 거물의 목소리를 들었고, 크리스마스의 기적처럼 보이던 수익 그래프와 메이도프의 명성에 설득되었다. 그 잘

---

* 분할 태환 방식은 주식 매수 후 콜옵션 매도와 풋옵션 매수 전략을 동시에 취해 주가가 하락할 때 손실을 제한하면서 추가적인 수익을 확보할 수 있는 전략이다. 메이도프는 자신이 이 전략을 이용하고 있다는 거짓 주장을 펼쳤다.

못된 판단으로 그는 전 재산을 잃었고, 고객들에게도 수백억 달러의 손해를 안겼다. 비극적이게도 그는 스스로 목숨을 끊었다.

마코폴로스의 방식처럼, 때로는 단순한 해석이 가장 정확하다. 오컴의 면도날이 말하듯, 간결한 설명이 복잡한 설명보다 진실에 가까울 수 있다. 이 경우가 그랬다.

오늘날 우리는 그 어느 때보다 똑똑하고 옳아야 한다는 압박 속에 있다. 큰돈을 다루거나 책임 있는 자리에 있을수록 더 그렇다. 똑똑해 보이려는 욕망은 조직도, 개인도 공유한다. 하지만 가장 어리석은 태도는 스스로를 가장 똑똑하다고 믿는 것이다.

미디어는 산업계 거물들을 예언자와 천재로 미화한다. '오마하의 오라클' '로큰롤의 제왕' '천재' '신동' 같은 표현은 현실보다 허상을 키운다.

오늘날 같이 용서가 드물고 관용이 없는 문화에서 이상^{ideal}은 멀게만 느껴진다. 소셜 미디어에는 숨을 곳이 없다. 다른 사람들이 당신의 실수를 처벌하지 않으면, 죄지은 당신의 자아가 스스로를 처벌한다. '자아'라는 자기만의 주파수에 심취한 사람은 예외지만.

산에 대한 독백

우리 모두 자기 목소리를 사랑하는 사람들을 알고 있다. 우리도 자기 목소리를 좋아하는 사람일지 모른다. 고객이든 동료든 낯선 사람이든, 우리는 남의 말을 듣기보다 자기 이야기를 하는 걸 더 즐긴다. 이를 잘 보여 주는 사례가 있다.

에베레스트 최고령 등정 기록을 세운 텍사스 출신 딕 바스^{Dick Bass}는 비행기에서 옆자리 승객에게 자신의 등산 실력을 장황하게 늘어놓았다. 착륙 직전, 그는 정식으로 자기소개를 했다. 상대방이 공손하게 답했다. "안녕하세요, 저는 닐 암스트롱Neil Armstrong입니다” 바스는 말문이 막혔다.

자기 목소리에만 집중하면 더 중요한 목소리를 놓친다. 지혜란 자신에 대해 덜 말하고, 중요한 순간에 더 많이 듣는 것이다. 늘 집중해 듣기는 어렵지만, 최소한 신호가 왜곡되지 않는지, 잡음이 커지지 않았는지는 점검해야 한다.

너무 많이 말했다는 생각이 들면, ‘내가 왜 말하고 있지?Why am I talking?’의 약자인 WAIT을 떠올리는 게 도움이 된다. 정말 멈출 수 없는 경우라면 ‘내가 왜 안 듣고 있는 거지?Why aren’t I listening?’의 약자, WAIL을 떠올려 보라. WAIL-WAIT 조합은 두 배로 효과적이다.

✳✳✳

때때로 리더는 자신이 말하는 내용도 새겨들어야 한다. 토니 헤이워드Tony Hayward가 영국 석유 회사 BP의 CEO로 임명되었을 때, 그는 회사의 실적과 관련해서 ‘지나친 업무 중복’ 때문에 ‘끔찍한 수준’이라고 언급하면서도, BP가 ‘저임금 노동자들’에게 관심을 기울일 것이라고 말했다. 놀랍지 않게도 주가는 폭락했다.[4] 해양 시추 시설 폭발 사고로 87일간 100억 갤런의 원유가 멕시코 만에 유출되었고, 열한 명의 근로자가 사망했다.

나르시시즘은 하룻밤 만에 평판을 무너뜨릴 수 있다.

ABC 뉴스의 앵커 다이앤 소여Dianne Sawyer와의 인터뷰에서 사과 의사를 표명하던 헤이워드는 이렇게 말했다. “저보다 이 일이 빨리 끝나기를 원하는 사람은 없을 겁니다. 제 삶을 되찾고 싶습니다”

자기 연민은 계속되었다. 그는 “우리가 도대체 무슨 짓을 했길래 이런 일을 당하는 걸까요?”라며 넋두리를 늘어놓았다.[5] 10년이 지난 지금도 멕시코 만의 어부들은 BP로부터 아무런 보상을 받지 못한 상태다.[6]

데이비드 콜린슨David Collinson 교수는 리더가 자신을 지나치게 포장하는 것을 '프로작* 리더십Prozac leadership[7]'이라고 부른다. 자기중심적 편견에 대응하는 가장 좋은 방법은 반대 의견을 찾는 것이다. 그러나 우리는 조언을 받아들이지 않는다. 자기만의 신성한 신념을 형성하고 확인하는 데 과도하게 투자했기 때문이다. 광범위하게 조언을 구하는 행위는 나약함을 드러내는 것이나 '무지를 고백하는 것'으로 오해를 사곤 한다.[8]

다른 의견을 구할 때, 당신은 기존의 견해를 수정하는가? 전문가들은 그러지 않는다. 이사회도 그러지 않는다. 단언컨대 변호사들 또한 그러지 않는다. 한 연구에 따르면 변호사 82%가 배심원단의 판결을 예측할 때 다른 사람의 의견을 구한다고 주장한다. 그러나 실제로 그들은 그 의견을 가치 있게 여기지도 않고, 판단에 반영하지도 않는다.[9]

조언에 귀 기울이면 일과 인생을 바꿀 수 있다. 그렇지만 많은 기업가에게 활력을 불어넣는 건 '비현실적인 낙관주의'와 '자기 확신'이다.

자기 확신이라는 교리

1990년대 후반 마크 베니오프Marc Benioff는 오라클 부사장직을 내려놓고 샌프란시스코의 방 한 칸짜리 아파트에서 사업을 시작했다. 당시 클라우드 컴퓨팅의 잠재력을 믿는 벤처캐피털리스트는 거의 없었다. 그는 테크크런치TechCrunch**와의 인터뷰에서 "자금을 모집할 때 아무도 우리에게 돈을 주지 않

---

* 우울증 치료에 쓰이는 약.

** 기술 관련 스타트업, 벤처기업의 정보를 다루는 온라인 언론 매체.

았다"라고 말했다. 그래서인지 그는 1999년 자기 돈 50만 달러를 직접 투자하여 세일즈포스Salesforce라는 스타트업의 공동 창업자가 되었다.

베니오프가 이메일 앱 슬랙Slack을 277억 달러에 인수했을 때, 투자자들은 이를 미친 짓이라 생각했고 주가는 8% 하락했다. 보통 거래 전에 칭송이 쏟아지는 것과는 대조적인 반응이었다. 당시 세일즈포스의 COO였던 브렛 테일러 Bret Taylor는 "이처럼 적절한 시기에 모든 고객의 니즈를 만족시키는 더 나은 제품을 찾기는 힘들 것이다"라며 회사의 결정을 옹호했다.[10] 극찬은 계속되었다. 비평가들은 베니오프의 수익 발표를 '눈부시게 아름다운 숫자들의 축제'로 묘사했다.

베니오프는 자기 내면의 목소리에 귀 기울였다. "우리는 믿습니다. 시대가 바뀌었고, 과거는 지나갔습니다. 우리는 지금 새로운 세상에 있습니다" 2023년 12월을 기준으로 세일즈포스의 가치는 2,530억 달러에 달한다.

베니오프나 뱅크먼-프리드 같은 투자자들과 벤처캐피털리스트들은 기업가들과 마찬가지로 극단적인 자기 확신을 보인다. 기업 인수 계의 거물 칼 아이칸Carl Icahn은 '재능이 없으니 의사나 하라'는 아버지의 냉소적인 비판에 굴하지 않고 엄청난 성공을 거둔 투자가다. 아이칸은 아버지의 그 메시지를 흘려듣고, 트랜스월드 항공, 넷플릭스, 애플에 투자해 수십억 달러를 벌어들인 기업 사냥꾼이 되었다.

그의 전략은 기존 목소리에 반대되는 입장을 취하는 것이다. 하지만, 중요한 건 균형이다. 가장 현명한 리더도 자기 목소리에 귀 기울이지 않으면 잘못된 판단을 내리게 된다. 아이칸은 2017년부터 시장 흐름에 반하는 투자를 감행해 90억 달러를 잃은 것으로 추정된다. 그는 《파이낸셜 타임스》와의 인터뷰에서 "최근 몇 년간 스스로의 조언을 따르지 않는 실수를 저질렀습니다"라고 말했다.[11] 나는 이 이야기를 접한 뒤 오프라 윈프리가 이런 말을 했던 걸 떠올렸다. "저는 평생 고요하고 작은 직감의 목소리를 믿어왔습니다. 제가 실수를 저지르는 때는 오로지 그 목소리를 듣지 않았을 때였습니다[12]" 올바른 목소리에 선별적으로 귀 기울이는 방법을 아는 건 일종의 능력이다.

이를 잘하는 산업 분야는 엔터테인먼트 분야다. 음악가들은 자신이 들은 것을 재해석하는 엄청난 능력을 보여 준다.

리메이크를 예로 들어 보자. 1,600명이 넘는 아티스트가 비틀스의 히트송 '예스터데이Yesterday'를 커버했는데, 이는 현재 기네스 세계 기록이다. 아티스트는 복잡한 편곡, 코드, 화음, 템포에 초점을 맞추면서도 이를 한 차원 더 독특한 음악으로 변환하는 능력을 완전히 터득하고 있다. 여기에는 타고난 자기 확신이 필요하다. 그렇지만 어떤 사람들은 일시적으로 가면 증후군을 앓는다. "내 마음속 일부는 내가 패배자라고 생각하고, 또 다른 일부는 내가 전지전능한 신이라고 생각한다[13]" 존 레논John Lennon의 유명한 발언이다.

의사결정의 길에서 가장 큰 자아 기반 편견은 바로 과신이다.

평균 이상의 실력을 지닌 댄서와 의사결정자

아이칸, 케네디, 마윈, 뱅크먼-프리드의 사례처럼 성공에 가까워질수록, 우리는 자신이 옳다고 생각하는 경향이 있다. 재산 소유자나 애완동물 주인과 마찬가지로 사람들은 자기 아이디어나 작품이 더 소중하다고 생각한다. 구매한 그림보다 직접 그린 그림을 더 소중하게 여기는가? 대부분이 그렇다.

이 같은 소유 효과endowment effect는 과신과 거짓된 안정감으로 이어진다. 설상가상으로, 이는 합리적 판단력을 약화한다.

과신은 자신감과는 다른 개념으로, 자기 아이디어의 우월성, 타당성, 정확성에 대한 근거 없는 믿음이다. 라이트주립대학교Wright State University는 각각

기업, 병원, 대학, 정부에 근무하는 직원 8,000명을 대상으로 설문조사를 진행했는데, 대부분의 응답자가 동료와 비교하였을 때 자신이 평균보다 높은 수준으로 경청한다고 평가했다.[14] 이와 일관되게, 컨설팅 회사 액센츄어Accenture는 30개국에서 3,600명의 전문가를 대상으로 설문조사를 진행해 그중 96%가 자신을 잘 듣는 사람으로 평가했다고 밝혔다.[15] 설문에 참여한 사람 거의 전부가 그렇게 답한 것이다.

비단 경청에 대한 자기 평가뿐만이 아니다. 사람들은 자신이 더 나은 의사결정자, 더 나은 댄서, 더 나은 연인, 더 나은 교사라는 평가를 내렸다.

과신은 만연하다. 1997년 U.S. 뉴스 앤 월드 리포트의 한 연구에서는 1,000명의 미국인에게 "누가 천국에 갈 가능성이 가장 높은가?"라는 질문을 던졌다. 선택지는 빌 클린턴, 마이클 조던, 테레사 수녀 그리고 응답자 자신이었다.

누구를 고르겠는가? 79%의 선택을 받은 테레사 수녀를 제치고 87%가 넘는 응답자가 자신을 선택했다.

과신은 불과 몇 초 만에 우리를 심리적 귀머거리로 만든다.

프로골퍼 로코 미디에이트Rocco Mediate는 2008년 US 오픈 플레이오프에서 타이거 우즈와 맞붙었다. 미디에이트는 낙관주의에 흠뻑 빠져 승리를 확신했다. 왜였을까? 우즈가 무릎 이중 피로골절로 2개월 전 수술을 받았기 때문이다. 메디에이트의 과신은 잘못된 것이었다. "모두 제가 된통 당할 거로 생각했는데, 저만 그걸 몰랐습니다[16]" 때론 우리의 모습도 메디에이트와 다르지 않다.

과신은 불리한 측면을 과소평가하고 유리한 측면을 과대평가하도록 우리를 유혹한다. 우월함에 대한 환상은 예측의 부정확성을 낳는다. 오하이오주립대 교수 이작 벤-데이비드Itzhak Ben-David은 CFO들이 S&P500 수익률을 예측하는 데 상당히 부정확하다는 사실을 발견했다. CFO들은 예측의 신뢰성이 80% 정도는 되리라 생각했지만, 실제로 36%만이 정확한 예측을 수행한 것으로 나타났다.[17] 엄청난 차이다.

과신은 금융 규제[18], 회계 오류[19], 과도한 주식 거래[20], 주주 가치[21]에 영향을 미치는 것으로 나타났다.

O.J. 심슨 사건의 검사 크리스 다든Chris Darden은 살인 현장에서 발견된 장갑을 피고인 O.J. 심슨이 배심원들 앞에서 착용해 보도록 했고, 동료 검사인 마샤 클라크Marcia Clark는 이를 막으려 했다. 하지만 그녀의 말은 씨알도 먹히지 않았다. 결정적인 순간, 장갑이 심슨의 손에 맞지 않는 것으로 드러났다. 장갑이 얼었다가 다시 녹으면서 라텍스가 줄어든 것이다. 2016년 ABC 뉴스와의 인터뷰에서 클라크는 "잘못된 결정이라는 걸 진작 알고 있었죠…. 저는 반대했습니다" 재판이 진행된 253일간 156명의 증인이 법정에 섰으나, 심슨은 끝내 풀려났다.[22]

몇몇 리더는 커뮤니케이션, 예측, 전략 기획에 끝없는 자신감을 보인다. 자신이 항상 옳다고 생각한다면, 남의 말을 들을 이유가 무엇이겠는가?

합병과 독심술사

성공적인 M&A는 전략적 적합성에 토대를 둔다. 좋은 상호 보완성은 규모의 경제를 제공하고, 역량 격차를 메우고, 재품, 채널, 시장에 대한 접근 가능성을 높인다. 이게 바로 프록터 앤드 갬블Proctor and Gamble이 질레트Gillette를 인수한 이유, 모건 스탠리Morgan Stanley가 일본의 미쓰비시 UFGMitsubishi UFG와 합병한 이유, 마이크로소프트가 클라우드 게임 역량을 얻기 위해 액티비전 블리자드Activision Blizzard를 찾은 이유다.

무엇이 적합한 거래를 구성하는지를 판단할 때 자기중심주의는 거래 참여자들을 귀머거리로 만든다. 제품 적합성이나 시장 적합성을 정당화하면서 문화적 적합성이라는 복잡한 건 뒤로 미루기가 쉽다. 일례로, 레이들로Laidlaw의 CEO였던 제임스 불럭James Bulloch은 구급차 및 응급 의료 서비스가 버스 운송 사업과 잘 맞는다고 믿었다. 레이들로는 이 특이한 두 비즈니스의 결합과 46억 달러의 부채로 인해 재정이 파탄 났다.[23] 전략적 적합성이 있다고 판단되더라도, 기본적인 거래 조건이 적합하지 않을 수 있다.

기념비적인 거래를 노리는 스코틀랜드 왕립은행Royal Bank of Scotland, RBS의 CEO 프레드 굿윈Fred Goodwin은 ABN 암로ABN Amro 은행을 490억 달러에 인수하는 것에 관한 우려를 무시했다. 스코틀랜드 왕립은행은 2007년까지 총 26건의 인수를 완료했기에 이에 안주한 이사회는 또 다른 성공을 예측했다.[24] 이상주의에 흠뻑 빠진 도박꾼처럼, 그들은 단순히 행운이 계속되리라 믿었다. 합리적인 것처럼 보였으나 비이성적인 거래였다.

스위스 은행 UBS의 은행가 존 크라이언John Cryan은 이 거래에 반대하며 "우리가 제대로 평가하지 못한 위험이 여기 숨어 있다"라고 경고했다.[25] 기업 실사가 충분히 이뤄지지 않은 상황이었지만, 굿윈은 이에 대해 '자잘한 것에 집착하지 말라'고 일축한 것으로 알려졌다.

경쟁사인 바클레이즈도 한발 물러섰다. "어떤 대가를 치르더라도 승리할 거라는 자신이 없었다"라고 말하면서 말이다.[26]

스코틀랜드 왕립은행의 필립 햄튼Philip Hampton 회장은 "지금 돌이켜 보면, 잘못된 가격, 잘못된 지불 방법, 잘못된 시기, 잘못된 거래라는 게 분명해 보인다"라고 말했다.[27] 280억 파운드라는 손실을 기록한 후, 정부는 스코틀랜드 왕립은행에 450억 파운드의 구제금융을 제공했고 엘리자베스 2세 여왕은 굿윈의 기사 작위를 박탈했다. 평범한 납세자들이 여전히 그 대가를 치르고 있다.

거래 전 사고pre-deal thinking는 자아에 기반을 둔 편견이 지배한다. 1,000명의 CEO와 CFO를 대상으로 한 연구에 따르면, 대부분 상대적으로 고립된 상태에서 자본 분배 의사결정을 내린다.[28] 지나친 과신과 자기 확신으로 인해 리더들은 의심을 억누르고, 반대 의견을 거부하게 된다.

본능에 따라 반대 의견을 무시하는 대신, 겸손한 리더들은 단 세 단어로 가치의 특정한 측면을 강조한다. "당신 말이 맞아요" 이 말 한 번이면 분위기는 완전히 뒤바뀐다.

***

아이디어를 나눌 때 다른 사람이 우리의 생각을 읽을 수 있는 게 아닐까 하는 생각이 드는 경우가 얼마나 되는가?

엘리자베스 뉴턴Elizabeth Newton의 실험은 과신이라는 것이 얼마나 타고난 것인지를 증명한다. 피실험자들은 '생일 축하 송'이나 퀸의 '위 아 더 챔피언We Are the Champions' 등 120곡을 손가락으로 두드렸다. 그들이 생각하기에 듣는 이의 50%는 자신이 두드린 곡이 뭔지 정확히 알아맞힐 것 같았다. 크리스마스에 하는 '몸으로 말해요' 게임에서 아무도 정답을 맞히지 못하는 때처럼, 단 2.5%만 정확한 곡명을 맞췄다.[29]

어떤 주제의 복잡성을 이해했다고 생각했으나, 전혀 그러지 못했다는 사실을 발견한 적이 있는가?[30] 우리는 대개 많은 주제에 대한 피상적인 지식을 가지고 있지만, 우리가 아는 것보다 더 많이 안다고 생각한다. 과학자들은 이를 '설명의 깊이에 대한 착각illusion of explanatory depth'이라고 부른다. 이는 우리가 자신을 얼마나 좋게 평가하는지 그리고 왜 자신의 단점은 좀처럼 받아들이지 못하는지와 관련된다. 동시에 권력을 가진 사람들, 의사결정의 고수, 야심 찬 리더들에게는 치명적인 위험 요소이기도 하다.

인수합병이든 재판 증거의 해석이든, 골프 실력이든, 퀴즈의 정답률이든 과신은 언제나 왜곡된 정보와 잘못된 결론을 낳는다. 우리가 스스로 오류를 범하지 않는다고 착각할 때 과신은 더 굳건해진다. 과신은 듣는 능력을 마비시키고, 판단을 수정하려는 의지를 약화시킨다. 따라서 과신은 치명적인 의사결정 방해 요소다.

나한테는 일어나지 않을 일이야

엘로스톤 국립 공원Yellowstone National Park 숲길에는 "흑곰 출몰 지역이니 소음을 내지 말라"는 경고문이 있다. 그곳을 여행하던 중, 산책하던 한 사람이 참변을 당했다는 소식을 들었다. 그는 관광객이 아니라, 지역에 살던 청년이었다. 위험을 잘 알면서도 이어폰을 낀 채 경고를 무시한 것이다.

이 비극은 '무결성에 대한 환상illusion of invulnerability'이라는 편견으로 설명할 수 있다.

과속 운전하는 청소년은 자신이 결코 사고에 휘말리지 않으리라 생각한다. 샌 안드리아스 단층San Andreas Faultline* 지역에 거주하는 사람은 지진이 일어나지 않으리라 생각한다. 마약사범은 자신이 코카인을 조절한다고 생각한다.

이런 환상은 언론인부터 사교계의 유명 인사들, 왕족, 혁신가들, 스포츠 스타들에게까지 널리 퍼져 있다.

테니스 그랜드 슬램 6회 우승을 달성한 보리스 베커Boris Becker는 파산을 선언하면서 간신히 징역형을 피했음에도 불구하고 250만 파운드 상당의 재산을 은닉했다. 이후에 그가 전혀 뉘우치지 않는 모습을 보이자, 데보라 테일러

---

*   미국 캘리포니아주의 지역으로, 지각판이 맞닿아 있기 때문에 지진이 자주 발생한다.

Deborah Taylor 판사는 이 독일인 스타에게 2년 이상의 징역형을 선고했다.

피고는 수차례의 경고를 따르지 않았고, 집행유예라는 기회의 기간 또한 성실히 이행하지 않았다. 이는 재차 기회를 부여하기 어려운 중대한 사안으로, 참작의 여지가 없다.[31]

희귀 췌장암 진단을 받았을 때, 애플 창립자 스티브 잡스는 식이요법 전문가들과 영적 치료사들과 함께 비전통적인 치료법에 전념했다. 잡스는 전통적인 치료법을 거부했지만 결국에는 필요한 수술을 받게 되었다. 그는 전기 작가 월터 아이작슨Walter Isaacson에게 그렇게 꾸물댔던 게 자신의 실수였음을 인정했다. "더 일찍 수술을 받아야 했다"라고 그는 말했다. [32]

아이작슨은 다음과 같이 말했다. "아마도 스티브 잡스는 무언가를 무시하고, 그것이 존재하지 않기를 바란다면, 마법이 일어날지도 모른다고 생각했던 것 같습니다[33]"

이사회 이사들은 회사가 절대 파산하지 않으리라 생각하지만, 기업의 평균 수명은 줄어들고 있다. 2010년대 중반, 예일대의 리처드 포스터Richard Foster는 1920년대에는 67년이었던 S&P500 기업의 평균 수명이 15년으로 짧아졌다고 발표했다. 더군다나 1990년대 초 이후로 FTSE100 기업의 76%가 사라졌다. 똑똑한 전문가들조차 자기는 그렇지 않다고 생각하면서 자기도 모르는 사이 근시안적인 결정을 내린다.

외골수 같은 면과 위험에 귀 기울이지 않는 태도는 우리로 하여금 진짜 취약한 부분을 평가할 수 없도록 만든다.

베로니카 게린Veronica Guerin은 《선데이 인디펜던트Sunday Independent》의 범죄 전문 기자로, 1990년대에 아일랜드 수도 더블린 일대에서 활동한 마약왕들과 지하 세계 범죄자들을 취재했다. 게린은 살해 협박을 받고, 다리에 총상을 입었으며, 그녀의 집 현관문에는 경고 사격이 날아들었다. 심지어 그녀의 아들은 강간 협박을 당했다. 게린은 경찰의 에스코트를 거부하며 지역 언론사 RTE에 "내가 하는 일에 위험이 따른다는 건 알고 있다. 누군가는 해야 할 일이다"라고 말했다.

1996년 6월, 37세였던 게린은 나스Naas 시의 한 주요 도로에서 신호를 기다리고 있었다. 오토바이 두 대가 다가왔고, 거기에 타고 있던 사람들은 그녀를 향해 여섯 발의 총알을 발사했다.

공무 중 사망한 사람들을 기리는 자유 포럼 저널리스트 기념관Freedom Forum Journalists Memorial에 그녀의 이름이 추가되었을 때, 그녀의 남편은 이렇게 말했다. "베로니카는 글을 쓸 자유를 위해 싸웠습니다. 판사도, 배심원도 아니었지만, 그녀는 자신의 삶을 희생함으로써 숭고한 대가를 치렀습니다.[34] 아내는 최악의 상황은 끝이 났다고 생각했고, 그만둘 생각도 없었습니다. 하지만 상황이 더 나빠질 거라고는 생각지 못했습니다[35]"

그녀의 이야기는 일에 대한 집념이 잘못된 판단으로 이어져 의도치 않은 결과를 낳은 사례다.

실패하기엔 너무 대단한, 감옥에 가두기엔 너무 거대한

자신은 예외라고 믿는 또 다른 집단은 권력이라는 특권을 가진 사람들, 그리고 부유한 사교계 유명 인사들이다. 왜일까? 그들은 보통 보호받고, 비난을 면하는 사람들이기 때문이다.

미디어 거물 로버트 맥스웰Robert Maxwell의 딸, 길레인 맥스웰은 제프리 엡스타인에게 미성년자 성매매를 알선한 혐의로 수배 대상이 되었다. 그녀는 은신처를 바꾸고 신원을 숨겨가며 1년간 추적을 따돌렸으나, 결국 뉴햄프셔주 소재의 123평 부동산을 매수한 뒤 미국으로 돌아와 체포되었다. 길레인 맥스웰은 자기 자신이 무적이라고 생각했다. 이에 대한 후회가 '엡스타인을 만난 일'보다 더 컸다. 오늘날, '햇살 같은 사람'이라는 이름을 가진 이 여성에게 비치는 햇살은 거의 없다.[36]

과신에 빠진 사람은 상식의 목소리를 무시하고, 자신이 들은 내용이 전부 현실에 부합하는 건 아니라는 사실을 잊는다.

바클레이즈 CEO 제스 스탤리^{Jes Staley}가 에 주목하게 된 것은 런던경제대학에서 내부고발을 연구하던 때였다. 당시 나는 방관자와 내부고발자를 가르는 요인을 분석하고 있었다. 2018년 규제기관은 스탤리가 내부고발자를 색출하려 한 이해상충 행위로 벌금 100만 달러를 부과했다.

3년 뒤 그는 엡스타인과의 관계를 허위로 설명한 혐의로 유죄 판결을 받았고, 결국 CEO 자리에서 물러났다. 그전에는 J.P.모건에서 30년간 근무했다. 2006년 감사 부서가 엡스타인 관련 경고를 보냈을 때, 그는 엡스타인을 변호했다. 이후 J.P.모건은 스탤리가 진실을 왜곡했다며 그를 고소했다. 그는 엡스타인과의 우정을 깊이 후회한다고 밝히며, 범죄 사실은 알지 못했다고 말했다.[37]

권력을 가진 이들은 자신이 불멸의 존재라고 생각하는데, 이는 부분적으로 자아와 체계적 특권의 기능이기도 하지만, 제한된 인과응보의 역사 때문이기도 하다. 권력자들이 대가를 치르는 일은 드물다. 그들에게는 다른 규칙이 적용되고 그들의 실패는 용서받는다. 골리앗에 맞서고 싶은 사람은 거의 없기 때문이다. 테라노스와 FTX에 대한 소송이 입증하듯이, 정의와 공정함에 대한 요구가 커지면서 이러한 관행은 서서히 변하고 있다.

＊＊＊

국가 또한 불멸의 환상에 빠질 수 있다. 사우디아라비아의 언론인이자 반체제 인사인 자말 카슈끄지Jamal Khashoggi의 사건을 기억하는가? 그는 사우디 영사관에서 강제로 저지당한 채 약물을 투여당했고 그의 시신은 잔혹하게 훼손되었다. 사우디 정부는 자신의 무오류성infallibility을 과대평가하는 동시에 전 세계인들의 분노를 과소평가했다. 불멸이라는 환상은 가해자와 피해자 양측 모두를 잘못된 선택으로 이끌었다. 카슈끄지는 영사관에 들어서기 전에 예방 조치를 취하긴 했지만, 직감의 목소리를 무시했다. 그의 약혼녀는 이렇게 썼다. "그는 튀르키예 땅에서 나쁜 일이 일어날 수는 없다고 믿었습니다[38]"

내가 명심해야 할 것은?

권력이 상승함에 따라 자아도 커진다. 당신이 성공할수록, 자기 자신을 의심할 가능성이나 단점을 받아들일 가능성은 줄어든다.[39] 지나친 자신감은 자신의 무능을 받아들이거나 인정하기 어렵게 만든다. 알랑거리는 팬들, 직원들, 시중드는 사람들, 아첨꾼들은 단지 우리를 더욱더 스벵갈리Svengali*처럼 만들 뿐이다.

메릭 앤 컴퍼니Merryck & Co와 배렛 밸류스 센터Barrett Values Centre는 15년 동안 팀 리더 500명의 자기 평가와 그들에 대한 동료 1만 명의 평가를 비교했다.[40] 리더들의 자기 평가는 임원들이 내린 평가와 겹치는 부분이 거의 없었

---

* 　타인을 조종할 수 있을 정도로 강한 영향력을 행사하는 사람을 일컫는다.

다. 실제로, 평가자의 84%는 리더들이 스스로 평가한 경청 능력에 동의하지 않았다.

이와 유사하게, 글로벌 컨설팅 회사 딜로이트가 밝힌 바에 따르면, 90%의 CEO는 직원들이 자신이 업무 능력을 긍정적으로 평가하리라 생각했지만, 직원의 절반은 CEO가 직원들의 웰빙에 관심이 없다는 사실에 불만을 가지고 있었다.[41]

앞서 직원들 대부분이 자신을 평균 이상의 경청 능력과 의사결정 능력을 갖춘 것으로 여긴다고 언급했던 걸 기억하는가? 이렇듯 자신의 무능함을 간과하기란 너무나도 쉽다.

피츠버그에서 일어난 별난 사건을 접한 뒤, 데이비드 더닝David Dunning은 우리가 자신의 무능함을 알아차리지 못하는 현상을 더닝-크루거 효과라 명명했다. 1996년 맥아더 휠러McArthur Wheeler는 총으로 무장한 채 피츠버그의 은행 두 곳을 털었다. 휠러는 얼굴에 레몬즙을 바르면 은행의 보안 카메라에 자신이 잡히지 않으리라 생각했다. 도대체 왜일까? 폴라로이드 사진을 찍었을 때 레몬주스가 분명히 그의 얼굴을 가려 줬기 때문이다. "하지만 전 분명히 주스를 입었거든요" 휠러는 망상에 사로잡힌 채 말했다.[42]

우리가 자신의 실패를 받아들이지 못하거나 깨닫지 못한다면, 어떻게 올바른 결정을 내릴 수 있을까? 무언가를 모른다는 것은 부끄러운 일이 아니다. 진짜 부끄러운 것은 모든 걸 안다고 착각하거나 아는 체하는 것이다.

스포츠 기자 회견장에서, 우승한 선수들이 자신의 성공 비결을 '연습 덕분'이라고 말하는 것을 들을 수 있다. 그러나 상대는 패인을 구단이나 시끄러운 군중 탓으로 돌릴 것이다.

흔히들 성공적인 결과는 운, 타이밍, 기타 상황적 요소보다는 개인의 기술 덕분이라고 생각한다. 이를 '근본적 귀인 오류fundamental attribution error'라고 한다. 그러나 〈슬라이딩 도어즈〉라는 영화만 봐도 알 수 있다. 어떤 지하철을 탈지와 같은 무작위적인 사건에 의해 삶이 얼마나 큰 영향을 받는지를 말이다.

나쁜 결정을 거듭하다가 좋은 결정을 내릴 수 있게 되는 데에는 상당한 시간이 걸리지만, 좋은 결정을 내리다가 나쁜 결정에 빠지는 건 한순간이다.

모두가 날 지켜보고 있다

다른 사람이 우리의 모든 실수를 세세히 들여다본다고 생각하다 보면, 편집 증이 우리의 명확한 사고를 방해한다. 실제로 사람들은 우리가 생각하는 것의 반만큼도 우리를 신경 쓰지 않는다.

누구에게나 공적인 면과 사적인 면이 있다. 누군가 자신을 지켜본다고 생각하면 사람들 대부분은 다르게 행동하는데, 이를 '호손 효과Hawthorne effect'라고 한다. 인정받고, 승진하고, 명성을 얻기 위해 상사가 지켜보는 동안 더 협업적인 아이디어를 제시하거나 늦게까지 일하기도 한다. 관리자가 겉모습과 말만 번지르르한 직원들에게 쉽게 속는 이유가 바로 이 때문이다.

누군가가 날 지켜볼 수도 있다는 사실은 도덕적 이점을 가져오기도 한다. 누군가 우리를 지켜보고 있다는 사실을 알고 있을 때 사람들이 더 기부를 많이 하고 더 사회적으로 행동한다는 것은 과학적으로 증명된 사실이다.

손 씻기를 생각해 보자. 크리스틴 멍거Kristen Munger와 셸비 해리스Shelby Harris는 화장실 이용자가 혼자라고 생각할 때 어떻게 행동하는지 관찰하고 싶었다.[43] 그들은 공공 화장실의 눈에 띄는 곳에 관리인을 배치했다. 그랬더니 대략 77%의 사용자가 손을 씻었다. 관리인이 보이지 않을 때 이용자가 손을 씻을 확률을 39%로 반토막이 났다. 다시 말하자면, 감시하에서 규범을 준수할 확률은 두 배가 된다.

지켜보기는 법률 집행의 상황에서 효과적이다. 보디캠이 촬영 중일 때 영국 및 미국 경찰은 무력을 사용할 확률이 더 낮은 것으로 밝혀졌다. 보디캠 부착 시 경찰의 무력 사용은 37%로 감소했으나, 이들이 자유롭게 카메라를 끌 수 있도록 허용했을 때 무력 사용은 71%로 급증했다.[44] 바라크 아리엘Barak Ariel 의 글로벌 연구에서, 보디캠을 착용한 경찰을 향해 제기된 불만이 93%나 감소했는데, 그는 이를 '책임감 있는 행동의 전염성'이라고 일컬었다.[45]

자선 단체는 기부 활동을 촉진하기 위해 이러한 사실을 활용한다. 네덜란드의 한 실험에서 30개의 교회를 6개월 동안 관찰한 결과에 따르면, 모두가 볼 수 있는 곳에 헌금 바구니를 열어 두었을 때 신자들의 헌금이 10% 증가했다. 온라인 기부 플랫폼 저스트기빙JustGiving이나 호스트 집 주방 정중앙에 유리병을 비치한 채 진행되는 '모금을 위한 커피 모임'은 이 효과를 이용해 사람들에게 부끄러움을 심는다. 자아가 우리로 하여금 외모를 가꾸도록 하고 사회적 규범에 따르도록 부추기리라는 사실을 알고 있기 때문이다.

귀 기울이기: 객관성의 목소리

자아에 기반한 편견은 잘 보살피고 관리해야 한다. 적당한 수준이라면 모두에게 이롭다. 오류를 인정하거나 공개적인 선언의 내용, 프로젝트나 예측의 방향성을 수정하는 데에는 용기가 필요하다. 실패한 프로젝트를 반전시키는 것도 마찬가지다. 물러서는 것처럼 보일 수 있지만, 자아를 제쳐둘 수 있는 리더는 국가를 앞으로 나아가게 한다.

나사 엔지니어 그레그 로빈슨Greg Robinson은 예산이 90억 달러를 초과하는 데다가 15년이나 늦춰지고 의회에서 여러 번 무산될 위기에 처했던 프로젝트를 물려받았다.[46] 《월스트리트 저널》이 보도한 바에 따르면, 이 프로젝트의 일정 효율성은 50%였다. 다른 말로 하면, 프로젝트 기간의 절반은 비효율적이었다는 말이다. 게다가 이 프로젝트는 서로 다른 지점에서 300번이나 실패를 겪었다. 이 점을 놓고 비교하자면, 화성 착륙 임무에서는 서로 다른 실패 지점이 70개 있었다.

로빈슨은 그런 프로젝트를 반전시켰다. 프로젝트가 완료되었을 때 일정 효율성은 95%였고, 해당 프로젝트는 열 가지 중요한 기술을 통합했다.

이 프로젝트는 세계에서 가장 큰 광학 망원경을 건설하는 일이었다. 제임스 웹 우주망원경James Webb Space Telescope은 유럽 및 캐나다 기관과 협력해 은하계를 연구하기 위해 설계되었다. 이는 현존하는 가장 복잡하고 야심 찬 과학 기기 중 하나다. 여기서 얻을 수 있는 교훈은 균형 잡힌 자아와 넓은 관점이 획기적인 발전을 가능케 한다는 것이다.

자아는 전후 맥락의 영향을 받는다. 위대한 협력 관계란 잠깐이라도 자아를 제쳐두는 것을 의미한다. 존 레논과 폴 메카트니Paul McCartney가 함께 작업한 전설적인 노래들을 떠올려 보라. 젊은 리버풀 출신 청년 두 명은 곡 작업에서 서로 동등하게 기여했음을 인정했다. 코드나 가사를 바꾸는 작은 일조차, 두 사람의 공로는 동일하게 평가됐다. 그 결과 180곡의 비틀스 음악과 6억 장의 음반 판매라는 공동 성과가 나왔다.

하지만 감정은 변한다. 비틀스 해체 이후 악감정이 생기고, 음반 크레딧 순서를 둘러싼 법적 분쟁이 벌어졌다. 이를 통해 알 수 있는 교훈은, 세계적 수준의 협력 관계에도 유통기한이 있다는 것이다.

어느 산업이나 생애 주기에서든, 반증 데이터와 대안을 수집하고 기대치를 재조정함으로써 과도한 낙관주의를 막고 자아를 억제할 수 있다. 뛰어난 두뇌를 가진 사람은, 다른 명석한 사람들과 함께 기준치를 끌어올릴 때 모두에게 이득이 된다.

자아가 올바른 판단의 적이라면, 겸손은 판단의 품질보증 마크다. 겸손한 사람은 기꺼이 더 많은 질문을 하고, 정답이나 주장, 믿음에 의문을 제기한다.

자아가 의사결정을 지배할 때 위험을 이성적으로 판단할 수 있는 능력은 사라져 버린다. 자기 논리 안에 갇혀 버린 개인과 조직은 보상을 과대평가하고 후회를 과소평가한다. 이것이 다음 장에서 다룰 위험 기반 함정에서 중점을 둘 내용이다.

의사결정 고수가 되기 위한
핵심 원칙

- 자아에 기반을 둔 자기 확신은 양날의 검이다. 이는 자양강장제이자 커리어 파괴범이다.

- 우리는 기본적으로 자아의 목소리를 듣지만, 이것이 우리의 의사결정을 방해한다는 사실을 지나치게 늦게 깨닫게 된다.

- 과신은 지나친 낙관주의, 무결성에 대한 환상과 밀접하게 연관되어 있다.

- 가능한 한 경청의 품질을 높게 유지하고 언제 'WAIT' 해야 할지와 언제 'WAIL' 해야 할지를 구별하라.

- 자아는 위험한 단어다. 우리는 들리는 것들에 너무나 많은 신경을 쏟지만, 경청에는 그다지 신경 쓰지 않는다.

- 자기 자신에만 지나치게 몰두하면 합리적이고 독립적인 목소리를 들을 여유가 사라진다.

- 통제되지 않은 자기 확신과 우월함에 대한 환상은 위험을 과소평가하게 만든다. 항상 당신이 옳다고 생각한다는 건 누가 혹은 무엇이 잘못되었는지 듣지 않

고 있다는 것을 의미한다.

- 결정을 내리기 전에 결과에 대한 확률을 평가해 보면 과신이 드러나기 마련이다. 부정확한 결과는 대개 사후에 일어나기 때문이다.

- 누군가 지켜보고 있다는 사실을 아는 건 책임 있는 행동의 전염성을 낳는데, 이는 우리 자아가 다른 이들의 인정을 갈구하기 때문이다. 이것은 행동 교정 방법으로써 상당한 가치가 있다.

- 자아에 기반한 판단의 함정은 노력하면 관리할 수 있다. 겸손은 낯선 과학이나 흑마술이 아니다. 겸손은 혁신, 예술적 차별화, 공공선을 촉진할 수 있다. 이는 특히 권력과 결합할 때 두드러진다.

CHAPTER 06

Risk, 위험이라는 함정

**자연이 우리에게 가르쳐 준 게 있다면,
그건 바로 불가능한 일이 일어날 수 있다는 것이다.**

일리야스 카삼Illyas Kassam

포뮬러 원Formula One 드라이버, 소방대원, 자살 폭탄 테러범, 스카이다이버, 단식 투쟁자, 등산가에는 한 가지 공통점이 있다. 그들은 이념, 대의, 꿈을 위해 목숨을 건다.

세계에서 가장 높은 봉우리인 이곳은 도전하는 이들에게 다른 어떤 산보다 더 매혹적이다. 어떤 이들에게 위험은 등반을 삼가게 하는 요소가 아니라 오히려 등반의 이유를 더한다. 위험이 없다면, 지금처럼 귀중한 도전이 되지 못했을 것이기 때문이다.

사라 아놀드 홀Sarah Arnold-Hall의 말이다. 그녀의 아버지 롭 홀Rob Hall은 어드벤처 컨설턴트Adventure Consultants라는 이름의 모험 회사를 소유하고 있었지만, 1996년 에베레스트를 탐험하던 중 다른 일곱 명의 등반객과 함께 사망했다. 탐험 중 어떠한 판단이 이러한 결과를 낳았을지를 풀어내는 많은 사례연구, 저서, 추모 활동, 영화가 있다.

1996년에는 에베레스트 '죽음의 구역'에 수많은 등반가가 몰리면서 위험이 커졌다. 홀의 고객들은 베이스캠프에서 한 달 동안 집중 적응 훈련을 거쳤다.[1] 다섯 번의 성공적인 등반 경험을 통해 홀은 오후 2시까지 정상에 도착하면 안전하게 하산할 수 있다는 사실을 알고 있었다. 이 탐험에서 홀은 비교적 경험이 부족한 팀과 함께했고, 총 서른세 명의 등반가가 산을 오르기 시작했다. 그러나 위험 구간인 힐러리 계단Hillary Step에 도착했을 때, 수직 암벽을 오르기 위한 고정 로프가 없어 한 시간이나 지연되고 말았다.

일부 등반가는 발길을 돌렸지만, 정상에 오르기를 두 번째 도전한 더그 한센 Doug Hansen은 포기하지 않았다. 홀은 고객의 간곡한 부탁을 받고 자신의 규칙을 무시하며 한센이 정상에 도달하도록 도왔다. 감정이입이었을까, 고객 서비스였을까, 무책임이었을까?

예상치 못한 눈보라가 시야를 가렸고, 안전하게 하산하기가 어려워졌다. 텐트도, 물도, 산소도 없던 두 등반가는 저체온증으로 사망했다. 위험이 없는 의사결정은 거의 없다. 대부분은 최소 위험으로 최대 보상을 얻고 싶어 한다. 그러나 지나치게 보상을 추구하면, 그 순간에서의 합리적 판단이 왜곡되고 원치 않는 위험이 커진다.

이 장에서 다룰 내용은 위험을 어떻게 관리할 것인가가 아니다. 대신 의사결정자를 잘못된 길로 이끄는 일곱 가지 위험 기반 농점을 살펴볼 것이다. 일부는 낮은 위험인 확실성 편향certainty bias을 선호하는 반면, 어떤 이들은 스릴 (감각 추구sensation-seeking)을 추구한다. 에베레스트 등반가들처럼, 우리는 실제 위험보다는 인식된 위험에 따라 상황을 평가하고(가용성 편향availability bias), 불리한 결과가 나올 확률을 잘못 평가한다(확률 무시probability neglect). 잘못된 계산은 우리가 처음 들은 메시지에 고착되었을 때(앵커링 효과anchoring effect), 산을 되돌아 내려간 등반가들처럼 손실을 제한하고자 노력할 때(손실 회피 성향 loss aversion) 발생한다. 더그 한센처럼 목표에 전념한 사람은 멈출 수 없다(몰입의 상승commitment escalation).

희망적인 것은 위험 인식과 위험 선호도는 변화하며, 관리할 수 있다는 것이다(선호 역전preference reversals). 이러한 욕구가 사람들의 선택에 어떤 영향을 미치는지를 이해하는 건 상대적인 강점으로 작용할 뿐만 아니라, 더 나은 결과를 내고 경제적 성공을 달성하는 데 기여한다.

각각의 PERIMETERS 함정처럼, 인지된 위험은 당신에게 유리할 수도, 불리할 수도 있다. 또한, 여러 요인이 합쳐져 개인과 조직이 위험을 평가하는 방식에 영향을 미친다. 선호와 성격에서부터 시작해 보자.

스릴을 느낄 것인가, 말 것인가?

탈출 마술사 데이비드 블레인David Blaine처럼 극한의 스릴을 즐기는 사람이 있는 반면, 대부분은 질서와 친숙한 절차, 확실한 것을 선호한다. 우리는 자신과 비슷한 욕구를 가진 사람들에게 귀를 기울이고, 그런 사람들과 결혼하며, 함께 어울리는 경향이 있다. 이상적인 위험 성향은 없으며, 단 하나의 위험 성향만 가진 사람도 없다. 위험 성향은 상황에 따라 변한다.

독일 심리학자 게르트 기거렌처Gerd Gigerenzer는 사람들의 성향을 위험 추구와 위험 회피로 분류하는 것에 반대하며, 이러한 성향은 유동적이기 때문에 우리는 주변인들의 사회적 습관을 학습하는 것이라고 주장한다.[2] 예를 들어, 당신은 도박꾼(위험 추구)이지만 총을 휴대하지 않을(위험 회피) 수도 있다. 마찬가지로, 단 한 번도 도박을 하지는 않지만(위험 회피), 기꺼이 총을 휴대(위험 추구)하고자 할 수도 있다.

문화도 위험 성향을 형성한다. 예를 들어 스페인의 투우는 상당히 위험하다. 관광객들이 짓밟히고, 투우사는 뿔에 들이받히며, 매년 25만 마리의 황소가 처참히 살육된다. 그러나 이는 지역의 오락 거리다.

기분 또한 위험 성향에 영향을 미친다. 연구에 따르면 사람들은 통상적으로 기분이 좋을 때 낙관적인 판단을 내리고, 기분이 나쁠 때 비관적인 판단을 내린다.

위험의 결과는 다양한 양상을 띤다. 아폴로 11호 우주인들은 답이 없는 수천 개의 질문을 수집하느라 1964년의 대부분을 보냈다. 마이클 콜린스는 자신의 회고록에서 이렇게 말한다. "커다란 저수지에 가득 찬 의심이라는 물을 다 빼내기 전까지는 합리적인 가능성이 있는 프로젝트로 간주할 수 없다[3]" 그는 계속해서 물었다. "달 표면을 덮고 있는 먼지층이 달 착륙선의 높이보다 두꺼울까? 정전기가 창문에서 바라보는 우주인의 시야를 가릴까?" 안전한 귀환은 위험으로 가득 차 있었다.

> 귀환할 때 대기의 '재진입 경로' 또는 생존 가능 구역은 두께가 고작 40마일에 불과하다. 23만 마일 떨어진 곳에서 이 40마일짜리 목표 지점을 맞추는 것은 20피트 거리에서 던진 면도날로 사람의 머리카락을 자르는 것과 같다.

이런 게 바로 위험이다. 위험의 결과는 시간이 지남에 따라 변화하기도 한다. 1940년대 수학자 앨런 튜링Alan Turing의 동성애자 커밍아웃은 2022년, 95세의 야구선수 메이벨 블레어Maybelle Blair의 그것과는 아주 달랐다.

기업은 매일 같이 알려진 위험과 알려지지 않은 위험을 취합해 고용, 급여,

보안, 규정, R&D, 안전에 관한 결정을 내린다. 결과는 개인의 책임이기도 하지만, 집단의 책임이기도 하다. 때때로 선택은 감각 추구 욕망으로 귀결된다.

감각의 롤러코스터

1994년 월드 챔피언십에서 브라질의 포뮬러 원 레이서 루벤스 바리첼로 Rubens Barrichello의 차가 벽을 들이받고 뒤집혔지만, 그는 목숨을 건졌다. 24시간 후, 가벼운 사고로 오스트리아 선수 롤랜드 라첸버거 Roland Ratzberger의 차 앞날개가 손상되었다. 24시간 전, 바리첼로의 차가 달렸던 바로 그 트랙에서 달리던 라첸버거의 차는 위험 구간에 진입한 뒤 시속 314킬로미터로 벽에 부딪혔고, 이 충격으로 라첸버거는 사망했다.

주최 측은 경기를 계속 진행하기로 했다.

이 기이한 사고는 아일톤 세나 Ayrton Senna, 알랭 프로스트 Alain Prost, 니키 라우다 Niki Lauda, 미하엘 슈마허 Michael Schumacher를 포함해 현장에 있던 레이서들을 동요하게 했다. 심란해하는 세나를 본 신경외과 의사 시드 왓킨스 Sid Watkins는 이미 세 번이나 월드 챔피언을 따냈으니, 이제는 은퇴해도 되지 않겠냐고 제안했다. 하지만 세나는 경기를 그만둘 수 없다고 답했다. 승리에 대한 집착일까, 영광을 좇는 마음일까, 아니면 그저 커리어에 대한 열정일까?

일요일이 되자*, 충격을 받은 세나는 프로스트와 다른 사람들에게 이 스포츠의 안전성을 개선해 달라고 요청했다. 생각에 잠긴 채 윌리엄스 차량**에 앉아 있는 세나의 모습을 담은 비디오 영상이 있다. 일곱 번째 바퀴를 돌던 중 세

---

*   루벤스 바리첼로의 사고는 금요일, 롤랜드 라첸버거의 사고는 다음날인 토요일에 발생했다.

**   세나의 소속팀인 윌리엄스에서 제작한 세나의 경주용 자동차를 일컫는다.

나의 차량은 시속 211km로 벽면에 충돌했고 그 충격으로 인해 세나는 사망했다. 조사 결과, 차량의 조향 기둥steering column*이 부러져 세나가 제대로 조정할 수 없었던 것이 충돌 사고로 이어진 것으로 나타났다. 조향 기둥은 조종석의 추가 공간을 확보하기 위해 며칠 전 다시 용접한 것이었다. 300만 명의 브라질 국민이 그의 장례식에 참석하며 엄청난 애도가 이어졌다.

감각의 롤러코스터는 여러 영역에 널리 퍼져 있다.

우주, 남극, 에베레스트, 해저 등 다양한 모험 관광이 유행을 타고 있다. 그리고 이들 중 대부분은 규제가 미흡하다. 2018년, 38명의 전문가는 오션게이트OceanGate 소유주 스톡턴 러시Stockton Rush에게 잠수함 회사에 인증 제도를 도입해야 한다고 경고했다. 이는 치명적 사고를 예방하기 위한 조치였다. 수심 3.7km까지 내려가 타이태닉Titanic호의 잔해를 관찰하도록 설계된 선박 타이탄Titan의 선체에는 검증되지 않은 탄소 섬유 소재가 사용된 상태였다.

과거 타이탄에 올랐던 한 승객은 이 경험을 '일단 올라타고 보는 것'이라고 묘사했다.[4] 선박의 조종 장치가 고장 났던 한 원정에서는 타이태닉호의 뱃머리를 아예 보지 못했다. 그러나 러시는 자신감 넘치게도 이 모험이 "헬리콥터를 타거나 스쿠버 다이빙하는 것보다 훨씬 안전"하다고 믿었다.[5] 위험과 안전 문제를 최소화하기 위해 그가 한 일은 내부고발자들을 해고하는 것이었다.[6]

2023년 7월, 타이탄은 잠수하자마자 폭발했다. 러시를 포함한 탑승자 전원이 사망했다. 이 25만 달러짜리 일생일대의 모험과 관련해 중요한 것을 듣지 못하게, 검증해야 할 질문들을 충분히 제기하지 못하게 막은 것은 아마도 맹점과 농점이었을 것이다.

어떤 사람들에게는 모험보다는 돈이 위험 추구의 대상이다. 2021년 세계경

---

*   운전대와 바퀴를 연결하는 기둥 형태의 구조물을 의미한다.

제포럼에 따르면, 코로나19 팬데믹으로 3,300명 이상의 억만장자가 생겨났는데, 이는 30시간 당 한 명꼴로 생겨난 셈이다.[7]

그보다 훨씬 전에는 이색적인 상품이 빠르게 돈을 벌 수 있는 지름길이라 생각한 위험 선호자들이 비트코인, 도지코인, 대체 불가능한 토큰non-fungible tokens, NFT에 몰려들었다. 대다수가 자기가 사는 게 뭔지도 몰랐다. 빠르게 부자가 될 수 있는 폰지 사기와 스타트업은 매력적인 투자로 보일 수 있지만 위험성이 상당히 높다. 그런데도 어떤 이들은 위험을 그다지 신경 쓰지 않는다. 위험이란 상대적인 것이다. 은퇴한 이들에게 위험한 것이 밀레니얼 세대에겐 스릴이 될 수도 있다. 반대의 경우도 마찬가지다.

스릴을 추구하는 것의 반대말은 확실성을 추구하는 것인데, 이 또한 그 나름대로 편견을 유발한다.

확실한 베팅에 대한 갈망

우리는 불확실한 것을 좋아하지 않는다. 인간은 모호하고 혼란스러운 것보다 확실한 것을 선호한다. 시장도 회색지대를 좋아하지 않는다. 9.11 테러 직후, 불확실성이 커지자 다우 지수는 14% 하락하고 S&P는 11.6% 하락하면서 거의 1조 4,000억 달러가 공중에 흩어졌다.[8]

위험이 따르지 않는 결정은 거의 없다. 고위험 의사결정은 복잡성, 불확실성, 불완전한 정보라는 세 가지 특징이 있다. 가령, 이사회가 CEO를 교체할 때, 과연 누가 더 나은 결과를 낼까? 수백만 달러의 정치 자금 기부가 이루어지지만, 그 정당이 과연 승리할까? 학교를 선택할 때도 어느 학교가 최상의 결과를 안겨 줄지 확실히 알 수 없다.

　　확실성에 대한 지나친 집착 자체가 의사결정의 위험 요소가 된다. 이는 확실성 편향 쪽으로 사고를 좁힌다. 예를 들어, 스포티파이Spotify가 불법 다운로드에 대응하기 위해 음악 스트리밍 서비스를 도입했을 때, 음반 회사들은 현재의 실정을 바로잡기보다는 스포티파이 창업자들을 저작권 침해로 고소했다. 이 사건은 고액의 음반 CD 가격에 지친 팬들의 마음에 불을 지폈다. 스트리밍 수요가 급증한 것이다. 스포티파이 구독자는 현재 2억 7,600만(2025년 기준) 명이다.

　　조직은 터무니없거나 비싸거나 파괴적이거나 심리적으로 멀게 느껴지는 아이디어에 귀 기울이지 못할 수 있다. 그런 냉소주의는 전혀 새로운 일이 아니다. 전화기를 발명한 알렉산더 그레이엄 벨Alexander Graham Bell은 1876년, 100만 달러에 그 특허를 웨스턴 유니언Western Union에 매각하는 데 실패했다. 웨스턴 유니언의 임원진은 소비자들이 전화기를 사용할 수 있을 만큼 똑똑하지 않다고 생각했다. 그들은 친숙한 목소리에 귀 기울였다.

　　자동차 산업 초창기에 고틀리프 다임러Gottlieb Daimler는 전 세계 자동차 수가 결코 100만 대를 넘지 않을 것이라며 "사람들에게는 운전자가 될 만한 자질이 부족"하기 때문이라고 말했다.[9] 하지만 팬데믹 전 자동차 판매량은 9,000만 대에 달했다.

　　2007년 당시 마이크로소프트의 CEO였던 스티브 발머Steve Ballmer는 기자회견에서 이렇게 말한 것으로 유명하다. "아이폰이 시장에서 상당한 점유율을 차지할 가능성은 없다" 그의 경력에 커다란 영향을 미친 발언이었다.

　　물론 소비자들이 변화를 수용하지 않으면, 우버Uber, 에어비앤비Airbnb, 오디오 플랫폼 오더블Audible, 로빈후드, 트립어드바이저TripAdvisor처럼 기존의 틀을 깨는 혁신적인 산업은 존재하지 않을 것이다. 한때 바비 인형을 제조했던 장난감 제조업체 마텔Mattel은 이제 영화 산업에 뛰어들어 역대 기록을 경신하고 있다.

확실성을 제공하는 서비스는 수십억 달러 규모의 사업이 된다. 지식 기반 산업은 인간의 후회 회피regret aversion 욕망을 상업적으로 이용한다. 화장품 산업이 희망을 판매하듯이, 컨설턴트, 투자 자문가, 코치, 심리 상담가도 수수료를 받고 희망을 판매한다. 리더는 어려운 결정을 기꺼이 제삼자에게 위임한다. 왜 그럴까?

거짓된 확실성에 대한 착각이 의심이라는 딜레마에 갇힌 것보다 더 나은 느낌이 들게 하기 때문이다.

확률적 사고는 아이디어를 전달하고 판단의 정확성을 개선하는 손쉬운 방법이다. 심리학자 애니 듀크는 모호함을 피하려면 사건을 확률적인 측면에서 바라볼 것을 권한다. 예를 들어, "비가 올 확률이 95%다"라는 말은 "비가 올 것 같다"라는 말보다 더 현실적인 의견을 전달한다.

한편, 데이터의 이용가능성은 우리를 잘못된 길로 인도하며 확실성의 환상delusion of certainty을 강화한다.

인지된 위험 대 실제 위험

그 운명적인 주말에 세나의 사고accident 안테나가 민감해졌던 것처럼, 한 주 동안 두 건의 항공기 사고 소식을 듣는다면 당신의 여행 위험에 대한 민감도 또한 어마어마하게 증가할 것이다. 마찬가지로, 믿을 만한 동료로부터 기술 해킹 소식을 접한다면, 당신은 그게 정확하다고 여길 것이고 유사시 더 빠르게 떠올릴 수 있을 것이다.

정확성에 대한 환상은 우리가 실제 위험이 아닌 지각된 위험에 기초해 결정을 내리기 때문에 발생한다. 가용성 편향은 우리가 마음속에 즉시 떠오르는 정보에 의존한다는 것을 시사한다. 우리는 올바른 정보보다는 정신적으로 가용한 정보를 사용한다. 이 편향이 우리를 방해하는 이유는, 아무리 예리한 사람이라도 이런 일이 일어나고 있다고 의심하지 않기 때문이다.

예를 들어, 시장에 민감한 트레이더는 바이오테크 주식 뉴스를 접하고 바이오테크 주식을 살 수 있다.[10] 실제로, 인시아드INSEAD 경영대학원 교수 조엘 페레스Joel Peress는 트레이더가 주식을 선택할 때의 뉴스 민감도를 테스트했다. 신문사 직원들이 파업하는 날 주식 거래량에 변화가 있을까?

신문사가 파업해서 뉴스가 보도되지 않은 날 주식 거래는 12% 하락하였다. 이는 시끄러운 세상 속 전문가들이 정확한 정보보다는 쉽게 이용할 수 있는 정보에 의존한다는 사실을 보여 준다.

파산을 경험한 적 없는 리더들은 이익과 관련된 경고를 무시한다. 주택 소유자들은 집이 도둑맞을 때까지 보안 점검을 미룬다. 자신이 상상하지 못한 것, 자신의 준거기준 밖에 있는 것을 무시하기는 너무나도 쉽다.

가용한 데이터로부터 이야기를 구성할 때 우리는 제한된 주의력을 경험한다. 그리고 진정한 확률을 잘못 계산한다.

'100만분의 1' 확률

영화 〈덤 앤 더머〉에서 얼간이 짐 캐리는 엄청난 미모의 여성을 사로잡을 가능성을 가늠한다. 그의 친구가 100만분의 1 확률이라고 말하자, 캐리는 껑충 뛰며 "가능성이 있어, 가능성이 있다고"라고 소리친다. 이처럼 낮은 확률을 과대평가하는 것을 일컬어 '확률 무시'라고 한다.

우리는 매일 무의식적으로 진짜 위험을 무시한다. 과소비하면서 너무 적은 돈을 저축하고, 술을 너무 많이 마시고, 너무 빠른 속도로 운전한다. 사고 통계에 따르면 도로에서 사고를 당할 확률이 더 높은데도 불구하고 사람들은 비행기 추락사고를 두려워한다. 논리적이지는 않지만 어쨌든 와 닿기는 한다.

두려움은 이를 배가한다. 9.11 테러가 있고 나서 몇 달 동안, 미국인들은 비행기 타길 두려워하며 대신 차를 몰았다. 게르트 기거렌처는 '그날 있었던 네 건의 항공 사고로 사망한 총인원수보다 비행기를 타지 않으려다가 도로에서 목숨을 잃은 미국인의 수가 더 많다'는 사실을 발견했다.[11]

러시아 정치계의 거침없는 비평가 알렉세이 나발니Alexei Navalny는 2021년 보호관찰 위반의 대가를 과소평가했다. 암살 시도에서 살아남은 그는 러시아로 돌아왔으나 범죄자 수용소로 보내졌다.* "러시아 정부는 수백만 명의 사람들에게 겁을 주기 위해 한 사람을 투옥합니다"라고 나발니는 말했다.[12] 이후 그는 기존의 11년 형에 더해 19년 형을 추가로 받았다.

파키스탄의 전 총리 베나지르 부토Benazir Bhutto는 8년 간의 자발적 망명 생활을 마친 뒤 귀국하지 말라는 조언을 들었다. 군부의 불신을 받던 그녀는 부패 혐의로 권력에서 물러났다. 정의를 위해 싸우며 재선 캠페인을 벌이던 부토는 2008년 지하디스트의 공격으로 암살당했다.[13]

이런 일이 발생하면 사람들은 놀라움을 금치 못한다. 사기를 당하거나, 해고당하거나, 이성에게 차일 때에도 그렇다. 그럴 리가 없으니까. 대개 전조 신호라는 게 있지만, 우리는 그런 것들에 귀를 기울이지 않고 그저 편안하고 편

---

* 알렉세이 나발니는 러시아 정부와 푸틴을 공개적으로 비판하며 이들의 미움을 샀다. 그는 독극물에 의한 공격을 받기도 했는데 그 배후로 푸틴을 지목했다. 러시아로 귀국했을 당시 공식적으로는 단순 보호관찰 위반 혐의로 징역형을 선고받았다. 그러나 반체제 인사를 탄압하려는 러시아 정부가 내세운 명분에 불과하다는 의견도 있다.

리한 것만 듣는다.

우리의 두려움은 수익성 있는 사업의 자금줄이다. 일부는 우리가 (사기당할 가능성처럼) 큰 확률을 과소평가하고 (복권 당첨 가능성처럼) 작은 확률을 과대평가한다는 사실을 이용한다. 복권 회사는 1,000달러에 당첨될 확률 1%가 무조건 1달러를 주는 것보다 더 매력적이라는 것을 잘 알고 있다. 우리 마음이 종종 논리적이기보다는 비논리적이라는 사실을 잘 알고 있는 셈이다.

인간의 착각은 큰돈이 되는 사업이다. 손해사정사와 위험 관리 전문가는 수백만 달러가 경제로 흘러 들어가는 데 기여한다. 스위스 리 인스티튜트Swiss Re Institute에 따르면, 2022년 전 세계 보험료는 7조 달러를 돌파했으며 앞으로도 계속 상승할 것으로 예상된다. 사람들의 불안이 엄청나다는 의미다. 대개 보험 가입 대상 위험은 실제로 발생하지 않는다.

그런데도 우리는 확신을 갖고 싶어 한다.

할리우드의 배우 로버트 드 니로Robert De Niro는 영화 〈분노의 주먹〉에서 미들급 복싱 챔피언 제이크 라모타Jake LaMotta 역을 맡기 위해 23kg을 증량해야 했다. 그는 체중을 늘리는 게 '배우 인생에서 손꼽히게 힘든 일 중 하나'라고 말했다. 그는 체중을 원래대로 줄일 수 없을 경우를 대비해 보험회사 파이어맨즈 펀드Fireman's Fund를 통해 보험을 들었다.

극단으로 치닫는 예도 있다. 한 보험 역사가에 따르면 1938년 배우 프리실라 레인Priscilla Lane과 웨인 모리스Wayne Morris는 '사회 질서를 파괴하는 할리우드의 영향력, 스캔들 메이커 및 기타 사악한 세력'으로부터 자신들의 관계를 보호하기 위한 보험에 가입했다.[14] 그들의 사랑은 5만 달러짜리 사랑이었다.

브랜드들도 예상치 못한 블랙 스완black swan*에 맞닥뜨린다. 1990년대 콜라

* 　드물게 발생하지만, 영향력은 상당히 큰 사건을 의미한다.

전쟁 당시, 펩시는 광고 문구가 문자 그대로 받아들여질 위험을 과소평가했다. 펩시는 자사 로열티 포인트 700만 포인트를 모으면 해리어 전투기harrier fighter jet를 상품으로 주겠다는 내용의 광고를 냈는데, 여기에 유머러스한 광고를 위한 과장된 표현이라는 면책 조항을 넣는 걸 잊고 말았다. 야심 찬 대학생 존 레너드John Leonard는 해당 광고 문구를 그대로 받아들였고, 제트기를 얻기 위해 한 사업가와 협력했다. 펩시는 광고가 농담에 불과했다며 이를 일축했고, 이후 격렬한 공방이 벌어졌다. 레너드는 합의금을 거부했으나 결국 소송에서 지고 말았다.

예상치 못한 일이 발생하면 고객, 투자자, 주주가 그 대가를 치르게 된다. 그러나 선견지명이 있는 조직이 위험에 대한 편집증을 가지고 있다면 좋은 결과를 낳을지도 모른다. 2003년에 전염병 사스SARS가 돌자, 영국 론 테니스 협회Lawn Tennis Association는 당시로서는 멀게만 느껴지던* 팬데믹 위험에 대비해 보험에 가입했다. 그리고 2020년 코로나 19 여파로 윔블던 대회가 취소됐을 때, 그들은 총보험료 2,550만 파운드에 대한 보상으로 1억 1,400만 파운드의 보험금을 받았다.

✳✳✳

전문가들은 계산된 위험을 감수하는 대가로 보수를 받으므로, 고객의 안전을 제물로 바쳐서는 안 된다. 2020년 1월 26일, 아라 조바얀Ara Zobayan은 승객 일곱 명을 태운 채 헬리콥터를 몰았다. 전날 밤 그는 컨디션이 최상은 아니라

---

* 당시 사스는 중국, 홍콩, 대만, 캐나다, 싱가포르, 베트남 등에서 발생했고, 영국에서는 감염 사례가 거의 없었다.

고 느꼈고, 이륙 전 로스앤젤레스 지역에 안개가 끼어 있었지만 '괜찮을 것'이라 판단했다. 이륙 직후 그는 항공 교통관제센터에 상승 중임을 보고했다. 조바얀은 규칙을 어긴 채 시야 확보 없이 구름 속을 뚫고 올라갔다. 그러나 실제로 헬리콥터는 하강하고 있었다. 그가 조종하던 시코르스키-76^{Sikorsky-76}은 언덕에 추락했고, NBA 5회 챔피언인 코비 브라이언트^{Kobe Bryant}를 포함한 탑승자 전원이 사망했다.

연방 교통안전위원회^{National Transportation Safety Board}는 시야가 제한된 상태에서 비행하는 것은 '공간 감각 상실과 통제력 상실을 초래한다'고 결론지었다.[15] 또한 세계적인 스타 코비 브라이언트가 타고 있었기 때문에 '심리적 압박감'을 느꼈을 것이라고 언급했다. 항공기 대여 회사도 '부적절한 관리 감독'으로 경영이 부실한 상태였다. 이 사건은 충분히 예측할 수 있었으므로 블랙 스완까지는 아니었지만, 타이태닉 모험가들과 마찬가지로 사고 가능성이 무시된 사건이다.

조바얀은 조종사의 자부심을 아주 잘 보여 주었는데, 아폴로 11호의 마이클 콜린스도 이에 공감했다.

불명예보다는 죽음을 택한다는 건 쪽팔리느니 죽는다는 말과 마찬가지다. 사고 경위 조사 파일은 조종사의 직업적 자존심이나 고집이 초래한 사건들로 가득한데, 이때 조종사들은 실수를 인정하기보다는 궁극적인 자살 행위를 선택하게 된다.[16]

확률을 무시하면 우리는 보험, 보증기간 연장, 프리미엄 브랜드 장비에 과도한 지출을 부담하게 된다. 하지만 더 중요한 건 자신과 타인의 생명을 위험에 빠뜨린다는 사실이다.

합리적인 사고를 방해하는 요소가 하나 더 있다. 바로 손실 회피이다.

바나나를 잃을 수는 없다

2006년 라스베이거스의 씨저스 팰리스Caesars Palace는 노련한 포커 플레이어이자 셀린 디온Celine Dion의 남편인 르네 앙젤릴René Angélil의 경기 결과를 발표했다.[17] 그의 손실은 23만 300달러로 추산되었고, 상금은 약간 더 높은 25만 9,079달러였다. 경제 심리학자 대니얼 카너먼과 아모스 트버스키Amos Tversky에 따르면, 손실은 이익보다 더 크게 다가온다.[18] 따라서, 앙젤릴은 이익보다 손실에 더 큰 타격을 입었을 가능성이 크다. 이것이 손실 회피다.

당신은 기본적으로 안전한 옵션을 선호하는가? 틴더 앱을 할 때 항상 왼쪽으로 넘기는가? 아니면 혹시 매일 같은 식단으로 아침을 해결하는가?

당신의 위험 회피 레이더는 잘못된 판단을 발생시키는 원인 중 가장 과소평가 되는 것에 속한다. 손실 회피는 '차라리 아는 악마가 낫다'는 말로 합리화된다. 우리는 손해 보지 않을 의사결정을 지나치게 과대평가한다.

가장 의외의 것들이 손실로 귀결될 수 있다. 많은 기업이 직원들에게 무료 커피, 스낵, 과일 같은 비금전적인 혜택을 제공한다. 2009년 시장 경제가 좋지 않을 때 많은 회사가 인원을 감축했다. 내가 일하던 곳에서 가까운 한 은행은 무료 과일을 더 이상 제공하지 않게 되었다. 직원들의 저항이 이어지자, 경영진은 완전히 당황했다. 고소득 직원들이 화가 난 이유가 실업 위험 때문이 아니라 무료 바나나를 먹을 자격을 박탈당했기 때문이라니. 이 사건은 '바나나 게이트'로 불렸다.

손실 회피는 당신이 어떤 위험을 감수할 의향이 있는지를 결정한다. 손실 회피는 사업을 활성화하거나 침체시킬 수 있다. 과학적 연구에 따르면, 나이가 많고 부유하고 더 성공한 사람일수록 손실 회피 성향이 크다는 것이 밝혀졌다.[19] 이사회 수준에서는 부유한 권력자들이 자신의 특권을 보호하고 자신의 이익을 우선시하는 데 표를 행사하는 것을 흔히 볼 수 있다. 그렇다면 손실 회피가 탐욕과 관련된 것일까?

어떤 이들은 자신이 뭔가를 망쳤다는 느낌에 시달리는데, 특히 소방대원, 응급 구조자, 보안 요원, 조사관, 상담사가 그렇다. 손실 회피로 인한 후유증에 대처하려면 무슨 실수를 했는지, 무엇을 망쳤는지, 무엇을 놓쳤는지보다는 무엇을 성취했는지에 집중하는 게 좋다.

손실 회피와 밀접한 관련이 있는 한 가지는 FOMO 즉, 놓칠까 봐 두려워하는 마음fear of missing out이다. 이 한 가지만으로 한 챕터를 할애할 수 있을 정도다. 많은 소매점이 이를 활용해 외부의 영향을 쉽게 받는 사람들과 잘 속는 사람들의 마음을 흔들고, '2개 남음, 1개 남음, 재고 없음'과 같은 문구로 그들의 과소비를 부추긴다. 그럼에도 우리는 매번 그런 것에 귀를 기울이며 힘들게 번 돈을 낭비한다.

손실 회피는 우리가 들인 시간, 돈, 노력을 잃지 않으려는 내면의 절박함을 자극한다. 퀴즈 쇼 〈마스터마인드Mastermind〉의 "일단 시작했으면 끝을 봐야지"라는 대사가 떠오른다.

일단 시작했으니, 끝을 보겠다

시작했다는 이유 하나만으로 지루한 영화를 끝까지 다 보는 편인가? 어떤 이들은 직장에, 극장에, 관계에 지나치게 오래 머무른다.

한번 시작한 일을 끝까지 고집하는 것은 손실 회피의 한 형태다. 시간, 돈, 노력을 투자하면 이성적 판단이 줄어든다. 비즈니스에서는 실패한 계획이나 자원을 낭비하는 프로젝트를 고집하는 경우가 있다. 자만심이 강한 리더는 실수를 인정하기보다, 실패한 계획에 더 몰두한다. 이를 '매몰 비용 오류sunk cost fallacy'라고 한다.

소프트뱅크뿐만 아니라 여러 벤처캐피털리스트가 위워크에 투자했다. 그 중 한 명은 벤처 캐피털 회사 벤치마크Benchmark의 설립 파트너 브루스 던레비Bruce Dunlevie였다. 그는 위워크 이사회 구성원으로 활동했는데, 노이만의 투자 패턴과 변덕스러운 요구사항에 대한 그의 우려는 나날이 커지고 있었다. 그는 한 기자에게 이렇게 말했다.

우리는 이런 거칠고 정신 나간 기업가들을 상대하는 대가로 돈을 받는다. 우리는 엉 덩짝을 두들겨 맞는 한이 있어도 링 안에 남아서 싸움을 계속하길 원한다.[20]

의심의 목소리에도 불구하고 던레비는 우려에 귀를 기울이지 않았다. 일이 터지기 전까지 그럴 듯해 보였기 때문이다. 비이성적이게도 매몰 비용은 우리 를 더욱더 몰입하도록 만든다.

애착을 가지고 추진하는 프로젝트도 마찬가지다.

맥킨지의 추정에 따르면 건설 프로젝트의 98%는 예정된 기간과 금액을 초 과한다.[21] 자신의 프로젝트를 직접 중단하는 게 다른 사람이 중단시키도록 하 는 것보다 낫긴 하지만, 그래도 이는 쉽지 않은 일이다. 팀 콜러Tim Koller는 '객 관성 의무화mandating objectivity'를 제안하며, 독립적인 '프로젝트 킬러'를 지정 해야 한다고 말한다. 그러면서 그는 3년에 걸쳐 제품 포트폴리오를 560개에서 200개로 간소화한 어느 식품 원료 제작회사의 사례를 인용했다.[22]

에베레스트 탐험에서 더그 한센은 위험을 인지하고 있었다. 그러나 열망하 던 꿈에 가까이 왔기에 그는 포기할 수 없었고, 하산하지 않기로 했다. 그렇다 면 동료 등반가였던 미국의 기자 존 크라카우어Jon Krakauer가 발을 돌렸던 이유는 무엇이었을까? 크라카우어는 "박수받을 만한 인내와 무모한 결의를 구분 짓기란 사실상 불가능하다"라고 말한다. 반은 금전적, 반은 심리적인 것이다.

해당 그룹에서 살아남은 등반가 세 명에게는 한 가지 공통점이 있다.

이들은 정상에 오를 기회를 잡기 위해 무려 7만 달러를 썼고 엄청난 고생을 견뎌 냈다. 모두 야심 찬 사람들이었고, 패배에 익숙하지 않았으며, 포기하는 데에는 더더욱 익숙하지 않았다. 하지만 어려운 결정에 직면했던 그날, 올바른 결정을 내린 얼마 안 되는 이들 중 하나였다.[23]

이 오류는 경고 신호나 경고음에도 불구하고 사람들이 자신이 택한 길을 고집스럽게 헤쳐 나가는 이유를 설명한다.

가장 현명한 의사결정자들도 함정에 빠뜨리는 또 다른 은밀한 위험 관련 편견을 살펴보자. 다시는 예전처럼 협상할 수 없게 될 것이다.

처음 듣는 게 닻을 내린다

한 정치인의 이모가 아이티에서 납치를 당했던 사건이 있었다. 인질범은 15만 달러의 몸값을 요구했다. 베테랑 FBI 협상가 크리스토퍼 보스Christopher Voss는 자신의 저서 『우리는 어떻게 마음을 움직이는가Never Split the Difference』에서 이 몸값을 4,751달러와 CD를 재생할 수 있는 스테레오 오디오 시스템 한 대로 낮춘 방법에 대해 말해 준다.[24] 그는 납치범들에게 다음 세 가지를 언급했다.

첫째, 우리는 그만한 돈이 없다. 이것이 기대치를 낮췄다. 가족은 3,000달러를 제안했고, 그다음에는 4,751달러를 제안했다. 구체적인 수치를 언급한 것은 그 주장이 체계적인 계산을 거쳐 도출되었음을 보여 주었고, 사람들의 신뢰를 얻는 데 기여했다. 보통 사람들은 개수round number를 냉소적으로 바라보기 때문이다.

둘째, 보스는 '인질이 다치면, 돈을 줄 수 없다'는 점을 명확히 해 두었다. 죽은 이의 몸에 값을 치를 수는 없으니까.

셋째, 보스는 이 상황에서 약간은 불필요하게 느껴지는 CD를 건네면서 '이게 우리가 가진 전부'라며 정말로 몸값을 지불할 능력이 부족하다는 점을 강조했다. 이를 통해 낮은 수준의 기대치를 확실하게 하고 유대감을 형성했다.

이모는 여섯 시간 만에 무사히 풀려났다. 여기서 얻을 교훈은, 먼저 기준값을 제시해 상대가 당신이 원하는 범위 안으로 들어오도록 유도하라는 것이다. 닻(기준치)은 기억에 남는 기준을 형성한다. 이를 '앵커링 효과anchoring'라고 하는데, 처음 접한 단어, 구절, 숫자가 더 중요하게 느껴지는 것과 마찬가지다.

앵커링 효과는 논리와는 거리가 멀지만, 협상에서부터 매수, 매도, 대출, 프로젝트 예측, 판결에 이르기까지 방대한 분야에 영향을 미치는 중요한 농점이다. 앵커링 효과를 잘 보여 주는 실험 중 내가 가장 좋아하는 실험이 있다.

실험에서 검사들은 판사들에게 2개월에서 34개월에 이르는 가상의 권고 형량을 제시한다. 이것이 판결에 영향을 미칠까? 그랬다. 높은 형량을 권고받은 판사들은 평균 28.7개월의 형을 선고했다. 이에 비해 낮은 형량을 권고받은 판사들은 평균 18.78개월의 형을 선고했다.[25] 인생을 바꿀 수 있을 만큼의 차이였다.

변호사들은 이러한 통찰력을 이용, 배심원의 마음에 닻을 내리기 위해 일반적으로 고액 소송을 제기한다.[26] 그러나 공정한 배심원은 욕심 많은 고소인(민사 사건)과 검사(형사 사건) 측에서 제시한 액수나 형량을 줄이는 경향이 있다.

앵커링 효과를 얼마나 자주 발견하는가? 급여 인상을 결정할 때 상사와 인사 담당자는 시장 가치가 아닌, 현재 급여를 기준치로 하려는 경향이 있다. 나는 면접에서 한때 현재 급여의 두 배를 받았었다고 자랑하는 남성을 본 적이 있다. 앵커링은 역효과를 가져왔다. 그는 가치가 반토막 났을 뿐만 아니라, 결국 면접에서 탈락했다.

영업사원에게 앵커링은 흔한 계략이다. 구매자나 직원에게는 아킬레스건이다. 이 PERIMETERS 함정을 잘 모니터링하다 보면, 당신에게도 의사결정을 뒤엎고 협상에서 이길 기회가 찾아올 것이다.[27]

또 다른 이점은 위험 선호도 역전의 본질을 이해하는 것에서 온다.

채널 돌리기: 위험 역전

직업, 컨설턴트, 심지어 불륜 상대까지, 사람들은 자주 마음을 바꾼다. 2010년대 중반 이후 OECD 국가의 이혼율 증가가 결혼율 감소와 맞먹은 것도 그 예다. 사람, 상황, 습관, 취미에 관한 마음은 쉽게 변한다. 뜻을 바꾸는 행동은 종종 조롱받지만, 전략적 변화는 강점이다.

2015년 독일의 전 수상 앙겔라 메르켈Angela Merkel은 시리아 망명 신청자에게 안전한 통행을 보장했다. 새로운 거처를 마련해주는 것과 관련해 실질적인 문제에 봉착했을 때, 그녀는 이에 귀를 기울였고 국경 통제를 다시 도입했다.[28]

공약은 뒤집기 힘들다. 특히 눈에 띄는 상황에서는 더더욱 그러하다. M&A를 예로 들어 보자. 거래팀이 마감일을 맞추기 위해 서두르면서 추진력이 형성된다. 의사결정자는 손실을 줄이는 대신 의심을 묻어 버린다. 때로는 제삼자 규제기관이 목소리를 내 거래 종료를 강요할 때가 있다. 예를 들어, 보험계의 거물 에이온Aon은 거래가 16개월 동안 교착 상태에 빠진 데다가 시장 독점 위험이 너무 큰 나머지 300억 달러 규모의 윌리스 타워스 왓슨Willis Towers Watson 인수를 포기했다.[29]

일부 리더들은 거래 성사를 방해하는 요인들을 다른 방식으로 정의해 자신을 도덕적 우위에 올려놓는다. 특히 대규모의 자금이 연루되어 있을 때 그렇다. PGA 투어가 사우디가 지원하는 LIV 투어와 공개적으로 다투고 인권 문제에 우려를 표명한 지 2년 뒤, 그들은 수익성 있는 합병을 발표했다.[30] 로리 매킬로이Rory McIlroy와 타이거 우즈 같은 충직한 PGA 선수들은 들리는 게 전부가 아니라는 사실을 배웠을 것이다.

판사가 판결을 뒤집는 경우도 있을 수 있다. 하지만 때때로 의견 바꾸기는 너무 뒤늦게 일어나기도 한다. 2000년 연방 배심원단은 인디애나주에서 차량을 절도하고 목사 두 명을 살해한 혐의로 브랜든 버나드Brandon Bernard에 유죄판결을 내렸다. 재판 후 새로운 증거를 토대로 다시 검토한 결과, 아홉 명의 배심원 중 다섯 명이 처벌은 타당하나 사형까지는 아니라는 결론을 내렸다.

배심원이었던 게리 매클렁Gary McClung은《허핑턴 포스트》의 기자 제시카 슐버그Jessica Schulberg와의 인터뷰에서 "저와 다른 의견들 사이에서 제 의견을 피력하기가 참 어려웠습니다. 이제 와서 후회해 봐야 소용없지만요[31]"라고 말했다. 검사였던 앤절라 무어Angela Moor는 증거 은닉에 대해 알게 된 이후 판결을 재검토해야 한다는 의견에 동의했다. 그러나 트럼프 대통령은 결정을 뒤집거나 사면을 내리지 않았다. 2020년 버나드는 독극물 주사에 의해 사형당했다.

다행히도 사람들은 임종 치료 진행 여부를 포함한 중요한 의사결정에서 마음을 바꾼다. 캘리포니아의 안락사법에 따른 의사 지원 안락사 프로그램에서는 2022년 총 1,270명이 안락사 가능 옵션을 받았다. 853명은 이 옵션을 행사했지만, 3분의 1은 마음을 바꿨다.[32]

확률의 목소리에 귀 기울이기

위험을 재평가하는 사람들에게는 상당한 보상이 따른다. 이는 자신감 있는 기업가, 조사관, 근면한 과학자, 메달을 노리는 운동선수 등 포기하지 않는 모든 이를 위한 기본 토대가 된다. 생사와 성패를 가르는 차이, 진보냐 침체냐를 결정짓는 차이가 될 수도 있다.

토네이도, 폭탄 테러 현장, 지진, 광산 등에서 구조대원들이 직면하는 위험을 생각해 보라. 2010년 코피아포Copiapó 구리·금 광산이 붕괴하기 이전에 칠레의 지역 광부들은 그런 일이 발생할 것을 예상했다. 지노 코르테스Gino Cortés라는 사람은 이렇게 말했다. "거기서 일하는 사람은 전부 무슨 일이 생길 거라는 걸 알고 있었습니다. 아타카마 사막Atacama Desert*에 있는 광산들에서 자꾸 이상한 소리가 들렸으니까요[33]" 그들의 말이 옳았다. 광부 중 서른세 명이 구조되었는데, 이에 든 비용은 2,000만 달러였다.

재난 복구 상황에서 생명을 구하는 일은 갇힌 피해자들의 목소리를 정확히 듣고 예상되는 위험을 줄이는 데 달렸다.

위험 평가는 직업적 성공에 필수적인 정교한 기술이다. 자살 예방 전화, 피해자 상담, FBI의 협상은 생사를 가르는 상황이다. 그들은 뛰어난 경청 능력을 기르기 위한 교육을 받는다. 그들은 의사소통 오류, 무례함, 의도치 않은 적대적인 어조가 생명을 위태롭게 한다는 사실을 잘 알고 있다.

크리스토퍼 보스는 "당신은 수많은 방식으로 거짓을 말할 수 있지만, 그것들은 전부 진실을 말할 때와는 상당히 다르다"라고 말한다.[34] 그는 '심야 라디오 DJ 같은 목소리'로 소통하고, 사용되거나 생략되는 단어에 상당한 주의를

---

* 코피아포 광산도 이 지역에 있다.

기울일 것을 주장한다. 인간 거짓말 탐지기처럼 말이다.

***

이 책 전반에 걸쳐 우리는 감정적이거나 복잡한 결정을 내리는 데 전후 사정이 어떤 역할을 하는지를 살펴보았다. 매 순간 당신은 '나라면 어떻게 했을까?'라고 생각할지도 모른다. 보통 주인공이 내린 결정은 당신의 선택과는 다를 테지만 말이다.

에베레스트산 정상에서, 롭 홀과 그의 고객들은 산소 부족에 시달렸다.[35] 이 화학 작용이 그들의 판단력을 흐렸을지도 모른다. 전후 사정은 상당히 중요하다. 의사결정권자는 가능한 한 최선의 의도, 정보, 시간, 가용한 역량을 바탕으로 위험 대비 보상이 최상인 선택을 내린다. 그들의 입장에 서 보지 않았다면 도덕적 판단은 삼가는 게 좋다.

어떤 이들에게 위험 추구는 그들의 정체성과도 같다. 이들은 위험 선호자라는 타이틀을 마치 명예 훈장처럼 자랑스럽게 여긴다. 권력, 자아, 위험과 마찬가지로 제대로 관리되지 않는다면 정체성 또한 잘못된 판단으로 이어질 수 있다. 이것이 다음 장인 정체성 기반 PERIMETERS 함정에서 논의할 주된 내용이다.

의사결정 고수가 되기 위한
핵심 원칙

- 위험이 수반되지 않는 의사결정은 없다. 중요한 건 이를 받아들이는 것, 그리고 당신이 무엇을 모르는지를 아는 것이다.

- 의사결정은 감각 추구에서부터 확실성 편향에 이르기까지 다양한 양상을 띤다. 우리가 서는 위치는 시간에 따라, 인생의 단계에 따라, 전후 사정에 따라 달라진다. 이상적인 위험 추구 성향 같은 건 존재하지 않는다.

- 기업들은 위험 관리에 수십억 달러를 투자하고, 소비자들은 재앙이 다가오는 소리를 들으며 위험 예방에 수십억 달러를 들인다. 대부분이 보험이나 프리미엄 브랜드를 구매하면서 안전에 대해 과도한 비용을 지출한다.

- 손실을 최소화하려는 동기는 이성적인 자기 이익 추구에 그 뿌리를 두고 있지만, 유용한 의사결정 옵션을 제공하기도 한다.

- 앵커링은 논리적 의사결정을 왜곡하는 비이성적인 기준점이 된다. 우리는 이를 너무 늦게 깨닫는다.

- 우리는 시간과 돈을 투자한 뒤에 공약, 관계, 책무를 깨 버리는 걸 싫어한다. 그러나 이를 고수하는 데는 시간, 돈, 심지어는 인생이라는 비용이 든다.

- 결정의 방향을 바꾸는 것과 선호를 뒤집는 것은 비겁함이 아닌 자신감을 나타낸다. 혹자는 마음을 바꾸는 걸 지능의 가장 고도화된 형태라고도 한다.

- 의사결정 위험은 정확한 정보보다는 가용한 정보를 바탕으로 계산된다. 성공적인 전문가는 끊임없이 새로운 데이터를 해석해야 할 도덕적 의무가 있다고 느낀다.

- 우리가 가장 두려워하는 일은 일어나지 않을 가능성이 크지만, 우리는 실제 위험을 무시한다. 이는 판단력을 저해하는 요인이 된다. 진정한 리더는 불확실성과 예기치 못한 사건을 감수하며 살아가는 방법을 배운다.

- 세심한 의사결정권자는 기회의 목소리에 선택적으로 귀 기울이기 위해 불편을 감수해야 하거나 비용이 많이 들더라도 반드시 위험 성향을 재평가한다.

CHAPTER 07

Identity, 정체성이라는 함정

**나다워지세요. 다른 사람 역할은
이미 다른 사람이 맡고 있으니까요.**

시인 오스카 와일드Oscar Wilde

우주비행사 버즈 올드린은 두 번째로 달에 발을 디딘 사람이
다. 거의 50년이 지난 뒤, 처음이 아니라서 실망스럽냐는 질문에 그는 이렇게
답했다. "그 당시에는 전혀요. 선배 우주비행사였던 닐 암스트롱이 최초가 되
는 게 맞다고 생각했습니다" 상황은 변한다.

사람들 앞에 서서 강연해달라는 요청을 몇 년째 받다 보니, 두 번째로 달에 다녀온 사
람이라 소개되는 게 약간 불편해졌다. 우리 모두 같은 훈련을 받았고, 모두 다 같이 달
에 착륙했으며, 모두가 함께 공헌했는데, 누가 가장 먼저 발을 디뎠는지를 굳이 청중
들에게 설명해야 하나? 나는 평생 달에 두 번째로 발 디딘 사람으로 불릴 것이다.[1]

독자 대부분은 올드린이 느꼈을 실망감에 공감할 것이다. 나사의 유인 우주

비행 관리 부국장은 언론에 그를 '달에 처음 발을 디딘 사람'으로 소개했다.[2] 누가 두 번째가 되고 싶어 할까? 등반가들 역시 조기 하산한 사람이 아니라 '에베레스트 등반에 성공한 사람'으로 기억되길 원한다. 우주비행사 마이클 콜린스는 이 사실을 깨달았다.

버즈에게 명성은 축복이 아니었다. 내 생각에 그는 자기가 달에 도착한 두 번째 인류라는 사실에 뿌듯해하기보다는 첫 번째가 아니라는 걸 억울하게 여긴 것 같다.[3]

대신 올드린은 자신이 달에서 처음 남긴 업적을 가지고 농담하기를 좋아한다. 달에서 처음으로 셀카를 찍은 사람, 처음으로 성찬식을 축복한 사람이자 '인류 발전에의 위대한 소변one great leak for mankind'*을 남긴 사람과 같은 유의 농담이 바로 그것이다.[4]

이번 장에서는 헛듣기와 잘못된 정보, 잘못된 판단을 낳는 정체성 기반 편견 여섯 가지를 살펴볼 것이다. 먼저 개인과 브랜드가 정체성을 확립하고 이를 일관되게 유지하기 위해 사용하는 극단적 방식들을 짚는다. 우리는 편협하게 정의된 정체성에 갇혀 자신을 잃고 허풍쟁이 소매업체나 점쟁이, 비평가, 사기꾼의 말에 쉽게 휘둘리거나 경쟁 상대와 자신을 과도하게 비교한다. 외집단outgroup의 말을 듣지 않으며, 편리하게도 사회적으로 분류된 집단(대표성 편향representativeness bias)의 목소리만 우리 안에 공명한다(내집단ingroup). 국가, 정치, 조직에 우리의 정체성을 빼앗기는 일도 흔히 발생한다(허위 합의 편향false consensus effect). 정체성에 대한 집착은 비틀린 해석을 낳는데, 특히 자아나 감

* 닐 암스트롱의 명언, '인류의 작은 한 걸음, 인류 발전에의 위대한 도약(One small step for man, one giant leap for mankind)'에서 도약(leap)을 소변(leak)으로 바꾼 말장난으로 보인다.

정과 결합할 때 그렇다. 그러나 잘 관리되기만 한다면 정체성은 자신감 있는 의사결정 고수에게 엄청난 영향력을 가져다줄 것이다.

맹점, 농점, 아점을 고려하는 다차원적 관점은 우리가 들었다고 생각하는 바를 바로 주입하기보다는 우리가 들은 바를 제대로 해석하는 데 도움을 준다.

이 책에서 다루는 여러 이야기는 듣는 게 다가 아니라는 사실을 보여 준다. 이미지 관리에서부터 시작해 보자.

이미지 관리에 대한 집착

버즈가 느낀 감정은 그 혼자만의 것이 아니었다. 상대적인 지위 확보는 우리의 자아상에 상당한 영향을 미친다. 심리학자 토마스 길로비치Thomas Gilovich는 1992년 하계 올림픽 사진을 사용해 은메달리스트의 표정을 분석했다.[5] 평균 행복 점수를 측정했을 때, 은메달리스트는 4.8점으로, 7.1점인 동메달리스트보다 낮은 행복 점수를 기록했다.

2004년 올림픽에서 유도 선수들도 비슷한 결과를 보였다. 금메달 수상자의 92%는 미소를 짓고 있었지만, 은메달 수상자 중 미소 지은 사람은 없었다. 43%는 사실상 슬퍼 보였다.[6] 왜일까? 은메달리스트는 자신보다 우위에 있는 사람과 자신을 비교한다.[7] 아슬아슬한 패배는 쓰라린 법이다. 동메달리스트는 감사함을 느낀다. 그러나 이들은 다음의 확률을 간과한 것이다. 경쟁에 참여해 메달을 받을 확률은 오직 11%다.

자기 자신에 대해 상대적으로 어떤 평가를 내리느냐는 문제를 해결하고 의사결정을 하는 과정에서 우리의 접근 방식에 영향을 미친다.

우리가 일하고, 성취하고, 구매하고, 게시하는 것의 대부분은 다른 이에게 인상을 심어 주려는 우리의 욕망에 따른 것이다. 이는 이미지 관리의 본질이다. 이는 소스타인 베블런Thorstein Veblen의 이론인 '과시적 소비conspicuous consumption'로 연결된다.[8] 온라인에서든 오프라인에서든 우리는 우리가 누구인지, 남들에게 어떻게 보이는지에 사로잡혀 있다.

좋든 나쁘든 자기 정체성을 표현할 채널은 그 어느 때보다 많다. 그러나 세상의 잡음 속에서 다른 이의 이야기에 귀 기울이는 사람은 점점 줄고 있다.

독일 상속녀의 정체가 탄로나다

일부는 정체성을 지나치게 극단적으로 관리한다. 이민자인 안나 소로킨Anna Sorokin은 출신이 변변치 않았지만, 자신을 5,000만 달러 상속녀인 안나 델비Anna Delvey로 둔갑시켰다. 뉴욕 사교계에서 그녀의 인맥은 처음에는 소소했지만, 점차 부유하고 영향력 있는 사람들에게로 옮겨 갔다. 소로킨의 매력적인 독일 억양이 알게 모르게 영향력을 발휘했다.

시간이 지나면서, 발 넓은 사교계 명사와 귀가 얇은 호텔 경영자들이 그녀에게 속아 호화로운 라이프스타일의 자금줄이 되었다. 그녀는 마치 자기 자금으로 소호 예술 클럽을 지을 것처럼 꾸며 4,000만 달러 대출을 신청하고, 은행과 전문가들에게 제출할 서류를 위조했다. 소로킨은 2,200만 달러를 확보하기 며칠 전 체포됐다. 그녀의 허세와 조작, 타인의 신뢰와 재산을 이용한 이야기는 뉴욕 기자 제시카 프레슬러Jessica Pressler를 통해 전 세계로 퍼졌다.

중대한 절도 혐의로 여러 차례 유죄 판결을 받았음에도, 소로킨은 뻔뻔하고 자신만만했다. "저 자신을 사기꾼이라 생각하지 않습니다. 단지 부탁을 했고, 그들이 받아들였을 뿐입니다. 사람들의 어리석음에 참을 이유는 없죠" 그녀는 대부분의 브랜드가 실제로 완수하기 전까지는 그저 해낸 척할 뿐이라며 이렇게 말했다. "많은 기업이 사상누각에 불과합니다. 사람들이 눈치채지 못할 뿐이죠." 이에 한해서는 그녀의 말이 옳다.[9]

＊＊＊

자기 자신을 돋보이게 하고 싶은 욕망은 이런 사례에 그치지 않는다. 일리노이 출신 존 웨인 게이시John Wayne Gacy는 서른세 명의 남자와 소년을 강간하고 살해한 혐의로 사형을 선고받았다. 그러나 그는 자기가 '동성애자 따위'는 아니라고 단호하게 주장했다. 그의 관점에는 자기가 연쇄 살인범으로 알려지는 건 괜찮지만 게이로 알려지는 건 그렇지 않은 모양이다.

허영심 많은 부모 또한 이미지 관리로부터 자유롭지 못하다. 대입을 생각해보라. 배타적인 아이비리그의 입학 요건은 상당히 까다롭다. 대학들은 포용성을 주장하지만, 내집단을 몹시 선호한다. 일부 대학은 성적과 관계없이 동문이나 기부자의 자녀에게 정원의 15%를 할애한다.[10]

현재 미국 법원은 이러한 레거시 입학legacy admission을 금지했지만, 한 연구에 따르면 하버드대 백인 학생의 43%가 레거시 입학이거나, 운동 특기생이거나, 기부자 및 직원과 관련이 있는 사람인 것으로 드러났다.[11] 할리우드 배우 펄리시티 허프먼Felicity Huffman이 낯선 사람에게 1만 5,000달러를 주며 딸의 서던캘리포니아대학교University of Southern California 입학시험을 대신 치러달라고 한 이유를 설명할 수 있는 부분이다.

동문 초청 강연을 나갈 때면 학생들이 소속 대학에 자부심을 느끼는 모습에 언제나 감동한다. 하버드 경영대학원이나 케네디스쿨 졸업생은 아마 자신을 이렇게 소개할지도 모른다. "제 이름은 조 에이브럼스Jo Abrams고, 92년도에 케네디스쿨을 졸업했습니다." "안녕하세요. 마후드 아미르Mahood Amir입니다.

하버드에서 2006년에 MBA를 받았어요" 이것이 바로 명예 훈장이 주는 뿌듯함이다. 인맥이 주는 이점이 상당하긴 하지만, 그러한 특권은 케임브리지 캠퍼스 내부로 시야가 좁아지면서 유지된다. 좋은 인상을 남기려는 욕구가 절박함과 합쳐지면, 윤리적인 판단은 설 자리를 잃는다.

우리는 모두 좋은 인상을 남기고 싶어 한다. '우유부단함을 극복하는 방법'을 주제로 처음 〈TEDx〉에서 강연할 때의 나 또한 그랬다.[12] 그때 나는 엄청나게 긴장했었다. 결과적으로 경력이나 주머니 사정에 영향을 미치지는 않았지만, 내가 말을 더듬거나 얼어붙는 순간이 사이버 공간에 영원히 남을까 봐 두려웠다. (TEDx 강연은 라이브로 진행되므로) 기회는 한 번 뿐이었다. 내 강연이 사람들을 극심한 우유부단함에서 벗어날 수 있도록 도울 거라고 굳게 믿고 있었지만, 만약 유튜브 조회수가 100회에 불과하다면 어쩌지? 나는 〈TEDx〉 강연자들이 조회수 1,000만에 덩실덩실 춤을 추는 걸 봐 왔다. 조회수가 어느 정도여야 내가 행복할까? 나는 조회수라는 좁은 시야에 갇혀 있었다.

현실에서 차이를 만든 건 그 강연이 낳은 효과였다. 강연이 불안에 시달리는 십 대 딸을 도왔다는 무슬림 어머니, 악질적인 직장을 그만두게 된 따돌림 당하던 기술자, 임원급 인재를 찾는 헤드헌팅 회사의 CEO가 이사회 구성원을 소개하는 업무를 그만두기로 한 것 등이 있다. 때로는 실질적인 영향력이 허영심을 이긴다.

일단 직업적, 정치적, 국가적 정체성을 정하고 나면, 이를 지나치게 일관되게 고수하려고 하는 것 또한 판단의 지뢰밭이 될 수 있다.

나는 자유로워지고 싶다

당신이 얼마나 성공했든 당신의 직업이 무엇이든, 한번 자리 잡은 정체성은 덫이 될 수 있다. 리즈 위더스푼Reese Witherspoon은 여배우들이 맡을 수 있는 배역의 다양성에 관해 이야기하던 중 이렇게 말했다. "우리가 다른 이들에게 어떤 모습으로 보여야 하는지에 대한 이야기가 많았습니다. 마치 판타지 속 인물을 만들어 내야만 할 것 같았죠[13]"

사람들은 배우, 엄마, 선생님, 마약 중독자 등 특정 집단에 대해 선입견을 갖는다. 우리는 왕이 저주를 퍼붓거나, 대통령이 사타구니를 움켜쥐거나, 리더가 자금을 횡령하길 바라지 않는다. 타인의 말투, 외모, 자세에서 일관성을 보길 원하는데, 이것이 바로 '일관성 편향'이다.

사람, 과정, 시스템이 일관적이라면 세상은 더 안정적이고 통제하기 쉬워 보인다. 이는 정신적으로 분류 작업을 단순화하고, 확실성과 위안을 제공한다. 그러나 이러한 일관성에 대한 욕구는 현실의 복잡한 회색지대를 사라지게 만든다. 직원, 고객, 유권자, 시청자는 예측 가능성을 중요시하지만, 다른 사람이 기대하는 일관성에 맞추려는 욕구는 창의성과 혁신을 억제하는 심리적 함정이 된다. 결과적으로 우리는 앞으로 나아가기 어려워진다.

작가 오잔 바롤Ozan Varol은 이렇게 썼다. "다른 사람의 목소리에 귀 기울이지 않으면, 당신은 새로운 목소리가 속삭이는 소리를 듣게 될 것이다. 그리고 당신은 알게 될 것이다. 그게 당신의 목소리라는 걸. 내면의 천재성에 귀 기울이는 일은 밖에서 들려오는 소음으로부터 귀를 막는 것에서 시작한다[14]"

〈해리포터〉 시리즈 이후 J.K. 롤링은 로버트 갤브레이스Robert Galbraith라는 필명으로 다른 작품을 출간했다. 하나의 정체성에 갇혀 있던 그녀는 "해방적인 경험을 원했다. 인기나 기대감 없이, 다른 이름으로 피드백을 받는 그 순수한 즐거움을 원했다"라고 이야기했다.[15] 성공을 위해 자기 목소리를 감춰야 한다면, 성공을 추구할 이유가 어디 있겠는가?

동료, 경쟁자, 팬들이 우리가 누구인지, 무엇을 믿는지를 정의하게 내버려 둔다면 우리는 정체성을 상실한다.

몇몇은 이를 거부한다. 닐 암스트롱은 언론의 과도한 관심을 피해 몸을 사렸다. 그는 자신을 이렇게 설명했다. "저는 그저 흰 양말에 실험복을 입은 공돌이 엔지니어이고, 앞으로도 그럴 겁니다" 아폴로 11호 이후 그는 신시내티대학University of Cincinnati의 공대 교수가 되었다. 그는 자기 자신이 누구인지를 누구보다 잘 알았다.

한편, 버즈 올드린은 동료들이 피하고자 했던 세간의 이목을 갈구하며 알코올 중독과 싸웠다. 그는 달을 '장엄하게도 황량한 곳'이라고 묘사했는데, 이는 그의 마음을 반영한 것이었다. 그는 "목표도 없고, 소명 의식도 없으며, 나 자신을 온전히 쏟아부을 만한 프로젝트도 없다"라고 말했다.[16]

어떤 이들은 암스트롱처럼 자신의 정체성이 무엇인지 분명히 알고 있다. 러시아의 수학자 그리고리 페렐만Grigori Perelman은 확실히 그랬다. 그는 필즈상Fields Medal과 약 100만 달러의 상금이 걸린 밀레니엄 상Millennium Prize을 거부하며 다음과 같이 말했다.

동물원의 동물이 되고 싶은 생각은 없다. 나는 수학계의 영웅도 아니고, 그렇게 성공한 학자도 아니다. 모두가 나를 주목하게 된다면 조금 부담스러울 것 같다.

***

조직적 차원에서 봤을 때도, 회사가 방향을 전환해야 할 시기에 일관성을 고집하는 건 최선이 아니다. 예를 들어, 대부분의 펀드매니저는 자신의 주식 선택 기술에 대해 확신에 찬 목소리로 이야기하는데, 이는 정체성 함정이다. 시장이 붕괴하면 이들 대다수는 경제학자 폴 새뮤얼슨Paul Samuelson의 다음과 같은 경고 메시지를 무시한다. "사실 관계가 변하면, 내 마음도 변한다. 당신은 어떠한가?"

마음을 바꾼다는 건 곧 오류를 인정하는 것이다. 펀드매니저 수백 명과 일을 해 보았는데, 아무리 처참한 성과를 내더라도 대개는 포트폴리오를 재조정하기보다는 약간의 변화를 줄 뿐이었다. 손실은 고객 몫이다.

시인 랠프 월도 에머슨Ralph Waldo Emerson은 다음과 같은 지당한 명언을 남겼다. "일관성이란 협소한 마음속 괴물이다"

애널리스트부터 영화 제작자에 이르기까지, 우리는 모두 완벽함을 정의하는 데 일관된 견해를 유지하고 싶어 한다. 예를 들어, 영화 〈타이타닉〉의 감독 제임스 카메론은 배가 침몰하는 장면에서 별자리 배열이 잘못되었음을 지적받고, 개봉 후 이를 재촬영했다. 혁신가 제임스 다이슨James Dyson은 수직으로 세울 수 있는 첫 번째 진공청소기를 완성하기 위해 15년을 투자했고 5,127개의 시제품을 개발했다.[17]

다른 사람에게 인상을 남기기 위해 노력한다는 건 무의식중에 자기 자신을 잃는 것과 같다. 이는 때로 우울감으로 이어질 수 있다.

이미지 관리는 부분적으로 완벽주의가 낳은 저주다. 완벽주의는 자기 자신을 옭아매는 정체성의 함정이다. 그런데도 고성과자들은 사실 알고 보면 완벽주의자인 경우가 많다. 그들 대다수는 완벽하지 않으면 결함이 있다고 생각한다. 이것이 당신을 정의하거나, 높은 수수료를 정당화하는 이유가 되어서는 안 된다. 완벽주의에는 장점이 있을 수 있지만, 그 목소리는 종종 논리를 가로막는다. 같은 문장을 여러 방식으로 바꿀 수 있을까 고민하며, 가장 '완벽해 보이는' 표현에 집착하기보다, 분별 있는 목소리에 귀를 기울여야 한다.

정체성을 부여하는 자, 정체성을 취득하는 자

진짜 당신은 어떤 사람인가? 1970년대 사회심리학자 앙리 타이펠^{Henri Tajfel}은 사회적 정체성이 이론^{social identity theory}을 창안했다. 사회적 정체성은 인간이 공유된 가치, 사회 계층, 믿음, 의리를 기반으로 하는 그룹에 속한다는 개념이다.

정체성이란 미묘하다. 엔지니어는 기계공을 의미할 수도 있고, 전기공이나 토목공을 의미할 수도 있다. 유대인은 독일인일 수도, 헝가리인일 수도, 이스라엘 사람일 수도, 폴란드인일 수도 있다. 당신은 엘비스 프레슬리가 어떤 사람이라고 생각하는가? 엉덩이를 흔들어대는 1950년대의 제일하우스 로커^{jailhouse rocker}? 1960년대의 해변 영화 출연 배우? 그것도 아니라면 화려한 무대의상을 입고 1970년대 라스베이거스 무대를 휩쓴 스타? 우리는 모두 여러 가지 모습을 지닌 복합적인 존재다.

때로는 무슨 일을 하느냐가 우리를 규정짓는다. 때로는 다른 이들에게 우리가 어떤 사람인지를 설득하면서 우리가 되고 싶은 사람이 되기도 한다.

다른 사람이 우리의 자아상을 만들어 내는 위험한 일이 벌어지기도 한다. 직장에서의 부정적인 시선, 소셜 미디어에서의 좋아요나 댓글이 당신의 하루를 망치거나 자존감에 큰 타격을 주는가? 레딧^{Reddit}의 콘텐츠 점수는 어떤가? 게시물이 좋아요를 많이 받았을 땐 주먹을 휘두르며 좋아하겠지만, 싫어요와 악의적인 댓글은 자존감을 망가뜨린다.

누구도 비켜 갈 수 없다. 어른이든 어린아이든, 노인이든 청년이든, 유명인이든 평범한 사람이든 말이다. 할리우드의 영화 제작자 핼 월리스Hal Wallis는 이렇게 말했다. "예술적인 영화를 만들고 싶다면, 일단 프레슬리를 주연으로 내세운 상업영화를 몇 편 찍어야 한다" 엘비스의 매니저였던 파커는 엘비스를 상업적 수단으로만 본 것에 대해 비판하며《로스앤젤레스 타임스》와의 인터뷰에서 이런 말을 했다. "그들이 잘하는 거라고는 그냥 돈을 쓸어 담는 일밖에 없습니다" 처참히 무너진 엘비스는 이렇게 말했다. "아무리 돈을 많이 벌었어도, 제 내면의 만족감은 충족되지 않았습니다[18]"

가까운 관계에서는 정체성이 흐려지기 쉽다. 프리실라 프레슬리가 미래의 남편을 만났을 때 그녀의 나이는 14세였다. 그녀는 21세에 결혼했는데, 10년이 넘도록 자기가 누군지에 대해 제대로 알지 못했다. "그냥 그가 하는 대로 따랐어요. 그러니까, 그의 삶을 산 거죠. 저 자신을 잃어버린 겁니다[19]" 엘비스의 소망, 기분, 불안감은 곧 그녀의 것이었다. 그녀는 자신의 우상을 기쁘게 만들기 위해서만 존재하는 '살아있는 인형'이었던 것이다.

미칠 듯 떠들썩한 사람들 사이에서 살아가며 타인의 인정을 갈구할 때, 점차 사라지는 무언가를 알아채기란 쉬운 일이 아니다. 4년 만에 이혼한 프리실라는 자신의 목소리를 되찾고, 배우이자 사업가로서 자기 자신을 재창조했다. 이후 그녀는 100만 달러짜리 그레이스랜드의 가치를 1억 달러로 올리는 데 성공했다.[20]

만약 당신이 정체성을 잃어버린 일곱 살 소년이라면 어떨 것 같은가?

소아성애자 케네스 파넬Kenneth Parnell은 1972년 교회 기부금을 모으고 있다며 일곱 살 짜리 모르몬교 소년 스티븐 스테이너Stephen Stayner에게 접근한 뒤 그를 유괴했다. 캘리포니아 머세드Merced의 작은 마을을 뒤흔든 비극이었다. 심지어 파넬은 경제적으로 곤궁한 스티븐의 부모가 합법적인 입양을 승인했다며 그를 설득했다. 파넬이 새로운 피해자로 다섯 살의 티미 화이트Timmy

White를 데려오기 전까지, 스티븐은 7년이나 파넬의 성노예로 살았다.

십 대가 된 스티븐은 탈출 기회를 잡았고 티미와 함께 도망쳤다. 두 가족은 재회했고, 이는 각지에 있는 실종 아동들의 친인척에게 희망을 가져다주었다.

자존감이 산산이 조각나고, 혼란스럽고 화가 난 상태에서도 스티븐은 어머니, 아버지, 심리 상담가, 자기 형인 캐리Cary에게 자신이 경험한 일에 대해 절대 말하지 않았다. 그들 또한 묻지 않았다. 그의 가족들은 침묵 속에 자신들을 가둔 채 서서히 파괴되었다. 스티븐은 새로운 삶에 적응하기 위해 고군분투했다. 그는 학교에서 조롱거리가 되고 외면당했으며, 그의 성 정체성은 끊임없이 의심받았다. 그는 《뉴스위크》지에 이렇게 말했다.

저는 거의 성인이 다 되었을 때 돌아왔지만, 부모님은 여전히 저를 일곱 살짜리 아이처럼 대합니다. 차라리 집에 돌아오지 않았더라면 더 나았을까요?

피해자라는 정체성이 그의 삶을 정의했지만, 그는 사실 영웅이었다. 그러나 그를 납치한 범인이 감옥에서 겨우 5년을 보냈다는 건 참 안타까운 일이었다. 10년 뒤 스티븐은 예상치 못한 오토바이 사고로 사망했다. 비극이 비극을 낳았다.

어떤 상황에서든 자신의 정체성을 잃는 건 쉬운 일이지만, 집단 내에서는 더더욱 그렇다.

집단 내에서의 정체성 상실

사람들은 대개 자신의 출신지를 자랑스럽게 여긴다. 아마 당신도 월드컵,

라이더 컵, 유로비전 송 콘테스트Eurovision Song Contest에서 자국을 응원할 것이다. 직업 정체성과 마찬가지로, 국가적 정체성 또한 내집단적 사고방식에 해당한다. 우리는 크게 울려 퍼지는 목소리만 듣는다. 혹시 그 목소리가 독립적으로 형성된 견해가 아니라 역사나 교육의 산물은 아닐까? 주입된 견해는 아닐까? 집단의 정체성이 극단으로 치닫는다면 편협함, 증오 범죄, 폭력을 유발할 수도 있다.

당신은 존스타운 거주민들, 단식 투쟁자, 자살 폭탄 테러범, 사이언톨로지 신자, 미국 극우주의자 큐어논QAnon, KKK를 비이성적이라고 생각할지도 모르겠다. 그러나 그들은 자신이 비이성적이라고 생각하지 않는다. 모든 집단과 마찬가지로, 그 집단의 구성원들 또한 모두가 자신처럼 충직하고 모두가 집단의 견해를 환영한다고 믿으며 집단적 신념을 강화한다. 이것이 바로 '허위 합의 편향'이다. 이러한 편향 때문에 우리는 모두가 같은 세일 품목을, 같은 호텔 객실을, 같은 콘서트 티켓을 원할 거로 생각한다.

진실을 내집단 안에서 찾길 원할 때, 우리의 심리적 시야는 좁아진다. 전문가들은 이를 일컬어 '인식적 폐쇄epistemic closure'라 부른다.

국가적 차원에서, 극단적인 내집단 충성심은 양극화를 낳고 있다. 북아일랜드를 예로 들어 보자. 1969년 '북아일랜드 분쟁The Troubles'이 발발했다. 이 일상적인 용어는 매일 같이 벌어지는 피비린내 나는 현실을 제대로 반영하지 못했다. 영국으로부터의 독립을 원하는 아일랜드 공화국군Irish Republican Army과 영국에 남고자 하는 연합주의자Unionists들 간의 전쟁이었다. 뉴스는 전쟁 때문에 피폐해진 상황을 담은 사진들로 넘쳐났다. 마운트배튼 경Lord Mountbatten 암살, 피의 일요일Bloody Sunday, 긴 머리의 반란군, 66일 단식 투쟁으로 쇠약해진 보비 샌즈Bobby Sands 의원을 취재한 것이었다. 우리 삼촌은 벨파스트 수도원에 주둔하고 있었다. 갑작스럽게 화염병이 날아들지 모른다는 두려움, 이념 갈등으로 인한 대학살이 발생할지도 모른다는 두려움 때문에 아무도 국경을 넘을 수 없었다. 30년 동안 이어진 분쟁으로 인해 3,500명이 넘는 희생자가 발생했다.

1998년 성금요일 협정과 함께 폭력은 막을 내렸다. 독립이냐 연합이냐 하는 이분법적인 옵션을 제시하는 대신, 권력을 공유하는 위임 정부가 구성되었다. 분쟁은 끝이 났지만, 상처는 아물지 않았다.

이 기간은 모든 사람의 삶에 영향을 미쳤다. 2차 세계대전이라는 고난을 견뎌 낸 아흔여섯 고령의 우리 할머니에게도 마찬가지였다. 할머니는 2005년에 병원에 입원했는데, 자기 침대 밑에 아일랜드 공화국군이 숨어있다고 말하며 간호사들의 어안을 벙벙하게 만들었다. 우리는 할머니의 주장을 약물 복용에 의한 환각일 것이라 결론 내렸다. 그러나 '모르핀이라는 진실의 물약'은 기억 속 진실의 파편들을 계속해서 불러냈다.

이 책을 쓰는 지금, 나는 증조할아버지가 다니던 경찰서가 아일랜드 공화국군에 의해 폭격당했고, 할머니 집에 총알이 날아들었다는 사실을 새롭게 알게 되었다. 할머니와 가족들은 안전을 위해 도망가야 했다.

병든 할머니는 70년이 지난 후에도 이미 없어진 아일랜드 공화국군이 곧 들이닥쳐 여동생을 잡아갈 거라며 조바심을 냈다. 할머니는 그 후 얼마 지나지 않아 돌아가셨다. 평생의 희생에도 불구하고 할머니 당신은 결코 평화를 누리지 못했다. 여러 면에서 그녀는 잃어버린 세대를 대표한다. 아이팟과 아이폰이 필요 없는, 대화의 기술, 그리고 타인을 향한 친절과 연민의 목소리만으로 충분했던 세대 말이다.

국가적, 직업적, 종교적 견해를 모두가 공유하는 건 아니다. 한 가지 정체성에 집착하는 마음을 줄이면 편안한 자세로 삶의 전환기를 맞을 수 있다. 이번 주에 있었던 일이다. 월스트리트 제국의 부회장인 나의 전 직장 동료 한 명이 은퇴에 대해 논의하던 중 내게 이렇게 물었다. "만약 이게 내 전부라면 어떡하지?" 이제는 직함, 결혼 여부, 인종, 정치색을 떠나 자신을 제대로 정의할 수 있도록 해 주는 그룹과 관계를 맺는 게 바람직하다.

내집단에 귀를 기울이고 손을 뻗는 것

한 내성적인 독일인이 13년 동안 브라질에서 헝가리 가족과 함께 살고 있었다. 기타 슈타머Gitta Stammer가 한 잡지 기사에서 객식구의 사진을 우연히 발견한 뒤에야 그 독일인은 자신의 정체를 고백했다. 그는 아우슈비츠에서 가장 악명 높은 의사이자 '죽음의 천사'라는 별명을 가진 요제프 멩겔레Josef Mengele였다. 멩겔레는 처음부터 나치에 재정적인 지원을 원했다. 연구 보조금을 받은 그는 유대인들의 사지를 절단하고 그들에게 발진티푸스를 감염시켰다.[21] 그의 타락은 날이 갈수록 심해져 수감자들을 가스실에 몰아넣은 뒤 자이클론 BZyklon-B 살충제를 주입하는 절차를 감독했고, 살아 있는 쌍둥이에 대해 끔찍한 실험을 자행했다.

슈타머 부부는 즉시 멩겔레를 쫓아내려 했지만, 소용이 없었다. 멩겔레는 독일에 있는 자기 가족들로부터 경제적 지원을 받아 은신처를 마련한 것이었고, 지역 중개인이 이를 도왔다. 슈타머 부부는 너무나 두려운 나머지 침묵했다. 멩겔레와 슈타머 부부 사이에서 공통점이라곤 찾아볼 수 없었고, 온화한 시골 마을에서 그는 점점 더 독재적으로 변해 아리아인의 우월성을 과시했다.[22] 그는 그곳에서 10년 이상을 머물렀다. 슈타머 부부의 아들이 십 대가 되자 멩겔레는 근처에 집을 마련할 수 있도록 자금을 지원했다.

호주에서 온 이민자이자 육군 장병인 볼프람 보서트Wolfram Bossert는 '피터'

라는 인물을 소개받았고, 피터는 그와 정기적으로 만나는 사이가 되었다. 그들은 함께 리즐링Riesling 포도주를 마시며 철학, 정치, 음악, 전후 독일의 불합리함에 관해 토론했다. 그러던 차에 볼프람 또한 피터가 수배 중인 나치 흉악범이며, 도주 중이라는 사실을 알게 되었다.

심리적으로 눈이 멀었던 볼프람은 피터를 같은 집단의 동료로 보았다. 그는 끔찍한 사진들에는 눈을 감았다. 결국 그들은 정체성, 관심사, 반유대주의적 편견을 공유했다. 슈타머 부부와는 달리 그 둘은 내집단을 형성했다.

심리적으로 귀가 먹은 볼프람은 증거가 쏟아지는데도 이렇게 말했다.

그는 사악한 사람이 아니었다. 그는 항상 인간의 삶에 대해 커다란 존경심을 가졌다. 나는 그가 비난받는 이유 중 일부분만 믿는다.[23]

심리적으로 벙어리가 된 볼프람의 아내 리젤로테Liselotte는 자신이 침묵을 지킨 이유에 대해 이렇게 합리화했다.

우리는 단지 인도주의적인 차원에서 그를 받아준 것뿐이다. 그가 수배 중이었기는 하지만 우리가 아는 그는 단지 매우 교양 있는 신사였을 뿐이다. 아무것도 모르는 양 관계를 계속했던 이유는 그 때문이다.[24]

보서트 부부와 슈타머 부부는 모두 진실을 말하지 않았다. 그들은 진실에 귀 기울이지 않은 채 편협한 사고에 갇혀 공모 관계를 유지했다. 이 사례는 PERIMETERS 효과를 잘 나타낸다.

우리는 마음이 맞는 이의 목소리에 귀를 기울이고, 우리 생각과 다른 목소리에는 등을 돌린다.

방관자를 비난하는 건 쉬운 일이다. 당신이라면 다르게 행동했을 것인가? 평범한 학생들이 비정상적인 환경에 노출되자 비정상적인 행동을 하게 된 스탠퍼드 감옥 실험을 기억하라.

우리 대부분은 '우리 중 한 사람'으로 인식되는 사람을 돕는 일에 책임감을 느낀다. 우리는 낯선 사람보다는 우리와 닮은 사람을 고용하고, 돕고, 지원한다. 스티브 마틴Steve Martin과 조셉 마크스Joseph Marks는 공동 저술한 책『메신저Messengers』를 통해 우리가 내집단의 목소리에 귀를 기울이는 것에 대해 다음과 같이 주장한다.

우리가 다른 누군가와 어떤 식으로든 연결되어 있다고 느낄 때, 우리는 상대와 아무런 유대감이 없을 때보다 그들이 말하는 내용에 더 집중하고 더 큰 중요성을 부여하는 경향이 있다.[25]

내집단 편애는 친사회적인 작용을 한다. 영리한 자선 단체는 인식 가능한 희생자 효과identifiable victim effect를 이용한다. 예를 들어 2024년 아시아에 쓰나미가 발생했을 때 이를 위한 모금 운동은 희생자와 같은 국적을 공유하는 기부자들에게 초점을 맞춰 진행되었다. 동포들의 기부 금액이 동포가 아닌 이들의 기부 금액을 크게 뛰어넘었다.[26]

어느 한 곳에 자기 정체성이 얽매이는 건 드문 일이 아니다. 사람들이 직업을 바꾸는 데 고전하는 이유가 이 때문이다. 이사회 직책을 구할 당시, 나는 내가 몸담았던 투자 산업 분야가 가장 전망이 좋을 거로 생각했다. 그러나 그렇지 않았다. 나중에서야 관련 없는 산업 분야에서조차, 그 산업과 직접적 연관이 없는 기술과 역량을 중시한다는 사실을 알게 되었다. 다행히도 일부 개방적인 이사장들은 이러한 다양한 목소리를 기꺼이 받아들였다. 예를 들어, 잉글랜드 축구협회 포괄 자문 위원회에서 축구 선수나 코치가 아닌 사람은 나 하나였다. 세계육상연맹의 성평등 자문 위원회에서도 올림픽 선수가 아닌 사람은 나를 포함해 몇 명 없다. 브리티시 앤드 아이리시 라이언스 이사회에서 나는 여성으로서는 최초이자 유일한 독립 선출직 위원이다.

때로 우리는 자신의 이미지를 제한하고 자기 자신을 괄시하기도 한다. 그러나 수평적 사고를 지닌 사람들은 이와 반대되는 생각을 한다.

와닿는 목소리와 와닿지 않는 목소리

"그는 엔지니어야" "그들은 멕시코 사람이야" "그녀는 우리 같은 부류는 아니지" 우리는 자기와 비슷한 사람을 고용하고, 승진시키고, 그런 사람과 결혼하고, 어울리고, 그런 사람을 본받는다. 그리고 외집단 사람들보다는 나와 비슷한 이들에게서 조언을 구한다. 채용 담당자가 '적합한 인재'라고 말할 때, 그 말은 곧 '우리와 코드가 맞는 사람'이라는 의미다. 어딘가에 적응한다는 건 단지 다른 이들과 똑같아진다는 의미다.

아무리 노력하더라도 우리는 소외된 사람들이나 친숙하지 않은 사람들의 목소리, 즉 '와닿지 않는 목소리'를 들을 수 없다. 반대의 경우도 마찬가지다. 백인들은 할렘에서 집을 구하는 데 어려움을 겪고, 흑인들은 할렘 밖에서 집을 구하는 데 어려움을 겪는다. 아이러니하게도 가장 포용이 필요한 사람들이 배척당한다. 승자가 있는 곳에 패자가 있는 것처럼, 친숙한 내집단에 귀를 기울일 때 친숙하지 않은 외집단에는 귀를 기울일 수 없게 된다.

엘비스가 태어나기 3년 전, 그레이스랜드에서 547km 떨어진 곳의 앨라배마 공공보건국은 터스키기대학Tuskegee University에서 저소득층 아프리카계 미국인 남성의 매독과 관련된 역사를 기록하는 연구를 시작했다. 사전 정보 제공이나 동의 절차 없이, 이 남성들은 자기 혈액 표본을 무료 식사나 보험 등의 변변찮은 보상과 맞바꾸었다.[27] 연구는 40년 동안 계속되었다.

1943년이 되자 페니실린을 치료에 이용할 수 있게 되었다. 그러나 연구진들은 진단명을 공개하지도, 페니실린을 공급하지도 않았다. 한 내부자가 흑인의 생명을 하찮게 여기는 이 연구 활동을 고발한 이후에야 연구는 끝이 났다. 약 128명의 남성이 매독이나 관련 합병증으로 사망했다. 이들 중 대다수는 가족이나 아이들을 간접적으로 감염시켰다. 1997년, 빌 클린턴 대통령은 제대로 치료받지 못한 매독 피해자들에게 공개적으로 사과했다. 아이러니하게도 같은 시기, 그레이스랜드에서는 엘비스가 처방 약을 과다 복용하고 있었다. 부도덕한 행동은 반드시 악의에서 비롯되는 것은 아니지만, 그 파괴적 영향은 사라지지 않는다.

합병은 배타성을 불러일으킨다. '동등한 합병'이라 해도 '그쪽 아니면 우리쪽'이라는 사고가 쉽게 자리 잡는다. 같은 직업과 인종 집단에서도 사람들은 서로를 거부하며, 위협을 느끼면 친밀한 동료에게 더욱 의지한다. 성가시던 직원이나 전문가는 갑자기 신뢰할 수 있는 내집단 구성원이 된다.

MIT는 20년이 넘는 기간 4,000건의 하이테크 스타트업 인수합병 자료를 분석해 인수된 직원의 33%가 1년 이내에 자발적으로 퇴사한다는 사실을 발견했다.[28] 다른 쪽 의견에 귀를 기울였다면 이직이 증가할 위험을 부분적으로 낮출 수 있었을 것이다. 92%의 리더가 '인수기업의 직원에게는 합병 전부터 문화적 이해가 더 컸던 게 상당한 이점이 되었을 것'이라고 인정했다.[29] 인수가 끝나고 나서 문화적 차이를 탓하기에는 너무 늦은 게 아닌가 싶다.

넓게 보면 개인도 다양한 이유로 의도치 않은 차별의 희생자가 된다. 우리는 심리적 거리감을 느낄 때 불의에 대항하는 목소리에 귀 기울이지 않는다.

우리 대부분은 좋지 않은 이유로 유명해진다는 게 어떤 느낌인지 결코 알 수 없을 것이다.

이를 힘들게 배운 한 어머니가 있다.

차이와 반대에 귀를 막는 것

아이와 떨어져 살고 있는 인디애나대학교University of Indiana의 전 박사 후보생 줄리아 레이Julia Rea에게 불의는 자신의 일과 같았다. 1997년 한 연쇄 살인범이 레이의 집에 침입해 그녀의 열 살 난 아들 조엘Joel을 살해했다. 범죄 동기도 없었으며 불리한 증거도 없었다. 그럼에도 레이는 보수적인 배심원단으로부터 65년형을 선고받았다. 전남편이 레이가 낙태를 고려했었다는 사실을 밝히자, 배심원들은 편견이 담긴 정보에 분노했다. 레이는 모성애에 대한 선입견에 부응하지 못했던 것이다.

침입자가 자백한 후, 이노센스 프로젝트 덕분에 사람들은 레이의 목소리를 듣기 시작했고, 마침내 그녀는 혐의를 벗었다. 2022년 유죄 오판의 날Wrongful Conviction Day 행사에서 나는 직접 그녀의 이야기를 들었다.

제대로 살아가기가 힘들다. 그 일이 있기 전, 나는 두 명의 석사와 함께 논문을 쓰던 박사 후보생이었다. 하지만 2006년에 혐의를 벗은 이후에도 직장으로 복귀할 수 없었다. 마련해 둔 은퇴자금도 없다.[30]

레이는 혼자가 아니다. 그녀는 외집단이라는 내집단에 속해있다. 어떤 사람들은 외집단에도, 내집단에도 어울리지 않는다. 경찰이 나와 다른 이의 말에 귀를 기울이지 않으면, 그로 인한 손해는 기하급수적으로 커진다. 밀워키

Milwaukee시 경찰은 이웃이 의심된다는 아프리카계 미국인 글렌다 클리브랜드 Glenda Cleveland의 반복된 신고를 무시했다. 약에 취한 열네 살의 라오스 소년이 이웃집에서 도망쳤을 때, 이를 발견한 경찰은 열 아홉살의 남자 친구가 '술에 취한 것 같다'라며 농담한 이웃에게 그를 돌려보냈다. 소년이 도망쳐 나온 바로 그 집이었다. 백인 경찰은 흑인 여성의 말보다는 백인 연쇄 살인마 제프리 다머 Jeffrey Dahmer의 말을 믿었다. 선입견 때문에 잘못 내려진 판단의 대가는 피해자들 몫이었다. 이런 일은 매일 같이 일어난다.

하버드대학의 흑인 교수 헨리 게이츠 Henry Gates는 자신의 집에 들어가기 위해 막힌 뒷문을 비틀어 열고 있는 모습이 발각돼 체포되었다. 케임브리지 경찰은 들은 것이 아니라, 본 것에 집중했다. 버락 오바마는 이 사건이 교훈을 줄 수 있기를 바랐지만, 그렇지 않았다. 이 사건에 대한 버락 오바마 대통령의 발언 때문에 백인 유권자들 사이에서 그의 지지율은 임기 중 있었던 다른 어떤 사건 때보다 더 크게 떨어졌다.[31] 반대되는 주장을 펼치면 금세 외집단으로 밀려난다.

아무리 유명한 사람일지라도 편견의 농점으로부터 자유로울 순 없다. 헤비급 권투 선수 무하마드 알리 Muhammed Ali는 1971년 인터뷰에서 자신의 어머니에게 백인에 관해 물었던 일을 회상했다.

왜 예수와 천사들은 백인입니까? 아프리카 정글의 왕, 타잔은 어째서 백인입니까? 미스 아메리카, 미스 월드, 미스 유니버스는 왜 백인입니까?

그는 백악관, 백조 비누, 화이트 시가 white cigar, 엔젤 푸드 케이크 Angel's food cake처럼 좋은 것들은 전부 하얗게 묘사되는 반면, 협박 blackmail, 문제아 black sheep, 블랙 스완, 데빌스 푸드 케이크 Devil's food cake처럼 나쁜 것들은 전부 검은색으로 묘사된다고 지적했다. 그의 질문은 오늘날에도 유효하다.

게으른 고정 관념으로써의 라벨링

꺼벙한 기술팀 직원, 부풀리길 좋아하는 마케팅팀 직원, 트집 잡길 좋아하는 감사팀 직원 같은 고정 관념은 조직 내에 만연하다. 아마 당신은 조용한 아시아인 동료랑 함께 일하고 있을지도 모른다. 그렇지만 과연 모든 아시아인이 조용한가? 고정 관념은 특정한 사례에 대한 일반화를 시도하면서 우리가 잘못된 추정을 하도록 만든다. 그리고 우리는 차이를 조정하는 데 실패한다. 행동 경제학자들은 이를 '대표성 편향'이라고 부른다.

경찰, 검찰, 정치인들이 이러한 함정에 빠진다. 감옥에는 흑인이 백인보다 많으므로, 그들은 모든 흑인이 범죄자라고 가정한다. 또한, 백인들은 흑인들이 다 비슷하게 생겼다고 생각하기 때문에 성급한 판단이 뒤따른다.

고정 관념에 의한 라벨링은 정체성을 결정짓는 요소이기도 하다. 이는 사람들이 누군가를 가리켜 '키 작은 남자' '흑인 소녀' '좀 이상한 애'라고 부를 때, 그러한 일상적인 표현 속에서 분명하게 드러난다. 이런 일이 반복되면 오해가 생기고, 이는 잘못된 판단을 부추기게 된다. 미국 대통령 도널드 트럼프는 정치적 이득을 위해 이 점을 이용했다. 그는 자신을 '전시wartime 대통령'이라 했고, 힐러리 클린턴은 '부패한 힐러리', 조 바이든은 '졸고 있는 조 바이든'이라고 불렀다.[32]

'-경Sir, Dame' '대령Colonel' '목사님Reverend' 같은 영광스러운 칭호는 권력을 의미한다. 다큐멘터리 〈새빌: 포식자의 초상화Savile: Portrait of a Predator〉에서 지미 새빌 경Sir Jimmy Savile은 "기사 작위를 받은 건 엄청난 안도감을 주었다. 곤경을 면하게 해 주었기 때문이다"라고 말했다. 그는 존경과 신뢰라는 겉치레가 붙은 라벨 뒤로 몸을 숨겼다.

라벨링은 편리한 정신적 지름길이지만, 자칫 잘못하면 편향될 수도 있다.

관리자가 직원들을 '문제가 있는' 혹은 '게으른' 직원으로 라벨링 하는 일은 흔하다. 이런 부정적인 라벨링은 자기실현적 예언이 되기도 한다. 긍정적인 라벨링도 마찬가지다. '재능 있는' 사람이나 '믿을 만한 사람'이 스타가 된다.

『아폴로 11호: 숨겨진 이야기Apollo 11: The Inside Story』에서 나사의 국장 크리스 크래프트Chris Kraft는 올드린이 임무를 이끌 리더로 선택되지 않은 이유에 대해 다음과 같이 설명했다. "암스트롱은 침착하고 조용했으며 절대적인 자신감을 지니고 있었다. 그는 자아가 크지 않았다. 반면 올드린은 명예를 갈망했고 이를 공공연하게 드러냈다"

78세의 암스트롱을 직접 만났을 때 나는 크래프트의 선택을 이해할 수 있었다. 그는 변한 게 하나도 없었다. 여전히 호기심이 많고 세심하며 침착했다. 20초 분량의 연료만 남은 아폴로 11호가 축구장 크기의 험준한 분화구를 피해 안전하게 달에 착지해야 하는 상황에서 특히 유용한 성격이었다. 그렇지만 정체성이 고정된 것만은 아니다. 정체성의 재창조가 점점 더 흔히 발생하고 있다.

리브랜딩과 재창조

커플이 헤어지거나 부모님이 돌아가셨을 때 정체성은 변한다. 자녀를 둔 부부는 '한부모 가정의 가장'이 되고, 아이는 '이혼 가정의 자녀'가 된다. 그러나 이는 전화위복의 단계일 뿐이다. 개인과 기업은 자신의 명칭을 바꿈으로써 닫힌 정체성에서 벗어난다.

종교적, 직업적, 전략적, 개인적인 이유 등 다양한 이유로 이름을 바꿀 수 있다. 가명은 증인 보호 프로그램과 잠입수사의 특징이기도 하다. 체코에서 태어난 얀 루드비크 호흐Jan Ludvik Hoch는 엄청나게 가난했고, 그의 여섯 형제는 신발을 돌아가면서 나눠 신었다. 그는 자라서 미디어계 거물 로버트 맥스웰이 되었다. 이름보다 더 근본적인 수준의 변화가 있었을 수도 있다.

특정 상황이나 시기에 인식된 재창조는 사람들을 놀라게 할 수도 있다. 올림픽 선수 브루스 제너Bruce Jenner가 트랜스젠더인 케이틀린 제너Caitlyn Jenner로 소개되었을 때처럼 말이다. 하지만 케이틀린 제너가 그녀의 진정한 자아였을 뿐이다. 사람들은 자신이 본 대로 판단한다. 그리고 당신이 보는 것들은 당신이 누구의 말에 귀 기울이느냐를 결정한다. 이메일 주소에 시각적으로 '그he/him' '그들they/them'* '그녀she/her'와 같은 대명사를 추가하는 건 현재 빠르게 확산 중인 사회 규범인데, 이는 소수자들이 목소리를 낼 수 있도록 돕는다.

때로 이름을 바꾸는 건 상징적인 의미를 지닌다. 캐시어스 클레이Cassius Clay는 자신의 이름이 '노예의 이름'이라며 이슬람으로 개종함과 동시에 무하마드 알리로 개명했다. 베트남 전쟁 중 징집을 거부한 결과로 헤비급 타이틀을 박탈당했지만, 그는 이를 부끄럽게 여기지 않았다.

타인이 원하는 사람이 될 필요는 없다. 타인이 원하는 바를 말할 필요도 없다. 타인이 원하는 대로 행동할 필요는 더더욱 없다. 나에게는 나다울 자유가 있다.[33]

이것이 바로 자유다. 빌 클린턴은 알리의 장례식에서 이런 말을 했다.

그는 자신의 인종이나 지위, 타인의 긍정적 또는 부정적 기대가 자신의 이야기를 스스로 만들어 갈 힘을 빼앗을 수는 없다고 생각했다.

---

* he나 she로 불리며 하나의 성 정체성에 얽매이기를 꺼리는 사람들이 이 대명사로 불리길 원한다.

직장인은 이직으로 정신적 시야를 넓힐 수 있다. 그 예로, 로널드 레이건과 아놀드 슈왈제네거는 할리우드를 떠나 캘리포니아 주지사가 되었다. 호르헤 마리오 베르골료Jorge Mario Bergoglio는 프란치스코 교황으로 가톨릭교회를 이 끌기 전에 밤에는 클럽의 보안 요원으로, 낮에는 청소부로 일했다.

한 야심 찬 스케이트 선수는 1964년 올림픽에 출전하지 못했다. "신경 쇠약 을 앓았고 결국 파리에서 한 학기를 보내게 되었습니다[34]" 오늘날 베라 왕은 글로벌 패션 아이콘이다. 존 매켄로의 커리어가 다양한 경로로 확장되었던 걸 기억하는가? 그는 하나의 정체성으로만 정의되지 않는다.

✳✳✳

영국의 브렉시트나 젤렌스키 치하의 우크라이나처럼 국가도 리브랜딩이 가능하다. 나는 세계은행World Bank 프로젝트로 1년 동안 탄자니아에서 일했 던 적이 있다. 탄자니아 초대 대통령인 줄리어스 니에레레Julius Nyerere는 가장 큰 마사이족을 포함해 125개 부족을 통치했다. 니에레레는 정체성 정치identity politics*를 피하고자 부족에 대한 충성보다는 모두가 탄자니아인임을 강조했 다. 오늘날 탄자니아는 평화의 나라다.

점점 더 많은 브랜드가 청각적 정체성에 투자하고 있다. 2018년 마스터카 드는 자사 오디오 브랜딩에 1,500만 달러를 투자했고, 이는 지금 가장 가치 있 는 브랜드 자산이 되었다. 카이 라이트Kai Wright 교수는 '청각은 브랜드 구축에 서 가장 제대로 활용되지 못했던 부분'이라고 말했다. 사운드 엔지니어들은 곡 을 인식하는 데 3초면 충분하다고 한다.

---

* 특정한 그룹의 특성에 기반을 둔 정치적 행보를 보이는 것.

파키스탄의 정부와 통신 기업, 과학자들은 코로나19 팬데믹 기간에 1억 1,300만 명의 파키스탄인에게 건강 정보를 제공하기 위해 현명한 청각적 해결책을 떠올렸다.[35] 소리는 소책자나 교육용 포스터보다 선호도가 높은 매체였다. 인구의 90%는 휴대전화를 사용하고 있었으므로, 당국에서는 시민들의 벨소리를 변경해 15초 내의 짧은 시간에 예방조치와 관련한 메시지를 전달했다. 메시지는 시민들의 눈이 아닌 귀로 전달되었다.

예방조치를 들은 약 71%의 시민들은 증상을 올바르게 식별할 가능성이 더 높은 것으로 나타났고, 31%는 코로나를 위협으로 인지했으며, 43%는 손 세정제나 마스크를 사용할 계획이 있는 것으로 나타났다. 이처럼 청각적 매체는 행동에 영향을 미치는 수단으로 성장해 나갈 것이다.

귀 기울이기: 수용의 목소리

행동과학자들은 정체성에 대한 욕구를 활용해 조직이 목표를 달성하도록 돕는다. 한 사례로, 2012년 미국 선거는 6,100만 명의 페이스북 이용자를 대상으로 온라인 캠페인의 노출 빈도를 활용해 한 가지 테스트를 진행했다. 유권자들은 '투표해 주세요'라는 문구 대신, '투표권 행사 중'이나 '이제 나는 투표권 행사자' 같은 문구의 게시글을 올리도록 독려받았다.

우리는 모두 특별한 존재가 되고자 한다. 자기 자신을 '투표권 행사자'로 적극 라벨링 하는 건 단순히 '투표를 완료했다'라고 선언하는 것보다 한 층 더 정체성 라벨링을 강화한다. '투표권 행사자'라고 쓰인 스티커를 붙이는 전략으로 6만 명의 유권자가 추가로 한 표를 행사했다.[36] 누구나 이처럼 행동을 명사noun화하는 꿀팁을 이용할 수 있다.

코로나19 팬데믹 기간 동안 스포츠 참여를 독려하는 최선의 방법을 두고 세계육상연맹에 자문을 제공하던 때, 아일랜드에서는 '나는 러너runner다'라는 성공적인 캠페인이 탄생했다.

'열두 번째 배심원'으로서, 당신은 자신을 '선동가' '방해꾼' '반대론자'라고 명명할 수 있다.

스스로 궤도 랑데부rendezvous 전문가라 칭했음에도 불구하고, 달 착륙 프로젝트 이후 올드린은 자신이 사기꾼처럼 느껴졌다. 그는 정체성을 잃고 정신 건강에 문제가 생겼으며, 1980년 BBC와의 인터뷰에서 다음과 같이 말했다. "스스로 세운 기준에 미치지 못할까 봐 걱정했다. 사서 하는 걱정인데 … 자아가 많이 부풀었던 것이다[37]" 버즈 올드린은 93세에 네 번째 결혼식을 올렸다. 지구상이 아닌 지구 밖에서도 그에게는 한계가 없었다.

다른 이의 목소리에 귀를 기울이면, 상대방도 당신의 목소리에 집중하게 된다. 내가 가진 최고의 자산은 나 자신이다. 나다워져라. "너를 신경 쓰고 판단하는 사람은 그다지 중요하지 않은 사람이고, 중요한 사람은 네가 누구든 신경 쓰지 않으며 네가 어떤 사람인지 판단하지도 않는다[38]" 나다워진다는 건 다른 사람과 어울리기 위해 이미지를 관리하거나 리브랜딩할 필요가 없다는 의미다.

가수 커트 코베인Kurt Cobain의 명언을 마음속에 새겨 보자. "그들은 내가 자기들과 다르다고 비웃지만, 나는 그들이 전부 똑같다며 비웃는다" 자기 자신이 누구인지, 무엇을 지지하는지 알게 되면 표현의 자유가 가능해진다. 그러면 DNA와 기억 속에 각인된 나 자신의 목소리를 내고 소신을 밝힐 수 있다. 때로 무의식적인 기억이 판단을 방해하기도 한다. 이것이 다음 장에서 다룰 의사결정 방해 요소, 기억에 기반한 PERIMETERS 함정의 주된 내용이다.

의사결정 고수가 되기 위한
핵심 원칙

- 정체성 함정은 이미지 관리뿐만 아니라 나와 다름을 거부하는 것과도 관련이 있다.

- 우리의 자아는 서로 상충한다. 당신은 누구의 목소리를 듣는가? 어떤 자아가 목소리를 내길 원하는가? 자아에 우선순위를 두고 선택적으로 경청하라.

- 융통성 없이 일관성만을 추구하는 건 의견을 바꾸기 어렵게 할 뿐만 아니라, 창의성과 정확성을 저해한다.

- 모두가 자기 말이 닿기를 원하지만, 세상은 정체성에 기반한 내집단과 외집단이라는 두 부류로 나뉜다. 이러한 분류는 귀먹음 증후군을 심화하고 문화 전쟁, 문화 갈등, 문화 폭력의 씨앗이 된다.

- 인간은 모순되게도 친숙함에 끌리면서도 새로움에 매혹된다. 우리는 눈에 띄고 싶어 하는 동시에 무리에 잘 섞이고 싶어 한다. 처음 들은 말과 마지막에 들은 말을 가장 또렷이 기억하고, 아직 갖지 못한 것을 갈망하면서도 이미 가진 것에 집착한다.

- 대의명분, 회사, 이데올로기에 대한 극단적 충성심은 이성적인 판단을 방해하는 데, 이것이 대규모로 발생하면 큰 위험이 된다.

- 개인과 브랜드는 타인에게 좋은 인상을 심어 주고 이를 마음껏 자랑하기 위해 온라인 및 오프라인에서 정체성을 관리한다.

- 집단 내에서, 또는 순간적인 공포심에 정체성을 상실하기란 쉬운 일이다. 그러나 개인적, 브랜드적, 사회적인 수준에서 정체성이란 고정된 것이 아니다. 우리는 언제나 이를 재창조할 수 있다.

- 타인의 정체성을 높이 사는 행위는 돈 한 푼 들이지 않고 누군가에게 줄 수 있는 다정함이다. "자네가 최고야"라는 말 한마디의 힘을 기억하라.

CHAPTER 08

Memory, 기억이라는 함정

기억이란 떠오르는 생각을 의미한다. 그것은 현실이 아니다.
기억을 현실이라 믿으면, 기억이 당신을 지배할 것이다.

작가 에크하르트 톨레Eckhart Tolle

1987년 3월 6일 오후 6시 5분, 벨기에의 지브뤼헤Zeebrugge 항구와 영국의 도버Dover를 오가던 MS 헤럴드 오브 프리 엔터프라이즈호가 출항했다. 배는 승무원과 승객539명, 100대가 넘는 자동차를 싣고 있었다. 23분이 지난 뒤 배는 전복되었고, 초당 4만 리터가 넘는 물이 들이닥쳤다. 이는 영국 최악의 해상 재해로, 193명이 목숨을 잃었다. 특별 조사 위원회는 인적 오류가 사고의 원인이었다는 결론을 내렸다.[1]

무슨 일이 있었던 걸까? 부갑판장 마크 스탠리Mark Stanley가 차를 선적하기 위해 열어 둔 선체 앞머리의 보우도어bowdoor를 닫는 걸 깜빡했던 것이다. 선실에서 잠이 든 그는 스피커에서 울리는 '출항 준비'라는 소리를 듣지 못했다. 이에 더해 일등 항해사 레슬리 사벨Leslie Sabel 또한 문이 잠겼는지 확인하는 걸 잊었다.[2] 그리고 선장 데이비드 루리David Lewry는 그냥 문이 닫혀 있겠거니 생각했다.

　이 아슬아슬한 상황은 전에도 있었던 일이지만, 모두의 기억 속에서 사라진 채였다. "1983년 10월에는 프라이드^{Pride}호의 부 갑판장이 잠이 들어, 배의 앞 문과 뒷문 모두를 깜빡하고 닫지 않았다[3]"

　전후 사정은 중요하다. 왕실 보고서는 절차적 통제가 지나치게 느슨했고, 신속한 업무 처리를 요구하는 운영 환경이 사고의 주요 원인이라고 지적했다. '무사 안일주의'와 상부에서 내려오는 '대충대충 마인드'를 문제로 들었다. 책임은 누구에게 있었을까? 일반적 지침으로 선박이 항구를 떠날 때 문이 안전한지 확인하는 일은 갑판 적재 담당자의 의무다.

　역할과 책임에 대한 오해였을까? 보고서는 이렇게 덧붙인다. "지침이 애매하긴 했지만, 의미가 무엇이었든 제대로 시행되지 않은 것은 분명하다. 따랐다면 이런 재앙은 일어나지 않았을 것이다[4]" 마지막 차량을 실은 뒤 체인을 당긴 갑판장은 자신의 직무를 지나치게 제한적으로 이해하고 있었고, 극심한 스트레스로 기억력 저하를 겪은 것으로 보인다.

　개인이 절차를 잊거나 대화를 잘못 해석하고, 존재하지 않는 사건을 떠올리면 오판이 시작된다. 그 결과는 생명과 재산, 관계의 파괴로 이어진다. 기억은 가장 간과되기 쉬운 PERIMETERS 함정이다.

　우리는 들은 것을 기억한다. 잘못 들으면, 잘못 기억하게 된다.

　이 장을 통해 나는 우리의 판단력에 영향을 미치는 기억과 관련된 심리학적 개념 여섯 가지를 소개하고자 한다. 예를 들어, 새로운 정보는 몇 시간 안에 잊힌다(망각 곡선^{forgetting curve}). 우리가 기억하는 게 반드시 정확하지는 않은데(자기 기억 왜곡^{misremembering self}), 그 이유는 우리가 중요한 세부 사항을 생략하고(기억력 함정^{recall bias}), 결코 일어난 적 없는 사건을 회상하고(거짓기억 증후군^{false memory}), 암시된 바를 듣고(암시의 힘^{power of suggestion}), 데이터 심기^{data}

planting에 영향을 받기 때문이다(잘못된 정보 효과misinformation effect). 이는 충분히 가능한 일이다. 우리는 눈에 띄는 이미지, 가십, 충격에 쉽게 현혹되고 너무나 많은 정보에 노출되어서 제대로 된 기억으로 처리할 수 없다. 우리가 데이터를 잘못 기억하고, 잊고, 억누르고, 왜곡하면 이는 의사결정 위험이 증가되고 결국에는 인적 오류를 낳는다. 이 사실만큼은 기억할 만한 가치가 있다.

기억 때문에 발생하는 오판은 향수nostalgia와 뒤늦은 깨달음으로 대표되는 '시간이라는 함정temporal traps'과 함께 고려하는 게 가장 바람직하다. 가장 쉽게 알아볼 수 있는 의사결정 방해 요소는 기억력 함정이다.

나를 잊지 말아요

신경학적 절차로 뒷받침되는 기억은 우리의 신경망에서 형성되는 왜곡된 회상에 바탕을 둔다. 무례한 경험은 오래 기억된다. 나는 한 항공사로부터 비행한 지 한 달이 지난 뒤 "비행은 즐거우셨나요?"라는 이메일을 받았다. 어제 일조차 기억나지 않는데 말이다. 반대로 아마존은 택배가 도착한 지 몇 분 뒤 서비스를 평가하라는 메시지를 보낸다. 만족도 조사가 지연되면 값비싼 실수가 발생한다. 한 번 화가 난 고객은 그걸 평생 기억하기 때문이다.

아일랜드 작가 칼럼 토이빈Colm Tóibín은 이를 다음과 같이 표현했다. "기억에는 고유한 날씨가 있다. 구름이 많이 낀 날도 있고, 맑은 날도 있다[5]"

독일 심리학자 헤르만 에빙하우스Hermann Ebbinghaus는 '망각 곡선'에 따르면 우리가 정보를 습득한 지 한 시간이 지나면 50%의 정보만 기억에 남는다고 주장한다.[6] 열쇠나 지갑을 잃어버리고, 날짜, 우편번호, 숫자를 잊는 건 으레 발생하는 일이지만, 총기 사고, 자녀, 안전에 대해 잊는 건 이해하기 어렵다.

건망증은 치명적인 결과를 낳을 수 있다. 미국에서는 매년 평균 492명의 25세 미만의 남녀가 우발적인 총기 사고로 사망한다.[7] 총기 소유자는 종종 총에 총알이 장전되어 있는지 확인하는 걸 잊는다.

선박의 문을 닫는 것과 같이, 운영 환경은 우리가 일을 할 때 정보를 끄집어 내는 방식에 영향을 미친다. 스트레스로 인한 건망증은 과소평가되고 있는 의사결정 방해 요소다. 대중의 압력과 감시 속에서는, 완벽하게 연습한 축구 선수도 월드컵 페널티를 놓치고, 배우는 대사를 까먹고, 수험생들은 조개처럼 입을 꾹 다문다. 심지어 외과 의사는 엉뚱한 팔이나 다리를 절단한다.

＊＊＊

의학계로 시선을 돌려보자. 마취과 학회에 따르면 외과 의사가 메스나 가위, 스펀지, 바늘, 장갑, 클램프 같은 기구를 환자 몸속에 남기는 사고는 하루 평균 12회 발생한다. 두 차례 제왕절개를 받은 지 6년 뒤, 한 여성의 체내에서 거즈 스펀지가 발견돼 감염과 패혈증 위험을 초래한 사례도 의학 저널 《뉴잉글랜드 저널 오브 메디슨》에 실린 바 있다. 의료기구 제조업체인 스트라이커 Stryker는 법률 비용과 교정 수술비를 포함해 도구 하나를 회수하는 데 드는 비용을 60만 달러로 추산한다.[8] 이러한 실수는 재정적 손실과 병원의 신뢰를 무너뜨릴 위험을 초래할 뿐만 아니라, 환자에게도 감정적인 영향을 미친다.

프로세스와 시스템 중심 산업이 기억 의존도를 줄이기 위해 사용하는 한 가지 해결책은 바로 체크리스트다.[9] 이를 통해 환자 배에 메스를 넣은 채로 봉합하는 위험을 줄일 수 있다.

아툴 가완디 Atul Gawande는 저서 『체크! 체크리스트 The Checklist Manifesto』에 이런 말을 남겼다. "응급 상황이나 예상치 못한 절차의 변경이 있는 상황처럼 스트레스가 많은 환경에서는 이런 일이 발생할 위험이 아홉 배 증가한다[10]” 그는 체크리스트를 사용하면 스트레스 상황에서의 오류가 3분의 1로 줄어들 것으로 추정한다.[11] 또 다른 연구에서 네덜란드 마취과 의사들은 체크리스트 사용이 잘못된 부위를 수술할 위험을 50% 줄였다는 사실을 발견했다.[12]

체크리스트 사용이 급여를 올리는 데 도움을 줄 수도 있다. 연구자들이 한 정비팀에 체크리스트를 제공했을 때, 매출은 20% 증가했고, 정비사 한 명이 벌어들인 수수료가 평균 10% 증가했다.[13] 직원들이 체크리스트를 습관적으로 사용하도록 훈련한다면 산업계에 가치 있는 해결책이 될 것이다. 이러한 해결책은 잘못된 의사결적을 막는 데 도움이 된다. 경험하는 자아와 기억하는 자아 사이의 문제를 염두에 두면 특히 더 큰 도움이 될 수 있다.

경험하는 자아와 (잘못) 기억하는 자아

전 세계가 달 표면에서 지구의 역사를 새로 쓰는 암스트롱과 올드린을 지켜보는 동안, 마이클 콜린스는 우주선 컬럼비아Columbia*에서 혼자 21시간을 보냈다. 그는 착륙선 이글Eagle**이 이륙했다는 확인을 받고 진땀을 흘렸다고 말했다.

지난 6개월 동안 내가 가장 두려워 한 순간은, 그들을 달에 남겨 둔 채 혼자 지구로 귀환하는 상황이다. 이제 그 결과가 드러나기까지 남은 시간은 단 몇 분뿐이다.[14]

---

* 아폴로 11 임무에 사용된 명령 모듈로, 암스트롱과 올드린을 달에서 회수하는 역할을 맡았다.

** 암스트롱과 올드린을 달 표면에 착륙시키는 역할을 맡았다.

40년이 지난 뒤 콜린스는 그 당시의 경험을 다음과 같이 회상했다.

나는 혼자가 아니었다. 명령 모듈 '컬럼비아'는 내게 소박하지만 편안한 거처였다. 달의 뒷면은 매우 조용하고 평화로웠으며, 미션 컨트롤Mission Control의 소란스러운 지시도 없었다. 그 시간은 진정한 행복이었다.[15]

그는 무의식적으로 자신의 내면에서 재생되던 영화의 한 장면, '남모르게 두려워했던 일'을 이렇게 편집했다. 경험하는 자아와 기억하는 자아가 서로 다를 때 우리의 기억이 재정의되기란 참으로 쉬운 일이다.

이런 측면에서 엘리자베스 켄달Elizabeth Kendall의 이야기는 내게 늘 감동을 준다. 1981년, 그녀는 첫 번째 반자전적 소설『유령 왕자The Phantom Prince』를 출간했다. '초현실적이고 용감한 소설'이라고 평가되는 이 소설의 주된 내용은 질투, 불안, 알코올 중독과의 싸움으로 점철된 한 이혼녀의 로맨스였다.[16]

그녀는 고등학생 시절 학교에서 가장 수줍음 많은 소년으로 꼽히던 자신의 첫사랑에 대해 썼다. "제 마음 한켠에는 늘 그 소년을 향한 마음이 남아 있을 것입니다" 그러나 40년 뒤, 그녀는 이 문장을 쓴 걸 후회했다.

엘리자베스는 테드 번디의 오랜 연인이었고, 그의 지성과 외모에 매료돼 있었다. 그녀는 소녀들이 실종된 날 그 역시 자취를 감췄다는 사실, 목격자 증언과 일치하는 그의 목발 그리고 노란색 폭스바겐 비틀에 대한 의심을 애써 외면했다. 그러나 시간이 지나면서 내면의 목소리는 점차 커졌고, 종국에는 그녀를 집어삼켰다. 번디의 직장 동료 앤 룰Ann Rule이 그랬듯이, 엘리자베스는 마지못해 그를 경찰에 신고했다.

시적, 낭만적 고백이라는 일차원적인 관점을 재해석하는 데에는 시간이 도움을 주었다. 엘리자베스는 테드 번디의 '감정이라고는 없는 눈과 증오로 가득 찬 눈'을 떠올렸다. 혼란이 가시자, 그녀는 이상화된 기억을 재구성했다. 경험하는 자아는 기억하는 자아와 다르다.[17]

우리가 항상 경험한 대로 기억하는 건 아니다. 그러나 우리가 기억하는 것이 인생의 결정을 좌우한다. 스티븐 스테이너가 경험한 것처럼, 트라우마는 우리의 사고방식과 기억을 제한할 수 있다.

우리의 기억에 영향을 미치는 숨겨진 요소 중 하나는 미묘한 암시의 힘이다. 이는 모든 의사결정 고수가 가정과 직장 생활에서 모니터링하고 숙지해야 할 요소다.

암시의 힘: 암시된 듣기

〈본 아이덴티티〉〈인셉션〉〈첫 키스만 50번째〉〈토탈 리콜〉 등 할리우드 블록버스터에는 기억상실증, 기억 말살, 마이크로칩 이식에 대한 묘사가 많다. 할리우드는 상업영화의 소재로 기억을 다루는 것을 좋아한다. 창의적인 영화감독은 관객들을 쥐고 흔들며 울고 웃게 만드는 데 암시의 힘을 활용한다. 이와 유사하게, 소매업체들 또한 암시를 마법의 지팡이처럼 휘두르는데, 제품의 배치와 온라인 팝업 창을 적절히 조절해 소비자의 구매를 유도한다.

소비자인 우리는 위와 같은 암시에 취약하다. 우리가 보드카, 숙박권, 비행기 티켓을 더 비싸게 사는 것도 이러한 이유 때문이다. 레드불이 우리에게 날개를 달아 주지 않지만, 날아오른다는 비유는 상당히 암시적이다.* 레드불의 광고 문구는 절벽 다이빙, 윈드서핑, 암벽 등반과 같은 극한 스포츠의 후원을

---

*   '레드불은 당신에게 날개를 달아준다(Red Bull gives you wings)'는 유명한 레드불 광고 문구다.

받아 더욱더 크게 울려 퍼진다.

브랜드는 플라시보 효과를 강화하는 역할을 한다. 그 예로, 연구자들은 고급 3M 헤드폰을 착용하고 있다는 이야기를 들은 실험 참가자들이 저품질 헤드폰을 착용하고 있다는 이야기를 들은 실험 참가자들보다 시끄러운 건설 현장의 소음 속에서 더 많은 단어를 듣는다는 사실을 밝혔다.[18] 브랜드는 말 그대로 사람들이 무엇을 듣고 어떻게 듣는지에 영향을 미쳤다.

시민으로서의 우리도 암시에 취약하긴 마찬가지다. 정치인들은 세금 인하, 경제적 인센티브, 공공 주택 개발 등을 슬며시 언급하며 표를 확보한다. 브렉시트를 지지한 정치인들은 이민이 심각한 문제를 불러일으킬 것이라고 주장해 51.89%의 표를 얻었다.

암시의 힘은 뉴스룸, 이사회실, 특히 법정에서 위험하다. 신경과학자 엘리자베스 로프터스Elizabeth Loftus는 기억에 관한 전문가로, 테드 번디, O.J. 심슨, 하비 와인스타인 재판에 증인으로 섰던 인물이다. 그녀는 암시의 힘이 목격자의 감수성에 영향을 미칠지를 시험해 보고자 다섯 그룹을 모아 교통사고 시뮬레이션을 지켜보도록 했다. 피실험자들은 차량의 추정 속도를 질문으로 받았다. 로프터스는 다음과 같이 각 그룹에 질문을 던질 때 단어 하나를 각기 다르게 제시했다. 자동차가 (부딪칠 때hit/박살 날 때smashed/충돌할 때collided/들이받을 때bumped/접촉했을 때contacted) 속도를 추정해 주십시오.[19]

단어 하나가 영향을 미쳤을까? 그랬다. 사람들은 '접촉'이라는 단어를 들었을 때(32.8%)보다 '박살'이라는 암시적인 단어를 들었을 때(49.8%) 더 빠른 속도를 추정했다. 며칠 뒤 '박살'이라는 단어를 들은 그룹은 깨진 유리를 봤다고 이야기했다. 그러나 시뮬레이션에는 유리가 등장하지 않았다. 이는 암시가 사건 기억에 불필요한 정보를 덧붙이는 '잘못된 정보 효과'를 보여 준다. 우리는 보고 들을 것이라 예상한 정보로 실제 데이터를 대체한다.

***

1979년 프레드 클레이Fred Clay는 기억 오류와 잘못된 정보 효과에 의한 손해를 실제로 경험했다. 보스턴의 택시 운전자 리처드 드와이어Richard Dwyer는 의심스러운 흑인 승객 세 명을 내려 준 뒤 그들이 다른 택시에 타는 걸 지켜봤다. 몇 분 뒤 28세 택시 운전자 제프리 보야지안Jeffrey Boyajian은 강도를 당해 거의 처형당하듯 살해되었다. 이와 관련해 조사를 받을 때 드와이어는 16세 흑인 소년 프레드 클레이를 분명하게 기억해 냈다. 하지만 클레이는 택시에 탄 적도, 범죄가 발생했다는 로슬린데일Roslindale 지역에 간 일도 없었다.

클레이는 두 목격자의 증언으로 재판에 서게 되었다. 당시 매사추세츠주는 과학적으로 입증되지도 않았고, 이미 서른세 개 주에서 금지한 최면 유도 증언을 사용했다. 드와이어는 자신 기억에 대해 '마치 TV 화면을 보는 것 같이 생생하다'라고 말했다. 자신감에 차 있고 언변이 유려한 목격자는 검사들이 내밀 카드로써 상당한 설득력이 있다. 또한 법정이라는 곳은 배심원들이 기억을 확고한 것으로 여기도록 만든다.

신경과학에 따르면 백인은 유색인 개개인을 구별하기 어려워 한다. 마찬가지로 유색인도 백인들을 잘 구별하지 못한다. 이는 뇌의 처리 속도가 상당히 빠르고, 인종적 친밀함이 낮은 탓에 발생하는 타 인종 효과other race effect다.

드와이어의 진술을 뒷받침한 것은 지적 장애인 닐 스웨트Neal Sweatt였다. 경찰이 그에게 용의자 목록에서 클레이를 지목하도록 무려 네 차례나 설득했다는 사실이 뒤늦게 드러났다. 클레이는 잘못된 용의자 식별 절차로 유죄 판결을 받았다. 그가 완전히 풀려나도록 하는 데 자그마치 38년이 걸렸다.

잘못된 기억과 성급한 판단이 합쳐지면 오심으로 이어지기 쉽다. 심어진 증거뿐만이 아니라 심어진 기억 또한 수많은 생명을 앗아간다.

어느 가족의 이야기: 당신의 기억을 믿지 말라

엘리자베스 로프터스를 비롯한 심리학자와 신경과학자들은 사전에 정의된 생각을 기억할 수 있는지를 알고자 했다. 따라서 이들은 피실험자들의 마음속에 잘못된 기억을 의도적으로 심었다. 이렇게 심어진 기억은 쇼핑몰에서 길을 잃는 일, 사이드브레이크를 푸는 일, 결혼식에서 음료를 쏟는 일처럼 사소한 일로부터 시작되었다.[20] 시간이 지남에 따라, 주입되는 거짓기억은 익사할 뻔한 기억, 다른 사람을 때리거나 동물에게 공격당한 기억처럼 심각한 내용으로 확대되었다.[21] 피실험자들은 이 조작된 사건들이 실제로 발생했다고 확신했다.

안타깝게도 거짓기억을 심는 일은 실험 속에서만 일어난 일이 아니었다.

포도주 제조업체 로버트 모다비Robert Mondavi의 임원 게리 라모나Gary Ramona는 1994년 희대의 소송을 제기했다. 그의 십 대 딸 홀리Holly는 우울증과 섭식 장애 때문에 상담이 필요한 상황이었는데, 딸의 심리 상담사는 근친상간이라는 이례적인 진단을 내렸다. 우울증과 섭식 장애는 가족 내 학대와 연관이 있을 수 있다는 심리학 연구 문헌이 있었다. 상담사는 사라진 홀리의 기억을 되찾기 위해 그녀에게 나트륨 아미탈sodium amytal을 투여했다. 홀리는 5세부터 18세까지 아버지로부터 성폭행을 당했다고 주장했으나, 아버지 라모나는 즉시 부인했다. 하지만 증거도 없는 상황에 그의 아내 조차 심리 상담사의 진단을 믿었다.

이에 라모나는 상담사를 상대로 소송을 제기했고, 승소했다. 그러나 25년이라는 결혼 생활과 커리어, 명예까지 전부 잃은 후였다. 홀리는 다른 해석에 귀를 기울이지 않으며 아버지를 고소했지만, 결국 소송에서 패했다.

해체된 이 가족은 누구의 목소리에 귀 기울였는가? 그들은 신뢰할 수 있는 증거보다는 막연한 이론을 가지고 잘못된 의견을 내세울 수도 있는 전문가의 의견에 귀 기울였다. 우리는 논리적인 설명을 원한다. 거짓기억은 편리하지만, 비논리적인 답을 제공한다.

전문가의 의무 앞에 선서한 이들은 최선의 판단을 내릴 의무가 있으며, 사람들은 바로 그 책임감을 믿고 이들에게 많은 돈을 지급한다. 대개는 최선의 판단을 내리지만, 잘못된 판단을 내리게 되면 업무상 과실로 인해 전문가로서의 명예뿐만이 아니라 그들의 사업과 삶이 망가지는 결과를 초래한다.

극심한 스트레스를 초래한 사건을 잊고자 하는 우리의 욕망은 상당히 강렬하다. 지브뤼헤 사고로 당시 갑판장이었던 마크 스탠리는 극심한 고통을 겪었다. 지역 언론은 해당 침몰 사고가 그의 건강, 직장 생활, 가족에 심각한 영향을 미쳤다고 보도했다.[22]

저널리스트이자 팟캐스트 운영자인 샹카르 베단탐은 이렇게 생각한다. "긍정적인 망상이라는 물을 아낌없이 주다 보면, 더 나은 성과를 내고, 더 행복해질 수 있으며, 우울증과 낮은 자존감이라는 함정을 피하는 데 도움이 될 수 있다" 가벼운 자기 망상과 거짓기억은 정신적 충격을 받은 이들이 겪는 인지적 부조화를 줄이고, 곤란에 대처할 수 있는 정신적 회복력을 키우는 데 도움을 준다. 때로는 그것이 우리의 생명을 구하기도 한다.

초원의 집

1991년, 유죄 판결을 받은 성범죄자 필립 가리도Phillip Garrido와 그의 아내는 11세 소녀 제이시 리 두가드Jaycee Lee Dugard를 차량으로 납치했다. 이 사건은 오랜 기간 지속된 납치 사건 중 하나로, 집에서 274km 떨어진 곳에 그녀는 18년 동안 갇혀 있었다. 그녀는 반복적으로 성폭행을 당했고, 가리도의 두 딸을 낳게 되었다. 갇혀 있던 뒷마당이 그녀의 정신적, 신체적 경계가 되었고, 가리도 부부의 목소리가 그녀가 들을 수 있는 전부였다.

2006년 한 이웃은 '성범죄자의 뒷마당에 아이들이 살고 있다'라고 경찰에 신고했다. 한 부보안관이 가리도와 90분 동안 통화했지만, 의심스러운 점을 발견하지 못했다. 3년 뒤, 종교 행사를 열고 싶었던 가리도는 딸들과 함께 캘리포니아 버클리대학을 방문했다.

앨리 제이콥스Ally Jacobs 경찰관은 홈스쿨링하는 아이들의 태도와 후줄근한 복장, 28세 '언니'를 언급하는 점에 의심을 품었다. 그녀는 아이들이 드라마 〈초원의 집〉에 나오는 아이들처럼 순수하지만, 뭔가 로봇 같다고 생각했다.[23]

제이콥스는 자신의 직감을 믿고 즉시 이를 당국에 알렸다. 그 결과 가리도는 체포되었다. 사건 담당 보안관은 2006년 당시, 조사가 제대로 이루어지지 않았음을 시인했다. "우리가 더 세밀히 따져 보고, 호기심을 가지고 문제를 깊이 들여다봐야 했다[24]"

안 좋은 일을 재구성하면 일시적인 안도감을 얻을 수 있다. ABC 뉴스의 앵커 바버라 월터스Barbara Walters와의 인터뷰에서 두가드는 자신의 경험을 '생존 환경에 적응하는 것'으로 재구성했고, 가리도를 '나를 납치한 사람'이라고 불렀다. 그녀는 뒷마당의 기억이 절대 사라지지 않는다고 말했다. 18년 간의 경험은 그녀가 기억하는 것과 얼마나 같고, 또 얼마나 다를까?

대다수는 실수로부터 배우고, 잘못을 바로잡고자 노력한다. 그러면 기억력의 취약함을 이용해 기억을 조작하려는 전문가로부터 자신을 지킬 수 있다.

거짓기억의 근원

사람들 대부분은 허위 정보에 대해서는 잘 알지만 가짜 뉴스가 잘못된 기억을 형성한다는 점에 대해서는 잘 모른다. 허위 사실이라는 증거가 드러난 후에도 우리는 계속해서 가짜 뉴스를 믿는다.[25] 전문 방송인들이 잘 알고 있듯이, 이는 정보가 제시되는 방식 때문이다. 세 가지 편견 유발 요인이 기억을 돕는 동시에 올바른 판단을 위협한다. 정보의 현저함information salience, 정보의 배열 information sequence, 정보의 반복information repetition이 세 가지 편견 유발 요인이다. 이들을 알아차리거나, 듣거나, 해석하지 못할 때 그 위험성은 더욱 커진다.

1. 정보의 현저함

대부분의 사람은 예상치 못한 죽음이나 충격적 사건을 들었을 때 자신이 어디에 있었는지 또렷이 기억한다고 믿는다. 대표적인 예로 9. 11 테러를 떠올릴 것이다. 그러나 사실은 다르다. 미국의 한 설문조사에 따르면, 테러 발생 11개월 뒤 수집된 개인적 기억 중 당일 기록과 일치한 것은 63%에 불과했다.[26] 섬광 같은 기억이다. 기억의 생생함과 확신은 정확성과 무관한 것으로 드러났다.

1986년 챌린저 우주왕복선Space Shuttle Challenger이 폭발하던 당시 많은 미국인이 이를 생중계로 보았다고 생각한다. 하지만 실제로 대부분의 방송국에서는 이를 생중계한 적이 없음을 보여 주는 또 다른 설문조사도 있다. 어떻게 이런 일이 가능할까? 이러한 현상이 발생하는 이유는 두 가지가 있다.

첫째, 정신적으로 가용한 정보, 예컨대 비밀이나 가십은 즉각 떠오른다.

둘째, 충돌이 광범위하게 반복 재생되었기 때문에 익숙하게 느껴진 것이다. 현저히 눈에 띄는 정보인 셈이다. 쉽게 떠오르는 생각일수록 사실과 다를 가능성이 있지만, 사람들은 결국 마음속에 떠오르는 것들을 근거로 문제를 해결하려 한다. 어려운 질문은 쉽게 얻을 수 있는 데이터를 낚아채는 경향이 있다.

현저한 목소리는 뉴스 속보나 비평과 같은 방식으로 기억에 남는다. 리더는 가혹한 말들이 얼마나 마음속에 오래 머무는지를 알아야 한다. '헤어드라이어 치료(머리카락이 날릴 정도로 선수들을 강하게 비판하는 행동에서 나온 용어)'로 악명이 높은 알렉스 퍼거슨Alex Ferguson감독은 화가 날 때면 선수들 얼굴에 대고 고함을 질러댔다. 심지어는 데이비드 베컴도 2003년 FA컵에서 아스날에 2대 0으로 패한 뒤 퍼거슨 감독의 트레이드마크인 헤어드라이어 치료를 받았다.[27]

맨체스터 유나이티드에서 선수로 뛰었던 마이클 캐릭Michael Carrick은 미들즈브러Middlesborough의 신임 감독으로 부임할 당시 기자 회견에서 퍼거슨의 리더십 스타일을 참고할 생각이 있는지에 대한 질문을 받았다. 그는 이렇게 답했다. "제가 성난 스코틀랜드인처럼 보입니까?[28]" 10년이 지난 뒤에도 여전히 나는 그의 대답을 생생히 기억한다. 경험은 기억에 오래 머무른다.

우리는 우리를 충격에 빠뜨린 일을 잘 기억한다. 로스 맥카티Ross McCarty는 은행 강도 사건 이후 40년을 도피한 끝에 호주 경찰에 체포되었다. '분명하고 생생한' 진술을 한 사람은 피해자들이었다. 경찰은 이렇게 말했다. "피해자들은 마치 어제 일어난 일을 회상하듯이 말했습니다[29]"

2. 정보의 배열

기억에 영향을 미치는 두 번째 편견 유발 요인은 우리가 먼저 제시된 정보를 듣는지, 마지막으로 제시된 정보를 듣는지와 관련이 있다. 에빙하우스는 이를 '서열 위치 효과serial position effect'라고 명명했다.[30] 이것이 우리가 교묘한 정보 전달자, 정치인, 설교자, 소매업체들에 속아 넘어가는 이유다.

예비 후보자에 대해 설명하는 매니저를 상상해 보라.

"한스는 똑똑하고, 성실하고, 질투가 많아"

한스가 마음에 드는가?

이제 형용사의 순서가 바뀌었다고 상상해 보자.

"한스는 질투가 많고, 성실하고, 똑똑하지"

이제는 어떤가? 한스가 마음에 드는가?

연구자들은 사람들이 첫 번째 설명에서 한스를 더 긍정적으로 평가한다는 사실을 발견했다.[31] '초두 효과 primacy effect'란 처음 들은 정보에 사로잡히는 것을 의미한다. 한스를 설명하는 첫 번째 단어가 똑똑함일 때, 우리는 그를 설명하는 첫 단어가 질투심일 때보다 더 그를 좋아한다. '최신 효과 recency effect'에 따르면, 우리는 마지막으로 들은 것을 더 잘 기억한다. 주의하라. 인간의 행동은 모순 그 자체다. 우리는 처음 들은 것과 마지막에 들은 것을 잘 기억한다.

단어의 배열뿐만 아니라 문장의 배열에도 민감할 수 있다. 사회심리학자 프리츠 슈트라크 Fritz Strack는 말의 배열에 따른 민감성을 강조했다.[32] 그는 학생들에게 "당신의 삶에 얼마나 만족하는가?"라는 질문을 먼저 던진 뒤 "지난달에 데이트한 횟수는 몇 번인가?"라고 물었다. 그러고 나서 슈트라크는 질문의 순서를 바꿨다. 이번에는 "지난달에 데이트한 횟수는 몇 번인가?"라고 먼저 물어본 뒤 "당신의 삶에 얼마나 만족하는가?"라고 물었다.

질문의 순서가 영향을 미쳤을까? 그랬다. 행복에 관한 질문을 처음 받은 학생들이 다섯 배 더 행복했다. 데이트에 대해서 먼저 생각하게 되면, 자신을 돌이켜보게 되고 행복감이 낮아지는 결론에 이른다.

임원으로서 나는 면접 순서가 합격률에 영향을 미치는지 궁금했다. 실험 결과는 분명하지 않았지만, 연구는 순서보다 타이밍이 더 중요하다고 말한다. 채용 결정이 빠를수록 마지막에 면접을 보는 편이 유리하다.

또 면접에서 강점을 묻는다면, 가장 중요한 점을 먼저 말하라. 신뢰를 쌓고 싶다면 약점을 언급한 뒤 '하지만'으로 상쇄되는 강점을 덧붙이는 방식도 효과적이다. 렌터카 기업 에이비스 Avis의 메시지를 생각해 보라. "우리는 2위 기업이지만 더욱 열심히 노력합니다” 혹은 로레알L'Oréal의 블록버스터 슬로건은 어떤가. “우리 제품은 비싸다. 하지만 당신에겐 이를 누릴 자격이 있다”

다른 사람들이 당신에게 어떻게 메시지를 전달하는지 잘 살펴보라. 눈에 띄고, 잘 배열된 이야기에 현혹되지 말라.

3. 정보의 반복

기억에 기초한 판단에 영향을 미치는 세 번째 방해 요소는 반복과 관련이 있다. 수십 년 동안 광고주들은 브랜드를 판매하기 위해 현저함과 반복을 결합해왔다. 정치인들은 ‘미국을 다시 위대하게Make America Great Again’라는 캐치프레이즈를 반복하고, 소매업체는 ‘1+1’ 문구, 종교 단체는 ‘알라를 찬양하라Praise be Allah’나 ‘아멘’ 같은 구호를 반복한다.

간결한 단어를 사용하면 흔치 않은 단어를 사용할 때보다 언어 자극을 처리하거나 기억하기가 쉽다. 당신은 아마 빌리Billy라는 이름을 빌릴리프랭크오도폴루즈Billilifrankodopolous라는 이름보다 쉽게 기억할 것이다. 그리고 빌리 질리Billy Zillie나 제니 페니Jenny Penney처럼 운율이 맞거나, 모크 앤 민디Mork'n'Mindy나 몰리 말론Molly Malone처럼 두음이 맞는 이름을 더 쉽게 기억할 것이다.

반복과 단순함은 의사결정을 어떻게 방해할까? 폴란드 심리학자 로버트 자이언스Robert Zajonc는 ‘단순 노출 효과’를 실험하기 위해 미시간대학교 신문 1면에 낯선 터키어 단어를 실었다. 약 1,000명의 학생에게 그 단어를 보여 주자 학생들은 자주 본 단어를 기억했고, 그 단어를 선호하기까지 했다.[33] 호감도 효과가 일어난 것이다. 이런 무의식적 신호는 의사결정을 방해하는 요소가 된다.

더욱 중요하게도, 이러한 것들이 가짜 뉴스의 시초가 되고, 이를 통해 우리는 무엇을 사실 또는 거짓으로 받아들일지를 결정한다.[34] 고든 페니쿡Gordon

Pennycook과 그의 동료들은 정보에 대한 단 한 번의 노출이 어떻게 정확성에 대한 인식을 높일 수 있는지를 보여 준다. 게다가 노출된 아이디어가 아주 약간 그럴듯하기만 하면, 우리는 믿음을 바꾼다.[35] "스코틀랜드 강아지의 평균 크기가 줄어들고 있다" 또는 "호주의 표면적이 목성보다 넓다"가 그 예가 될 수 있다.

이러한 편견은 우리가 기억하는 바를 생각만큼 신뢰할 수 없다는 점을 설명한다. 의식적인 재해석이 필요한 것이다.

직장에서 당신의 동료, 고객, 경쟁자가 정보를 어떻게 처리하는지 알게 되면, 잠재적 거짓 정보를 해독하는 당신의 능력은 향상되고, 그 결과 당신의 설득 능력 또한 높아진다. 조직 기억의 중요성 또한 잊어서는 안 된다. 비즈니스의 세계에서 리더들은 기억력에 기반한 오판의 위험을 대체로 과소평가하는데, 그 이유는 그것이 눈에 보이지 않고 정량화될 수 없기 때문이다. 커리어 내내 나는 직원, 주주, 또는 고객의 기억이 의사결정의 위험 요소로 언급되는 걸 들어 본 적이 없다. 내 기억이 잘못된 것일까? 반면 운영 위험, 법적 위험, 시장 위험은 측정되고 고려된다. 직원이 제품, 서비스, 고객에 관해 습득한 정보는 지적 자산의 기반을 구성한다. 그리고 이는 상당히 중요한 자산이다. 누군가 일을 그만둔다는 건 수년 간의 지적 재산과 프로세스가 문밖으로 달아나는 것과 같으므로 그 팀은 고통을 겪을 수밖에 없다.

직원의 반발과 인재 유출을 막으려면 그들의 목소리에 귀를 기울여야 한다. 현명한 조직은 전문 데이터를 아카이브하고 중요한 대화, 인터뷰, 회의의 기록을 보관하는 등 공식적인 프로세스를 통해 기억을 보호한다.

조직과 국가는 중요한 인물을 기념하며 그 유산을 보호한다. 그리고 설립기념일이나 독립 기념일과 같은 역사적인 날을 기린다. 마을은 동상을 세우고, 대학은 건물에 이름을 붙이고, 회사는 재단을 설립하고, 규제기관은 관련 법률을 통과시킨다. 마일스톤을 중요하게 여기면, 기억은 더 잘 보존될 수 있다.

경험의 목소리에 귀 기울이기

기억에도 결함이 있고, 기억으로 제한된 시야가 의사결정을 방해하기도 한다. 그렇다 하더라도 기억은 경이로움의 원천이다. 직원 모두의 이름을 기억하는 리더에게 감명받지 않는 사람이 있을까? 2020년 파키스탄의 메모리 챔피언 엠마 알람Emma Alam은 15분 만에 218명의 얼굴과 이름을 매치해 기네스 세계 기록을 경신했다.[36] 당신은 할 수 있는가?

물론 예외도 있다. 서번트 증후군과 자폐증을 앓았던 미국인 킴 픽Kim Peek은 1984년 아카데미 작품상 수상작 〈레인 맨〉의 주인공, 레이몬드 배빗Raymond Babbitt의 모티브가 됐다. 그는 음악에서부터 역사, 문학, 지리를 비롯한 다양한 분야를 통달했다. 킴은 전화번호부를 포함해 9,000권의 책을 암기하기도 했다. "아들은 당신이 태어난 날의 뉴스 헤드라인을 맞출 수 있었다"라고 그의 아버지는 회상했다. 심지어는 나사에서도 킴의 뇌를 연구했다.[37]

정보를 작은 조각으로 나누어 기억력을 단련할 수 있다. 28명의 기억력 챔피언에게 72개의 단어를 암기하도록 한 뒤 6주가 지나자, 그들은 평균 62개의 단어를 기억했다.[38] 즉, 기억력은 단련될 수 있다.

잘못된 정보의 확산을 막기 위해서는 간단하게 사실을 확인하는 것이 효과적이다. 알렉사Alexa나 시리Siri 같은 음성 인식 시스템은 몇 초 만에 이를 수행한다. 과학자들이 습관적으로 정확성을 확인하도록 하는 시스템과 '확실해?'라고 울리는 자동 리마인더를 설계했을 때, 허위 사실을 분별하는 사람들의 능력은 세 배 증가했고, 잘못된 정보를 과도하게 공유하려는 의지는 억제되었다.[39]

기억은 브랜드 충성도를 형성하는 핵심 요소다. 일부 브랜드는 기억을 다시 불러내기 위해 사은품에 수백만 달러를 투자한다. 호텔이 로고를 새긴 펜을 만들고, 팬들이 공연 입장권 반쪽을 간직하며, 아티스트가 자신의 이름이 박힌 티셔츠를 배포하는 이유도 여기에 있다. 기념품은 경험을 소환한다.

심리학자인 샘 고슬링^{Sam Gosling}은 이를 '행동 잔여물^{behavioural residue}'이라고 부른다. 이는 모든 의사결정 환경에서 매우 효과적인 기억 촉매제다. 좀 더 섬뜩하게는, 연쇄 살인범이 범죄 현장에서 피해자들의 소지품이나 신체 일부를 가져가는 이유가 되기도 한다.

역사를 다시 쓰는 것은 선택 문제다. 1981년, 남편이자 매니저 아이크^{Ike}의 가정폭력을 인정하며《피플》지 3,000만 독자를 놀라게 한 로큰롤의 전설 고^故 티나 터너^{Tina Turner}를 떠올려 보라. 탈출 당시 그녀는 무일푼이었다. 이혼하며 그녀가 요구한 것은 단 하나, 자신의 이름 '티나 터너'였다. 그녀는 이 유일한 자산을 수백만 달러의 커리어로 키워 내며 자신의 정체성에 충실한 삶을 살았다.

40년 뒤 HBO의 다큐멘터리에서 그녀는 죄책감과 두려움 사이를 넘나들었던 감정을 회상했다. "저는 그에게 떠나지 않을 거라 약속했었습니다" 일관성 편향이 어떻게 우리를 지옥에 가둘 수 있는지를 상기시켜 주는 대목이다.

'이 사람과 함께 있으면 절대 행복해질 수 없겠구나.'라고 생각이 드는 남자와 무려 16년을 함께 보냈습니다. 거의 고문이었습니다. 저는 죽음이라는 삶을 살았습니다. 나란 사람은 존재하지 않았죠. 하지만 결국 뛰쳐나왔고, 뒤돌아보지 않았습니다.

80대가 된 터너는 더 이상 과거를 되새기지 않았다. 2018년 〈티나: 티나 터너 뮤지컬〉 시사회에서 그녀는 캐묻는 기자에게 이렇게 답했다. "맞고 산 기억을 되살릴 이유가 어디 있겠습니까?" 터너는 열심히 일해서 따낸 여덟 개의 그래미상처럼 긍정적인 기억을 선택했다.

취리히 호수^{Lake Zurich}에 살며 불교에 귀의한 그녀는 자신이 학대받은 여성이나 로큰롤 가수로 정의되길 원치 않았다. 넓은 시야로 바라보는 법을 터득하면서 그녀는 더 나은 사고방식을 위해 과거를 잘 추슬렀다.

의사결정 고수는 기억을 자산으로 활용해 중요한 상황과 진술을 기록한다. 수탁 책임과 도덕적 의무를 떠올리는 것은 윤리적 의사결정을 방해하기보다는 강화한다. 다음 장에서 이에 대해 논의해 보자.

의사결정 고수가 되기 위한 핵심 원칙

- 사람들은 기억과 관련된 오류를 과소평가한다. 기억 관련 오류는 보통 잘 드러나지 않고, 무형적이며, 이를 받아들이려면 불편함을 감수해야 하기 때문이다.
- 우리가 항상 경험한 대로 기억하는 것은 아니지만, 우리는 기억이 제공하는 정보를 듣는다. 과로, 주의 산만, 스트레스는 경험과 기억의 불일치를 강화한다.
- 기억에 대한 잘못된 정보는 기억 상실, 망각, 거짓기억으로 드러난다.
- 기억을 처리할 수 있는 능력에는 한계가 있기 때문에, 기억은 선택적으로 소환된다. 마찬가지로, 청각 자극에 대한 필터링도 과부하를 줄이고 유용한 내용을 선별한다.
- 최신 효과와 초두 효과는 정확성에 영향을 미친다. 우리가 데이터를 소환할 때 다음 네 가지가 영향을 미치는데, 각각은 일종의 편향을 유발한다.

1. **반복** 사람들은 반복된 정보가 사실이 아니더라도 이를 믿고, 좋아한다.
2. **현저함** 이미지, 광고, 생각 따위가 더 생생할수록, 기억하기가 더 쉽다.
3. **배열** 처음과 마지막에 들은 정보, 날짜, 이름이 의사결정에 더 큰 영향을 미친다.
4. **암시** 기억은 데이터 심기를 통해 조작될 수 있다.

- 기억력은 학습할 수 있으며, 체크리스트, 행동 잔여물, 연상법을 통해 위험 요소를 줄일 수 있다.

- 기억의 재창조가 항상 나쁜 것만은 아니다. 트라우마 피해자들에게는 더 나은 미래를 찾기 위한 대안적인 방법이 될 수 있다.

- 나이로 인한 기억력 저하는 과소평가되고 있으며, 일부 조직에서는 이 문제를 언급하는 것을 금한다. 이는 조직의 지속 가능성을 위협하지만, 한편으로는 진정한 공감이 필요한 부분이다.

- 역사를 보전하는 것처럼, 지적 자산을 보호하고 배움을 촉진하기 위해 기억도 보전할 수 있다.

CHAPTER 09

Ethics, 윤리라는 함정

**사기를 보고 사기라 말하지 않는다면,
당신은 기만자다.**

나심 탈레브Nassim Taleb

"절대 실패하지 않는다는 보장이 있다면, 당신은 무엇을 할 것인가?" 19세에 테라노스를 창업하고 CEO를 겸한 엘리자베스 홈스가 책상에 걸어 놓았던 문구다.

스티브 잡스를 우상으로 삼았던 그녀는 '의료계의 아이팟'을 만들겠다는 목표에 몰두했다. 테라노스의 손가락 채혈 진단기는 혁신적 기술로 소개됐다. 경쟁사보다 저렴하고 작았으며, 통증도 덜했다. 더 나아가 이 질병 진단기는 암 항원과 HIV, 호르몬까지 감지할 수 있는 것으로 여겨졌다.

홈스의 친인척들은 그녀가 항상 억만장자가 되고 싶어 했다고 말했다. 그녀는 실제 세계에서 가장 어린 나이에 자수성가한 억만장자가 되었고, 그녀의 가치는 10년 만에 90억 달러로 치솟았다. 《잉크Inc.》라는 잡지에서는 그녀를 '차기 스티브 잡스'로 불렀다.

페이지 밀 로드Page Mill Road 1,701번가에 자리한 테라노스의 실리콘 밸리 사무실은 그녀의 정신적 경계선이 되었다. 짐 존스의 리더십 스타일을 본떠, 홈스는 끝없는 충성을 요구했다. 그녀에게 반기를 드는 자는 회사 내 위치와 관계없이 쫓겨났다. 15년 동안 비밀 엄수와 편집증이 회사의 문화를 지배했다. 독점 정보를 보호하기 위해 방문객은 비밀 유지 서약서에 사인해야 했고, 화장실에 갈 때도 에스코트를 받아야 했다. 왜일까? 그녀가 개발한 '에디슨 키트'의 기술력이 엄청난 실패를 맛봤기 때문이었다.[1]

환자가 부담할 위험은 안중에도 없었던 홈스는 이 기술을 세계적인 수준의 미세 유체 공학이라며 판매를 계속했고, 조지 슐츠George Shultz를 포함해 상원의원들과 전직 미국 국무부 장관들이 동원된 화려한 라인업의 이사회에는 현실을 왜곡해 보고했다. 유통 대기업과의 파트너십은 과장과 거짓말로 조작된 것이었다. 거대 소매기업인 월그린즈Walgreens는 전문가의 경고를 무시하고 경쟁사인 CVS를 따라잡기 위해 1억 4,000만 달러를 투자했다. 그러는 동안 테라노스의 직원 대다수는 직장을 잃지 않기 위해 스스로 침묵을 택했다.

《월 스트리트 저널》의 기자 존 카레이루John Carreyrou는 의학박사 애덤 클래퍼Adam Clapper, 조지 슐츠의 손자이자 테라노스의 직원이었던 타일러 슐츠Tyler Shultz의 제보에 따라 이 허위 기술을 폭로했다. 그러나 때는 이미 늦었다. 지배 구조의 실패는 치명적이었고, 투자자들의 손실은 약 8억 400만 달러였다. 2018년, 홈스는 사기와 공모 혐의로 기소돼 11년형을 선고받고 텍사스 교도소에 수감됐다.

오만함과 야망의 목소리는 종종 양심과 연민의 목소리를 넘어선다.

이 장에서는 개인과 조직이 양심의 목소리를 무시한 결과로 수십억 달러를 낭비하고 사람들의 삶을 산산조각 내는 다섯 가지 치명적인 심리적 맹점, 농점, 아점에 관해 설명한다. 그 예로, 지나치게 목표에 집중하다 보면, 옳은 일을 하는 것이 불합리해 보인다(제한된 윤리성 bounded ethicality). 많은 리더가 좋은 의도로 사업을 펼치지만, 도덕적인 관점(도덕적 기후 moral climate)보다는 사업적인 관점에서 의사결정을 내리고 이해 상충을 경시한다(도덕적 딜레마 moral dilemma). 그 순간 올바른 일은 시야에서 사라지고 양심은 밀려난다(윤리적 퇴보 ethical fading). 일부는 친절한 행동으로 잘못된 행위를 보상하고(도덕적 허용 moral licensing), 수정주의 역사학자들처럼 잘못을 정당화하기도 한다(도덕적 이탈 moral disengagement). 업계를 막론한 무수한 예들이 잘못된 행위가 얼마나 쉽게 권력, 감정, 자아와 결합해 올바른 목소리를 차단하는지를 보여 준다.

홈스에게 판결을 내리던 다빌라 Davila 판사는 이 '특출난' 사업가가 위법 행위에 발을 들이게 된 동기가 무엇인지 궁금해졌다. 오만함이었을까? 명예에 취한 것이었을까? 아니면 도덕적 나침판이 고장 난 것일까? 어떻게 그렇게 많은 똑똑한 이해관계자를 구슬릴 수 있었을까? 대다수 이사와 투자자들은 왜 알아차리지 못했을까? 그들 모두 들은 내용보다는 본 내용에 주의가 흐트러진 걸까? 여러 가지 농점이 합쳐져 힘의 승수 효과를 불러일으켰다.

양심은 개나 줘, 난 목표에만 집중해

투자자, 규제기관, 환자 들은 최첨단 기술을 믿고 싶었다. 그들은 '제한된 윤리성'으로 그들이 원하는 바를 들었다. 사기일 것이라는 생각은 누구도 하지 않았다. 이는 레빈의 믿음 지향 이론을 보여 준다. 타일러 슐츠는 다음과 같이 설명했다.

홈스는 뭔가를 계속 진행하기 위해 당신이 들어야 할 말을 하는 데 정말 능하다. 그녀가 우리 할아버지께 자주 써먹은 방법이다. 할아버지한테 미끼를 던져 준 셈이다. 물론 사실이 아닌 말이었다.

홈스는 매력적이고, 전형적인 사기꾼처럼 보이지도 않았다. 사람들은 그녀의 맵시에 눈이 멀어 본질적인 의구심을 갖지도 않았다. 이는 허버트 사이먼의 제한된 합리성이라는 개념을 뒷받침한다. 그녀가 스탠퍼드 출신이라는 점은 파트너들에게 깊은 인상을 남기며 긴 그림자를 드리웠다.

기업 지배구조의 부재는 실로 심각했다. 웰스파고 회장이자 CEO 리처드 코바체비치Richard Kovacevich는 이사회가 수탁자라기보다는 자문가에 가까웠다고 회상하며 다음과 같이 증언했다. "그녀가 하는 일에 반대한 기억이 없다. 최종 결정은 엘리자베스의 몫이었다[2]" 전체 그림을 볼 수 있는 건 그녀뿐이었다. 이러한 정보 비대칭은 그녀에게 메시지를 통제할 권한을 주었다. 의료 기술과 관련된 경험이 거의 없었던 이사회는 모든 과학적 데이터와 운영 및 재무 관련 데이터를 기꺼이 액면 그대로 받아들였다. 성공 신화는 너무 매력적이어서 두 번 생각할 겨를이 없었다.

존스타운에서처럼, 전후 사정과 타이밍이 크게 이바지했다. 1990년대에는 '실리콘 밸리 드림'이 건재했다. 페이스북, 우버, 스포티파이, 세일즈포스가 역사를 만들고 있었다. 미디어는 빌 게이츠와 마크 저커버그 같은 리더를 근사하게 묘사했다. 홈스는 팔로 알토 버블에 발을 담그고 싶었다.

땅콩과 진통제

비즈니스는 대개 목표를 추구한다는 특징이 있다. 하지만 일부 기업에서 목표 지향은 다소 지나친 감이 있다. 2015년 피넛 코퍼레이션 오브 아메리카

Peanut Corporation of America의 CEO 스튜어트 파넬Stewart Parnell은 안전 증명서를 위조해 살모넬라균에 오염된 제품을 판매했다. 전국적으로 확산된 살모넬라 식중독으로 아홉 명이 사망하고, 수백 명이 감염됐다. 미국 식품계 역사상 가장 큰 규모의 리콜이 발생했고, 회사는 문을 닫았다.[3] 파넬의 변호사는《타임》지에 이렇게 말했다. "그는 다른 땅콩 가공업체가 하는 것과 똑같은 일을 했을 뿐입니다[4]" 탐욕의 목소리에 이끌린 파넬은 72건의 사기 혐의로 28년 형을 받았다.

비단 파넬의 이야기만이 아니다. 퍼듀 제약Purdue Pharma의 소유주인 색클러Sackler 가家는 자선 단체에 수백만 달러를 기부하여 루브르 박물관, 워싱턴 미술관, 하버드 박물관에 이름을 올렸다. 하지만 마약성 진통제인 옥시콘틴을 과잉 판매해 오피오이드 위기opioid crisis를 주도한 일로 그들의 명예는 흠집이 남았다. 판매사원들은 상한선 없는 보너스를 받으며 '고통을 덜어 주는 영웅'으로 칭송받았다. 이들은 중독률이 1%에 불과하다는 허위 마케팅을 20년간 지속했고, 해당 약물 과다 복용으로 인한 사망자는 약 100만 명에 이르는 것으로 추정되었다.[5]

불법 판매가 성행하고, 중독 사례가 늘었다는 소식을 들었음에도 퍼듀 제약은 이에 귀를 기울이지 않았다. 리처드 색클러Richard Sackler는 다음과 같이 말했다. "그들이 이 일의 원인이자 문제다. 그들은 무모한 범죄자다[6]"

극심한 반발에 부딪히자, 퍼듀는 자신들이 "의료 목적 외에 불법적인 루트로 해당 제품이 판매되는 것을 다 알고도 고의로 방조했다"라고 인정했다. 예상대로 그들은 수익성이 가장 높았던 그 제품이 "오피오이드 위기에 일조할 것이라고는 전혀 생각지 못했다"라고 변명했다. 법무부는 퍼듀 제약에 60억 달러의 과징금을 부과했다. 그 일로 옥스퍼드대학과 더불어 일부 기관은 자신들의 신성한 홀에서 색클러라는 이름을 지웠다.

퍼듀가 단독으로 모든 일을 일으킨 건 아니었다. 유통업체, 대형 약국 체인, 의사, 경영진과 고문 들이 공모해 그들을 도왔다. 대형 약국 체인인 CVS와 월그린즈는 각각 50억 달러의 합의금으로 수천 건의 소송을 해결했다.[7] 2년 전, 존슨앤드존슨도 유사한 사건으로 오클라호마주에 5억 7,200만 달러의 손해배상금을 지급했다. 감옥에 간 사람은 아무도 없었다.

이해 상충이라는 방해 요소

욕심 많은 컨설턴트도 한몫했다. 컨설팅 회사 맥킨지는 퍼듀 제약에 매출 증대 방법에 대한 자문을 제공했다. 《뉴욕 타임스》는 이렇게 보도했다. "맥킨지가 자문을 제공한 시점은 심지어 퍼듀가 2007년 유죄를 인정한 후였다. 그들은 의사들과 규제기관들이 옥시콘틴의 위험성을 오인하도록 유도했다[8]" 놀랍게도, 맥킨지는 옥시콘틴 과다 복용자나 중독 환자 한 명당 1만 4,000달러라는 보상 금액까지 측정했었다.

컨설턴트 스물두 명이 미국 식품의약국_{Food and Drug Administration, FDA}에 옥시콘틴을 규제할 것을 조언하는 동안, 맥킨지는 퍼듀에게 해당 약품을 홍보할 것을 조언했다. 겉으로 드러나지 않은 이해 상충의 상황이다.

이러한 이해 상충은 15년간 지속되었다. 규제기관의 감독이 예견되자, 맥킨지는 관련 문서와 이메일을 모두 삭제하라고 권고했다. 미 하원 감사위원들은 그들을 '양복 입은 마약 밀매업자'라고 불렀다. '전문가다운 품격' 대신 이익을 우선시하는 행태가 에르메스 양복을 걸친 이 집단을 감염시켰기 때문이다. 맥킨지의 임원 케빈 스니더_{Kevin Sneader}는 맥킨지가 "오피오이드 위기가 전염병처럼 퍼져나가고 있다는 사실을 제대로 인정하지 않았다"라고 시인했다.[9]

예상대로 맥킨지는 스스로를 '해결책의 일부'로 내세웠다. 그러나 이미 너무 늦은 뒤였고, 효과는 미미했다.

이것도 도덕적 딜레마에 해당할까? 맥킨지는 각 기관에 컨설팅을 제공하는 대가로 퍼듀 제약으로부터 8,600만 달러, FDA로부터 1억 4,000만 달러라는 막대한 수익을 올렸다. 여론은 들끓었고, 법원은 맥킨지가 각종 마약 중독 치료·예방 프로그램에 손해배상금으로 5억 7,300만 달러를 지급해야 한다고 판결했다.

윤리적 부정행위는 사업이나 갈색 봉투brown envelope*, 또는 정부 계약에 국한된 것이 아니다. 과학자들은 목표를 달성하기 위해 양심의 목소리를 차단한다. 터스키기 연구자들이 아프리카계 미국인을 혹사했던 것 또한 마찬가지다.

1960년대 미국의 심리학자 피터 노이바우어Peter Neubauer는 갓 태어난 쌍둥이와 세쌍둥이를 서로 떨어뜨려 선천적 기질이나 양육이 사회성 발달에 어떤 영향을 미치는지 연구했다. 그는 이 사실을 입양 가정에 숨긴 채, 형제자매를 갈라놓는 비정한 결정을 과학 발전이라는 이름으로 합리화했다.

고객이 전문 자문가, 에이전트, 감사, 심리 상담가, 코치, 컨설턴트에게 뭔가를 요구하는 상황일지라도 그들이 터무니없이 비도덕적인 행동을 기대하는 건 아니다. 그러나 큰돈, 커리어, 엄청난 이니셔티브가 관련될 경우, 정책 위반이나 이해 상충은 불가피해진다. 규칙, 벌금, 페널티에도 한계가 있게 마련이다.

이는 갑자기 생겨난 일이 아니다. 엘비스와 파커 사이의 복잡한 상호 의존 관계를 떠올려 보라.[10] 파커는 불법 이민자 신분이었으며, 이 때문에 엘비스가 해외 콘서트 무대에 선 건 30년간 단 세 번뿐이었다.

---

* 비윤리적이거나 부패 행위를 비유하는 것으로, 일반적인 공식 문서나 계약을 의미하는 흰색 봉투(white envelope)와 대비되는 표현이다.

보이는 것에만 의지할 수는 없다. 질문을 제기하고, 답변에 의문을 품어라.

옳은 일을 한다는 게 잘못된 일일 때

현대 사회의 고객, 직원, 시민들은 기업의 임원, 고문, CEO가 불의에 대한 무관용을 표방함으로써 옳은 일을 할 것으로 기대한다. 그릇된 행위를 한 개인과 회사에 책임을 묻는 건 규제기관과 정부 기관의 역할이다. 여러 면에서, 그들은 열두 번째 배심원만큼이나 책임이 있다. 때때로 전문가들은 가장 어려운 이해 상충 딜레마에 직면한다.

FBI 국장 제임스 코미James Comey는 뷔리당의 당나귀 딜레마Buridan's Ass dilemma*에 직면했다. 2016년 대통령 선거 한 달 전, 그는 민주당 대통령 후보인 힐러리 클린턴이 개인 서버에서 기밀 이메일을 보내 프로토콜을 위반했다는 사실을 알게 되었다. 이와 관련한 정치적 위험은 상당히 컸다. 모든 지도자는 공개적으로 특정 정당에 얽매여서는 안 된다. 코미가 해당 조사에 대해 침묵을 지킨다면, FBI는 정치적으로 편향된 것처럼 보일 수 있다. 조사 사실이 추후 발각되면, 그는 클린턴을 감싼 것이라 비난받을 것이 뻔했다.

하지만 코미가 조사 사실을 공개하면, 클린턴이 규율을 위반했든 하지 않았든 믿음직한 후보자로서 그녀의 앞길은 험난해질 것이고, 공화당 대선 주자이자 라이벌인 도널드 트럼프는 이를 통해 이익을 얻을 것이다. 따라서 FBI와 코미가 이 상황을 공론화해 사건이 스캔들로 커지면, 사람들은 그들을 트럼프 지지자라고 비난할 것이었다.

---

* 같은 거리에 두 개의 건초 더미를 발견한 배고픈 당나귀가 어느 쪽을 먹어야 할지 결정을 내리지 못해 아무것도 선택하지 못하고 굶어 죽는다는 이야기다.

선거 3주 전, 코미는 이를 의회에 보고했고, 조사 내용이 언론에 유출되었다.

선거 11일 전, FBI는 클린턴에 대한 수사를 공식 발표했다.

선거 3일 전, 클린턴은 모든 혐의에 대해 무혐의 판결을 받았다.

이 사건은 정치적으로 잘못된 결과를 낳았지만, 도덕적으로 올바른 결정으로 여겨졌다. 코미는 트럼프의 당선을 이끈 설계자라며 비난받았다. 그는 자기 내면의 목소리를 따랐지만, 상황을 과소평가했고 정치적 대가를 치러야 했다. 상당한 권력을 쥐고 있었음에도, 그는 CNN에서 공식 해고되었다.

언제나 덩치가 더 큰 곰이 있기 마련이다. 마피아부터 마사 스튜어트까지 수많은 범죄자를 법의 심판대로 불러낸 이 남자는 자신의 결정을 후회하지 않았다.

자신의 목소리를 가라앉히려고 도덕적 판단을 타인에게 넘기는 것은 커다란 실수다. 윤리적 리더라면 개인적 이익보다는 본질적 가치에 헌신할 것이다.[11]

그는 옳은 일을 했지만, 그 결정은 광범위한 생태계에 거대한 파장을 일으켰다. 그의 공표가 트럼프의 외교 정책 급선회, 철창 안의 아이들, 국회의사당 공격 사건을 정당화했을까? 어떤 이들은 그렇지 않다고 말한다.

세상이 반드시 공평한 것은 아니다. 좋은 사람들이 그렇게 만들려 노력한다고 할지라도 말이다. 나쁜 사람이 항상 벌을 받고, 좋은 사람이 항상 보상받지도 않는다. 게다가 바쁜 사람들은 신호를 제때 해석하지 못한다.

정의의 목소리가 고상하게 들리기는 하지만, 항상 최적의 결과를 가져오는 건 아니다.

다들 '좋은 사람'

대부분의 사람은 자신을 남들보다 더 나은 운전자이자 댄서, 의사결정자이며, 더 정직한 사람이라고 믿는다. 우리는 자신의 도덕성을 자랑스러워하고, 되고 싶은 모습에 대한 감상적인 이미지를 키운다. 그러나 실제로는 이력서를 부풀리고, 사실을 왜곡하며, 앞서기 위해 선의의 거짓말을 하곤 한다. 이를 '평균 이상의 효과above-average effect'라고 한다.

가장 고상한 수준의 가치가 충돌하는 일도 종종 발생한다.

미국의 제3대 대통령 토머스 제퍼슨Thomas Jefferson은 미국 내 노예 무역과 식민지로의 불법 노예 거래를 반대하는 목소리를 냈다. 1776년 독립 선언서에 자신의 이름을 남긴 사람들은 점진적 노예 해방에 공개적으로 지지했지만, 사적으로는 대부분 아프리카계 미국인 노예를 소유하고 있었다. 제퍼슨이 소유한 몬티첼로Monticello 농장에는 600명이 넘는 노예가 살고 있었으며, 그중에는 그의 자녀를 여럿 낳았다고 알려진 샐리 헤밍스Sally Hemings도 있었다.[12]

제퍼슨은 어떤 목소리에 귀 기울였을까? 애정이라는 유대감보다는 공정성과 의무였을까? 아마도 그는 지적 추론을 통해 자신의 모순적인 삶을 정당화하며 인지부조화에 저항했을 것이다.

다른 사람이 비용을 부담할 때, 피해자가 눈에 보이지 않을 때 잘못된 행동을 할 가능성이 커진다. 이 때문에 일부 사람들은 "많이 버신 분들이 내겠지"라고 쉽게 이야기한다. 보험 사기꾼들이 허위로 보험금 청구를 하는 이유도 여기에 있다. 보험 사기는 5분에 한 번꼴로 발생하며, 연간 손해액은 12억 파운드에 달한다. 이는 도덕적 해이moral hazard로 인한 결과다. 그리고 직장에서 이는 잘못된 판단에 영향을 미친다.

이게 우리 문화라고, 바보야

2008년 프랑스의 금융그룹 소시에테 제네랄Société Générale은 정부와 주주들의 감시를 받았다. 경험이 부족한 트레이더 제롬 케르비에Jérôme Kerviel는 2년 동안 회사에 72억 달러의 손실을 입혔다.

케르비에가 탐욕스러운 문화에서 자산을 운용한 걸까, 아니면 자산 운용 문화가 케르비에의 탐욕을 부추긴 걸까? 개인적인 경험으로 비추어 봤을 때, 나는 투자회사의 환경이 상당히 불건전하다고 생각한다. 그곳의 대화는 모두 돈을 벌고, 투자하고, 감추는 일에 집중돼 있다. 고위험 투자 선호자를 고용하고, 그들에게 후한 보상을 제공하는 시스템은 비도덕이 자라날 비옥한 토양이 된다. 과학적 연구에 따르면, 달러 기호를 비롯한 돈과 밀접한 신호가 사람들의 이기적이고 무관심한 행동을 유발한다.[13] 이는 도덕적 기후를 악화시킨다.

39세 케르비에는 미용사와 교사의 아들로, 동료들과 달리 명문대 졸업장이 없었다. 열악한 조건을 극복하려는 필사적인 몸부림이었을까?[14] 지배구조 상의 허점이 그런 그에게 기회를 제공했다. 그는 규제를 무시한 채 위험 한도를 넘어선 거래를 했고, 정책을 따르지 않았으며, 회사를 위험에 빠뜨렸다. 트레이딩이 주는 긴장과 흥분은 점점 중독성이 강해졌다.

전후 사정을 살펴보면, 소시에테 제너랄은 당시 빠르게 성장하고 있었다. 하지만 직원 13만 명을 둔 이 회사는 위험 관리 인재 투자에는 인색했다. 이 구조적 결함을 인지하고, 위반 행위를 저질렀을 때 관리자가 불이익을 주지 않는다는 것을 간파한 케르비에는, 발각될 가능성이 낮다는 점과 동료들로부터 얻을 인정이라는 큰 보상을 저울질했다.

오류의 책임을 단일 부서나 개인에게 돌리는 일은 대단히 유혹적이고, 설명하기도 더 쉽다. 하지만 인간의 행동은 그렇게 단순하지 않다. 시스템과 전후 사정, 그리고 주변 동료들까지도 판단에 잠재적으로 영향을 미친다.

대부분의 관리자는 고용된 직원과 기업적 DNA를 공유한다. 따라서, 도플갱어들끼리 서로의 결점을 찾아낼 수 있다고 생각하는 건 비현실적이다. 이는 소시에테 제네랄 경영진들이 감사팀의 규정 위반 경고를 귀담아듣지 않고 무시한 이유, 갑자기 거래 데스크에서 발생한 수입의 59%나 차지하게 된 주니어 트레이더에게 의문을 품지 않은 이유를 일부 설명한다. 그들은 그저 뛰어난 성과에 축배를 들었다.

감사팀이 거래 프로토콜을 완전히 이해하기란 쉽지 않았다. 이러한 지식 격차와 '외집단'이라는 지위는 트레이더에 대한 일종의 경외심을 강화했다. 누구도 동료들 앞에서 무지해 보이고 싶어 하지 않기에, 정보 비대칭은 판단을 저해하는 함정이 된다. 2014년 케르비에는 위조, 배임, 부정한 방법으로 컴퓨터를 사용한 혐의로 3년 형을 선고받았다. 이후 그는 소시에테 제네랄 역시 공모했다고 주장하며 합의를 압박했다.

당신이 다른 사람들과 다르지 않다면, 직장 내 환경이 자신의 행동에 어떤 영향을 미치는지 깊이 생각해 본 적은 없을 것이다. 경쟁적이고 자아 중심적인 분위기 속에서 잘못된 행동의 원인은 '물을 흐리는 사람'에게 있을 수도 있고, 그를 둘러싼 '흐린 물' 자체에 있을 수도 있다.

스포츠의 세계도 다르지 않다.

메달이냐, 상금이냐, 양심이냐?

금지된 경기력 향상 약물을 복용한 일로 박탈당한 올림픽 메달은 현재까지 총 149개에 이른다.[15] 2023년, 세계 도핑 방지 기구World Anti Doping Agency, WADA는 약 2,000건의 도핑을 적발했다. 육상 경기에서 훌륭한 성적을 거두기 위해 많은 선수가 고된 훈련과 식단 조절을 감내한다는 사실을 고려하면, 이러한 불공정은 스포츠 정신을 훼손한다.

개인이나 조직 수준의 비윤리적 행위는 결국 드러나지만, 국가가 개입된 공모는 두드러지지 않는다. 하지만 언제나 예외는 있다.

2014년 소치 올림픽 당시 국가가 후원하는 도핑 프로그램을 통해 러시아 선수 대다수가 도핑 테스트 결과를 조작했다. 그 뻔뻔스러움은 스포츠계를 뒤흔들었다. WADA는 향후 4년간 이들의 올림픽 참가를 금지하는 처분을 내렸다.

스포츠의 공정성을 위해 끊임없이 캠페인을 벌이며, 2015년부터 관리 기관의 규칙을 전면 검토한 세계육상연맹 위원장 세바스찬 코는 스포츠계의 부끄러운 행태에 경각심을 가질 것을 주장했다. "어떤 수준의 부정행위가 되었든 한 치도 용납하지 않을 것임을 강력하게 선언합니다[16]" 다른 스포츠 분야가 본받을 만한 개혁의 메시지였다.

그는 육상 선수들의 스포츠 정신을 보호하고 경기의 공평함을 보장하기 위해 클린 스포츠의 기념비적인 순간을 예고했다.[17] 1986년 슈투트가르트 유럽선수권 대회에서 금메달을 딴 이후 늘 남다른 자기 확신이 있었던 그는 다음과 같이 회상했다. "사람들이 내게 기대했던 마지막 일을 한 것뿐입니다"

이것이 아마도 그가 2012년 올림픽 유치 과정에서 영국을 대표할 인물로 선정된 이유이자, 조직 위원장을 맡게 된 이유일 것이다. 200개가 넘는 육상연맹 회원국들이 그의 목소리에 귀 기울이고, 그가 세 번째 임기를 맡도록 위원장으로 재선출한 이유도 이 때문일 것이다. 세계육상연맹은 2023년 젠더 평등을 달성한 최초의 국제 스포츠 연맹이다. 그리고 이것은 또 다른 세계 신기록이다.

러시아의 도핑 스캔들은 더 큰 의문을 떠올리게 만든다. 잃을 게 많은 상황에서 왜 선수들은 그런 위험을 감수할까? 이는 확실히 메달 때문이다. 한 연구에 따르면, 98%의 미국 올림픽 선수가 발각될 위험이 없다면 경기력 향상 약물을 복용할 의향이 있는 것으로 드러났다. 5년 연속 모든 경기에서 우승할 수 있다면 두 명 중 한 명이 이 같은 약물을 복용하겠다고 답했다.

더욱 충격적인 사실은 선수들이 얼마나 절박했는가였다. 그들은 약물 관련 부작용으로 죽는 한이 있더라도 약물을 복용할 의향이 있었다.[18] 그들에게 보상이란 위험을 정당화하는 것이었다.

***

어떤 사람들은 부정행위를 정당화하기도 한다. 사이클계에 수치를 안겨 준 선수, 랜스 암스트롱Lance Armstrong은 에리스로포이에틴erythropoietin 약물 복용이 2000년 당시에는 관행이었다고 주장한다. 도덕적 딜레마 따윈 없었다. 심지어 그의 팀은 공개적인 곳에서 혈액 주머니를 사용하기도 했다. 그는 〈암스트롱의 거짓말〉이라는 다큐멘터리에서 공개적으로 이렇게 말했다. "절대 걸리지 않을 거라고 확신했습니다" 그의 확신은 틀렸다.

금전적 이유가 동기 부여 요인일 수는 있지만, 상대적으로 육상 경기의 상금은 적은 편이다. 2023년 부다페스트 세계 선수권 대회는 각 종목의 상위 8위 선수에게 돌아갈 상금으로 총 850만 달러를 걸었다. 따라서 금메달리스트는 7만 달러, 은메달리스트는 3만 5천 달러, 동메달리스트는 2만 2천 달러를 받을 것으로 예상되었다. 이에 비해 테니스 선수 카를로스 알카라스Carlos Alcaraz는 같은 해 윔블던 우승 상금으로 약 310만 달러를 받았다.

운동선수, 트레이더, 리더 등 대부분은 좋은 의도를 가지고 있다. 다만, 탐욕스럽고 악독한 환경이 올바른 행동에 초점을 맞추지 못하게 만들 수 있다. 우리는 증거 조작, 가격 인상을 정당화하기 위해 변명을 만들어 낸다.

심리학자들은 이를 도덕적 이탈이라 부른다.

위대한 자기 합리화

앞서 언급한 것처럼, '죽음의 천사' 요제프 멩겔레는 사람들의 흥미를 불러 일으키는 동시에 혐오감을 자극하는 인물이다. 그는 남미에서 거의 40년을 도 피하며 생활했다. 나치 전문 저널리스트 존 웨어John Ware의 말에 따르면, 멩겔 레의 가족은 자기 친척들로부터 '오해받았다'고 생각했다.

21년이 지난 뒤, 멩겔레의 아들 롤프Rolf는 아버지를 이해하고 싶어졌다. 하 지만 멩겔레는 아들에게 이렇게 경고했다.

살면서 내린 어떠한 결정이나 행동도 정당화하거나 변명하고 싶은 생각이 눈곱만큼 도 들지 않는다. 참을성에도 한계가 있는 법이다.

멩겔레는 가축 운반차에 실린 수천만 유대인을 선별하고, 번식 실험을 진행 하고, 신체에 바이러스를 주입하고, 아기들을 지붕 위에서 던지고, 피부를 꿰 매고, 눈에 염료를 주입하고, 전기 감전에 대한 지구력을 테스트하는 등 자신 이 자행했던 일들을 외면했다. 아우슈비츠 수감자에게 옷을 벗고 끓는 물이 담 긴 통으로 들어가라고 명령했던 사실마저 외면했다. 92세가 된 생존자 시를라 게르베르츠Cyrla Gerwertz는 이렇게 회상했다. "제가 물이 너무 뜨겁다고 했더니 그는 시키는 대로 하지 않으면 죽일 거라고 말했습니다. 그런 다음에는 얼음물 이 가득 담긴 통 안으로 들어가야 했습니다[19]"

우월한 인종을 만들겠다는 히틀러의 의도를 옹호하며, 멩겔레는 "개인적으 로는 그 누구에게도 해를 끼친 적 없다. 아우슈비츠를 만든 건 내가 아니다"라 며 책임을 회피했다. 부주의하게도 타락에 귀 기울이지 않았던 그는 편견의 맹 점, 농점, 아점이 어우러진 흔치 않은 모습을 보여 주었다.

맹겔레의 자기 연민에도 불구하고, 롤프는 마치 낯선 사람과 함께 있는 듯한 기분을 느꼈다. 그에게 가장 충격을 주었던 건, 진실에 귀를 닫고 양심의 목소리를 외면하는 아버지의 모습이었다. 아버지의 도덕적 잣대는 독일의 아리아인에게만 적용되는 듯 보였다.

나는 이 남자, 그러니까 내 아버지가 절대 꺾이지 않으리라는 걸 깨달았다. 아는 것이 많고 충분한 학식이 있음에도 불구하고 아버지는 아우슈비츠 내에서 최소한의 인간다운 도리조차 지키려 하지 않았다. 그는 그 자리에 있는 것만으로도 추악하고 비인간적인 인간의 본성에 동조한 것과 마찬가지라는 걸 깨닫지 못했다.

사람은 '다 그렇게 한다' '더 큰 이익을 위해서다'라는 변명을 만들어 내는 데 일가견이 있다. 심리학 교수 앨버트 반두라Albert Bandura에 따르면, 행동이 도덕적 기준과 상충할 때 우리는 자신을 벌하는 상황을 만들지 않기 위해 자기로부터 거리를 두고 생각을 조정한다.

내면의 목소리가 잘못된 행동을 정당화하면, 그 이후에는 잘못된 행동을 하기가 더 쉬워진다. 맹겔레는 명령에 따르는 것이 자신의 '의무'라고 여겼다.

좋은 행동을 하는 것으로 나쁜 행동을 정당화하는 것 또한 굉장히 쉽다.

왜 선행이 악행을 정당화하는가?

행위를 정당화하는 또 다른 방법은 도덕적 저울의 균형을 맞추는 것이다. 간혹 누군가가 당신을 나쁘게 대한다면, 그들은 이를 보상하려 한다. 바람피운 애인이 당신에게 꽃다발을 내미는가? 쩨쩨한 상사가 당신을 달래기 위해 탐나는 프로젝트를 배정해 주는가? 보상은 죄책감을 달랠 수는 있지만, 원래의 잘못을 바로잡을 순 없다.

소비자가 구매 선택의 균형을 맞추는 것처럼, 잘못을 저지른 사람은 도덕적 선택의 균형을 맞춘다.[20] 하지만 값싼 액세서리와 비싼 옷을 살 수도 있다. 이타적인 행동을 하고 나면, 이기적으로 행동할 때 덜 망설여질 것이다. 이것을 '도덕적 허용'이라고 한다.

편견 없는 의사결정이 어떻게 오히려 편견을 정당화하는지 설명하기 위해 프린스턴 연구원들은 실험 참가자들에게 연속해서 두 번의 채용 결정을 내릴 것을 요청했다.[21] 연구 결과, 남성 참가자가 자격이 동등한 채용 후보자 중에서 여성 후보자를 선택했을 때(편견 없는 의사결정), 이어지는 두 번째 채용 결정에서는 '성차별을 하는 것으로 보이지 않을까' 하는 걱정을 덜 하게 된다는 사실이 밝혀졌다. 이건 단순한 이론이 아니다. 도덕적 허용은 실제로도 빈번히 발생한다.

지미 새빌은 십 대 소녀를 성추행했다는 의심을 받을 때마다 자신의 자선 활동을 강조하면서 이를 정당화했다. 좋은 행동이 나쁜 행동을 상쇄할 것이라 합리화하면서 주변의 의심을 품는 동료들에게 자기가 '하늘에 계신 분'께 헌신하고 있다고 말했다.[22]

그 반대로 작용하는 예도 있다. 와비 파커Warby Parker나 록시땅 앙 프로방스 L'Occitane en Provence 같은 회사는 판매된 제품 하나당 일정 금액을 자선 단체에 기부한다. 연구에 따르면 이러한 대리 기부 전략은 선행을 한다는 든든한 마음을 불러일으키며 직원들을 향한 긍정적인 파급 효과를 낳는다.[23]

다른 사람이 어떻게 귀를 기울이고 귀를 막는지를 아는 건 의사결정 고수의 판단 능력에 유용한 정보를 제공한다.

미끄러운 경사로

고객에게 청구할 수 있는 근무 시간을 매일 기록하면서 슬쩍 10분씩 추가하는 법률 사무소 직원을 상상해 보라. 악의는 없어 보인다. 하지만 10분이 30분이 되고, 한 시간이 되고, 하루가 된다. 게다가 시간이 지날수록, 이렇게 하는 데 거리낌이 없어지고 인지적 부조화를 덜 느끼게 된다. 이게 '미끄러운 경사로slippery slope'가 시작되는 방식이다.

양심을 저버리는 일은 수수료를 반올림하거나, 부당하게 성과를 가로채거나, 선의의 거짓말을 하는 등의 자잘한 것에서부터 시작한다. 골프 선수들은 '아무도 못 볼 거야.'라고 생각하면서 거친 지형에 빠진 골프공을 살짝 움직인다. 프로 축구 선수들은 페널티를 확보하기 위해 부상을 가장한다.

올바른 길로 돌아가거나 올바른 길을 찾기까지 얼마나 오랜 시간이 걸릴까?

"분기별 이익이나 판매 할당량 같은 조직의 공동 목표에 집중하느라 바쁠 때, 중요한 의사결정이 갖는 윤리적 함의는 우리 마음속에서 멀어질 수 있다" 맥스 베이저만과 앤 텐브런셀Ann Tenbrunsel은 공동 집필한 책『이기적 윤리Blind Spots』에서 위와 같이 말하며,[24] 이를 '윤리적 퇴보'라고 불렀다.[25]

개인, 조직, 정부는 윤리적 퇴보와 부주의로 인한 청각 소실에 동시에 빠지기 쉽다. 특히, 발언권이 거의 없는 소수 인구 집단을 대상으로 이러한 현상이 두드러진다.

눈에서 멀어지면, 귀에서도 멀어진다. 수감자들의 참상을 생각해 보라. 세계 224개국의 교정 관련 통계 데이터 베이스인 '월드 프리즌 브리프World Prison Brief'는 전 세계 수감자 수를 1,100만 명으로 추산한다. 다수가 명백한 인권 유린에 시달리며 끔찍한 상황을 견뎌 내고 있다. 국제형벌개혁연구소Penal Reform International에서는 수용률이 110%를 넘는 102개국을 발표했다.[26] 콩고

민주공화국의 부카부 중앙 교도소Prison Centrale de Bukavu는 수용 인원을 무려 528%나 초과한다. 과밀화된 환경은 질병과 영양실조에 취약하다.

　개발도상국만의 문제가 아니다. 《뉴욕타임스》는 미국 교도소가 평균적으로 수용 인원의 182%로 운영된다고 보도했다. 폭력에서 벗어나기 위해 방을 옮기는 수감자도 있다. 앨라배마 교도소의 한 수감자는 동료 수감자들에게 묶여 이틀 동안 고문을 당했다.[27] 같은 방을 쓰는 동료 수감자의 어머니에게 '800달러를 보내지 않으면, 당신 아들을 강간하고 조각낼 것'이라는 문자메시지를 보낸 수감자도 있었다. 국가와 행정부는 소수자에게 귀를 기울이지 않는다.

결코 당신이 생각하는 것만큼 나쁘지 않아

　앤 텐브런셀과 데이비드 메식David Messick은 (나쁜) 행동을 정상화하는 완곡하고 누그러진 표현 때문에 윤리적 퇴보가 심해질 수 있다고 주장한다.[28] 아르헨티나 축구 선수 마라도나Maradona가 1986년 월드컵 잉글랜드전에서 부정한 방법으로 공에 손을 댔을 때, 심판은 이를 놓쳤지만, 카메라는 이를 포착했다. 마라도나는 이를 두고 '그것은 신의 손이었다.'라고 말하기도 했다.

　완곡 어구는 의미를 흐리고, 행위의 심각성을 포장하거나 완화한다. 정책 관련자들은 언어의 마술을 즐긴다. 그 예로, CIA는 칼리드 셰이크 모하메드에게 고문이 아닌, '향상된 정보 기술'을 적용한 것이라 말했다. 이력서 왜곡 사건이 터졌을 때 공화당원 조지 산토스George Santos는 이력서를 과장한 건 맞지만, 표를 얻기 위해 거짓말 한 것은 아니라고 말했다.

　민감한 사안에 대해서는 완곡어법이 자유자재로 사용된다. 국방부는 핵방사선의 측정 단위를 '햇빛 단위sunshine units'로 했다가 스트론튬 단위로 바꿨다.

애완동물을 안락사하는 건 '깊은 잠을 재우는' 것이고, 해고된 직원은 '다른 관심사를 좇는' 것이며, 의심스러운 매니저는 '장부를 구워삶는다.' 그리고 펭 슈아이는 '오해의 소지가 있는 발언'을 했다.

완곡어법은 마치 특별한 코드처럼 내부 사정에 대한 지식을 전제로 한다. 이를 해석할 수 없는 사람은 배제된다.

검사는 가정폭력이나 부모가 아이를 잔혹하게 살해한 사건을 두고 '충동적'이라거나 '치정 범죄'라고 표현한다. 양심 없는 범죄자들도 완곡어법을 밥 먹듯이 사용한다. 테드 번디는 자신이 미친 게 아니라, 잠깐 '무질서한 정신'에 의해 조종당했다고 말했다. 제리 샌더스키는 어린 소년들과 '그저 샤워실에서 장난치며 논 것뿐'이라며, 다음과 같이 말했다. "우리는 가족 같은 사이였습니다. 꼭 끌어안고, 같이 샤워하고, 배에 바람을 불어 넣고. 가족들끼리는 다들 그러잖아요[29]"

완곡한 표현은 사람들이 어떻게 잔혹 행위를 용인하게 되는가를 설명하는 도덕적 이탈의 작동 방식 중 하나다. 이는 엄청난 통찰력을 내포한다. 예를 들어, 잭 더 리퍼Jack the Ripper는 신의 부름을 핑계로 책임을 분산시켰다. 르완다의 후투족은 투치족을 바퀴벌레라 부르며 비인간화했다. 많은 이가 정당성을 갖다 붙이며 농점을 확대한다. 한번 이 사실을 알게 되면, 이런 일들이 매일 같이 눈에 들어올 것이다.

윤리에 기반을 둔 방해 요소가 잘못된 판단을 이끌기는 하지만, 모범 사례도 존재한다.

양심의 목소리에 귀 기울이기

오늘날의 시끄러운 세상 속에서, 사람들은 아무도 자기 이야기를 듣지 않는다고 느낀다. 주주, 소비자, 직원들이 활발하게 각종 운동에 참여하면서, 사회적 불평등과 인권 침해에 대한 항의의 목소리도 커지고 있다. 이에 따라 인권 중심 원칙을 적극적으로 수용한 조직도 더러 있다. 심지어 모회사를 대상으로 법적 조치를 한 조직도 있다.

유니레버Unilever에 3억 2,600만 달러에 인수되기 전, 아이스크림 제조 회사 벤앤제리스Ben & Jerry's는 기후 변화, 경제 불평등, 인권 문제에 대해 지속적으로 목소리를 내왔다. 이 회사는 인수된 뒤에도 대담한 움직임을 보이며, 이스라엘이 점령한 서안 지구에서 아이스크림을 판매했다는 이유로 모회사인 유니레버를 고소했다. 그들은 자신의 주장을 분명히 밝히며 모회사와 합의했다.

기업이 진정으로 자신의 목소리를 좋은 일에 사용하는 사례가 무수히 많다. 아웃도어 의류 제조업체인 파타고니아Patagonia는 매출의 1%에 해당하는 금액을 환경 문제를 위해 기부한다. 무함마드 유누스Muhammad Yunus의 소액 금융 기관은 세계에서 가장 가난한 사람들과 소외된 기업에 대출해 주며 98%의 대출 상환 비율을 달성했다. 기업과 자선 단체에는 진정한 이타주의의 사례가 많다. 이런 진정한 기업과 미덕을 과시하려는 브랜드를 구분하는 건 중요한 일이다.

도덕적 입장은 변할 수 있다. 수감자는 회개하고, 정책은 규제되고, 부패한 협회는 개혁되고, 경영진들은 리더십 스타일을 개선하고, 개인은 인간성을 재발견한다.

멩겔레와는 대조적이게도, 가톨릭 신자인 엔지니어이자 나치 당원이었던 오스카 쉰들러Oskar Schindler는 양심의 목소리에 귀를 기울였다. 처음에는 그도

약탈로 이익을 얻었다. 1939년 그는 독일군을 경제적으로 지원하기 위해 폴란드의 도시 크라쿠프Krakow 외곽에 있는 공장을 매입했다. 1942년 이 공장은 직원 800명을 거느린 에나멜과 탄약 공장으로 성장했다. 직원 중 절반은 유대인이었다.[30] 오스카 수상작 〈쉰들러 리스트〉에 묘사된 것처럼, 쾌락주의자 같았던 그의 삶은 '중요한' 노동자들을 가스실에서 구해내는 것으로 변모해 갔다. 나치 동지들이 유대인의 얼굴만 보고 그들의 생명권right to life을 판단하는 동안, 그는 유대인들의 목숨을 구하기 위해 노동자 명단을 위조했다.

전쟁 후 빈털터리가 된 쉰들러는 유대인 구호 단체의 지원으로 이스라엘과 독일을 오가며 생활하다가 생을 마감했다. 그의 무덤에는 '박해받는 유대인 1,200명의 목숨을 구한 진정한 구원자'라는 말이 새겨졌다. 그리고 그의 에나멜 공장에는 양심의 목소리에 응답한 그를 기리는 명패가 세워졌다.

일본 외교관 스기하라 지우네Chiune Sugihara와 그의 아내 유키코Yukiko도 6,000명의 리투아니아 유대인을 구하기 위해 통행 비자를 위조하는 데 목숨을 건 많은 사람 중 한 명이었다.[31]

수많은 훌륭한 개인이 열 두번째 배심원처럼 매일 양심에 귀를 기울이고 친절한 행동을 베풀며 다른 이들의 삶에 실질적인 변화를 가져다준다. 그렇지만 무엇이 윤리적인지는 우리가 결정할 수 있는 문제가 아니다. 왜일까?

도덕성에 대한 보편적 기준은 존재하지 않기 때문이다.

＊＊＊

'도덕적 기계Moral Machine'로 알려진 전 세계적 실험에서는 233개 국가와 영토에서 230만 명이 참여해 총 4,000만 건에 달하는 의사결정을 분석했다.[32] 이 실험의 참가자들은 자율주행차의 안전성에 대한 열 세 가지 가상 시나리오를 받았다.

어느 경우든 사망자가 발생하게 된다. 사람들은 다섯 가지 서로 다른 그룹 중 어느 그룹의 사람을 살릴지 선택해야 했다. 젊은이, 부유한 사람, 노숙자, 노인, 여성 등이 그 예시였다. 당신이라면 누굴 선택했을 것인가? 국가별로 답변의 양상이 상당히 달랐다는 점은 일관된 도덕적 잣대가 존재하지 않음을 보여 주었다.

윤리에 기반한 PERIMETERS 함정은 매일 쏟아지는 데이터와 허위 정보, 주의를 흐트러뜨리는 소음 속에서 양심의 목소리를 듣기 어렵게 만든다. 오늘날 범죄를 저지른 개인과 기업, 국가가 법의 심판대에 오르는 사례는 늘고 있지만, 그 진전은 여전히 더디고 선택적이다. 세상은 아직 공평하지 않으며, 일부 최악의 범죄자들은 지금도 정의의 심판을 피해 가고 있다.

그럼에도 많은 이가 올바른 선택을 하고, 도덕적 필터를 통해 자신의 동기를 성찰하며 타인의 본보기가 된다. 기업 또한 보상과 처벌의 기준을 강화해 일탈이 관행으로 굳어지는 것을 막는다. 이러한 작은 실천들이 모여 실제 변화를 만든다.

권력, 자아, 위험, 정체성, 기억, 윤리적 함정에 대한 인간의 취약성은 시간의 관점에 따라 달라진다. 우리는 미래의 결과를 바라보는가, 아니면 과거의 결정과 향수에 매여 있는가? 이처럼 겉보기에 분리된 의사결정 방해 요인들은 시간 기반 PERIMETERS 함정과 맞물려 영향을 증폭시킨다. 이것이 다음 장에서 다룰 주제다.

의사결정 고수가 되기 위한
핵심 원칙

- 사소한 몇 가지 판단으로 윤리적 의사결정과 비윤리적 의사결정이 갈리게 되는데, 이는 인생을 평탄하게 보낼 것인가 아니면 감옥에서 여생을 살아갈 것인가 하는 큰 차이를 만들어 내기도 한다.

- 비윤리적 의사결정을 내리는 주체는 기관이 아니라 사람이다. 권력자들이 지나치게 목표에 집착하면, 그들의 시야는 좁아지고 양심이나 이해 상충의 문제가 무시된다.

- 사회는 현시대의 지도자들이 윤리적 판단을 내릴 것을, 그리고 그들이 도덕적 분위기를 조성해 줄 것을 기대한다. 위법 행위에 대한 법적, 사회적 처벌이 점점 늘어나고 있다.

- 사람들 대부분은 자신의 도덕적 정체성에 대해 자랑스러워하지만, 압박, 유혹, 상대적인 박탈감, 경쟁 등 이에 반하는 목소리에 굴복한다.

- 미끄러운 경사로는 대개 변명, 완곡 어구, 도덕적 허용, 이데올로기 같은 초기 징후와 함께 서서히 시작된다.

- 도덕적 이탈이라는 복잡한 프로세스는 윤리적 퇴보 이후에 발생하며, 심각한 위법 행위를 용인하고 정당화하게 만든다.

- 세상이 언제나 정의롭거나 공평한 건 아니다. 조직에 가장 좋은 선택이 언제나 개인에게 가장 좋은 선택인 것은 아니며, 개인적으로 가장 좋은 선택이 언제나 사회적으로 가장 좋은 선택인 것도 아니다.

- 극단적 악은 극단적 선으로 상쇄된다. 리더들에게는 보이는 것과 들리는 것의 차이를 알고 또 이를 재조정할 도덕적 책임이 있다.

Time, 시간이라는 함정

CHAPTER 10

**진정한 스승은 과거를 살아있게 하면서
동시에 현재를 이해할 수 있는 사람이다.**

공자孔子

1977년 3월, 안개가 자욱한 일요일 오후였다. 항공 교통 관제사들과 조종사들은 이륙 지연으로 일정에 차질을 겪고 있었다. 스페인 테네리페Tenerife섬 관제탑에는 인력이 부족했고, 시야가 좋지 않았으며 활주로는 혼잡했다. 경험 많은 조종사 제이콥 반 잔텐Jacob van Zanten은 자신의 차례를 기다리고 있었다. 그는 테네리페섬 북부에 있는 로스 로데오스Los Rodeos 공항의 스페인 관제사와 이륙 허가 여부를 논의하고 있었다. 부조종사 머르즈Meurs는 관제사에게 '이륙 준비 완료'라는 신호를 보냈다.

관제사는 "알겠다"라고 대답한 뒤, "잠시 이륙 대기 하라. 곧 신호를 주겠다"라고 덧붙였다.[1]

그 시각, 팬암Pan Am 1736 항공편에서 무전이 오는 바람에 3초간 주파수 장애가 발생했다. 머르즈와 반 잔텐 모두 마지막 문장을 듣지 못했다. 그들은 이류 승인을 받은 팬암 항공기와 동시에 30번 활주로로 향했다. 두 비행기는 시속 257.5km로 충돌해 583명이 사망했다.

이륙 시간을 지키는 데 마음이 급했던 반 잔텐은 익숙한 메시지를 듣자마자 닻을 내렸다. 마침내 기다리던 신호를 들었다고 믿은 것이다. 기상 상황, 헛듣기, 불운, 인적 오류가 한데 모여 항공 역사상 최악의 재난이 발생했다. 이 사건 이후로 새로운 신호어 표준이 도입되었다.

하지만 잘못된 판단을 언어나 절차 문제로만 돌릴 수는 없다. 우리는 시간이 우리의 의사결정에 영향을 미치리라 생각하지 못한다. 시간이란 너무 추상적인 것이기 때문이다. 하지만 우리는 무의식적으로 과거, 현재, 또는 미래라는 시점에 기반해 상황에 주의를 기울이고 이를 파악한다. 조바심, 향수, 미루는 습관과 같은 시간 요인은 이성적 사고를 약화하고, 우리의 선택을 방해한다.

이 장에서는 다섯 가지 시간적 편향이 우리가 들은 내용을 어떻게 왜곡하는지를 살펴본다. 급할수록 우리는 대화의 세부보다 전체적인 인상에 의존해 결정을 내린다. 또한 많은 사람들은 장기적 이익이 분명함에도 불구하고 현재에 머무르려는 단기적 사고방식을 보인다(현재 중시 편향present bias). 어떤 이들은 변화를 두려워해 실험해 보거나 혁신하기보다는 익숙한 것을 고수한다(현상 유지status quo). 또 다른 이들은 "이전에 효과가 있었으니, 이번에도 효과가 있을 거야"라고 생각하며 사실이 드러난 뒤 선택을 다르게 해석한다(사후 확신 편향 hindsight bias). 대다수는 자신이 미래에 어떻게 느낄지를 예상치 못하고(감정 예측의 오류affective forecasting error), 시간에 따라 일관되지 못한(노이즈noise) 모습을 보인다.

세상은 둘로 나뉠 수 없다. 극단적으로 장기적인 사고방식이나 단기적인 사고방식은 의사결정의 폐해를 불러온다. 제2차 세계대전 이후 런던에서 발생한 최악의 주거지 화재 사고가 단기적 사고방식을 잘 표현하는 사례다.

경험과 직관

2017년 6월 14일 자정이 막 지났을 무렵, 24층짜리 고층 건물의 4층 집 냉장고에 불이 붙었다. 불길은 몇 분 만에 상층부로 번지며 건물 외벽을 타고 확산됐다. 40여 대의 소방차가 투입되었고, 구조대는 초기 대응 지침에 따라 입주민들에게 '자리를 지키라'고 안내했지만 일부는 이를 따르지 않았다.

새벽 2시 47분, 주민들에게 대피 지시가 내려졌고, 다른 주민들은 화재가 생중계되는 뉴스를 지켜볼 수밖에 없었다. 네 시간 만에 100가구가 불길에 휩싸였다. 24시간 만에 그렌펠 타워 Grenfell Tower 전체가 전소되었다.[2] 72명이 목숨을 잃었다.

무슨 일이 일어난 걸까? 구조적, 심리적 요인이 결합했고, 탐욕, 무능, 무기력함이 가세했다. 1970년대에 지어진 그렌펠 타워는 화재 발생 몇 년 전 약 860만 파운드에 개조되었다. 예산을 맞추기 위해 시공사는 고품질 피복재를 가연성 폴리에틸렌 필러 소재로 바꾸며 이렇게 자랑했다. "이익을 많이 남길 수 있겠는걸[3]"

문서에는 "원래 제안된 아연 피복재를 화재에 약한 알루미늄 계열로 교체하면서 거의 30만 파운드를 절약할 수 있었다. 그러나 해당 피복재와 외부 단열재 모두 사전 테스트를 통과하지 못했다"라고 쓰여 있었다.

보수 작업 관계자들은 안전에 귀를 기울이지 않았고, 단기적 사고방식으로 자재를 조달했다. 이익 창출이 최우선이었다. 안전과 맞바꾼 비용 절감, 프로젝트의 예산 초과 위험이 농점과 무질서에 맞닥뜨렸다.

숙련된 소방관들은 그렌펠의 화염과 싸우며 상황을 숙고할 시간이 거의 없었다. 그들은 화재가 퍼질 위험을 예측할 때 경험에서 우러나온 직관에 바탕을 두었고, 불완전하고 잘못된 정보를 이용했다.

그들은 건물의 스프링클러와 급수 시스템이 부실하다는 점, 방화문이 안전 기준을 충족하지 못했다는 점, 응급 구조대 및 경찰 측과의 통신이 원활하지 않다는 점에 대해서 알지 못했다.[4] 설상가상으로 타워의 유일한 중앙 계단은 탈출용으로 적절하지 않았다.

문제는 이러하다. 완벽한 정보를 바탕으로 한 판단도 오류를 낳을 수 있다. 하물며 비용 절감만이 우선되는 불투명한 환경에서는 의존할 수 있는 것이 직감뿐인 경우도 많다.

그 결과 우리는 종종 성급한 판단을 내린다. 노련한 전문가들은 직감을 활용해 고객과 환자의 반응을 예측한다. 체스 선수와 프로 게이머가 상대방의 다음 수를 예상하는 것처럼, 변호사들은 비극적인 사건을 전시하며 이에 대한 사람들의 감정적인 반응을 예측한다.

작가 말콤 클래드웰Malcolm Gladwell은 자신의 베스트셀러 『블링크Blink』에서 직관이 우리에게 도움이 된다고 믿지만, "깊이 자리한 편견에 따라 행동하게 만들어 우리를 처참하게 타락시킬 수도 있다"라고 말했다.[5]

얄팍한 정보는 우리를 직감에 의존하게 만든다. 이는 좋은 판단을 방해하는 시스템 1 사고방식을 불러일으킨다. 과거에는 '빨리 결정하고 천천히 후회하라'라는 말이 흔했다.

중요한 결정을 내릴 때, 다른 사람들에게 그들의 직감이 왜 옳다고 생각하는지 물어보는 게 도움이 될 수 있다.

시끄러운 세상에서는 시간적, 금전적, 정치적, 윤리적 압박 속에 수많은 어려운 결정이 내려진다. 의사는 수술 여부를, 장교는 침공 시기를, 배심원은 사형 권고 여부를 결정한다. 직감과 빅데이터가 신속한 판단을 내리는 도구이기는 하지만, 그 판단은 결국 단기적 편향 때문에 손상될 뿐이다.

오늘은 이렇지만, 내일은 어떨까?

당신이 뭔가에 대해 생각할 때, 그것보다 더 중요한 일은 없는 것 같다. 다음에 뭘 먹을지, 무슨 게임을 할지, 당신의 프로젝트, 월급날, 주주총회. 반 잔텐의 경우에는 이륙 시간이었다. 이런 것들이 지금 당장 중요한 일이다. 현대의 비상 상황이란 이런 것들을 의미한다.

이는 새롭게 생겨난 문제가 아니다. 즉각적인 만족은 비즈니스의 구조와 우리의 정신 속에 깊이 각인되어 있다. 소비자들은 빨리 계산을 마칠 수 있는 계산대로 돌진한다. 오늘날 200개국 이상에서 9억 3,000만 명이 넘는 링크드인 사용자가 즉각적인 피드백을 갈구한다. 이는 원나잇 스탠드와 도박 중독뿐만이 아니라 기후 위기나 저축 위기까지 설명한다. 우리의 뇌는 현재 중시 편향 때문에 즉각적인 보상에 반응한다.

아이에게 지금 마시멜로 한 개를 받는 것과 15분 뒤 두 개를 받는 것 중에 선택하라고 한다면, 대부분이 어떤 선택을 할 것 같은가? 1972년도에 이를 실제로 테스트했는데, 3분의 1만이 기다리는 것을 선택했다. 14년 후의 한 연구에서는 인내, 성인이 되었을 때의 자신감, IQ 사이의 상관관계를 발견했다.[6]

비단 마시멜로만의 문제가 아니다. 이를 돈으로 바꿨을 때도 마찬가지다. 사람들 대부분은 내년 연봉의 15% 인상보다는 올해 연봉의 10% 인상을 선택한다. 즉, 미래의 불확실한 이득보다는 오늘의 확실한 보상을 선호한다. 의사결정을 평가할 때도 우리는 현재 상태에 초점을 맞춘다. 이는 논리적이라기보다는 심리적인 행동이다. 우리는 오늘을 훨씬 넘어선 미래에 대해서는 생각하지 않는다. 우리의 마음은 오늘 밤 일과 내일 일 사이를 오간다.

우리는 즉각적인 보상을 선호한다. 기업 임원으로 있을 때 고성과자에게 스톡옵션을 나눠 준 적이 있는데, 이상하게도 몇몇은 전혀 기뻐하지 않았다. 아마존 기프트 카드였다면 좋아했을까? 5년이라는 일반적인 베스팅vesting 기간* 때문에 보상이 너무 멀게 느껴진 듯하다. 배부른 자만이 할 수 있는 불평이다.

"오늘을 살아라" 당신도 이런 말을 들은 적이 있을 것이다. 물론, 어느 정도의 지혜가 담긴 말이다. 내일이 오기 전까지는 말이다. '나중'이 영원히 오지 않을 때도 있다. 위 같은 격언은 우리가 저축, 공부, 승계 문제와 같은 합리적 의사결정을 뒤로 미루는 이유를 설명한다. 또 특정 기관이 멸종 위기 상태인 천산갑pangolin을 밀거래하고 희귀 야생 동물을 사냥하는 이유를 설명한다. 그리고 기후 위기가 한 세대에서 다음 세대로 전가되는 동시에 세계가 무더위, 홍수, 화재에 시달리는 이유를 설명한다.

무엇보다, 우리가 불필요하게 건강 위험을 감수하는 이유를 설명한다.

오늘만 산다는 것

도로 유지보수 작업자는 장시간 굴삭기의 굉음에 노출된다. 2003년 EU 규제기관은 작업자들의 청력을 보호하기 위해 최소한의 요건을 명시한 지침을 발표했다. 하지만 일부는 보호용 귀마개 착용을 거부했다. 한 사람에게 그 이유를 물었더니, 이렇게 대답했다. "아무도 착용하지 않았으니까요" 동료 집단으로부터 받는 사회적 압력이 현재 중시 편향과 맞물렸다. 현재 그의 청력은 온전치 못한 상태다. 단기적 사고방식은 우리의 판단력을 흐리고 삶의 질을 저

---

*   특정 조건을 만족했을 때 옵션을 행사할 권리를 얻을 수 있는데, 그 기간을 의미한다. 충족 조건의 예시는 일반적으로 다음과 같다. 1년간 근무 시 10%, 2년간 근무 시 30%, 3년간 근무 시 50%, 4년간 근무 시 70%, 5년간 근무 시 100%.

하한다.

　기업 또한 이 책임에서 자유롭지 않다. 석면 노출 사례를 떠올려 보자. 허니웰Honeywell, 레이베스토스Raybestos, 제너럴 모터스General Motors 같은 기업계의 골리앗들은 석면 제품이 건강에 해롭다는 걸 알면서도 이를 사용해 브레이크, 시멘트, 밸브를 제조한다. 세계보건기구World Health Organization는 석면 관련 질병으로 생을 마감하는 인구수가 전 세계적으로 매년 9만 명 정도 될 것으로 벨기에에서는 금속 공장 노동자가 석면 관련 암인 중피종mesothelioma으로 사망할 가능성이 일반 인구 대비 87% 더 높은 것으로 나타났다.[7]

　사회적인 수준에서 살펴보면, 각국 리더들은 분쟁이 여러 세대에게 영향을 미치고 있음을 무시한다. 국제 연합United Nations은 활성 상태의 지뢰가 약 1억 1,000만 개에 달할 것으로 추정한다.[8] 수단, 캄보디아, 짐바브웨에서는 여전히 지뢰가 폭발한다. 체르노빌은 여전히 장애에 노출되어 있다.

　권력자들은 장기적인 필요보다 단기적인 탐욕을 우선시하도록 동기 부여된다. 화학 폐기물을 투기하고, 장기 밀매에 가담하며 열악한 환경에서 노동을 착취하고 블러드 다이아몬드를 채굴하는 과정에서 인권을 침해한다. 더 나아가 많은 기업이 이러한 현실을 알면서도 최저임금에도 못 미치는 보수를 지급해, 장기적인 경제적 불평등을 구조적으로 고착시킨다.

　단기적 사고방식은 곳곳에 넘쳐난다. 엘리자베스 트러스가 여러 차례 잘못된 판단을 반복한 사실을 기억하는가? 전직 재무부 장관 쿼지 콰텡Kwasi Kwarteng은 그녀에게 느긋해지라고 충고했지만, 그녀는 그의 조언을 새겨듣지 않았다.[9] 2024년 재선을 의식해 강한 인상을 남기기에 급급했던 트러스는 내일보다는 오늘에 지나치게 집중했다.

　위대한 리더는 승리하지 못하는 순간에도 그것이 곧 패배를 의미하지는 않는다는 사실을 보여 준다. 누군가는 이 점을 명확히 안다. 나는 테니스 선수 라파엘 나달Rafael Nadal의 장기적 사고방식에 언제나 감명받는다. 그는 오른손잡이지만 어린 시절부터 왼손 훈련을 했기에 코트에서 불리한 위치에 서지 않을 수 있었다. 현재 그는 92개의 ATP 단식 타이틀을 보유하고 있으며, 통산 수입은 1억 3,500만 달러에 달한다.

야망 있는 의사결정 고수는 현재 상황에서 지나치게 쉽거나 익숙한 것에 안주하기보다는 장기적인 계획을 세운다.

현상 유지가 만병통치약이 아닐 때

백번 이해한다. 나 또한 직장 생활을 하던 중 외부에서 더 좋은 오퍼를 받은 적이 있다. 내 상황은 참담했고 모든 신호가 변화를 가리키고 있었다. 답을 찾기 위해 위험 회피자인 친구들에게 조언을 구하고, 장단점을 나열하며 다시금 조목조목 따져 보았다. 상황이 나아지지 않을 거라는 걸 알면서도 나는 친숙함과 편리함에 굴복했다. 이는 내 커리어에서 가장 큰 후회로 남아있다. 당시 내 시야는 내일이 아닌 오늘로 제한되어 있었다. 익숙함은 변화의 의지를 꺾는다. 더 나은 대안이 있음에도 불구하고 우리는 현상 유지를 선택한다. 그게 장기적으로 더 나쁜 선택을 의미할 때도 말이다. 그 이유는 두 가지다.

첫째, 우리는 이미 가지고 있는 게 어쩌면 가질 수 있는 것보다 더 낫다고 생각한다. 사람들이 봤던 영화를 또 보고, 샀던 브랜드를 또 사고, 같은 정치인을 또 뽑는 이유가 이에 해당한다.

둘째, 이혼, 수술, 이사, 합병, 은퇴와 같은 고위험 의사결정은 상대적으로 더 크고 최종적인 의사결정처럼 느껴진다. 특히, 되돌릴 수 없는 경우라면 더욱 겁이 난다. 아무것도 하지 않으면 이러한 트라우마를 피해 갈 수 있다. 변화를 '기회'라는 친구가 아닌 '확실함'의 적으로 볼 때, PERIMETERS 함정은 우리 가까이에 있다.

현상 유지를 지향하는 성향은 수치로도 확인된다. 대법원이 하급심 판결을 검토한 경우에도 판결이 번복될 확률은 0.5%에 불과하다. 2022년, 로 대 웨이드Roe vs Wade 낙태 판결을 뒤집은 결정은 예외적인 사건으로, 232년 동안 축적된 대법원 판례 중 234번째 번복 사례였다.[10]

과거와 현재는 내일이 오기 전까지만 작동하는 편리한 경험칙에 불과하다. 변화의 보상이 뚜렷하지 않다면 사람들은 익숙한 상태에 머무른다. 그래서 소비자는 미용실을 바꾸지 않고, 구독 역시 쉽게 취소하지 않는다.

물론 현상 유지가 보편적으로 허용된다는 건 아니다. 그랬다면 우리는 로봇, AI, 7G, 메타버스에 투자하는 대신 여전히 흑백 TV를 보며 프레드 플린스톤Fred Flintstone*처럼 살았을 것이다. 어떤 이들은 변화를 추구한다. 1998년 시작된 국제우주정거장 건설에 든 비용은 약 1,500억 달러로 추산되는데, 이는 10여 년 넘게 15개국의 참여로 건설되었다. 상당히 미래 지향적인 일이다.

사실에 반하는 사고: 불장난

우리의 위험 회피 성향, 나와 주변 사람이 실망하지 않도록 하려는 마음이 현상을 유지하게 만든다. 더 나은 선택을 놓칠 수도 있었을 테지만, 우리는 그게 눈앞에 드러나기 전까지 뭘 놓치고 있는지도 모른다. 나는 사업을 시작하기 전까지는 기업에 소속되어 일하지 않으면 길을 잃을 것으로 생각했다. 우리를 막는 건 우리의 위험 회피 성향이다. 가 보지 않은 그 길이 더 안 좋은 길이라면

---

*   석기시대를 배경으로 한 미국의 유명한 애니메이션의 등장인물.

어떻게 할 것인가?

현상 유지의 편안함에 흠뻑 젖어 있다면, 틀을 벗어나서 사고하는 건 당신의 레이더상에 존재하지 않는다. 하지만 그것 나름대로 생명을 구할 수는 있다.

1950년대의 영화 〈몬타나의 붉은 하늘〉은 맹렬한 산불과 씨름하는 맨 굴치 Mann Gulch 산 삼림 소방대원들의 실화를 다뤘다. 갑작스러운 강풍은 그들의 탈출 경로를 차단했고, 화재는 삽시간에 퍼져 소방대원들을 삼킬 기세였다. 불길이 불과 84제곱미터 반경으로 다가오자, 대장 와그너 도지Wagner Dodge는 인지된 상황 속에서 이치에 맞지 않는 엉뚱한 결정을 내렸다. 그는 자기 앞에다가 또 다른 불을 피웠다. 왜 그랬을까?

도지는 자신이 태워 버린 부분을 산불이 비켜 가길 바랐다.[11] 공황 상태에서 직관적이고 경험에 기초한 도박을 감행한 것이다. 그는 배를 땅에 붙이고 기듯이 앞으로 나아갔다. 두 명의 대원이 그를 따랐고, 이 세 명의 삼림 소방대원만이 살아남았다. 당시 그의 현실을 거스르는 전략은 지나치게 극단적인 것으로 여겨졌다.

변화를 거부하는 마음은 의사결정을 방해한다. 우리가 왜 변화하지 않는지 아는 것 자체가 귀중한 자산이다. 현상 유지가 유용한지 스스로 묻고, 당신과 조직, 공동체, 국가가 무엇을 잃고 있는지, 어떤 기회를 놓치고 있는지 살펴보라.

째깍째깍: 앞으로 나아가기 위해 뒤돌아보기

돌이켜보면 모든 것이 달라 보인다. 지금에 와서 생각해 보면 9.11 테러, 코로나19, 브렉시트, 암호화폐가 다가올 게 분명해 보인다. 메이도프는 자신의 폰지 사기에 대해 이렇게 말했다. "돌이켜 보면, '이러면 안 돼'라고 되뇌지 못할 일은 아니었다[12]" 야후의 전 CEO 마리사 마이어는 텀블러Tumblr를 약 13억 달러에 인수하는 것보다는 넷플릭스를 40억 달러에 인수하거나 훌루Hulu를 13억 달러에 인수하는 게 '혁신적 인수'에 훨씬 더 가까운 현명한 선택이었을 것이라 회고했다.[13] 이 말에 이의를 제기하는 사람은 거의 없을 것이다.

과거는 우리를 규정한다. "항상 이렇게 해 온걸요"라는 말은 좋은 말인가 나쁜 말인가? 고대 우화에서 농부의 대답과는 다르게, 그리 어려운 문제는 아닌 것으로 보인다. 임원들이 더 나은 해결책과 프로세스를 모색하기보다는 과거에 효과가 있었던 습관, 전략, 일상을 단순히 반복할 때 기존의 방법은 제도적으로 굳어진다.

과정은 뒤를 돌아보지만, 해결책은 앞을 본다. 어제 한 의사결정을 떠올리는 것만으로도 오늘의 선택에 영향을 미칠 수 있다.[14] 여전히 당신이 했던 가장 큰 실수를 떠올리는가? 〈해리포터〉 시리즈는 출판사 열두 곳에서 거절당한 뒤에야 세상에 나왔다고 한다. 게임스탑의 숏스퀴즈short squeeze*로 수백만 달러를 잃은 매니저는 다시 투자에 손을 댈 수 있을까? 실수는 기억에 또렷이 새겨지지만, 그럼에도 경기침체는 되풀이되고 스캔들은 증식한다.

역사 또한 반복되는데 사람들은 늘 이번만큼은 다르다고 믿는다. 하지만 이번이라고 다를 건 없다. "투자에서 가장 위험한 말은 '이번만큼은 다르다'라는 말이다"라는 존 템플턴John Templeton 경의 말은 옳다. 인간관계와 다이어트를 두고 사람들이 흔히 반복하는 말이기도 하다.

귀를 기울이는 의사결정 고수는 다른 사람들이 알아낸 것 중 최고를 마스터한다. 어떤 이들은 과거의 실수를 통해 배운다. 예를 들어 영국의 음악 레이블

---

*　주가 하락을 예상하고 공매도한 투자자가 예상치 못한 주가 상승 시 손실을 메꾸기 위해 모여 들면서 오히려 주가 상승이 심해지는 현상.

데카 레코드Decca Records의 신인 발굴 담당자 딕 로우Dick Rowe를 생각해 보자. 그는 1960년대에 4인조 남성 밴드는 인기가 식어서 미래가 보이지 않는다고 믿어 비틀스와 계약하지 않기로 했다.[15] 그는 곧 슈퍼스타가 될 비틀스 대신 지역 밴드 브라이언 풀 앤드 더 트레멜로즈Brian Poole and the Tremeloes와 계약했다. 콜롬비아 레코드, HMV, 필립스 레코드도 그 뒤를 이어 비틀스를 거절하는 비슷한 실수를 저질렀다. 애플 워치Apple Watch와 〈해리포터〉처럼, 그 옛날 그들은 달라도 너무 달랐다.

몇 년 뒤 롤링 스톤스Rolling Stones와의 계약을 협상할 때, 데카 레코드는 역사를 반복하지 않았다. 데카는 통상적인 로열티의 세 배에 달하는 가격으로 롤링 스톤스와 계약했다.

과거의 결정이 낳은 현재 효과를 알지 못한다면, 해당 결정은 의사결정의 걸림돌이 될 수 있다.

경험은 골칫거리?

시간은 중요한 의사결정에 큰 혼란을 초래한다. 솔트하우스Salthouse의 연구는 치매 진행 속도가 5년마다 두 배로 증가하는 것으로 추정한다.[16] 노인들은 넷플릭스 콘텐츠를 소비하지만, 등장인물과 줄거리는 몇 분 만에 잊는다. 하버드 케네디스쿨의 데이비드 레입슨David Laibson 교수는 다음과 같은 말로 사람들의 심금을 울렸다. "평생 공로를 쌓은 사람도 나이가 들면 10년 동안 창피를 당할 위험이 있다"

문제는 이렇다. 많은 조직에서 권력층은 비교적 연령대가 높으며, 이들에게는 정확한 기억력보다 풍부한 경험이 무기다. 이전 전략, 경험, 데이터에 대한 의존은 심각한 단점이지만, 사람들은 이를 잘 모르거나 알아도 모르는 체하곤 한다.

앞서 논의했듯, 이러한 함정은 서로 밀접하게 얽혀 있다. 기억에 기반한 오류는 조직의 골칫거리지만, 이를 공론화하거나 인정하는 경우는 드물다. 사람들은 노인 차별로 비난받을까 두려워하지만, 이는 현실이자 위험이다. 특히 권력과 결합할 경우, 그 위험은 상당히 치명적이다.

시간은 우리가 정보를 평가하는 방식을 바꾼다. 저축에 대한 의사결정을 예로 들어 보자. 연구에 따르면 고령의 저축자는 젊은 저축자와 비교했을 때 다양한 선택 옵션을 피하고, 적은 양의 데이터를 선호하며, 부정적인 사실을 덜 받아들이는 경향이 있다.[17]

논리적 사고의 방식은 개인마다 다르고, 80대가 넘어서도 성공적으로 직책을 유지하는 사례도 많으므로 이 문제는 더욱 복잡해진다. 나이키의 공동 창업자인 85세의 필 나이트Phil Knight는 여전히 스포츠 의류 제국을 통치하고 있다. 호주의 미디어계 거물 루퍼트 머독Rupert Murdoch은 92세에 은퇴했다. 이 책을 쓰는 지금, 오마하의 오라클 워런 버핏은 93세로, 포춘 500대 기업의 CEO 중 가장 나이가 많은 사람이다. 엘리자베스 2세 여왕은 96세로 가장 나이가 많은 군주였다. 심지어 피카소는 91세까지 그림을 그렸다.

나이가 어찌 되었든, 모든 사람은 미래의 감정, 결과, 상황을 상상하는 데 어려움을 겪는다.

내일 일을 내가 어찌 알아

뉴욕에서 일할 때, 나는 종종 휴가 기간에도 회의에 전화로 참여하겠다고 말하곤 했다. 하지만 모래사장에 누우면 내 열정은 금세 사그라졌다.

우리는 오늘 기분에 따라 내일을 결정한다. 사실 우리는 자신의 감정을 예측하는 데 매우 서툴다. 과학자들은 이를 '감정 예측의 오류'라고 부른다. 편안히 쉴 때 분노를 상상하거나, 하루하루 살아가기 급급할 때 경제적 안정의 기쁨을 떠올리기는 어렵다.

우리는 현재 가진 것과 다른 대안적 시나리오나 생활 방식을 상상하는 데 익숙하지 않다. 당신이 노숙자에게 연민을 느낄지라도, 거리에서 실제 밤을 보내보기 전에는 그들의 기분을 결코 알 수 없다.

회사가 성장 단계에 있을 때, 임원들은 회사의 미래를 상상하기 어렵다. 나는 2006년, 메릴린치의 자산 운용 부문을 막 인수한 블랙록에서 국제 마케팅 책임자로 일하며 타운홀 미팅에서 전략적 마케팅 계획을 발표했던 기억이 난다. 장기 비전의 일환으로, 나는 회사 로고를 포춘 500 이미지 위에 겹치며 언젠가 블랙록이 상장될 것이라고 말했다. 그때 들었던 낄낄거리던 비웃음 소리가 아직도 귓전에 울린다. 그러나 블랙록은 2009년 전 세계 1위 자산관리 회사가 되었고, 2021년에는 포춘 500에서 192위를 차지했다.

사람들은 왜 승진, 휴일, 시험으로 자신이 얼마나 기쁠지 또는 낙담하게 될지를 과대평가할까? 스토아학파 철학자인 세네카Seneca는 이렇게 말했다. "인간은 실제보다 상상 속에서 스스로를 고통스럽게 한다[18]"

한 번도 경험해 보지 못한 것에 대한 반응을 예측하기란 쉬운 일이 아니다. 그럼에도 우리는 판단하고, 또 잘못 판단한다.

오늘 당신의 속옷 색깔은?

심리학자 줄리 우드지카Julie Woodzicka와 마리안느 라프랑스Marianne LaFrance는 예측했던 순간이 왔을 때 왜 사람들이 예측과 다르게 반응하는지를 연구했다. 실험에서 200명이 넘는 여성이 가상 인터뷰에 참여했는데, 이 인터뷰에는 성적으로 무례한 질문들이 가득했다. 이를테면 "사람들이 당신을 관능적이라고 생각하나요?" "남자 친구가 있습니까?"와 같은 질문이었다.

여성들이 뭐라고 대답했을까? 약 90%가 단호하거나 공격적으로 대응할 것이라고 답했다. 일부는 무례한 상황에 맞서 인터뷰 현장을 떠나거나 질문자의 뺨을 때릴 수도 있다고 했으며, 68%는 최소 한 가지 질문에 대해 답변을 거부하겠다고 밝혔다.

후속 실험을 통해 여성들이 예측한 대로 행동할지를 알아보았다. 연구자들은 인터뷰 대상자를 모집해 동일한 질문을 했고, 그들의 반응을 비디오로 녹화했다.

무슨 일이 일어났을 것 같은가? 여성 100%가 모든 질문에 대답했다.[19] 인터뷰 도중 뛰쳐나간 사람도, 잘못을 지적한 사람도, 질문자의 따귀를 때린 사람도 없었다.

사람들은 감정을 예측하는 능력뿐만 아니라 시간을 예측하는 능력도 부족하다. 많은 조직이 프로젝트를 완료하는 데 필요한 시간을 잘못 계산해 예정일을 과도하게 초과하고 프로젝트를 지연시키며, 자원을 낭비한다. 이는 '계획 오류planning fallacy'에 해당한다. 시드니 오페라 하우스 건설 비용은 원래 700만 달러로 추산되었으나, 결과적으로 1억 200만 달러가 들었고 완공까지는 16년이 걸렸다. 이와는 반대로 설계하는 데 11년이 걸린 금문교Golden Gate Bridge를 건설하는 데에는 고작 2년이 걸렸다.

기획자나 설계자들이 경험이 부족하거나, 지나치게 낙관적이거나, 준비가 안 된 것일까? 그보다 우리가 오늘의 가정을 사용해 내일의 가능성을 예측하기 때문일 것이다.

시간적 지향점은 우리의 판단력을 흐리는데, 이 또한 시간이 지남에 따라 일관적인 건 아니다.

일관성 없는 판단

2004년 대선에서 조지 W. 부시는 '어느 쪽이든 바람이 부는 쪽으로'라는 내용으로 정치 선전을 벌였다. 이라크 전쟁과 테러에 대한 자신의 견해를 바꾼 상원 의원 존 케리John Kerry를 겨냥한 것이었다.

어떤 집단에서는 마음을 바꾸는 게 사회적으로 금기시된다. 물론 의학적 판단, 법적 판결, 주택 구매가 아닌 영화 선택의 문제에 있어서 마음을 바꾸는 건 그다지 중요하지 않을 수 있다.

산업 표준이 있기는 하지만, 회계, 의학, 예술, 경마, 이민 등 다양한 분야의 전문가들 사이에서 판단이 갈리는 일은 흔히 발생한다.[20] 카너먼, 선스타인 Sunstein, 시보니Sibony는 이를 판단의 '노이즈'라고 부른다. 이들은 이러한 변동성이 비즈니스 리스크로 간과되고 있다고 지적하며, 그 이유를 시간이 흐르면서 나타나는 결과나 집단 간의 결과를 비교하는 관리자가 드물기 때문이라고 설명한다. 소위 전문가들이 내린 결론이 일치하지 않는다면, 그건 무언가가 잘못되었다는 경고이며, 더욱 숙고할 필요가 있다.

카너먼은 50명의 금융 전문가에게 공통 위험common risk을 평가해달라고 요청했다. 그들의 추정치가 얼마나 차이 날 것으로 예상하는가? 임원들은 10%라고 추정했는데, 이는 엄청난 과소평가였다. 추정치는 무려 50%의 차이를 보였다. 소프트웨어 개발자들에게 60건의 작업 완료 시간을 추정해 보도록 했을 때도 마찬가지로 평균 71%의 차이를 보였다.[21]

사람들에게 '문화'가 무엇인지 설명해 보라고 하거나, '합리적 의구심' '공정' '잔혹함' 같은 추상적인 용어를 정의해 달라고 할 때도 비슷한 차이가 발생한다.

차이의 정도는 주관성의 함수일 뿐만 아니라, 자기중심주의, 자기 신념, 확증 편향의 함수이기도 하다. 이때 확증 편향은 자신의 본래 의견을 뒷받침하는 정보를 찾는 경향을 의미한다.

상황이 복잡할 경우, 판결도 상당히 달라질 수 있다. 법조계에서의 양형을 한번 살펴보자. 판사는 감정에 치우치지 않고 가중 요소를 정상 참작할 의무가 있다. 1974년 마빈 프랑켈Marvin Frankel 판사는 양형에 일관성이 없어서 국가마다, 범죄의 종류마다 달라진다고 주장했다. 헤로인 매매는 징역 1년에서 10년, 은행 강도는 징역 5년에서 18년까지 선고받을 수 있는데, 이는 오로지 판사의 재량에 따른다는 것이다.

공통 위험을 평가한 전문가들처럼, 동일한 데이터를 분석한 전문가들이 종종 다른 의견을 내놓기도 한다. 당신도 동료와 의견이 달랐던 적이 있지 않은가? 코로나19 기간, 바람직한 격리 전략과 그 시기에 대한 국가들의 의견은 근본적으로 달랐다.

호지킨병Hodgkin's disease을 테스트하기 위한 조직 검사 표본 193개를 평가했을 때, 병리학자들의 진단 또한 저마다 달랐다.[22] 병리학자들은 호지킨병의 다차원적 특성을 인지한 진단을 내려야 했지만, 그들은 각자의 배경지식과 학설에 기초해 각각 다른 가능성에 초점을 맞췄다.

집에서도, 술자리에서도, 직장에서도 각자의 판단은 모두 다르다. 저녁 식사 자리에서, 판사석에서, 수술대에서, 이사회 테이블에서 의견 불일치는 필연적으로 발생한다. 현명한 의사결정 고수라면 성급한 판단을 내리기 전에 이러한 의견 차이를 예상한다. 의사결정 고수는 다른 사람들보다 이를 먼저 인식할 뿐만 아니라, 성과에 긍정적 영향을 미칠 강점의 원천으로 인식한다.

1분 1초가 중요하다

약간만 노력하면 더 나은 판단력을 가질 수 있지만, 그 판단력이 그냥 지속되리라는 보장은 없다. 한발 물러서서 성찰하는 데에는 그만한 노력이 필요하다. 단 몇 초를 투자하더라도 한 번 더 생각한다면 대부분의 의사결정 결과가 개선된다는 것을 보여 주는 여러 연구가 있다.

그중 첫 번째로, 교육자 메리 버드 로우는 질문에 답하기 전에 3초간 생각할 시간을 가지면 세 배 이상 숙고하는 셈이라는 걸 증명했다. 게다가 이 방법은 비판적으로 사고하려는 의지를 더 높여 줬다.[23]

또 다른 연구도 있다. 로테르담대학 실비아 마메데는 의사들이 압박 속에서 진단 정확도를 개선할 수 있는지를 테스트했다. 그녀는 단순히 의사들에게 첫 직감에 대해 다시 생각해 볼 것을 권했다. 그 결과 진단 정확도가 10% 향상했다.

후속 연구에서 마메데는 의사들에게 처음 든 생각을 글로 적은 뒤 이를 뒷받침하는 증거를 확인해 보도록 했다. 이 2단계 기법은 진단 정확도를 무려 40%나 올렸다. 직관을 재검토할 시간을 주면, 사람들의 판단력은 좋아진다.[24]

세 번째 연구에서는 연구자들이 두 그룹의 사람들에게 전 세계 공항 중 몇 개가 미국에 있을지 추측해 보라고 했다. 한 그룹은 곧바로 추측해야 했고, 다른 한 그룹은 몇 주 뒤 추정치를 변경할 수 있었다. 재고할 시간이 있었던 사람들이 더 질 높은 추측을 내놓았다.[25] 성급하게 판단을 내리면 안 좋은 결정으로 이어질 수 있다는 점은 새삼 놀라울 게 없다.

시간은 금가루 같다. 사람들은 시간으로 보상받을 수 있다면 더 적게 벌 의향도 있다. 주 4일 근무제처럼 말이다. 그러니 시간을 절약하겠다는 이유로 충분한 시간을 투자하지 않아, 결국 시간을 낭비하고, 남용하고, 잃어버릴 필요가 어디 있겠는가?

시간이라는 관점에 귀 기울이기

시간에 근거한 판단에서 다룰 마지막 특이 사항은 우리가 소비한 시간에 대해 보상하는 방식이다. 우리는 결과보다 노력에 중점을 두고 보상을 결정하는데, 이를 일컬어 '노동 착각labour illusion'이라 한다. 파티 주최자가 배달 음식을 주문하는 대신 직접 요리를 하면, 당신은 주최자가 만든 치킨 요리가 마음에 들지 않더라도 이를 정신적으로 보상하려 한다. 매일매일 열심히 공부하지만, 항상 시험에서 낙제하는 저성취자들에게도 마찬가지다. 우리는 결과보다는 노력에 대해 보상한다.

인플루언서는 이를 잘 활용한다. '넛지Nudge'라는 이름의 팟캐스트 진행자 필 애그뉴Phill Agnew는 왜 미스터 비스트Mr. Beast의 유튜브 동영상 조회수가 260억만 뷰에 달하고 그가 벌어들이는 수익이 5,400만 달러에 달하는지 그 이유를 설명한다.[26] 도대체 미스터 비스트가 뭘 하길래? 흠, 그다지 많은 일을 하는 것 같지는 않다. 그가 하는 일은 그저 노력하는 모습을 보이는 것이다. 그가 가장 긴 영어 단어를 두 시간 동안 쭉 낭독하는 영상은 3,000만 명이 봤다. 그가 '로건 폴Logan Paul'이라는 이름을 40시간 동안 10만 번 반복한 영상은 2,600만 회의 조회수를 기록했다. 이 얼마나 진 빠지는 일인가.

내가 이 책을 쓰는 데 2년 동안 매일 여섯 시간씩 총 4,380시간을 들였다고 해서 독자들이 이 책을 더 재밌어하는 건 아니다. 하지만 과학은 독자들이 이러한 노력을 감사히 여길 것이라고 말한다. 컨설턴트가 100페이지에 달하는 보고서를 작성하고, 배관공이 청구서를 내밀기 전에 정성껏 시간을 들여 싱크대를 수리하는 이유다. 우리는 노력의 부족을 경멸한다.

사람들 대부분은 무의식적으로 과거, 현재, 또는 미래의 렌즈를 통해 결정을 내린다. 위험이 따르지 않는 접근 방식은 없다. 지나치게 미래에 집중하면

백일몽에 빠져 아무것도 이루지 못하고, 과거에만 매달리면 틀에 박힌 삶을 살며 현재를 낭비하게 된다. 현재에만 집중하면 과거로부터 배우지 못한다.

이해관계자는 세상을 해석할 때, 어떤 관점을 갖고 있는지 아는 것이 중요하다. 이는 힘의 원천이 며, 들리는 것과 보이는 것 사이의 균형을 조절하는 것 또한 마찬가지다.

시간이라는 함정은 항상 우리를 시험에 들게 한다. 그러나 헬리콥터에서 내려다보듯 넓은 시야를 갖추면 의사결정의 폐해를 줄일 수 있다. 특히 감정이 격해질 때, 이러한 관점은 의사결정에 큰 이점을 제공한다. 다음 장에서는 PERIMETERS 함정 중 가장 강력한 부분을 살펴볼 것이다.

의사결정 고수가 되기 위한 핵심 원칙

- 시간의 압박을 받으면 조급함, 즉각적인 만족감, 향수를 불러일으키는 목소리가 더 크게 들리고, 이는 잘못된 판단을 걷잡을 수 없이 키운다.

- 우리의 결정은 우리가 과거, 현재, 미래 중 어느 목소리에 더 귀를 기울이는지에 영향을 받는다. 각각의 목소리 모두 의사결정 손실을 초래할 수 있다.

- 현재에 가까운 보상에 더 큰 가중치를 부여할 때 사람들은 미래의 행동을 미루고, 미적거리며 망설이는 경향이 있다. 이는 의사결정의 질을 저해한다.

- 더 나은 대안이 있음에도 불구하고, 대부분은 변화가 주는 새로움보다는 현상유지가 주는 안전함을 선호한다. 이러한 정신적 속박과 심리적 편견을 예상하는 것이 지도자의 책임이다.

- 기업은 강력한 기업문화를 조성해 안정성이라는 가치를 제공하고, 이를 통해 개인의 선호도를 활용하고 인재를 사내에 유보할 수 있다.

- 지나간 일을 되돌아보게 되면 과거의 결정을 지나치게 미화하게 되는데, 이를 일컬어 '사후 확신 편향'이라 한다. "내 이럴 줄 알았지"라는 말은 진부한 말이다. 계속 뒤를 돌아본다면 앞으로 나아갈 수 없다.

- 사람들은 선호를 예측하는 데 매우 서툴다. 우리는 오늘의 기분에 따라 내일의 결정을 내리는데, 이는 논리적이지 못한 심리적 행동이다.

- 이전의 성공이나 실패는 객관성에 영향을 미친다. 미래의 렌즈를 적용해 이렇게 물어라. "하루, 일주일, 일 년이 지난 뒤에도 이게 중요할까?" 오늘 옳았던 결정이 내일은 틀릴 수 있다.

- 우리는 기대가 해석과 판단에 미치는 영향을 과소평가하고, 필요한 내용이나 사실 관계보다는 듣고 싶은 바를 듣는 경향이 있다.

- 당신이 투자한 시간은 정말 소중하다. 그러므로 당신의 노력을 가벼이 여기지 말고 그것을 어필하라.

- 지나치게 짧게 생각하면 판단에 부정적인 영향을 미친다. 심사숙고하는 1분 1초가 판단을 내릴 때 소중한 자산이 된다.

CHAPTER 11

Emotion, 감정이라는 함정

**눈으로 보고 귀로 듣는 모든 게
무언가를 이해하는 데 중요한 실마리가 된다.**

인도 작가, 지두 크리슈나무르티 Jiddu Krishnamurti

매년 미국에서는 수십만 건의 아동 실종 신고가 접수된다. 이 중 대부분은 단기간 내 가족이나 친지에게서 발견되지만, 일부는 장기 미해결 사건으로 남는다. 전 세계적으로도 수많은 아동이 실종 신고되며, 실제로 얼마나 많은 어린이가 위험에 처했는지는 정확히 알기 어렵다. 현대 사회에서도 납치, 인신매매, 살인 사건은 미해결로 남은 채 가족에게 고통을 주고, 피해자의 행방을 찾으려 애쓰는 전문가를 괴롭히는 일이 여전히 빈번하다. 30년 경력의 유능한 FBI 수사관 제프리 리넥 Jeffrey Rinek 도 그 중 한 명이다.

1999년 7월 24일 리넥은 동식물 연구가 조이 암스트롱 Joie Armstrong 의 살인과 관련해 증인을 모집했다. 그녀는 요세미티국립공원에 있는 자신의 오두막에서 약 90미터 떨어진 개울에서 목이 잘린 채 발견되었다. 전날 밤 그녀의 일기장에는 "그 괴물들이 마침내 사라졌다"라고 쓰여 있었다. FBI가 세 명의 공원 관광객 캐럴 선드^{Carole Sund}와 그녀의 십 대 딸 줄리 선드^{Juli Sund}, 친구 실비나 펠로소^{Silvina Pelosso}를 잔혹하게 살해한 지역 범죄자 두 명을 이미 체포한 뒤였고, 그녀는 전문가의 말을 믿었다.

우연히도, 사건의 목격자는 일곱 살 때 납치되었던 스트븐 스테이너의 형, 캐리 스테이너^{Cary Stayner}였다. 도로 공사로 리넥은 평소와 다른 고속도로 출구로 빠져야 했고, 평소 45분이면 도착하던 거리를 90분이나 걸려 이동하게 되었다. 이 우연한 경로 변경이 스테이너와 예상치 못한 유대감을 형성하는 계기가 되었다. 리넥은 스티븐의 사건에 유감을 표하며 납치범이 공정하지 못한 선고를 받았다고 비판했다. 그러면서 그는 스티븐이 가족들로부터 충분한 지원을 받고 있는지 물었다. 리넥은 당시 미해결 아동 실종 사건으로 상당한 불안감에 휩싸여 있었지만, 이 사건에서는 해결의 실마리를 잡게 되면서 앞으로 나아갈 수 있었다.[1]

경찰서에 도착해 리넥은 능숙하게 인터뷰를 진행했다. 그러던 중 스테이너는 무심결에 자신이 해결의 실마리를 제공해 줄 수 있다고 말했다. 리넥이 그것에 대해 자세히 묻자, 스테이너는 이렇게 얼버무렸다. "이 사건도 그렇고… 또 다른 사건에 대해서도…" 일촉즉발의 상황이었다.

여태껏 읽은 책 중에 가장 손을 뗄 수 없었던 책『아이들의 이름으로^{In the Name of the Children}』에서 리넥은 이렇게 회상한다.

자백을 받아 내기 위해 밀고 당기는 과정은 온통 지뢰밭이다. 마치 춤을 추는 것과 같다. 질문을 잘못 하거나, 가정을 잘못 하거나, 너무 세게 밀어붙이거나, 너무 빠르게 몰아붙이면 용의자는 평생 입을 다물게 될 수도 있다.[2]

리넥은 공감을 표하며 귀를 기울였다. 감정을 잘 다스리며 신뢰를 쌓을만한 충분한 거리감을 유지한 결과 그는 살인 자백을 끄집어낼 수 있었다. 스테이너는 여섯 시간이 넘도록 흐느끼며 암스트롱의 살인뿐 아니라 선드와 펠로소의 살인까지 그림처럼 생생하게 묘사하며 자백했다.

리넥은 이를 '공감하며 듣는 능력' 덕분이라고 했다. 녹음된 대화를 들은 동료들도 이에 동의했다. 핵심은 가학적인 살인마가 자신의 공포를 이야기할 때 그에 대해 재단하지 않는 것이다.

나는 삶이 흔히 생각하듯 흑백으로 나뉘지 않는다는 점을 잘 알고 있다. 살인도 예외가 아니다. 내가 다뤄 온 피해자와 가해자 들은 영웅처럼 용감하다가도 순식간에 끔찍하게 무너져 내렸다. 그들은 결백함을 지닌 동시에 격렬한 분노를 품고 있었다.

숙련된 해석 능력과 인간 행동에 관한 관심은 조사실, 회의실, 심지어 식탁에서 조차 예상치 못한 이야기를 끌어낸다. 중요한 건 그 진실이 불편하더라도 외면하지 않는 것이다.

그들의 목소리는 정말 뼛속까지 파고든다. 젊은 사람의 달콤한 음색으로 누구도 해서는 안 될 말을 자백하는 걸 듣고 있으면 엄청난 위화감이 든다.

이때야말로 진정한 판단이 필요한 순간이다. 이는 우리가 평소 불평하는 시시콜콜한 것들을 더 큰 시각에서 바라볼 수 있게 해 준다.

이번 장에서는 말하고자 하는 바는 어떻게 감정을 다스리는가가 아니다. 그런 건 다른 책들을 참고하라. 실제로, 제목에 '행복'이라는 말이 포함된 책은 약 2만 3,000권이나 된다.[3] 이 책에서 다룬 잘못된 판단은 전부 둘 이상의 감정에서 비롯된 것이다. 감정의 강도와 지속 시간이라는 스펙트럼 위에는 7~27개의 감정이 놓여 있다. 나는 흔히 의사결정권자를 자극하는 감정에 기반한 편견 여섯 가지를 중점적으로 다룰 것이다. 희망과 공감이 우리를 서로의 말에 귀 기울이게 한다면, 분노와 질투, 후회와 부정은 오히려 우리의 귀를 닫게 한다.

때로 분노나 질투와 같은 아드레날린이 우리의 객관성을 파괴한다(격앙된 감정과 냉정hot/cold states). 들은 내용이 마음에 들지 않을 때 우리는 당황하거나 처량하게 후회하지 않기 위해(후회 회피regret aversion) 정보를 부정한다(타조 효과ostrich effect). 리넥이 그랬듯이, 당신도 들은 내용이 사실이 아니기를 바란다(희망 사항 듣기wishful hearing). 사회적 약자를 지지하는 건 친절한 행동이지만(공감empathy), 이러한 행동에도 편견이 존재한다. 다행히도, 감정 지능과 자기 조절 능력을 이용해 우리는 적당한 거리를 유지할 수 있는데, 이는 더 잘 듣고, 더 합리적인 결정을 내리는 데 도움이 된다.

불같은 감정과 냉정함

2022년 오스카 시상식에서 배우 윌 스미스Will Smith는 코미디언 크리스 록Chris Rock의 농담을 듣고 그의 뺨을 때렸다. 그날 밤은 스미스의 커리어에서 가장 멋진 밤이 될 예정이었다. 그는 자신의 명예를 실추시키고, 영화 〈킹 리차드〉에 함께 출연한 배우와 제작진에게도 폐를 끼쳤다. 사람은 자신이 들은 내용이 마음에 들거나 들지 않을 때 시스템 1에서 비롯된 감정적 반응을 보인다. 이때 머릿속은 비논리로 가득 찬다. 그 순간에는 좋은 판단이 어렵다. 문제는 중요한 결정은 감정적 관점에서 내려진다는 것이다.

감정은 강력하고 광범위하고 예측할 수 있는 것으로, 때로는 해롭고 때로는 이로운 의사결정의 원동력이 된다.[4] 감정이 격한 상태에서는 수많은 반응 행동이 충동에서 나온다. 동료가 우리를 화나게 하고, 애인이 우리를 실망케 하고, 아이가 우리를 걱정시킬 수도 있다. 그중에서도 보복 운전, 가정폭력, 증오 범죄, 만취 상태에서 문자메시지를 보내는 행동 등이 대표적인 예이다. 충동적인 퇴사도 이를 통해 설명할 수 있다. 축구 감독 케빈 키건Kevin Keegan은 2000년 잉글랜드 대표팀이 독일에 1 대 0으로 패한 뒤 웸블리 스타디움에서 팬들이 자신을 향해 야유하자 불과 몇 분 만에 잉글랜드 감독직을 사퇴했다.[5]

감정이 격한 상태에서 차갑게 식는 것도, 냉정한 상태에서 감정이 불타오르는 것도 아주 순식간에 일어난다. 감정이 격한 상태에서는 냉정한 상태를 상상하기가 어렵다. 경제학자 조지 뢰벤슈타인George Loewenstein은 이를 실험했다. 데이트 강간 시나리오를 이용해 성적 흥분이 남성의 강압성에 미치는 영향에 관한 테스트였다.[6] 그는 한 그룹의 참가자들에게 벌거벗은 여성의 사진을 보여주며 흥분하도록 유도했다. 이때, 참가자들은 여성에게 더 많은 술을 권할 것이라고 했다. 일부는 술에 약을 탈 의향을 밝혔으며, 여성이 거절해도 받아들일 가능성이 낮다고 답했다.

다음날 남성들은 다시 연구실에 모였다. 그들은 냉정한 시각이 되어 여성이 동의하더라도 스스로 더 사려 깊게 행동할 것으로 예측했다. 감정은 덧없다. 감정 때문에 우리가 정의의 목소리와 가치관까지 저버린다면 '귀먹음 증후군'을 유발하게 된다.

냉정함과 분노 사이의 급격한 전환은 가정폭력 신고가 철회되는 이유를 설명한다. 코로나19 이전 UN 여성기구에 따르면, 매일 137명의 여성이 살해되며 그중 58%는 친밀한 파트너나 가족에 의한 범죄다. 그러나 도움을 요청하는 경우는 40%에 그친다.

감정이 고조된 상태에서 이루어진 신고는 시간이 지나며 취소되기 쉽다. 이 때문에 미국 일부 주에서는 신고 철회를 허용하지 않는 '철회 금지' 정책을 시

행하고 있다. 현재 140개국이 가정폭력을 불법으로 규정하고 있지만, 규제 효과는 제한적이다.[7]

27가지 감정 중 어느 하나에 사로잡힌 권력자와 정책 입안자가 과연 중요한 목소리에 귀 기울일 수 있을까? 격앙된 상태에서는 분노, 질투, 죄책감, 탐욕이 잘못된 판단을 불러일으킬 수 있다. 예를 들어, 분노는 과학적으로 허위 정보, 형편없는 결정과 연관되어 있다. 반대로 존경심, 감사, 자신감은 사업이나 스포츠에서 승리의 한 수를 두는 동기가 될 수 있다.

감정은 다모클레스의 검*과 같다. 감정이 불러일으키는 생각을 통제할 수는 없지만, 그에 대한 반응을 통제할 수는 있다. 어떤 감정이 당신의 앞길을 평탄하게 하는지, 어떤 감정이 당신의 앞길을 막는지를 아는 것이 중요하다.

격앙된 감정은 순간이지만, 복수심, 증오심, 자부심, 실망과 같은 감정은 곪고 곪아 70년 동안이나 지속될 수 있다.

분노: 지칠 줄 모르는 라이벌

보복 운전을 경험하는 건 자동차가 아니라, 사람이다. 마라톤에서 승리를 거두는 주체는 운동화가 아닌 선수다. 집에 불화가 존재하는 것이 아니라, 가족들 사이에 불화가 있을 뿐이다.

한 형제는 독일에서 매우 성공적인 운동화 사업을 함께 운영했다. 1936년, 올림픽에서 선수들이 그 운동화를 신고 무려 열두 개의 메달을 따내며, 형제의 이름은 세계 무대에 각인됐다. 그러나 불과 10년 뒤, 사업은 완전히 갈라졌다.

---

*   권력과 부의 이면에 항시 도사리는 위험을 상징하는 말이다.

아돌프 다슬러Adolf Dassler*와 루돌프 다슬러Rudolf Dassle**는 다시는 서로 말을 섞지 않겠다고 선언했고, 그 이유는 아무도 알지 못했다.

　루돌프가 동생의 아내와 불륜 관계였다는 소문이 돌았고, 특허를 둘러싼 갈등이나 나치당에 대한 서로 다른 태도가 원인이었다는 해석도 제기됐다. 하지만 영국 신문《데일리 메일》은 또 다른 가능성을 제시했다.[8]

1943년 연합군이 그들의 고향인 헤르초게나우라흐Herzogenaurach를 공습했을 때, 루돌프와 그의 가족은 아돌프와 그의 아내가 있던 방공호로 피신했다. 아돌프는 "더러운 잡놈들이 또 왔네"라고 말했다. 연합군 전투기를 언급한 게 분명했다. 하지만 루돌프는 동생이 자신과 가족들을 가리켜 한 말이라 확신했다.

　루돌프는 무엇을 들은 것일까? 잘못 들은 걸까? 어떻게 해석한 걸까? 아디는 강의 북쪽으로 건너간 뒤 자신의 회사 이름을 '아디다스adidas'로 지었다. 루디는 강의 남쪽으로 건너가 '푸마Puma'를 세웠다.[9] 이렇게 두 개의 상징적인 브랜드가 탄생했다. 하지만 가족 관계는 복원되지 않았다. 어떤 감정이 상황을 지배하는가? 분노가 형제의 갈등을 촉발한 뒤, 자부심과 실망이 그 갈등을 지속시킨 걸까? 잘못된 목소리에 귀 기울이고 생각을 적절히 조정하지 못한 결과가 무엇인지 떠올려 보자.

---

* 　그의 이름을 줄여서 아디(Adi)라고 부르기도 한다.

** 　마찬가지로 줄여서 루디(Rudi)라고 부른다.

＊＊＊

마음속 깊이 자리한 감정 때문에 우리는 매일 같이 잘못된 판단을 하고 심각한 커리어 절벽을 맞이한다. 특히 야망이 큰 실세들에게 그러하다.

조지 플로이드George Floyd를 향한 증오 범죄를 떠올려 보자. 백인 우월주의와 불평등한 권력의 역사로 인해 경찰관들은 편견의 목소리에 귀 기울였고, 처벌 위험이 낮을 것이라는 잘못된 계산에 이르렀다. 그를 외집단으로 인식한 점은 '흑인 범죄자'라는 잘못된 고정 관념과 맞물렸다. 경찰은 윤리적 판단력이 부족한 상태에서 증오가 만들어 낸 우월감을 토대로 과도한 물리력으로 체포를 감행했다. 그들이 "숨 쉴 수가 없어요"라는 플로이드의 말을 묵살한 사실이 드러나자, 이 사건은 전 세계적인 인권 운동으로 번졌다.

이는 앞서 언급한 사례들과도 일맥상통한다. 플로리다 경찰이 백인 운전자보다 흑인 운전자가 모는 차량을 세울 가능성이 더 높다는 연구 결과가 그 한 가지고, 경찰이 흑인 이웃인 글렌다 클리브랜드의 말보다 백인인 제프리 다머의 말을 더 믿었던 것이 또 다른 한 가지다.

57건의 연구를 분석한 결과 감정적 태도가 인종차별을 예측한다는 사실이 밝혀졌다.[10] 이 사건에서는 모든 면에서 감정에 치우친 판단이 만연했고, 담당 경찰 데릭 쇼빈Derek Michael Chauvin은 양심의 목소리에 귀 기울이지 않았다. 그는 자신이 한 행동을 후회했을까?

후회는 뼈저린 고통이다. 후회를 회피하는 성향은 의사결정에 도움이 되기도 하고 해가 되기도 하는 강력한 동기 부여 요인이다.

후회: 시간을 돌이킬 수 있다면

당신이 저지른 가장 큰 실수는 무엇인가? 아마도 떠올리고 싶지 않을 것이다. 그렇지 않은가? 아픈 기억이니 말이다. 누군가에게 쏘아붙이지 않았더라면, 협상을 망치지 않았더라면, 사기에 휘말리지 않았더라면 하고 바라는 것보다 더 안 좋은 일은 없다. 후회는 다르게 행동했더라면 우리의 처지가 더 나았을지도 모른다고 생각하는 데에서 비롯된다.

다들 한 번쯤은 조언이나 지시 사항을 따르지 않은 것을 후회한다. 후회라는 괴로운 감정에 빠지게 되면 후회 회피 성향이 생기는데, 이는 의사결정 속도를 늦추고 올바른 목소리에 귀 기울이는 데 도움을 준다.

후회가 없는 사람들은 그걸 자랑스럽게 떠벌린다. 에디트 피아프Edith Piaf는 〈아니, 난 그 무엇도 후회하지 않아Non, Je ne regrette rien〉라는 제목의 샹송을 불렀다. 이런 주장도 이해된다. 특히 후회의 고통을 느낀 적이 있다면 더욱 그럴 것이다. 배우 말론 브란도Marlon Brando는 이렇게 말했다. "후회하는 건 인생에서 가장 쓸모없는 짓이다. 후회는 과거에 속하기 때문이다"

능동적인 선택에서 파생되는 아픔은 의무적 선택, 강제화된 선택, 기본값을 따른 선택에서 오는 아픔보다 더 크다. 왜 그럴까? 실수한 자신을 탓하기 때문이다.[11] 우리는 후회와 자책을 줄이기 위해 두 가지 전략을 사용한다. 하나는 선택을 타인에게 위임하는 것이고, 다른 하나는 '예방 접종'처럼 작동하는 장치를 마련하는 것이다. 첫째, 환자는 치료 결정을 의사에게 맡기고, 사업가는 자본 집약적이거나 시장에 민감한 의사결정을 컨설턴트에게 위임한다. 둘째, 소비자는 브랜드 충성도를 일종의 예방 접종처럼 활용한다. 마케팅 교수 이타마르 시몬슨Itamar Simonson은 스마트폰을 구매하려는 소비자들에게 후회에 대해 생각해 보도록 했다.[12] 그 결과 대다수가 브랜드가 드러나지 않는 제품보다는 다소 비싸더라도 더 안전하다고 인식되는 브랜드 제품을 선택했다.

✳✳✳

후회와 후회 회피 정도는 이후의 결정에 영향을 미친다. 1994년 블랙스톤 Blackstone 공동 창립자 스티븐 슈워츠먼Stephen Schwarzman은 블랙록의 모기지 증권 사업 지분을 PNC 은행에 2억 4,000만 달러에 매각했다. 훗날 그는 이 결정을 '용감무쌍한 실수'라고 표현하며 공개적으로 후회를 내비쳤다. 운용 자산이 230억에 불과했던 이 사업은 브랜드 변경 이후 블랙록의 핵심 사업이 되었고, 현재 운용 자산은 10조 달러에 육박한다.[13] 그는 이렇게 한탄했다. "감정에 이끌리지 않도록 경계하고 사실 관계를 더 꼼꼼히 따져 봐야 했다"

그는 이를 통해 교훈을 얻었다. "우리 모두는 어느 정도 우연에 기대 성공한다. 하지만 내가 제대로 하지 못한 선택을 되돌아보는 일은 큰 겸손을 요구한다" 그는 인간 행동을 이해하는 데서 비롯되는 힘을 믿었다. "심리학에 대한 이해는 투자자로서 내가 가진 장점 중 하나가 될 것이다[14]" 오늘날 블랙스톤은 세계 최대의 대체 자산 운용사가 되었다.

캐리 스테이너의 어머니는 마음의 문을 닫았던 것을 후회하며 판사에게 아들의 목숨을 구걸했다. "캐리는 완벽한 아들이었어요[15]" 캐리는 잔혹하게 살해당한 줄리 선드에게 후회를 담은 편지를 썼는데, 이는 그의 삐뚤어진 성욕을 이해하는 또 다른 데이터를 제공할 뿐이었다.

✳✳✳

작가 대니얼 핑크는 105개국에서 수집한 1만 6,000건의 후회 사례를 분석해 후회가 더 나은 삶으로 이끄는 힘이 될 수 있다고 말한다. 후회가 과거를 성찰하고 더 나은 의사결정을 가능하게 한다면, 그의 주장은 타당하다. 죽어 가는 이들만큼 치열하게 자신을 돌아보는 사람은 없다. 그리고 그들만큼 더 나은 삶을 갈망하는 사람도 없다.

호주의 한 간호사는 죽어가는 환자들의 후회를 기록했다. 그 목록에는 명품도, 스포츠카도, SNS 팔로워 수에 관한 이야기는 없었다. 가장 많이 언급된 후회는 무엇이었을까?

다른 사람이 내게 기대하는 삶이 아닌, 스스로에게 충실한 삶을 살 용기가 있었더라면 좋았을 것을.[16]

두 번째로 큰 후회는 일과 삶의 불균형이었다. 이는 죄책감에서 비롯된다. 다른 사람과 마찬가지로 우주비행사 닐 암스트롱 역시 가족과 함께하는 시간을 우선하지 못한 것을 후회했다.

제 직업 때문에 저는 여행을 많이 다녀야 했고, 그만큼 많은 걸 놓쳤습니다.[17]

사람들은 매 순간 일에 몰두하는 선택을 하면서 그럴듯한 이유로 스스로를 정당화한다. 또 다른 주요 후회로는 '감정을 표현할 용기가 없었던 것' '스스로 행복해지도록 허락하지 못한 것'이 있었다. 이 모든 후회의 공통점은 하나다. 타인에게 좋은 인상을 남기려는 삶이 아니라, 진정한 나로 살기 위한 용기의 부족이다.

의사결정을 앞두고 간단한 '후회 테스트'를 적용해 보면 도움이 된다.

'이 선택을 나중에 후회하게 될까?'

이 질문 하나만으로도 우리는 즉시 더 신중해진다.

PERIMETERS 함정을 얼마나 잘 관리하느냐에 따라 당신의 삶은 후회로 가득할지, 보상으로 채워질지가 결정된다. 후회는 잠시 쓰라릴 뿐이지만, 그 사촌 격인 질투와 복수는 삶 자체를 파괴한다.

질투와 복수: 어둠 속으로 가라앉는 것

질투가 얼마나 추잡할 수 있는지 경험해 본 사람이라면, 질투에 내재하는 독성을 잘 알 것이다. 나는 심리학에서 가장 극단적으로 꼽히는 실험인 동조 연구에서도 질투가 한몫했을 것으로 생각한다. 두 명의 심리학자 필립 짐바르도와 스탠리 밀그램은 뉴욕 브롱크스의 제임스 먼로 고등학교를 나란히 졸업했다. 짐바르도는 이렇게 말했다.

그는 졸업식에서 모든 메달을 차지했다. 아무도 그를 좋아하지 않은 건 당연하다. 모두가 그를 질투했기 때문이다. 하지만 그가 매우 똑똑하고 진지한 사람이었다는 건 확실하다.[18]

직업의 세계에서 질투는 다양한 강도로 작용한다. 질투는 자원이 희소하고 승진의 문이 좁을 때 분노와 복수심을 자극할 수 있다. 한 연구에 따르면, 직원의 44%는 동료를 향한 복수심에 불타오른다고 인정했다. 나는 샘이 많은 CEO 한 명을 알고 있는데, 그는 인기 많은 자기 직속 부하가 백악관의 대통령 집무실을 방문할 흔치 않은 기회를 누릴 수 있도록 허락해 주지 않았다.[19]

나 또한 직접 보고, 듣고, 느꼈다. 내가 좋은 성과를 거두었을 때, 최고투자

책임자는 내게 이렇게 말했다. "성공을 조심하세요. 이제 진짜 테스트가 시작될 테니" 거짓 이야기를 퍼뜨리고, 다른 사람을 폄하하고, 공로를 빼앗아 가고, 조금씩 독을 타는 게 시작이다. 항상 등 뒤에서 칼을 맞는 건 아니다. 때때로 적들은 눈앞에서 슬며시 상처를 후벼 파기도 한다. 너무나 스리슬쩍 후벼 파기 때문에 의사결정 고수조차 까딱 방심하면 알아차리지 못할 수 있다.

여느 부정적 감정처럼 복수라는 감정도 곪는다. 이성으로부터 거부당한 헌터 무어가 리벤지 포르노 웹사이트를 만든 것처럼 말이다. 복수심은 사람과 판단력 모두를 파괴한다.

침묵의 살인마

이와 관련해 상당히 불편한 주제는 가족의, 가족에 의한, 가족을 위한 복수다. 매력적인 형제 에릭Erik과 라일 메넨데즈Lyle Menéndez는 1989년 베벌리힐스에 있는 1,400만 달러짜리 대저택의 거실에서 자기 부모를 계획적으로 잔혹하게 살해했다. 형제는 종신형을 선고받았는데, 당시 이 재판은 큰 화제를 모았으며, 배심원단의 판결 또한 엇갈렸다. 피고 측 변호인은 수년간 지속된 성적, 정서적 학대로 형제의 심신이 불안정한 상황이었다고 주장했으나, 검찰 측은 형제가 부모의 재산을 탐낸 것이라고 주장했다.

남편에게 늘 멸시받던 베티 브로데릭Betty Broderick은 메넨데즈 가족과 161km 떨어진 곳에서 살았다. 메넨데즈 가족의 살인 사건이 발생한 지 10주 뒤, 이 배신당한 주부 또한 극단적인 복수를 감행했다. 질투심과 잘못된 판단으로 벌어진 사건이다. 수년간 정서적 학대와 일방적 헌신 끝에 감정을 주체하지 못한 그녀는 잠든 전남편과 그의 새 아내를 향해 총을 쐈다.

감정에는 기회비용이 있다. 화가 난 모든 순간은 생산성, 반성, 친밀감, 접점, 창의성, 자유가 줄어드는 결과로 이어진다. 복수의 영향은 심각하다. 이에 대한 한 가지 방어 기제는 나쁜 소식을 완전히 무시해 버리는 것이다.

부정: 불편한 진실에 고개를 파묻는 타조

"알고자 하는 욕구는 모든 사람이 타고난 천성이다"라고 아리스토텔레스는 말했다. 정말 그러한가? 후회를 인정하지 않는 사람들처럼, 우리는 우리를 화나게 하고, 불편하게 하고, 슬프게 하는 나쁜 소식을 피한다. 관리자가 정말로 직원들의 고충, 미묘한 차별, 불만을 듣고 싶어 할까? 캐리 스테이너가 FBI 책임자에게 깜짝 놀랄 만한 자백을 했을 때, 그들은 3년 동안 귀를 막고 대량의 증거를 무시했으며, 자신들이 성급하게 잘못된 판단을 내렸다는 사실을 인정하길 꺼렸다. 배척당하고 열외자 취급을 당했던 리넥이 정의에 공헌한 점은 공개적으로나 개인적으로나 인정받지 못했다.

이와 유사하게 스탠퍼드대학의 법학 교수인 샘 뱅크먼-프리드의 부모는 아들의 무죄를 확신하고 있었다. 그의 어머니는 "샘이 거짓말을 했을 리 없습니다. 그 아이 사전에 거짓말이라는 건 없으니까요"라고 주장했다.[20]

우리 자신이나 타인에게 최선의 이익이 되는 경고를 무시하는 것을 '타조 효과'라고 한다. 의례 알려진 대로 타조가 모래 속에 머리를 파묻는 것과 비슷하기 때문이다. 과학적으로 밝혀진 바에 따르면, 부정적인 뉴스를 단 3분만 접해도 나쁜 하루를 보내게 될 확률이 27% 증가한다.[21] 어찌 보면 회피하는 게 당연한 건지도 모른다. 하지만 그 결과는 미납 요금 청구서, 필요한 수술의 지연, 규제 보류, 대비할 수 있었던 사고로 나타난다.

시장은 불편한 신호를 무시하는 투자자들로 가득 차 있다. 경제학자 조지 뢰벤슈타인과 동료들은 투자자들이 언제 계좌를 모니터링하는지를 테스트했다. 그 결과 투자자들이 하락장일 때보다 주로 상승장일 때 포트폴리오를 확인한다는 사실을 발견했다.[22] 이유가 무엇일까? 심란한 뉴스는 쉽게 무시하기 때문이다.

부정은 눈에 잘 띄지 않는 심각한 의사결정 방해 요소다.

특권을 누리는 일부 권력자들은 자신이 만들어 낸 오류를 부정한다. 전 연방준비제도Federal Reserve 이사회 의장 앨런 그린스펀Alan Greenspan은 반복된 서브프라임 위기 신호와 규제를 호소하는 목소리를 무시했다.[23] 그 결과 역사상 가장 큰 금융 위기 중 하나로 10년 간의 경기침체가 발생했다.

그린스펀은 과거 1987년 상원 위원회Senate Committee에서 이렇게 말한 적이 있다. "내 말이 너무 명확하게 들린다면, 당신들이 내 말을 잘못 이해하고 있는 것이다[24]" 왕족들조차 현실을 외면하느라 바쁜 전문가들에게 답변을 요구한다.

2008년 금융 위기가 시작된 지 두 달이 되었을 무렵, 작고하신 엘리자베스 2세 여왕은 내 모교인 런던정치경제대학의 한 건물 개관식에 참석했다. 위기로 인해 그녀의 재산은 2,500만 파운드가 줄었다. 경제학자들이 여왕에게 브리핑했을 때, 그녀는 왕실의 관례를 깨고 이렇게 물었다. "일이 이렇게 될 때까지 왜 다들 알지 못했을까요?[25]"

4년 뒤 그녀는 영국 중앙은행 직원들에게 이렇게 말했다. "사람들이 살짝 해이해졌죠. 예측하기 어려웠을 겁니다[26]" 그녀의 말이 맞았다. 확실히, 엘비스는 수입이 수백만 달러나 줄어들 것을 예상하지 못했고, 마윈은 번드 정상회담에서 자신이 했던 연설이 어떤 결과를 낳을지 예측하지 못했다. 왜냐, 현실을 받아들이는 것보다 이를 부정하는 게 더 쉽기 때문이다.

톰 크루즈는 〈어 퓨 굿 맨〉에서 변호사로 분해 법정에서 잭 니콜슨을 심문했다. "진실을 말해!" 그가 소리치자, 니콜슨은 냉담한 어조로 말했다. "넌 진실을 감당하지 못해” 때때로 우리는 고통을 감당할 수 없기에 위험하게도 귀를 막는다.

하지만 리더들에게는 나쁜 소식을 들어야 할 도덕적 책임이 있다. 제너럴 일렉트릭은 직원들을 대상으로 하는 타운홀 미팅에서 좋은 소식을 뽐내기로 악명이 높다. 이 때문에 해당 미팅은 ‘성공 쇼’라는 조롱을 받기도 한다. 지나치게 낙관적인 관점에서 직원들의 사기를 북돋으려는 리더는 기업계에서 상당한 위험인물이다.

『호모데우스』에서 유발 노아 하라리는 나쁜 소식을 마주할 때 인간의 감정은 지나치게 작용하기 때문에 이에 관해서는 로봇이 더 나을 것이라고 주장한다. 그의 말이 옳을지도 모른다.

＊＊＊

독자들은 아마 기체 역학 및 기계 공학자인 로저 보졸리Roger Boisjoly에 대해 들어 본 적이 없을 것이다. 1986년 1월 28일, 그의 목소리를 무시한 결과로 어떤 일이 발생했는지를 수백만 명이 목격했다.

보졸리는 챌린저 우주왕복선에 대한 우려를 표명했다. 자그마치 몇 달 동안이나 로켓 부스터 O-링이 추운 날씨를 견디지 못하리라 예측했다. 발사 전날 보졸리는 잔뜩 긴장한 채 발사하지 말 것을 권고했지만, 그가 보내는 적신호는 무시되었다. 그는 혼자가 아니었다. 보졸리는 발사에 반대하는 또 다른 엔지니어를 언급하면서, 모턴 티오콜Morton Thiokol 소속의 그 엔지니어가 다음과 같은 말을 들었다고 증언했다. “엔지니어처럼 굴지 말고, 경영진 입장이 돼 봐”

주요 고객인 나사를 만족시켜야 한다는 압박감 속에서 경영진은 발사를 결정했다. 그리고 나사는 그들이 듣고 싶었던 대로 들었다. 전 세계가 지켜보는 가운데, 우주왕복선 STS-51L은 이륙 73초 만에 일곱 명의 목숨을 앗아 갔다. 이 일로 보줄리는 좌절을 경험했다. 40년 뒤 한 방송에서 그는 이렇게 말했다. "그냥 앉아 있을 수밖에 없었습니다. 제 마음은 갈 곳을 잃은 상태였죠"

경력 내내 나는 너무나 많은 조직이 불편한 정보를 받아들이지 못하는 모습을 봐 왔다. 나를 포함한 대부분이 이러한 허상을 불러일으키는 동기는 무엇일까? 세 가지 이유가 이를 설명한다.

첫째, 자신의 판단이 틀렸다고 인정하는 일은 고통스럽지만, 시장의 힘이나 타이밍 탓으로 돌리는 일은 쉽다. 둘째, 나쁜 소식은 종종 우리의 경험과 직관, 상상력에 어긋난다. 파산·해고·사망·팬데믹처럼 겪어보지 못한 사건은 사고방식의 조정을 어렵게 한다. 마지막으로, 우리는 그 소식이 사실이 아니길 간절히 바란다. 이 바람은 판단을 흐리는 또 하나의 함정, 즉 감정에 기대는 희망 사항 듣기로 이어진다.

희망: 무지개 넘어 어딘가

자격이 충분하지 않은 상태로 지원했으면서 불합격 소식에 놀란 적이 있는가? 우리는 어떤 사실이 진실이길 간절히 바란 나머지 논리를 외면하곤 한다. 이것이 바로 희망 사항 듣기다.

지금 당신이 믿고 싶은 진실은 무엇인가. 조심하라. 희망적 사고는 이성을 가리고, 보상에 대한 약속과 기대에 판단을 맡기게 만든다. 우리는 최악을 상상하지 못하기에 최선을 기대한다.

희망은 필요하다. 동기를 만드는 연료이기 때문이다. 하지만 조절되어야 한다. 코치는 메달이라는 미끼로 선수들이 혹독한 훈련을 견디게 한다. 4년에 한 번뿐인 올림픽에 모든 것을 걸지만, 출전 자격은 극소수에게만 허락된다. 그럼에도 선수들은 메달에 대한 희망에 휩쓸려 현실적 가능성을 외면한다.

조직의 희망적 사고는 개인이 아니라 지배구조의 책임이다. 이사회와 위원회는 과도하게 낙관적인 서사를 경계해야 한다. 낙관주의자는 에너지가 넘치고 혁신적이며 함께 있으면 즐겁지만, 위험을 과소평가하는 경향이 있다. 삶을 즐기는 사람이 투자 리스크를 냉정히 점검하는 역할을 맡는 일은 드물다.

조직은 급여, 승진, 번영을 약속하며 직원들에게 희망을 판다. 희망은 순응을 이끌어 내는 당근이다. 이어서 기업은 소비자에게도 희망을 판다. 에스티로더는 아름다움을, 몰디브는 낙원을, 틴더는 로맨스를 판다.

희망은 실패율 95%를 외면하는 순진한 기업가에게도 손을 뻗는다. FOMO의 힘 역시 막강하다. 벤처캐피털과 사모펀드도 예외가 아니다. 그들은 '다음 유니콘'에 대한 기대에 사로잡혀 오만한 인물을 조기에 슈퍼스타로 떠받든다. 물론 일부는 실제로 유니콘이 된다. 블룸버그는 바이트댄스ByteDance, 스페이스X, 스트라이프Stripe 등 1,000개 스타트업의 가치가 10억 달러를 넘을 것으로 추정한다.[27]

그렇기는 하지만, 희망은 모멘텀의 함정이다. 영국 작가 G. K. 체스터턴G.K. Chesterton은 이런 말을 남겼다. "희망은 절박한 상황이란 걸 알면서도 유쾌할 수 있는 능력이다" 중요한 건 희망을 책임감 있게 사용하는 것이다.

팬데믹 때 울려 퍼졌던 "마스크를 착용하세요. 그것이 생명을 지키는 길입니다"라는 문구를 기억할 것이다. 신경과학자 탈리 샤롯Tali Sharot은 통상적으로 희망에 초점을 둔 메시지가 두려움에 초점을 둔 메시지보다 행동에 더 오래, 지속적인 영향을 미친다는 사실을 발견했다.[28] '안전띠는 생명띠'이라는 문구와 '안전띠를 매지 않는다니, 목숨이 몇 개인가'라는 문구를 비교해 보라. 메시지를 어떻게 구성하느냐는 상당히 중요하다.

희망은 꿈꾸는 자를 속일 수도, 분투하는 사람을 지탱할 수도 있다.

공감: 소외된 자들을 위해, 건배

사람들 대부분은 피해자, 학대받는 사람, 약자에게 공감하는 마음을 타고난다. 우리는 소외된 자들이 역경을 딛고 승리하는 순간 축배를 든다. 이게 바로 전 세계가 우크라이나를 돕기 위해 단결하는 이유다. 영화 제작자들은 〈록키〉 시리즈의 록키 발보아Rocky Balboa와 〈슬럼독 밀리어네어〉의 등장인물 자말 말릭Jamal Malik을 향해 관객들이 두 주먹을 불끈 들어 올리게 만든다. 팬들은 2위 팀이 1위로 올라서기를 원한다.

이 사실은 1988년 동계 올림픽에서 가장 분명히 드러났다. 경쟁에 나선 영국 최초의 다운 힐 스키 점프 선수는 눈에 띄게 부진한 성적을 거두었다. '독수리 에디'라고도 불리는 에디 에드워즈Eddie Edwards는 뛰어난 경기 기록보다 잦은 부상으로 더 유명했지만, 재능보다는 끈질긴 인내로 열광하는 군중의 마음을 사로잡았다. 그들의 커다란 함성은 70미터와 90미터 경기에서 에디에게 큰 힘이 되었다.

에디는 두 경기 모두 최하위로 결승선을 통과했지만, 언론은 그를 금메달리스트처럼 추켜세웠다.

우리는 약자가 역경을 딛고 성공하길 바란다. 기회를 얻기 어려운 약자에게서 우리 자신을 보기 때문이다. 그러나 공감은 편견이 될 수 있다. 심사위원이나 평론가, 인재 발굴 담당자는 더 자격 있는 경쟁자보다 약자에게 높은 점수를 주어야 할까? 사회적 약자를 위해 학위 과정의 마지막 자리를 양보하는 것이 옳을까?

공감은 친절에서 비롯된 선의처럼 보이지만, 동시에 긍정적 차별의 한 형태이기도 하다.

약자가 되는 데에도 장점이 있다. 단점으로 인식되는 건 무엇이 되었든 장점으로 바뀔 수 있다. 2014년 미국과 유럽의 남자골프 대륙 대항전인 라이더 컵을 후원하는 동안 유럽팀 주장 폴 맥긴리 Paul McGinley는 내 관점을 크게 바꿔 놓았다. 전략 마스터인 그는 전통적인 시각에 도전하는 자세로 2위가 얼마나 과소평가 되고 있는지를 설파했다. 지킬 게 많은 챔피언은 보통 약자를 위협으로 인식하지 못하지만, 기대의 무게에 짓눌린다. 반면 약자에게는 대안적인 전략을 실험해 볼 수 있는 자유가 있다.

스포츠에서든, 비즈니스에서든, 일상생활에서든, 현명한 리더들은 약자의 사고방식에 귀를 기울인다. 모든 사람이 칠전팔기 서사를 좋아한다.

연민의 목소리에 귀 기울이기

감정을 전략적으로 활용할 때 한 가지 확실한 점은 커리어 패스를 제대로 쌓을 수 있다는 것이다. 골프 이야기를 계속해 보자면, 호세 마리아 올라사발 José María Olazábal은 오거스타 마스터스 Augusta Masters에서 두 번 우승했고, 메디나 Medina에서 열린 2012년 라이더 컵 우승 팀의 주장이었다. 수백만 달러가 걸려 있는 상황이었지만, 올라사발은 압박 속에서 어떻게 성과를 내는지를 잘 알고 있었다. 나는 중요한 순간에 긴장감을 어떻게 다루었는지에 대해 그에게 물었다. 그는 긴장으로 몸이 얼어붙기는 하지만, 곧 그 감각에 익숙해지므로 그것을 예상하고, 또 견디는 법을 배웠다고 말했다. 두려움의 순간을 예상했던 순간으로 탈바꿈시키는 내면의 목소리가 자신을 진정시키는 것이다. 나는 사람들 앞에 서서 발표해야 할 때 이 통찰이 매우 유용하다는 것을 알게 되었다.

하지만 모든 사람이 논리보다 감정을 우선시하는 건 아니다. 비즈니스에서도 마찬가지다. 오길비Ogilvy의 부회장 로리 서덜랜드Rory Sutherland는 기업이 본능적 사고보다 합리적 사고를 더 중시한다며 비판했다. 그는 단순히 정장을 입는다 해서 더 논리적이고 덜 감정적으로 되는 건 아니라고 주장한다. 그는 논리적일 것보다 감정적일 것을 주장하며, 지나치게 논리 중심적인 사고가 영감의 본질을 파괴한다고 주장한다.[29] 그 결과 혁신할 기회를 포기하게 되고, 비슷한 제품을 양산하게 되며, 기업이 침체를 맞게 된다는 것이다.

성공적인 의사 소통자, 협상가, 배우, 연예인, 프로듀서가 감정을 활용해 청중의 관심을 돌리는 것처럼, 자선 단체는 지지를 얻고 기금을 모으기 위해 감정을 활용한다.

1984년 BBC는 100만 에티오피아인의 목숨을 빼앗아 간 '20세기의 대기근'을 보도했다. 세상은 먼 곳에 존재하는 위기로부터 무감각하게 주의를 돌렸다. 굶주린 어린이 8만 5,000명의 이미지가 빠르게 퍼지면서, 자금 부족 위기에 내몰렸던 목소리가 사람들에게 닿기 시작했다.

붐타운 래츠Boomtown Rats의 보컬이자 정치 활동가인 밥 겔도프Bob Geldof 경은 가난을 덜어 주기 위한 프로젝트 그룹 밴드 에이드Band Aid를 결성하며 75명의 글로벌 슈퍼스타를 하나로 모았다. 싱글 음반 '위 아 더 월드We Are the World'는 700만 장이 팔리며 6,000만 달러의 매출을 올렸다.[30]

그의 적절한 리더십 덕분에 기근 구호를 지원하는 초호화 스타들이 총출동한 라이브 콘서트는 전 세계 100개국에서 약 40%의 인구를 불러 모았다. 40개의 모금 방송을 통해 얻은 기금과 싱글 음반 판매, 그리고 '라이브 에이드Live Aid' 콘서트로 벌어들인 수익을 모두 합쳐 1억 5,000만 파운드가 넘는 금액이 조성되었고, 이는 아프리카인 200만 명의 생명을 구했다.[31]

그러나 모든 것엔 대가가 따른다. 아이러니하게도 겔도프의 이타주의에 대한 대가는 음악가로서의 정체성이었다. 그는 이제 '가난한 자들의 구원자'가 되었다. 30년이 지난 뒤, 그는 자신의 열정이 어떻게 파괴되었는지를 회상했다.

아무도 가수 밥 겔도프에게 관심이 없었다. 사람들은 나를 성인군자라고 불렀고, 나는 더 이상 음악 같은 건 할 수 없었다. 음악이 하찮고 무의미하게 느껴지기 시작했다. 그래서 가수의 길을 저버리게 되었다.[32]

정체성 상실은 도덕적으로 옳은 일을 하려다 생긴 의도치 않은 결과였다. 이는 PERIMETERS 함정들이 서로 맞물려 작동함을 보여 준다.

감정 없는 결정은 없다. 감정이 결정을 이끌고, 이성은 이를 정당화한다. 진부해 보이지만 핵심을 찌른 말이다. 감정에 사로잡히면 우리는 분노하거나 얼어붙고, 헛듣고, 이성을 무시한다.

의사결정의 고수는 감정을 관리한다. 일부는 거리를 두고 핵심은 상황을 재평가하는 능력, 편견을 낳는 감정을 식별하고 이름 붙이는 능력이다. 대화 해석은 숨은 의미를 읽는 일이며, 이를 위해서는 시간을 들이려는 의지가 필요하다.

제프리 리벡은 자신이 실종 아동 사건에 취약함을 인정했고, 인간 행동에 대한 이해로 가해자와도 소통했다. 그러나 그 대가는 컸다. 그는 트라우마와 싸우고 있음을 공개적으로 밝혔다. "제가 찾지 못한 사람들을 잊을 수 없습니다"

나는 그가 스스로 인식한 것보다 더 많은 위안과 마침표를 남겼다고 믿는다. 71세가 된 지금도 그는 피해자 가족과 함께 청문회에 선다. 그의 목소리는 여전히 울림을 남긴다. 이제 그의 삶에서 가장 중요한 것은 아내 로리Lori의 목소리이다.

시간을 들여 PERIMETERS 함정을 이해하는 일은 영향력을 키우고 마음의 평화를 가져온다. 멈춰 돌아보지 않는다면, 그 고통은 결국 누구에게 돌아갈지 스스로에게 물어야 한다. 집단이 개입될수록 그 고통은 커진다. 다음 장에서는 그 관계 기반 함정을 다룬다.

의사결정 고수가 되기 위한 핵심 원칙

- 누구의 말을 들을지, 무엇을 들을지, 언제 들을지를 결정하는 건 당신의 감정이다.

- 모든 의사결정에는 감정이 담겨 있다. 감정의 풍향계를 잘 가다듬다 보면 이러한 함정을 예상할 수 있다. 중요한 것은 감정이 아니라, 그에 대한 당신의 반응이다.

- 감정은 일시적이다. 감정이 격앙된 상태에서 의사결정을 하게 될수록 이성의 목소리는 사그라들고, 이는 시간과 돈의 낭비, 관계의 단절, 영향력 감소로 이어질 수 있다.

- 과학은 시각적 단서에 감정적으로 반응할수록 차별적 판단으로 이어질 가능성이 크다는 사실을 보여 준다.

- 감정은 동전의 양면과 같다. 공감은 자백을 유도하고 생명을 구할 수 있지만, 동시에 의도치 않은 파급 효과를 불러올 수도 있다.

- 올바른 판단은 감정을 무의식적으로 억제하는 것이 아니라, 의식적으로 해석

하는 데에서 나온다.

- 감정은 다차원적이다. 메시지의 구조가 당신을 자극하는지 확인하라.

- 감정 지능은 판단력을 높여 준다. 감정 지능은 크게 보면 청각 지능으로 확장될 수 있는데, 이는 차분하고 기복 없는 상태로 듣는 능력을 의미한다.

- 모든 감정에는 쓸모가 있다. 죄책감, 자부심, 걱정, 경외, 질투, 당혹감, 부끄러움마저도 효과적이고 윤리적으로 활용한다면 행동을 바꾸는 데 도움이 된다.

- 후회 테스트를 활용해 미래의 오류를 줄일 수 있다.

- 메시지의 구조를 다르게 함으로써 바람직한 결과를 얻을 수 있을 뿐만 아니라, 잘못된 판단의 순간을 효율적으로 중재할 수 있다.

CHAPTER 12

Relationships, 관계라는 함정

**아무리 많은 이가 공유한다고 하더라도
오해는 오해다.**

레프 톨스토이Leo Tolstoy

필립Phillip은 여느 직원들과 다를 바 없는 평범한 사람이었다. 다만, 그의 스토리는 범상치 않았다. 회사라는 쳇바퀴에 30년 동안 갇혀 있었던 54세의 필립은 자동차 딜러라는 직업을 버리고 두 번째 직업으로 영국 우체국의 지점장이 되었다. 그는 더 쉬운 삶을 원했다. 1999년 정부는 후지쯔Fujitsu가 설계한 10억 파운드짜리 최신식 회계 시스템을 도입해 1만 1,500개의 우체국 지점과 7만 명의 직원에게 적용했다.

해안가에 자리 잡은 필립의 우체국은 번영했다. 그러나 설명할 수 없는 계정 불일치가 반복적으로 발생했다. 그는 본사에 문제를 제기했지만 돌아온 답은 같았다. "당신 지점만 그렇다" 40페이지 분량의 고용 계약서에 따르면, 모든 직원에게는 자금 부족분을 해결할 의무가 있었다.

9개월 동안 필립은 저축을 탕진하고 집을 저당 잡혔으며, 92세의 어머니에게서 2만 883파운드를 빌렸다. 파산 위기에 몰리자 그는 시간을 벌기 위해 장부를 조작했다. 카프카 소설에나 나올 법한 악몽처럼 우체국은 그를 회계 조작 혐의로 고발했다. 절박한 상황이었지만, 그는 유죄를 인정했다. "감옥에 가지 않는 유일한 방법이었습니다" 그는 공개적으로 망신당하고 복지 정책에 의존해 살아야 했다. 그의가족 역시 고립됐다.

필립과 같은 처지에 놓인 사람은 수천 명이었고, 700명 이상이 기소됐다. 우체국은 20년 넘게 사기·장부 조작·절도 혐의로 무고한 직원들을 기소·압박해 유죄를 받아 냈다. 그 과정에서 직원들은 집과 가족, 결혼 생활은 물론 삶의 존엄성까지 잃었다. 스스로 생을 마감한 사람도 있었다.

이 모든 불일치는 개인의 부정이 아니라 결함 있는 전산 시스템 때문이었다. 현명하게 재해석했다면 금세 드러났을 사실이다. 그러나 무고한 이들의 목소리는 외면됐다. 우체국은 영국 사법사상 최대 규모의 오판 속에서 이익을 누렸다.

2014년 우체국 본부는 타조처럼 고집스럽게 진실을 부인했다. "컴퓨터 시스템에 체계적인 문제가 있다는 증거는 전혀 없다"라고 그들은 말했다.[1] 하지만 진실은 그렇지 않았다. 2019년 고등 법원은 경영진이 시스템 결함을 알고 있었지만, 이를 공개하지 않았다고 판결했다. 이후 100건의 유죄 판결이 무죄로 뒤집혔다. 《가디언》에 따르면 이 사건으로 영향을 받은 2,600명에게 총 1억 2,000만 파운드 이상이 지급되었다 형사 피해를 본 사람들은 각각 60만 파운드의 개별 보상금을 추가로 받을 예정이다.

그러나 은폐는 계속되고 있다. 《가디언》의 마리나 하이드Marina Hyde에 따르면, 정의를 되찾지 못하고 정당한 보상도 받지 못한 채 세상을 떠났다. 제프리 페퍼의 이론을 뒷받침하듯, CEO는 '500만 파운드를 손에 쥔 채' 회사를 떠났고, 기소된 임원은 단 한 명도 없었다. 그러나 이 사건의 영향을 받은 마을에는 아직도 상처가 남아있으며, 필립은 여전히 보상받기를 기다리고 있다.

무슨 일이 발생한 걸까? 군중이 잘못된 판단을 향해 돌진하면서 진실이 가려졌다. 후지쯔와 우체국 경영진은 귀머거리였다. 희망 사항 듣기와 귀먹음 증후군을 지렛대 삼아 집단사고가 더욱 강화되었다. 임원진은 성급한 판단으로 개연성 없는 사기 패턴을 과대평가했다. 그들은 주의를 기울이지 않았다.

이번 장에서는 누구에게 귀 기울일지에 대한 판단을 왜곡하는 여섯 가지 집단 관계, 즉 군중의 영향을 살펴본다. 우리는 언제 귀를 열고, 닫아야 할까? 이 장은 개인 간의 깊은 관계가 아니라, 집단의 목소리가 결정적 순간에 어떻게 의사결정자의 판단을 막아서는지를 다룬다.

옳은 길에서 벗어나는 건 소속되고자 하는 욕구에서 시작된다(순응 편향 conformity bias). 우리는 타인의 생각에 집착하며, 자신을 낯선 사람이나 동료와 비교한다. 우리는 '남들'이 하는 대로 행동하며(모방 mimicry), 차이(사회적 비교 social comparison)와 상대적 등급을 중요하게 생각한다. 아이러니하게도, 스스로 확신하지 못할 때 우리는 군중의 의견을 높이 산다. 그러고는 군중의 생각이 옳다고 가정하며 그들의 행동을 따라 한다(밴드웨건 효과 bandwagon effect). 무리에 따르는 것은 쉬운 선택이기 때문이다(집단사고 groupthink). 문제는 군중 속에서 개인은 자신의 목소리를 잃을 수 있고, 집단에 어울리기 위해 개인적인 견해를 거스를 수 있다는 데 있다(선호 왜곡 preference falsification).

군중에게는 질서를 부여하고, 개혁을 추구하고, 사회적 응집력을 높이고, 때로는 정의를 좇는 막강한 힘이 있다. 그러나 한편으로는 그 힘 때문에 중요한 순간에 객관적인 목소리를 무시하게 된다. 심지어는 무엇이 옳은지 우리가 더 잘 알고 있을 때도 그렇다.

군중의 소리 없는 아우성

개인의 자율적 의사결정 능력에 대한 믿음은 타인의 영향력을 과소평가하기 쉽게 만든다. 우리는 스스로 자율적인 의사결정을 한다고 생각하지만, 사무실, 헬스장, 교회, 술집, 동호회, 식당 등 어디에서나 타인의 행동을 모방한다.

리처트 탈러가 말한 것처럼, 겉보기에는 관계없다고 여겨지는 요인이 나도 모르는 사이 판단에 영향을 미친다는 것을 보여 주는 놀랄 만한 사례가 있다. 누구와 함께 먹느냐, 어디서 먹느냐, 얼마나 많은 사람과 함께 하느냐가 당신의 선택에 영향을 미친다.[2] 과학이 밝혀낸 바에 따르면, 일반적으로 사람들은 혼자 먹을 때보다 일곱 명이 모여 다 함께 식사할 때 96% 더 많이 먹는다.[3] 또한 체중이 많이 나가는 사람과 동석했을 때 더 건강하지 못한 메뉴를 선택하는 경향이 있다.[4] 심지어는 식당에서 어느 자리에 앉느냐가 얼마나 많은 음식을 먹게 되느냐에 영향을 미치기도 한다. 일반적으로 사람들은 어두운 구석 자리에 앉았을 때 덜 먹는다.[5] 접시의 크기도 중요하다. 호텔이나 카페테리아에서 작은 접시를 제공하면 덜 먹게 된다. 이는 겉보기에는 관계없다고 여겨지는 요인이 우리의 선택과 목소리에 어떤 영향을 미치는지를 보여 준다.

집단의 크기가 클수록 그 영향은 더 분명하게 느껴질 수 있다. 축구 경기를 보러 온 관중들의 소음에 둘러싸인 축구 심판을 생각해 보라. 응원이나 야유가 심판의 판정에 영향을 미칠까? 몇몇 연구자들이 이를 테스트했다.[6] 자격을 갖춘 심판 40명이 1989년의 리버풀 대 레스터 시티의 경기 중 일어난 사건들을 평가했다. 그 결과 군중의 소음과 심판이 유리한 판정을 내릴 확률 사이에 상당한 상관관계가 있는 것으로 나타났다. 군중 소음을 들은 심판은 그렇지 않은 심판보다 홈팀에 15% 더 적게 파울을 선언했다.

당신이 무엇을 듣느냐는 당신이 누구를, 그리고 무엇을 보느냐만큼 중요하다.

관중석의 영향을 받는 건 심판뿐만이 아니다. 팬들 또한 관중석의 소음에 영향을 받는다. 스포츠나 콘서트 같은 이벤트는 사람들에게 감정을 억제하지 않고 해소할 수 있는 안전한 공간을 제공하는 동시에 군중의 개인적 심리 상태를 변화시킨다. 개인은 그룹화되면서 정체성이 흐려진다.[7] 때때로 이러한 요인이 떼창을 유도하거나, 훌리건을 유발하기도 한다.

군중이 전부 나쁜 건 아니다. 그들은 독수리 에디처럼 운동선수가 되고 싶은 사람이나 라이더 컵에서 첫 티tee에 선 골프 선수에게 격려의 함성을 보낼 수 있다. 2012년 런던 올림픽에서 케냐 육상 선수 데이비드 루디샤David Rudisha가 800m 세계 기록을 깨는 데도 내 함성이 한몫했을 것이다. 군중의 함성은 달리기 선수, 축구팀, 테니스 선수에게 동기를 부여한다. 세계적인 테니스 선수 존 매켄로는 "군중에게는 내 메달이 필요 없었겠지만, 내가 메달을 따기 위해서는 그들이 필요했다"라는 말을 종종 한다.

군중의 목소리는 확실히 행동에 영향을 미친다. 그들은 음반을 팔고, 배심원을 흔들고, 군대를 동원하고, 폭동을 일으킨다. 더 중요하게는 이 군중 속에서 당신이 어디에 속하느냐가 당신의 선택에 영향을 미친다.

잘못된 정보를 낳는 사회적 비교

개인적으로나 집단적으로나, 인간은 다른 사람들에게 집착한다. 학창 시절의 과자 따먹기 게임에서부터 우리는 남들에게 인상을 남기고 경쟁하도록 프로그램되어 있다. 직장이나 공동체 내의 유명 인사에 뒤지지 않으려 노력하는 이유가 바로 이 때문이다.

당신은 무슨 차를 모는가? 미니쿠퍼? 혹시 스쿠터를 타고 다니는가? 아니면 벤츠? 이것은 중요한 신호가 될 수 있다. 당신이 급여, SNS 팔로워 수, 자동차 브랜드 등을 남들과 비교하면 할수록, 당신의 기분은 좋지 않을 것이고, 당신의 소비는 더 늘어날 것이다. 자주 비교하는 사람일수록 더 질투심을 느끼고 더 불만족스러워하는 경향이 있다. 특히 이러한 사회적 비교가 자신보다 더 나은 사람을 향할 때보다 자신보다 못난 사람을 향할 때 더 그렇다.[8]

자동차를 바꿀 때 우리는 비용, 품질, 디자인 중 무엇을 희생할지 저울질해야 한다. 대부분이 자동차를 고르는 순간, 브랜드의 가치가 으스댈만한 수준인지, 이웃들이 어떻게 반응할지 무의식적으로 흔들릴 가능성이 있다.

이를 '주위 효과neighbourhood effect'라고 한다. 네덜란드의 우편번호 복권 Dutch Postcode Lottery은 매주 무작위로 우편번호를 선택해 당첨자에게 현금과 BMW 신차를 지급한다.* 경제학자 피터 쿤Peter Kuhn과 동료들은 복권 당첨이 이웃의 소비에 미치는 영향을 연구했다. 그 결과, 당첨자의 옆집에 살고 있으나 복권에 참여하지 않은 사람의 자동차 구매가 증가하는 경향이 있다는 사실을 발견했다.[9]

중국의 철학자 노자는 "다른 사람 시선을 신경 쓰며 사는 건 영원히 감옥 속에 사는 것과 같다"라고 일갈했다. 노자의 이 개념은 PERIMETERS 함정을 일컫는다. 상대적인 직함, 순위, 지위에 집착하다 보면 자신의 정체성을 빠르게 잃어버리고 행복을 낭비하게 된다.

누구로부터 인정받고 싶은지 생각해 보는 것 또한 매우 흥미로운 일이다. 타인은 우리의 성공을 가늠하는 기준이 되지만, 우리는 동료들로부터 예상치 못한 격려를 받기도 한다.

운동선수에서부터 우주비행사에 이르기까지 모든 사람은 상사보다는 동

---

*　참가자가 자신의 우편번호를 등록하는 방식으로 참여하는 복권이다. 우편번호 단위로 당첨자가 결정되며, 참가자들은 티켓 수에 따라 상금을 나눠 갖는다.

료의 인정을 갈구한다. 2011년 베르사유 궁전에서 열린 기업 만찬에서 닐 암스트롱 옆자리에 앉을 수 있었던 것은 내게 큰 행운이었다. 내 회사 동료들은 700만 개의 부품으로 구성된 데다가 무게만 해도 보잉 747기 40대에 맞먹는 우주선이 어떻게 아폴로 11 임무를 완수할 수 있었는지 알고 싶어 했다. 나 또한 엔지니어도 아니고 우주 애호가도 아니기 때문에 이 수수께끼 같은 일을 이해하고 싶었다.

달에 착륙한 공로로 의회로부터 명예 훈장을 받고 대통령 자유 훈장을 받았다면, 이게 당신의 가장 자랑스러운 업적이 될 것 같지 않은가? 나라면 그럴 것 같다. 그러나 암스트롱은 그에게 쏟아진 수많은 찬사 중에서 일찍이 받은 산업 훈장을 가장 자랑스럽게 생각한다고 말했다. 왜였을까? 그가 자기 자신을 엔지니어라고 생각했기 때문이다. 그 때문에 아폴로 임무가 끝난 뒤 공대 강의실로 돌아갔을 것이다.

이와 유사하게 77세의 마이클 콜린스도 1956년도에 테스트 파일럿으로부터 받은 은제 트로피를 가장 소중하게 여겼다. 그 후 수많은 명예와 훈장을 받았음에도 말이다. 수십억 달러의 금융 제국을 일군 칼 아이칸조차도 정작 가장 자랑스러워하는 것은 대학 시절 수상의 영광을 안겨 준 자신의 학위 논문이었다.

1980년 윔블던에서 5세트 접전 끝에 비오른 보리에게 패했던 거친 남자 존 매켄로가 경기의 승패보다는 넬슨 만델라가 경기를 시청하며 즐거워했다는 사실을 더 중요시했다는 이야기를 기억하는가?

동료들과 존경하는 사람들에게 주목받는다는 건 우리가 생각하는 것보다 훨씬 더 귀중한 일이다.

군중은 예언가인가, 바보인가?

군중의 크기는 과연 얼마나 중요할까? 소수의 동료도 군중이 될 수 있고, 국가 전체가 군중이 될 수도 있다. 군중은 현명한가, 바보 같은가? 그건 상황에 따라 달라진다. 제임스 서로위키James Surowiecki가 『대중의 지혜The Wisdom of Crowds』에서 말했듯이 집단의 의견을 듣는 일은 현명하다 "적절한 상황 속 집단 지성의 판단은 그들 가운데 가장 똑똑한 개인의 판단보다 더 뛰어나다[10]"

밴드웨건 효과는 소비자들로 하여금 대중을 따르도록 부추긴다. 하지만 엘리자베스 2세 여왕, 교황 요한 바오로 2세, 마틴 루터 킹, 에드송 펠레Edson Pelé가 안치된 모습을 보기 위해 수천 명의 조문객이 몇 시간씩 줄을 서서 기다렸던 게 단지 다른 사람들이 그렇게 했기 때문이었을까? 무리 짓기가 때로는 비이성적이지만, 그렇지 않을 때도 있다.

우리는 군중이 가장 잘 알겠거니 하고 생각한다. '다른 사람들이 다 하고 있다면, 분명 좋은 걸 거야.' 하고 생각한다는 것이 로버트 치알디니의 설명이다. 길게 생각할 필요 없이 그저 유행을 따르면 그만이다. 그 길이 당신에게 옳은 길인지, 최선인지는 중요하지 않게 된다.[11]

다른 사람들이 무엇을 보는지, 무엇을 다운로드하는지, 무슨 차를 모는지, 뭘 먹는지, 뭘 하는지 아는 건 삶을 단순화한다. 실패하고 싶은 사람이 어디 있겠는가. 메타의 스레드Thread는 출시 48시간 만에 7,000만 명의 인스타그램 이용자가 가입하며 챗GPT를 제치고 역사상 가장 빠르게 가입자 수가 증가한 앱이 되었다. 아이디어 생성 기술로 크라우드 소싱과 해커톤hackathon이 인기를 끄는 이유도 이 때문이다. 소비자가 제품을 구매하기 전에 평점을 들여다보는 것도 마찬가지다.

게다가, 이는 4년에 걸친 헝가리 선거 여론 조사에서 유권자들이 어느 후보가 앞서는지 알게 되었을 때 우세한 편으로 돌아서는 모습을 보인 이유를 설명한다.[12] 자신의 견해가 다수와 다를 때, 사람들이 평균 쪽으로 움직이는 경향이 있다는 것은 과학적으로도 증명된 사실이다. 우리는 타인의 위대한 점을 배우지만, 우리의 가장 큰 실수 또한 남들에게서 배운 것이다.

군중의 어리석음을 보여 주는 역사적 사건도 있다. 인기몰이가 항상 예상한 결과를 가져다주는 건 아니다.

분위기 킬러: 소문을 따라가는 것

2017년 사업가 빌리 맥팔랜드Billy McFarland는 파티 애호가 5,000명을 위해 바하마에서 티켓 한 장당 10만 달러짜리 초호화 파티를 주최할 것이라고 발표했다. 그러나 A급 스타들은 나타나지 않았고, 파티 애호가들에게 주어진 건 비에 젖은 매트리스와 치즈샌드위치뿐이었다.[13] 빌리가 호기롭게 시작한 파이어 페스티벌Fyre Festival은 실패로 끝났다. 투자자들은 2,600만 달러를 잃었고, 섬 주민들은 평생 저축한 돈을 잃었다. 보험도 없이 행사를 주최했던 맥팔랜드는 '모두를 실망케 하는 게 두려워' 행사를 취소하지 않았다.[14] 무리 짓기가 좋게 끝나는 일은 드물다.

변동성이 큰 시장에서는 불안한 투자자들이 자금을 빼내기 위해 은행으로 달려가면서 뱅크런bank run이 발생한다. 실리콘 밸리 은행Silicon Valley Bank, 컨트리와이드 파이낸셜Countrywide Financial, 노던록Northern Rock, 도요카와 신킨 은행Toyokawa Shinkin Bank을 생각해 보라. 튤립 열풍에서 닷컴 붐에 이르기까지, 과잉 흥분은 역사적으로 시장 붕괴를 낳았다. 1600년대 네덜란드의 가장 비싼 튤립 셈퍼 아우구스투스Semper Augustus* 뿌리는 땅 1만 4,690평 가격과 맞먹었다.[15] 1700년대에는 남해회사South Sea Company 주가 버블이 발생했고, 1800년대는 혁명가들의 시기였으며, 히피 운동이 1900년대를 특징지었다. 뒤이어 1980년대에는 어깨 패드, 여성의 힘, 남성 밴드 그룹이 유행을 물려받았다.

오늘날의 튤립은 암호화폐다. 많은 이가 희망을 품고 지금은 파산한 FTX에 몰려들었다. 소프트뱅크의 전 COO 마르셀로 클라우르Marcelo Claure는 자신이 투자한 1억 달러를 언급하며 다음과 같이 말했다. "FOMO 때문에 투자해서는 절대 안 됩니다. 투자자들은 항상 투자 대상을 100% 이해해야 합니다. 저는 이 두 가지 모두에서 완전히 실패했습니다" 투자자들과 마찬가지로, 우리는 변덕스럽게 유행에 편승한다. 이는 판단력을 갉아먹는 행위다.

수많은 브랜드와 아티스트가 스스로 화제의 중심이 되기보다는 화제를 따르는 실수를 범한다. 엘리자베스 모스 칸터Elizabeth Moss Kantar 교수는 유행을 좇는 브랜드가 차별화 기회를 놓치는 경향이 있다고 주장한다. 기업은 더 큰 혁신을 원한다고 선언하지만, '다른 데는 어떻게 하는데?'라고 묻는다. 이러한 '남들이 하면 나도 한다' 식의 사고방식은 컴퓨터, 모바일, 인공지능, 로봇, 3D 프린팅 때문에 변화를 맞이한 산업에서 흔히 나타난다. 화제성 대화가 주로 이루어지는 초연결 사회에서는 재빠르게 유행을 타는 팔로워들조차 상당히 느린 것일 수 있다.

우체국 사례에서의 리더처럼, 바쁜 의사결정권자나 문제 해결 기관은 대중의 목소리를 높이 평가하면서도 결국 자기 나름의 생각을 따른다. 동조는 의사결정을 단순화하지만, 기세를 몰아 터져 나오는 군중의 목소리가 때로는 뭣 모르는 소리일 수도 있다. 그렇기에 어떤 무리가 옳은지 분별하는 능력이 필요하다.

---

*   튤립 품종의 하나.

무리에서 인정받기 위해 동조하는 일

다수에게 인정받고 싶은 건 보편적인 욕구다. 케르비에는 동료 트레이더들과 동떨어진 것 같은 느낌을 받았고, 메이도프도 금융 기관에서 '외부인'처럼 느꼈다.[16] 엘비스는 고등학생 때 눈에 띄는 학생이었고, 뉴욕이 자신을 받아주지 않는다고 느꼈으며, 할리우드에서는 자신이 불법 침입자라도 된 것 같은 생각이 들었다. 그리고 해리 왕자는 자신이 '예비용spare'인 것처럼 느꼈다.

다른 사람이 기대하는 대로 행동하지 않는 건 사회적 비용을 초래한다. 하지만 다른 사람이 기대하는 대로 행동하는 건 더 큰 비용을 초래한다.

우리는 사회적으로 조롱당하고 배제되지 않기 위해 사람들을 기쁘게 하고, 순응한다. '목소리에 힘이 없는 사람들'은 자신의 목소리가 사람들에게 닿기를 다른 무엇보다도 더 간절히 원한다. 아이러니하게도 군중 속에서는 군중의 목소리만 들릴 뿐, 그 누구의 목소리도 들리지 않는다.

동조는 사회적으로 뿌리 깊게 박혀 있다. 누군가의 농담을 들었다고 해 보자. 소파에 혼자 앉아 있을 때가 더 재미있는가, 군중과 함께 있을 때가 더 재미있는가? 물론, 같은 농담을 두고 갑자기 어느 쪽이 더 재밌어지는 건 아니다. 하지만 한 연구에 따르면, 시청자의 21%는 혼자 있을 때보다 세 명이 함께 있을 때 광고가 더 재밌다고 평가했다. 이에 따르는 의도치 않은 사회적 결과 중 하나는 평범하게 웃긴 사람이 자신이 찰리 채플린이라도 된다고 생각하는 것이다.

별로 웃기지 않은 상사를 보며 웃는가? 순응 편향이다. 고분고분한 직원은 쉽게 자기 목소리를 잃는다. '멤피스 마피아'가 정체성 상실을 한탄했듯, 추종자들은 CEO의 움직임을 그대로 따른다.

전문 자문가조차 동조에서 자유롭지 않다. 일부는 지갑을 여는 고객에게 아첨하며 윤리를 저버린다. 역사적으로 과도한 약물 처방이 이른 죽음을 부른 사례도 있다. 엘비스의 주치의는 각성제와 마약성 진정제를 1만 회나 처방한 혐의를 받았고, 그는 이를 150명분이라 주장했다. 고혈압과 비만, 장 손상을 겪던 환자에게 '지나치게 많은 관심'을 기울인 결과였다.[17]

좋은 게 좋은 또 다른 의사가 한 명 더 있다. 콘래드 머레이Conrad Murray는 마이클 잭슨이 2009년 투어를 앞두고 있을 때, 그에게 다량의 프로포폴과 벤조디아제핀을 처방해 치명적인 수준의 중독을 유발함으로써 직업적 서약을 위반했다. 머레이는 과실치사 혐의로 4년 형을 선고받았다.

상대방을 기쁘게 하려는 건 이해할 수 있다. 약물 과다 처방, 계좌 위조, 불법 매매, 사기, 밀수, 과다 청구와 같은 행위는 '내가 아니었어도 누군가는 했을 것'이라는 말로 정당화된다. 그러나 세상은 전문가들에게 아무 생각 없이 돈을 지불하는 사람의 목소리에 따르는 것 이상을 요구한다.

오늘날 우리는 컨설턴트에게 더 많은 책임을 묻는다. 다국적 건설 기업 카릴리언Carillion은 마치 건실한 대차대조표를 보유한 것처럼 2억 3,400만 파운드의 배당금을 분배한 뒤 2018년 70억 달러 부채와 함께 무너져 내렸다.[18] 영국 국회의원들은 감사인 KPMG가 '전문가적 의구심을 표명하지도, 이에 따르는 조처를 하지도 않음으로써' 카릴리언과 공모했다고 비난했다. 규제기관은 KPMG에 2,100만 파운드라는 어마어마한 수준의 벌금을 부과했다. 이와 유사하게 컨설팅 회사 베인앤드컴퍼니Bain & Co.는 리더들이 세무 서비스를 제공하면서 '버젓이 부패에 가담한' 이후로 남아프리카 공화국 정부와 3년 동안 계약을 맺을 수 없게 되었다.[19]

확신이 서지 않을 때, 사람들은 독립적으로 생각하기보다는 선례를 찾는다. 그리고 그에 못지않게 집단의 분위기에 자주 의존한다.

집단사고와 사고하지 않는 집단

배우자, 직원, 의사만 동조하는 게 아니다. 집단도 동조한다. 우리가 팀, 동호회, 소셜 네트워크 같은 공동체의 의견에 동조하는 것을 '집단사고'라고 한다.

배심원단을 예로 들어 보자. 우리는 CHAPTER 2에서 배심원의 4분의 1만이 재판 중 형성된 초기 의견을 바꾸었다는 연구에 대해 살펴보았다. 400건에 달하는 형사 재판을 분석해 의견이 바뀐 사람과 의견을 바꾸지 않은 사람을 비교한 분석 결과도 있다.[20] 그에 따르면, 수천 명의 배심원이 자신이 내린 사적 판단과 최종 투표에서 자신이 내린 평결을 나열했는데, 그 결과 3분의 1은 은연중에 최종 판결에 동의하지 않는 것으로 나타났다. 그러나 결정적 순간, 그들은 집단의 의견에 뜻을 맞추었다.

때때로 우리는 혼자서 틀리는 것보다 다 같이 틀리는 게 낫다고 생각한다. 무리 뒤에 숨으면 안전하다는 느낌이 들기 때문이다. 하지만 그것은 현명한 선택이 아니다. 경쟁이 치열한 직장에서는 집단사고가 더욱 확대된다. 만약 당신의 상사가 팀워크를 중시한다면, 단언컨대 당신의 승진, 급여, 인기는 당신이 얼마나 협조적인 사람인지에 따라 달라질 것이다. 이는 동조를 상사와 다른 의견을 내면 당신의 호감도에 영향을 미친다. "반박해도 된다" "동의하지 않아도 괜찮다"는 말은 대개 형식에 불과하다. 그들은 반대 의견에는 귀를 닫고, 마음에 들지 않거나 다른 생각을 가진 사람을 무시한다. 이는 내가 뒤늦게 깨달은 교훈이자, 과학이 증명한 사실이다.

심리학자 줄리아 민센Julia Minsen은 한 실험에서 참가자들을 둘씩 나눈 뒤 그들의 견해를 기록했다. 먼저 참가자들은 사형제, 마리화나, 노동조합 등과 같이 논란이 있는 질문에 대한 파트너의 답변을 읽었다. 그런 다음 참가자 전원 중 누구랑 팀을 하고 싶은지, 누구에게 조언을 구하고 싶은지, 회사를 대표할 사람으로 누구를 선택할지를 고르게 했다. 그들이 자기 파트너를 더 우선시했을까? 두 사람의 견해가 같은 경우에만 그랬다.

다른 사람이 당신과 생각이 같은지 아닌지 아는 것만으로도 그 사람에 대한 평가나 호감에 영향을 미치기 충분했다. 그러니 사람들이 자기 의견을 잘 드러내지 않는 것도 어찌 보면 당연한 일이다.

판단이 항상 합리적인 건 아니다. 앞서 이야기한 것처럼, 과학은 우리가 낯선 이와도 유대감을 형성한다고 말한다. 이러한 유대감은 선호도나 눈 색깔, 키, 발 크기처럼 본질과 무관한 요소에서 비롯되기도 한다. 중요한 것은 그 기준이 무엇이냐가 아니라 단지 '우리'와 '그들'을 구분해 준다는 사실이다.

자문위원, 이사회, 위원회, 두뇌 집단이 이 문제를 다루지 않는다면 집단사고는 불가피하다. 『넛지』의 공동 저자이자 전 백악관 고문인 캐스 선스타인 Cass Sunstein은 '델파이 기법 Delphi method'을 주창한다. 간단하다. 팀원들은 익명으로 자신의 아이디어를 적은 뒤 교환한다. 이는 그룹이 한 가지 아이디어에 지나치게 집중하는 것을 방지하고 기업에서 흔한 아첨 행위를 줄일 수 있다.

아무도 혼자가 되고 싶어 하지 않는다. 그러나 우리가 다른 사람을 소중히 여기는 만큼, 다른 사람들은 우리를 잘못된 길로 인도한다.

동조의 또 다른 형태는 선호 왜곡이다. 선호 왜곡의 문제는 숨겨진 진실을 듣기 힘들게 만든다는 것이다.

공개적인 자리에서 개인적 선호를 왜곡하는 것

사회적으로, 정치적으로, 직업적으로 살아남기 위해 실제로 말하고 싶은 내용을 얼마나 자주 숨기는가? 아니면 그저 어울리고, 소속되고 싶어서인가? 그렇다면 당신은 다른 사람을 빼닮은 다른 누군가를 가장하는 것이다. 해고당하고, 조롱당하고, 외면당하고 싶은 사람이 어디 있을까. 개인적 견해가 공개적으로 표현되는 그것과 다를 때, 이는 본인과 다른 사람들에게 잘못된 정보가 전달되는 계기가 된다.

가짜 페르소나와 가짜 의견이 우리 일상생활에 빈번히 끼어드는 세상에서 압박을 받은 시민들은 통치자에게 복종하고 현 정권에 대한 이념적 지지를 가장하게 된다. 경제학자 티머 쿠란Timur Kuran은 이 현상에 '선호 왜곡'이라는 이름을 붙였다.[21] 베를린 장벽이 무너졌을 때, 유명 언론인들은 인터뷰할 공산주의자를 찾는 데 애를 먹었다고 한다. 어떤 사람들은 개인적 견해를 억누르는 건 거짓된 삶을 사는 것이라 말한다. 쿠란은 사람들이 진짜 선호가 아닌 왜곡된 선호를 표현하고, 이러한 겉치레가 (다양한 의견이 공론화될 수 있는 장이 없어지는 결과를 가져와) 지적인 빈곤을 초래하게 되면서 개인적 의견이 사회적 거짓말로 변한다고 주장한다.

그러므로 정치인, 고문, 리더가 밝힌 선호를 제대로 해석하는 것이 중요하다. 항상 이런 질문을 하라. "이게 진짜 그들이 의미하는 바가 맞나?" "또 다른 해석이 가능한 건 아닐까?" 당신이 보고 듣는 것을 의식적으로 재조정하지 않고서는 다른 사람의 진정한 선호를 알 수 없다.

데이터 과학자 세스 스티븐스 다비도비츠Seth Stephens-Davidowitz는 구글 검색이 우리가 마음속 깊이 걱정하고 있는 내용을 드러내는 궁극적인 고백이라고 말한다. 우리는 검색창에 자신의 비밀을 검색한다. '내가 세뇌당하고 있는 걸까?' '저 괴롭힘당하는 건가요?' '불륜 사실 숨기는 법'과 같은 검색어가 당신의 비밀을 말해 준다.

선호를 위조하는 건 당신의 진정한 정체성을 왜곡할 뿐만 아니라, 차선의 선택이 굳어지도록 구조화한다. 예를 들어 보자. 당신의 상사는 재택근무가 생산적이지 않다고 생각한다. 하지만 당신은 속으로 그런 상사의 의견이 터무니 없다고 생각할 수 있다. 당신 동료도 마찬가지다. 무슨 일이 벌어질까? 상사는 결코 알지 못할 것이다. 당신은 일주일에 5일을 사무실 책상에 묶인 채 씩씩거리게 될 것이고, 이러한 억울함이 쌓여 막대한 비용을 초래할지도 모른다. 이렇게 잘못된 정보가 은밀하게 퍼지는 것이다.

개인적으로 생각하는 바와 공개적으로 말하는 바가 일치하는지 주의깊게 살펴볼 필요가 있다. 이는 당신이 외부의 압력에 흔들리고 있으며, 올바른 판단력이 위협받고 있다는 신호다.

선호의 조작은 시간과 돈을 낭비할 뿐만 아니라, 명예를 망가뜨리고, 생명을 앗아간다.

귀 기울이기: 의견 일치의 목소리

모든 PERIMETERS 함정이 나쁜 건 아니다. 군중은 종종 선한 영향력을 행사하기도 한다.

사회적 차원에서 보면, 사회 운동은 법을 바꾸고 국가를 개혁하며 소외된 목소리에 귀를 기울이게 한다. 소셜 미디어가 등장하기 전인 1970년대 환경 운동가들은 헤어스프레이용 압축가스 같은 물질이 오존층에 구멍을 내고 있다고 주장하며 공공기관을 대상으로 로비 활동을 벌였다. 그 결과 1987년 '몬트리올 의정서'라는 국제 협정이 발효되어 프레온 가스 생산 및 소비를 단계적으로 폐지하게 되었다.

에스티 로더, 리복Reebok, 애플, 구글을 비롯한 대형 브랜드들이 '흑인의 생명도 소중하다Black Lives Matter' 운동의 뒤를 이어 주요 다양성 목표를 공식 발표했다. 일부는 사회적 결속을 유지하기 위해 흑인 공동체에 수백만 달러를 지원할 것을 약속했다. 이러한 흐름은 계속되었다. 문화적 다양성을 고려한 임명이 이루어졌고, 뉴스 진행자나 사법 패널 등 곳곳에서 다양성을 내세우기 시작했다.

오늘날의 대중들은 자기 자신을 판사와 배심원으로 임명해 부적절한 목소리에 사회적 처벌을 가한다. 그리고 이 현상은 날이 갈수록 심해지고 있다. 래퍼 카녜이 웨스트Kanye West가 반유대주의적 발언을 했을 당시 아디다스는 협업 계약을 종료하였으며, 약 4억 4,100만 달러의 매출 손실을 입었다. 군중의 힘이 분위기를 주도한 결과였다. 일주일 뒤 나이키는 (카니예와 비슷하게 반유대주의적인 발언을 한) 농구팀 브루클린 네츠Brooklyn Nets 소속인 카이리 어빙Kyrie Irving과의 계약을 종료하며 다음과 같이 말했다. "나이키는 증오 표현이 용납되지 않는 세상을 믿습니다. 우리는 모든 형태의 반유대주의를 규탄합니다" 하지만 몇 달 뒤 아디다스는 이지Yeezy* 라인을 다시 판매하기 시작했으며, 수익의 일부는 자선 단체에 기부했다.[22] 때때로, 원칙은 바람 앞의 등불과 같다.

사회적 규범은 사람들이 세상을 어떻게 구성하고 해석하는지를 반영한다. 로버트 치알디니는 평생의 연구를 통해 사회적 검증social proof이 행동 개선에 미치는 힘을 입증했다. 단순히 다른 사람들이 무엇을 하는지 알려 주는 것만으로도 모방 행동은 쉽게 유발된다. 그는 한 실험에서 병원 응급실에 진통제 복용을 권장하는 표지판을 게시했다. "이 약을 복용한 환자의 95%가 15분 이내에 호전되었다"는 문구를 본 환자들이 가장 높은 동조율을 보였다. 비슷한 원리로 맥도날드가 맥플러리를 '가장 인기 있는 디저트'로 광고했을 때, 매출은 55% 증가했다. 사회적 검증은 구매자의 불확실성을 줄여 결정을 쉽게 만든다.

---

* 카니예 웨스트와 협업하여 제작, 판매하는 신발.

　사회적 검증 이론은 단순히 다수의 힘에 관한 것이 아니다. 이는 '우리와 닮은' 사람들이 만들어 내는 영향력에 관한 이야기다. 자신과 유사한 사람들로 이루어진 그룹일수록 사람들은 더 쉽게 동조한다. 영리한 자선 단체 활동가라면 당신의 집 문을 두들기며 어느 이웃이 이미 기부를 마쳤는지를 슬쩍 귀띔할 것이다. 사람들이 자신과 닮은 이들의 행동을 따를 가능성이 더 높다는 것을 알고 있기 때문이다. 아마 마스크 착용과 관련한 메시지에서도 이런 점을 눈치챘을지도 모른다. 영향력을 극대화하고 싶다면, 상대방이 당신을 위해 해 줬으면 하는 일을 비슷한 사람들이 얼마나 많이 하고 있는지 알려라.

　정부는 안전띠 착용, 재활용, 물 절약, 장기 기증, 자선 기부 활동을 촉진하기 위해 사회적 검증을 이용한다. 음주 운전, 쓰레기 무단 투기, 탈세를 성공적으로 줄이는 데에도 같은 방법이 활용된다.

　2016년 아일랜드에서 발생한 사망 교통사고의 38%는 음주 운전이 원인이었다. 이에 정부는 코카콜라의 10년짜리 캠페인 'Holidays Are Coming'의 지원을 받아 '술 마시고 운전하지 마세요'라는 공익 캠페인을 전개했다. 이 캠페인은 사람들의 인식과 행동에 뚜렷한 변화를 불러왔다. 코카콜라는 '영웅이 되어 주셔서 감사합니다' '대리운전에 감사하는 마음을 담은 선물'과 같은 슬로건을 내걸고 지정 운전자designated driver*에게 무료 콜라 2개를 증정했다.[23] 이 덕분에 지정 운전 문화가 활성화되었고, 2019년에 이르러 교통사고 사망자 수는 10년 전과 비교해 70%나 감소했다.

　당신이 그룹과 맺는 관계의 양상에 따라 세상을 보는 관점은 달라질 수 있다. 어떤 그룹의 목소리에 귀 기울일지를 판별하는 건 생각보다 쉽다. 그렇지만 특정 그룹의 목소리에 귀를 기울이는지 아닌지를 결정하는 한 가지 요소가

---

*　파티나 술자리에서 술을 마시지 않고 술을 마신 사람들을 대신해 차를 운전해 주는 사람.

더 있다. 바로 그 목소리가 전달하는 '이야기'의 매력이다.

이쯤 되면 독자들은 이 책에서 올바른 목소리에 귀 기울이거나 잘못된 목소리에 귀 기울인 것으로 소개된 인물들에 익숙해졌을 것이다. 이야기에 기반을 둔 의사결정 방해 요소가 다음 장에서 다룰 내용이다.

의사결정 고수가 되기 위한 핵심 원칙

- 많은 사람이 모인다고 해서 항상 더 즐거워지는 것은 아니다. 군중의 목소리는 판단을 김빠지게 만들 수도 있고 판단을 밀어붙일 수도 있다. 눈앞에 보이는 사람들과 당신이 듣는 메시지를 구분할 필요가 있다.

- 상대적인 비교는 비판적 사고가 설 틈을 주지 않고 다른 사람에게 동조하도록 만든다. 우리는 자신의 성공을 판단할 때 다른 사람의 말과 행동, 다른 사람의 상태를 본다. 하지만 우리가 성공을 평가할 때 따져봐야 할 건 바로 나 자신이 누구이냐다.

- 집단적 동조는 불확실성 속에서 결정을 내릴 수 있게 해 주지만, 잘못된 정보와 엄청난 불행의 원인이 되기도 한다. 사회는 전문가, 고문, 리더들에게 더 높은 수준의 판단 능력을 요구한다.

- 군중에게 오라클이라는 영광의 지위를 부여하게 되면, 반대의 목소리를 듣지 못할 위험과 독립적인 생각을 억누를 위험이 발생한다.

- 파급 효과는 동조, 무리 짓기, 집단사고를 촉발한다. 다른 사람의 것이 아닌 당신의 목소리를 내라.

- 사회적 인정에 대한 과도한 욕망은 중요한 문제에 주의를 기울이지 못하게 만든다. 개인적 의견을 왜곡하거나, 타인에게 폐를 끼칠까 두려워 침묵하게 된다면 이는 사회적 인정을 갈구하고 있다는 경고일 수 있다.

- 군중을 따라잡는 데 열중하다 보면 군중 속에서 돋보일 수 없다. 눈에 띄고 싶다면 올바른 그룹을 선택하라.

- 대중들에게는 선행을 과시하는 사람이나 부정행위를 저지른 사람을 몰아낼 힘이 있다는 사실을 명심하라.

- 무엇이 옳은지, 사람들이 무엇을 좋아하고 사고 싶어 하며 원하는지에 대해 사회적 검증에 기대려는 마음을 경계하라.

- 동료를 칭찬하는 데에는 당신이 생각하는 것보다 더 큰 가치가 있다. 그리고 상사는 자기 생각과는 다른 의견을 좋아하지 않는다는 사실을 명심해라.

- 역사는 집단적 관계에서 오는 지혜, 어리석음, 힘 모두를 증명할 수 있다. 언제 다른 사람의 말을 들을지, 언제 자신이 가진 지혜를 활용할지 아는 능력이 중요하다.

CHAPTER 13

Story, 이야기의 함정

**나무를 오르는 능력으로 물고기를 판단한다면,
물고기는 평생 자신이 멍청하다고 믿으며 살아갈 것이다.**

알베르트 아인슈타인Albert Einstein

1994년 르완다의 대통령 쥐베날 하브자리마나Juvénal Habyarimana가 암살된 다음 날, 100일 간의 집단학살이 시작되었다. 양극화와 사회 계층 간 분열은 농경 부족인 투치족 70만 명이 유목민인 후투족에 의해 잔혹하게 학살당하는 사건으로 이어졌다. 두 부족이 섞여 살던 곳에서는 이웃들이 서로에게 칼을 휘둘렀고, 사병들이 마을의 여성들을 강간했다. 그러나 유엔 평화유지군은 그저 방관한 채 서 있을 뿐이었다.

르완다 '증오 라디오'에 담긴 악의적인 메시지는 700만 명의 부족민들에게 방송되었다. 한 연구는 이 방송의 여파로 5만 건의 살인이 추가로 발생했다고 추산했다. 미국 국제개발처US Agency for International Development, USAID의 서맨사 파워Samantha Power는 다음과 같은 말로 이 사태를 잘 요약했다. "살인자들이 한 손에는 칼을, 다른 한 손에는 라디오를 들고 있었다[1]"

내셔널 퍼블릭 라디오NPR에서 입수한 희귀 자료에는 투치족을 증오하는 후투족의 모습이 담겨 있었다.

르완다는 국가를 진정으로 수호하고자 하는 사람들의 것이다. 당신들 같은 바퀴벌레는 르완다인이라고 할 수 없다. 우리는 이 땅에서 바퀴벌레의 씨를 말릴 것이다. 우리가 이 바퀴벌레를 완전히 박멸하고 나면 세상 그 누구도 우리를 비난할 수 없을 것이다.[2]

집단학살이 끝난 뒤, 르완다 정부는 화해 단계에 돌입했다. 그들은 매사추세츠대학의 어빈 스타웁Ervin Staub 교수에게 조언을 구했다. 수년 전 스타웁의 친구가 자기 집 지하실에 그를 숨겨 준 덕분에 헝가리계 유대인인 스타웁은 강제 수용소행을 면할 수 있었다. 따라서 그는 인간성에 대한 깊은 믿음이 있었지만, 인격 말살이 타락으로 가는 지름길이라는 사실 또한 잘 알고 있었다.[3]

르완다 사태를 해결하기 위해 스타웁은 갈등 해결 전문가를 양성하고 지역사회 프로그램을 운영했다. 그는 또 하나의 방법으로 이야기의 힘을 활용했다. 과거 라디오가 증오를 퍼뜨렸다면, 이번에는 평화를 전파하는 도구가 되었다.

'무세케웨야Musekeweya'라는 드라마의 줄거리가 만들어졌는데, 번역하자면 이는 '새롭게 뜨는 해'를 의미한다. 감독은 한때 "절대로 기억해 내고 싶지 않다"라고 단언했던 학살 생존자, 앤드류 무사가라Andrew Musagara가 맡았다.[4] 드라마는 억압을 극복하기 위해 단결한 마을의 부족 구성원들에 관한 이야기를 담고 있었다. 상처를 치유하고 남아있는 편견을 없애기 위한 평화의 메시지와 부족 간 결혼에 관한 규범적 메시지가 담겨 있었다.

화합의 목소리는 성과를 거두었다. 르완다의 러브 라디오는 16년 동안 전국 청취율 1위를 기록했고, 사람들은 이 메시지에 귀 기울이며 이웃을 대하는 태도를 바꾸기 시작했다. 오늘날 르완다에는 부족이 아닌 '르완다인'만이 존재한다. 청각 매체가 삶을 변화시키는 데 성공적으로 활용된 사례다.

PERIMETERS를 다룬 마지막 챕터에서는 이야기에 기반한 의사결정 함정 다섯 가지를 소개하고, 우리가 사회적, 정치적, 조직적 내러티브에 지나치게 주의를 기울일 때 이들이 어떻게 잘못된 판단에 이르는 취약점이 되는지를 설명한다. 이 함정은 농점 위험을 높이고, 자아, 권력, 시간, 윤리, 집단 관계라는 요소들을 포괄한다.

메시지와 상관없이, 스토리텔링의 실세, 우상, 전문가 또는 약자는 당신이 누구에게 귀 기울일 것인가를 결정할 때 상당히 불균등한 영향을 미친다(메신저 효과messenger effect). 물론, 외모도 시각적 우위를 강조하는 한 가지 요인이 될 수 있다(미적 편향beauty bias). 패턴 찾기를 좋아하는 사람은 사람, 수수께끼, 블랙 스완, 미해결 미스터리에 관련된 지식의 빈자리를 일종의 패턴으로 메운다(연상적 사고associative thinking). 문제는 이야기에 포함된 허구적 요소를 탐구하거나 이야기 일부가 조작되었다는 사실을 고려하기보다는 이야기 전부를 진실로 받아들인다는 것에 있다(사실 착각 효과illusory truth effect). 그릇되게도 우리는 결론에 도달한 과정이 아닌, 이야기가 어떻게 끝나느냐에 따라 성공과 실패를 판가름한다(결과 편향outcome bias).

이야기 기반의 의사결정 편향에는 한 가지 공통점이 있다. 잘못된 청취, 잘못된 정보, 잘못된 판단을 조장한다는 것이다. 우리는 진실을 추구하는 대신 스필버그급 서사 추진력에 휩쓸려 부주의한 귀머거리 상태가 된다. 이는 가짜 뉴스에 먹이를 던져 주는 꼴이다. 정부 지도자, 학계, 보험 계약자를 포함해 그 누구도 대중의 망상적 믿음으로부터 자유로울 순 없다.

과학적 데이터보다 이야기에 더 마음이 기우는 건 인간의 본성이다. 이것이 바로 가짜 뉴스와 음모론이 퍼져 나가는 이유다. 똑똑한 사람들이 미스테리한

강령술, 요정, 산타, 초자연적 현상을 믿는 이유도 이 때문이다. 반대로 긍정적인 이야기는 삶의 질을 높이고, 갈등을 해결하며, 혁신을 촉진한다. 희망은 영원의 지배자이다.

의사결정 고수라면 메시지와 메신저의 차이를 구분할 줄 알아야 한다.

내가 듣고 싶은 건 바로 너야

우리가 신뢰하는 메신저는 두 부류다. 바로 자기 자신과 타인이다. 한 번 타인을 믿기 시작하면 우리는 더 이상 의문을 품지 않는다. 사람들은 말뿐인 약속과 기업의 신화, 구원의 서사를 쉽게 믿는다. 하지만 우리가 듣는 것이 전부는 아니며, 들은 것을 모두 믿을 수도 없다. 수많은 사람이 거짓말쟁이와 매력적인 사기꾼에게 속아 막대한 돈을 잃는다. 스파이나 연쇄살인범이 범죄에 성공하는 이유도 여기에 있다. 우리는 들리는 대로 믿어서는 안 된다. 그러나 소음으로 가득한 세상에서 그것은 결코 쉬운 일이 아니다.

우리가 듣는 내용은 이야기를 전하는 사람에 대한 느낌에 따라 달라진다. 당신의 소셜 미디어 게시물은 겨우 50개의 '좋아요'를 받는데, 다른 사람이 똑같은 콘텐츠를 올렸을 때 5만 개의 좋아요를 받는 걸 본 적이 있는가? 회의 중 누군가가 당신이 냈던 의견을 반복해서 말했는데 갑자기 박수 세례를 받는 일도 있다. 이게 바로 메신저 효과다.

2021년 1월 29일 일론 머스크가 트위터 프로필에 '#비트코인'을 추가하자 비트코인 가치는 20% 급등해 3만 8,566달러에 달했다.[5] 2013년 칼 아이칸이 애플에 5억 달러를 투자한다고 발표했을 때 애플 시가 총액은 170억 달러 상승했다. 이런 게 바로 메신저 효과다.

스티브 마틴과 조셉 마크스는 우리가 메시지보다 메신저를 먼저 파악하며, 이것이 '누구의 말을 들을지와 무엇을 믿을지'에 영향을 미친다고 주장한다.[6] 다시 말해, 메신저가 곧 메시지인 것이다. 더군다나 메신저의 입에서 메시지가 나오기 전에 우리는 그들을 '볼 수' 있다.

왜 우리는 특정 목소리에 더 귀 기울이는 걸까? 그들이 사용하는 단어 때문일까? 아니면 그들의 이미지? 그것도 아니라면 그들이 사용하는 슬라이드나 비디오 같은 시각 자료 때문일까? 166건의 보건 의료 개입을 분석한 결과, 그 무엇도 아닌 것으로 나타났다. 가장 영향력 있는 메신저는 다음 세 가지 요건을 충족한다.[7] 호감도Likability, 유사성Similarity, 신뢰성Credibility.

첫 번째, 앞서 논의한 대로 우리는 싫어하는 사람보다는 존경하는 영웅, 좋아하는 동료, 가까운 친구의 목소리에 더 귀를 기울인다. 악독한 경쟁자나 은근히 깔보는 이웃에게서 비판적인 메시지가 들려온다면 어떨 것 같은가? 우리는 반사적으로 그 메시지를 평가절하할 것이다. 이것이 바로 농점이다. 한술 더 떠 우리는 그 별로인 사람이 멍청하거나 자기애가 넘친다고 생각할 것이다.

인기가 없는 사람들은 외집단이 되는 경향이 있다. 이는 중대한 실수다. 개성이 강한 사람이나 비주류인 사람들의 목소리에 귀를 기울이다 보면 예상치 못한 통찰력과 이점, 그리고 새로운 관점을 얻게 될 것이다.

두 번째, 메시지를 전달하는 사람과의 유사성은 영업사원이 집집마다 돌아다닐 때 당신이 누구의 말을 들을지, 그리고 선거철에 어떤 정치인의 말에 귀 기울일지와 같은 문제를 결정한다. 역사적으로, 사람들은 진실을 이야기하는 외집단 사람들을 믿지 않았다. 같은 부류라는 영향력은 당신이 '나와 비슷한 사람'을 알아보기 때문에 발생한다. 이는 당신이 누구의 메시지를 듣는지만큼이나 누가 당신의 메시지에 귀 기울이는가를 결정하기도 한다.

메신저 효과는 의료부터 금융에 이르기까지 다양한 의사결정에 영향을 미친다. 연구에 따르면 소액 대출을 원하는 사람들은 자신과 비슷하다고 느끼는 사회적 집단으로부터 돈을 빌릴 가능성이 더 높다.[8] 지위가 낮은 집단일수록 메신저의 친숙함에 더 민감하게 반응하는 경향이 있는 것으로 나타났다.

이러한 통찰력은 후천성 면역 결핍 증후군HIV/AIDS 전염을 예방하는 데 사용되었다. 필리핀 택시 또는 오토바이 택시의 남성 운전기사들이 승객들에게 2년 동안 콘돔 사용에 관한 메시지를 전달하자 그 효과가 나타났다.[9] 제대로 구성되기만 한다면, 동료의 중재는 행동을 바꾸는 데 꽤 성공적이었다.

세 번째로, 우리는 신뢰감을 느끼는 상대에게 귀를 기울였다. 그렇다, 우리는 멍청한 놈들의 말에는 귀를 기울이지 않는다. 숙련된 채용 담당자들이 전문가가 쓴 과장된 이력서를 믿기는 하지만, 앞서 논의한 것처럼 전문성에 지나치게 의존하는 것 또한 의사결정 방해 요소가 될 수 있다. 테라노스와 스코틀랜드 왕립은행 이사회가 고학력과 고스펙으로 가득한 리더들의 전망과 비전을 어떻게 받아들였는지를 되새겨 보라.

사람들은 믿을 만한 사람이 전달하는 이야기를 좋아한다. 에이미 커디Amy Cuddy 교수는 자신감 넘치는 자세power pose를 주제로 테드TED에서 강의했는데, 이는 고작 42명의 피실험자만을 대상으로 한 연구였지만, 해당 동영상은 현재까지 4,300만 명이 시청했다.[10]

모든 목소리가 모든 상황에서 동등한 것은 아니기 때문에, 우리에겐 선택적 필터링이 필요하다. 신뢰성, 친숙함, 유사성은 우리가 누구의 목소리에 귀를 기울이느냐와 누구의 목소리에 귀 기울이지 않느냐를 결정한다.

뷰티 보너스

나는 지금껏 우리가 들리는 것보다는 보이는 것을 믿고, 평가하고, 신뢰한다고 말해왔다. 비이성적으로는, 보기 좋은 게 실제로도 좋은 것으로 여겨진다. 이것이 '미적 편향'이다.

다수의 연구 결과, 매력적인 남녀는 매력적이지 않은 사람보다 더 강인하고, 세심하며, 지적이고, 겸손하다고 평가되는 경향이 있다. 한 실험에서 피실험자들에게 작문 점수와 작가의 외모를 함께 평가하도록 했는데, 그 결과 매력적인 작가는 동일한 내용의 글임에도 더 높은 점수를 받았다.[11]

메신저의 신뢰성 또한 외모에 따라 높아지기도, 낮아지기도 한다. 금융 분야의 젊은 귀재 해리 마코폴로스와 마이클 버리는 할리우드의 화려한 스타처럼 대접받지 못했다. 사람들은 자신이 들은 내용이 아닌, 본 것을 판단했다.

영국 최고의료책임자인 크리스토퍼 위티Christopher Whitty 박사의 포토샵 하지 않은 사진은 소셜 미디어에서 잔인하게 조롱당했다. 주간지 《뉴 스테이츠먼New Statesman》은 "위티가 끊임없이 밈의 소재가 되는 까닭은 그의 차분하고 샌님 같은 존재감에 있다"라고 보도했다.[12]

하지만 인스타그램이라는 시각적 사회에서 이런 게 과연 놀라운 일일까?

불공평하긴 하지만, 외모는 후보자 선택, 급여, 승진에 영향을 미친다. 매력적인 학생들은 더 좋은 성적을 받는다. 매력적인 직원은 더 나은 급여를 손에 쥔다.[13] 브래드 피트와 나오미 캠벨 같은 사람들은 세상의 특권을 누리고 있을 뿐만 아니라, 더 신뢰받고, 더 높은 사회적 기술과 역량을 갖춘 것으로 평가된다.[14] 그래서 외모가 출중한 사람들이 항공사, 방송가, 화장품 및 뷰티 산업에 고용되는 것이다.

뛰어난 외모의 메신저에게 끌리는 게 인간의 본성이기는 하지만, 이에는 상업적, 법적 위험이 따른다. 이렇게 잘 알려진 함정 때문에 권력자, 규제기관, 투자자들은 곤경에 처했다.

결국, 우리가 눈으로 보는 메신저의 모습이 우리가 듣는(그리고 듣지 않는) 메시지에 영향을 미친다.

＊＊＊

위워크 CEO 애덤 노이만을 기억하는가? 그가 세계 최초의 물리적 소셜 네트워크에 관해 이야기하고 다니던 때, 그는 183cm의 키와 검고 긴 머리로 주목받았다. 어떤 이들에게는 그의 모습이 매력적이었을 수 있다. 그의 신뢰성, 유사성, 호감도가 한데 어우러져 창업자들에게 우호적인 자본가들로부터 수십억 달러를 모으는 데 도움을 주었다.

그는 콘퍼런스 참가자들에게 "우리 모두 힘을 합쳐 세상을 바꿀 커뮤니티를 만들 수 있습니다"라고 말하며 이야기를 꾸며 낼 수 있었다. 투자자들은 그의 주문에 빠져들었다. 한 투자자는 《뉴요커》 기자인 찰스 두히그에게 이렇게 말했다. "그는 제가 지금까지 본 사람 중에 가장 카리스마 넘치는 연설가였습니다" 하지만 두히그는 그에 대해 약간 다르게 설명한다. "그는 마치 … 실리콘밸리의 벤처캐피털리스트들이 줄 서서 기다리고 있는 코카인처럼 과장된 쇼맨 같았다[15]"

매력적이고 말쑥한 전문가들이 부정행위를 했다고 의심받는 경우는 거의 없다. 길레인 맥스웰이 십 대 소녀들을 꾀어 성범죄자에게 데려갈 사람처럼 보였는가? 변호사 시모나 서Simona Suh는 정장 차림의 메이도프가 '폰지 사기꾼처럼 보이지는 않는다'라고 생각했다. 경찰들은 처음에 매력적인 테드 번디, 메넨데즈 형제, 캐리 스테이너, 능구렁이 같은 존 웨인 게이시를 의심하지 않았다. 법정 심리학자 시애라 스탠턴Ciara Staunton은 이렇게 설명한다. "우리는 음산한 살인 사건을 추한 모습과 연관 짓는 실수를 저지르곤 한다[16]"

외모가 훌륭한 정치인은 더 많은 돈을 벌고 더 많은 선거에서 승리한다.[17] 외모만 중요한 게 아니다. 키가 큰 사람일수록 고용될 확률이 높고, 더 많은 돈을 벌고, 선거에서 더 많은 표를 얻으며, 청중 앞에 설 기회를 더 많이 얻는다. 1776년 이래 미국 대선에서는 키가 더 큰 후보가 계속 승리했다.[18] 악의 순환 고리다.

회사에서는 이러한 미적 편향을 쉽게 발견할 수 있다. 주위를 한 번 둘러보라. 버진 그룹Virgin Group, 《보그Vogue》, 폭스 뉴스Fox News 사람들은 그들만의 독특한 분위기가 있다. 채용 과정에서 시각적인 요소가 우선시된다는 것을 알아차릴 수 있을 것이다.

전혀 예상치 못한 것들을 통해 매력을 판단할 수도 있다. 피츠버그대학교의 리처드 모어랜드Richard Moreland 교수는 수업 참석률을 분석해 수업에 자주 참석한 사람이 더 매력적으로 여겨진다는 사실을 발견했다.[19]

수혜자에게는 이러한 편견이 장점이 될 수 있지만, 조직이라는 관점에서 이는 불리한 요소로 작용한다. 들리는 것보다는 보이는 것을 더 중요시하는 차별적 성향을 강화하기 때문이다.

이러한 차별의 함정은 법정에서도 찾아볼 수 있다. 배심원은 들은 내용보다는 본 것에 더 관심을 기울인다. 동일한 범죄에 대해 매력적인 피고인은 매력적이지 않은 피고인보다 통상적으로 관대한 형량을 받는다.[20] 무죄 판결을 받을 확률도 두 배 높다. 이것이 바로 '뷰티 프리미엄'이다.

어떤 배심원은 의식적으로 편견에 맞서 싸운다. 에릭 메넨데즈의 첫 번째 재판에 7개월 동안 참석했던 하젤 손튼Hazel Thornton은 이렇게 말했다. "당신 눈앞에 있는 이를 신뢰할 수 없다고 해서, 그들이 법정에서 말한 내용의 전부 또는 일부가 거짓이 되는 것은 아니다[21]"

집단으로서의 사회적 규범은 의사결정에 영향을 미친다. 여느 집단처럼, 배심원단에서도 분노가 폭발하고 경쟁심이 생기며, 반대 의견을 가진 동료는 '무식한 사람'으로 치부되었다. 의견을 바꾸려는 열두 번째 배심원은 없었고, 배심원의 의견은 정반대로 갈려 교착 상태에 빠졌다. 그 결과 불일치 배심에 이르렀다.

아무리 매력적인 메신저라도 신뢰할 만한 설명 없이 사람들에게 메시지를 전달하기는 어렵다.

중요한 것은 설명이다

의사결정권자들은 논리적인 주장을 담은 제안, 발표문, 전략을 선호한다. 확실성에 대한 욕구는 우리가 혼란스러운 세상을 합리적으로 이해하고, 의미가 없는 곳에 의미를 부여하도록 한다. 가장 어려운 질문은 각종 딜레마, 블랙스완, 미해결 사건 등 여전히 답을 알 수 없는 문제에 관한 것이다.

사람들은 연상적 사고를 통해 동기나 설명을 찾으려 한다. '왜 그랬을까'라는 질문은 '누가 그랬을까'라는 질문만큼이나 우리를 사로잡는다. 우리 뇌는 패턴 인식 기계와 같아서 빈칸이 생기면 자동으로 그리고 강박적으로, 그 빈칸을 우리의 믿음과 일치하는 이야기들로 채운다. 그리고 자신이 내린 결정을 설명할 때 우리는 정확한 사실보다는 가용한 사실에 근거해 이유를 정리한다.

1977년 심리학자 리처드 니스벳Richard Nisbett과 티머시 윌슨Timothy Wilson은 여성 소비자들에게 네 켤레의 스타킹 중 하나를 선택하도록 했다. 소비자들은 스타일, 색상, 질감 등을 이유로 그들의 선택을 설명했지만, 사실 그 스타킹

들은 전부 똑같은 제품이었다. 정당화하려는 욕구는 너무 강렬해서, 우리는 논리의 공백을 메우기 위해 좁은 범위에서 추론하며 그럴듯한 답을 만들어 낸다. 우리는 실수를 정당화한다는 것이다.

고객과 소비자는 설명 그 자체와 주 책임자의 설명을 듣는 것을 좋아한다.

내가 함께 일한 사람 중 가장 성공적인 펀드 매니저는 스토리텔링의 달인들이었다. 그들은 고객에게 뛰어난 수익을 약속하고, 주식 선택과 자산 배분 전략을 설득력 있게 정당화한다. 그 결과 실적이 저조하더라도 떠나지 않는 충성도 높은 고객들이 생긴다.

이러한 결과를 설명할 때 중요한 단어가 하나 있다. 그것은 바로 '왜냐하면'이다. 펀드가 저조한 성과를 보이는 이유는 '시장이 조정 과정에 들어갔기 때문'이거나 '우리가 미국 시장이 아닌 한국 시장에 투자했기 때문'이다. 사실 그 이유는 거의 중요하지 않다. 중요한 건 하나의 이유가 등장했다는 사실이다. 전략적 나침반이 없으면 의사결정권자들은 상황에 대해 아무것도 모르게 된다. 치알디니의 연구에 따르면 뭔가를 요청하면서 그 이유를 함께 설명했을 때, 그렇지 않은 경우보다 요청에 따를 확률이 300% 이상 증가했다.[22]

그러므로 항상 이유를 말하는 것이 좋다. 이유는 아무리 미심쩍은 연관관계일지언정 연관관계를 만들어 주는 역할을 한다.

이야기에 기반한 함정에서 또 하나 주의할 사항은 아무리 터무니없는 이야기라 할지라도 반복적으로 들은 바를 믿게 되는 것이다.

반복이 만들어 내는 허상

CHAPTER 8에서 자이언스의 단순 노출 효과는 캐치프레이즈, 좋아하는 노래, 슬로건이 어떻게 기억에 남는지를 보여 주었다. 문제는 같은 메시지를 더 많이 들을수록 그것이 사실이라고 더 강하게 믿게 된다는 것이다. 이것이 바로 '사실 착각 효과'다.

서사, 구호, 만트라의 반복은 조직과 정치권력의 근간이 된다. 히틀러는 자신의 자서전『나의 투쟁』과 다른 자료들을 대중들에게 반복적으로 각인시켜 복잡한 사건을 지나치게 단순화하지 않으면서도 자신의 권력을 뒷받침했다. 현대의 지도자들은 이제 소셜 미디어에서의 반복적 노출을 평판의 매개로 활용한다.

'열대의 도널드 트럼프'라고 불리는 브라질의 전 대통령 자이르 보우소나루 Jair Bolsonaro는 반체제적 시대정신을 활용해 엄청난 대중적 지지를 얻었다. 그의 편협한 선거 운동은 (분노를 정당화하며) 폭력을 암묵적으로 용인했다. 그의 이분법적인 증오 발언은 르완다의 그것과 유사했다. 그는 한 여성 의원에게 "강간당할 만큼 훌륭하지는 않다"라고 말했고, 가난한 브라질 흑인들은 "번식할 가치가 없다"라고 말했으며, 흑인 인권 운동가들은 "동물원으로 돌아가야 한다"라고 말했다. 심지어 그는《플레이보이》와의 인터뷰에서 "우리 아들놈이 게이가 되느니 차라리 사고사하는 게 낫다"라고 말했다.[23]

2억 1,200만 국민이 그의 목소리에 귀를 기울였고, 그의 충격적인 발언은 온갖 소음 속에서도 주의를 끌었다.

속보는 반복을 먹고 자란다

잘못된 의사결정을 부추기는 또 다른 흥미로운 이야기는 바로 속보다. 진실을 추구하는 것은 기자의 숙명이지만, 가끔은 도가 지나칠 때도 있다. 1996년 애틀랜타의 센테니얼 올림픽 공원 Centennial Olympic Park에서 보안 요원 리차드 쥬얼Richard Jewell은 한 수상한 꾸러미를 발견했다. 그는 폭탄이 있던 구역으로부터 사람들을 대피시켰고, 곧 국민 영웅으로 추대되었다.

머칠 뒤, 근거 없는 제보를 받은《애틀랜타 저널 컨스티튜션Atlanta Journal-Constitution》의 기자 캐시 스크럭스Kathy Scruggs는 쥬얼이 FBI가 지목한 유력 용의자라고 보도했다. 하룻밤 사이 쥬얼은 영웅에서 무명의 존재로 전락했고, '기구한 바보, 굼뜬 부적응자, 포레스트 검프'로 묘사되었다.[24] 사람들은 내성적인 쥬얼을 계속 쫓아다니며 괴롭혔다. 그는 이렇게 회상했다. "입술 모양을 읽을 수 있는 사람도 있었습니다. 음성 증폭 장치도 있었고요. 그들은 우리가 하는 모든 말을 들을 수 있었죠"

누구도 그의 목소리에 귀 기울이지 않았다. 그의 목소리는 자극적인 분노에 파묻혀 버렸다. 잘못된 데이터가 끼어들었기에 정확한 데이터 해석이 어려웠다.

결국 쥬얼은 무혐의 판결을 받았지만, 그의 자존감과 명예는 완전히 무너져 내린 뒤였다. 그는 이렇게 말했다. "누구도 제가 겪은 고통과 시련을 겪지 않기를 바라는 마음으로 기도합니다" 아이러니하게도, 쥬얼과 합의하지 않은 신문사는《애틀랜타 저널 컨스티튜션》뿐이었다. 《베니티 페어》는 이렇게 보도했다. "성급한 판단을 의미하는 '쥬얼 증후군'이라는 표현은 뉴스룸과 수정 헌법 제1조와 관련된 포럼*에서 자주 등장하게 되었다[25]" 비난할 상대를 찾으려는 욕구와 어느 한 곳으로 책임 소재를 명확히 하려는 욕망이 결합하는 일은 이따금 발생하곤 한다.

이야기는 여러 세대를 걸쳐 전달되면서 점점 사실과 멀어진다. 1994년 심리학자 고든 올포트Gordon Allport와 조셉 포스트맨Joseph Postman은 다섯 번째

---

*   수정 헌법 1조는 종교, 언론, 집회 등의 자유를 명시한 법으로, 이 헌법 조항과 관련된 포럼은 자유와 책임 사이의 논쟁을 의미한다.

혹은 여섯 번째로 이야기를 전하는 사람의 정확성이 70% 감소한다는 사실을 밝혔다.[26] 이것이 바로 선동이 살아남는 방식이다. 들리는 모든 말을 믿을 수는 없다. 들리는 것이 다가 아니기 때문이다.

물론, 당신이 박수갈채를 보낼 것인지 혹평할 것인지는 이야기가 어떻게 끝나느냐가 결정한다.

그래서 마지막에 어떻게 됐다고?

액셀러레이터를 밟아 빨간 신호등을 지나쳤는데 아무도 다치지 않았다면, 그것은 좋은 결정인 걸까? 테라노스의 혈액 검사 시스템이 제대로 작동했다면 어떤 일이 벌어졌을까? 아폴로 11호가 궤도 랑데부를 놓쳤다면, 그래도 우주선 발사가 현명한 결정이었다고 할 수 있을까?

승자는 어떻게 이겼는지로 평가받지 않는다. 그들은 '무엇에 승리했는지'로 평가된다. 사회적 질타와 인정 역시 결과에 따라 좌우된다. 아무도 자신이 잘못된 결정을 내렸다는 생각에 빠지고 싶어 하지 않는다. 아무리 최고의 정보를 사용하더라도, 진실은 지나고 나서야 알게 된다.

결과가 대안보다 좋지 않은 것으로 밝혀질 때야 비로소 해당 의사결정이 잘못된 것으로 여거진다. 이러한 결과 편향은 의사결정을 평가하는 데 영향을 미치는 '백미러 증후군rearview mirror syndrome'의 산물이다.

어떤 결과는 명확하게 나타나기도 하지만, 결과에 대한 평가가 항상 간단명료한 것은 아니다.

1977년 노스캐롤라이나 교도소에서 탈옥한 무장 은행 강도 월터 밀러Walter Miller를 생각해 보라. 로스 맥카티처럼 그 또한 40년이나 도망 다녔다. 도피 생활이 끝나갈 무렵, 밀러는 결혼해 네 자녀의 아빠가 되어 있었다. 그는 '바비 러브Bobby Love'라는 가명을 사용했다. 마침내 체포되었을 때, 그는 후회보다는 안도감을 느꼈다. "무거웠던 어깨가 가벼워진 것 같습니다"라고 그는 말했다.[27]

결과가 명확하더라도, 그 해석이 망상에 불과할 수도 있다. 위워크의 IPO 실패 이후 노이만은 이렇게 외쳤다. "무엇보다 고통스러운 건, 제가 너무나 많은 좋은 결정을 내렸다는 사실입니다[28]" 나는 그가 좋은 결정을 많이 내렸다기보다는 좋은 이야기를 많이 만들어 냈다고 생각한다.

상황 평가에 영향을 미치는 인간의 또 다른 특성은 거의 득점할 뻔한 상황, 차가 충돌할 뻔한 상황, 비행기를 놓칠 뻔한 상황 등과 같은 아슬아슬한 상황을 간과하는 경향이 있다는 점이다.

조직 비상 대책 전문가 캐서린 틴슬리Catherine Tinsley도 이에 동의하며 다음과 같이 말했다. "사람들은 본능적으로 실패에 내재하는 경고를 잘못 해석하거나 무시한다. 그래서 종종 제대로 검토하지 않거나, 아니면 반대로 해석해 시스템이 회복력 있고 모든 것이 잘 진행되고 있다는 신호로 받아들이기도 한다[29]" 이는 기회를 놓치는 것이나 다름없다.

판단을 좌우하는 건 결과를 어떻게 해석하느냐다. 짐바르도는 이렇게 주장한다. "결과에 대해 그럴듯한 해석을 내놓는 사람은 예술가가 되거나, 사기꾼이 된다" 결과에 대한 구조적인 해석은 당신이 무엇을 들을 것인지에 영향을 미치는 강력한 도구다.

서사의 재구성: 법정에 선 이야기꾼

하프 마라톤을 완주한 적 있는가? 아니면 중간에 그만두었는가? 새벽 3시에 일어났는가? 아니면 저녁 9시에 잠들었는가? 당신은 준비가 안 된 상태인가, 아니면 모든 걸 다 쏟아부은 상태인가? 당신이 비행기를 놓친 건 재앙인가, 아니면 그저 남들한테 들려줄 재밌는 이야깃거리 하나가 더 생긴 것인가?

자기 파괴적인 습관을 하나하나 발견할 때, 당신은 실패하고 있는 것일까, 성장하고 있는 것일까? 정답은 후자다.

한 외과 의사가 심장 수술의 생존율을 언급하면서 "살 확률이 95%" 혹은 "죽을 확률이 5%"라고 말할 때 전달되는 메시지는 전혀 다르다. 이야기꾼은 상대를 설득하기 위해 이야기를 재구성한다. 펀드매니저가 그럴듯한 이야기를 만들고, 형사 재판 결과는 어느 쪽 이야기가 더 설득력이 있는지에 달렸다. 다시 말해 이는 곧 법정에서의 스토리 싸움이다. 배심원들은 평결을 내리기 위해 일관된 주장을 찾지만, 변호인들은 감정에 호소하며 배심원들의 동정심을 유발한다.

O.J. 심슨 사건을 다룬 TV 시리즈 〈아메리칸 크라임 스토리〉 시즌 1에서 검사 마샤 클라크는 동료 검사 크리스 다든에게 이렇게 조언한다. "변호사들은 이야기를 만들어 내는 데 집중해 왔어. 그들은 사건의 진실에서 눈을 돌리게 할 이야기에 의존하지" 장갑 사건으로 실패를 맛보게 한 장본인, 크리스 다든은 이렇게 대답했다. "사람들은 이야기를 좋아하죠. 이야기는 상황을 이해하는 데 도움이 되잖아요[30]"

다든의 말이 맞다. 변호를 맡았던 조니 코크런_{Johnnie Cochran}은 인종 불평등을 주제로 사건을 재구성해 O.J. 심슨 사건에서 승소했다. 로드니 킹_{Rodney King} 폭행 사건 3년 만이었다. 피투성이가 된 니콜 브라운과 론 골드먼의 이미지는 인종차별을 보여 주는 폭행 사건의 이미지로 대체되었다. 배심원들의 귀에는 "장갑이 안 맞으면, 무죄가 맞다"는 운율감 있는 후렴구가 계속 반복되었다. 1995년 10월 3일 1억 5,000만 명의 시청자가 결과를 듣기 위해 텔레비전을 켰다. 나도 그중 한 명이었다.

올바른 결말을 원하지 않는 사람은 없다. 2007년 심슨이 무장 강도 혐의로 유죄 판결로 9년 형을 선고받게 되자 사람들은 사건을 새로운 시각에서 바라보게 되었다.[31]

***

법정 스토리의 영향력은 수십 년 전으로 거슬러 올라간다. 1924년 클래런스 대로Clarence Darrow는 두 명의 부유층 자제이자 게이 청소년이었던 네이선 레오폴드 주니어Nathan Leopold Jr.와 리처드 로브Richard Loeb을 변호하게 되었다. 그들은 레오폴드의 사촌이었던 열네 살 보비 프랭크스Bobby Franks를 납치해 살해한 혐의를 받고 있었다. 레오폴드는 완전범죄를 꿈꾸었지만, 맞춤 제작한 안경을 실수로 떨어뜨리는 바람에 덜미를 잡혔다. 그는 범행 동기에 대해 "일종의 순수한 사랑과 흥분, 그리고 누군가를 완벽하게 속이는 데서 오는 자부심과 만족감"이라고 자백했다. 대로는 미친 소리를 스토리로 탈바꿈했다. 그 결과, 두 살인범은 사형을 면했다.

이와 유사하게 토드 스포덱Todd Spodek은 상속녀 안나 소로킨을 변호하며, 그녀의 사기 행위를 탐욕스러운 은행가들을 속인 이민자의 이야기로 재탄생시켰다. 그 덕분에 그녀는 중절도죄를 면할 수 있었다. 레슬리 애브람슨Leslie Abramson은 에릭 메넨데즈의 부모 살인 사건을 부모의 자녀 학대 사건으로 만들며 배심원 불일치 판결을 이끌어 냈다.

우리는 듣고 싶은 이야기만 받아들이고 나머지는 외면한다. 아니면 이야기를 재생산하지 않기도 한다. 우리는 종종 오스카 수상작에 버금가는 드라마에 푹 빠져, 강렬한 이야기나 경외감을 불러일으키는 이야기에 의문을 품지 않는다. 심지어 어린아이들조차 부모의 관심을 끌기 위해 이야기를 지어낸다. 이것이 바로 신화, 음모론, 민담이 굳건하게 유지되는 이유다.

홀륭한 이야기꾼은 어떤 메시지도 재구성해 사람들의 인식과 행동을 변화시킬 수 있다.

진실의 목소리에 귀 기울이기

스토리텔링 능력은 재능이다. 틴더 앱의 재담가는 데이트 기회를 얻고, 법정의 피고는 집으로 돌아가고, 정치인은 당선되고, 구직자는 직장을 얻는다. 그저 다른 사람들보다 더 나은 이야기를 들려주기만 하면 된다.

오잔 바롤을 만나 볼 시간이다. 스물두 살의 그는 2003년 화성 탐사 로버 임무의 운영팀 면접에 긴장한 모습으로 참석했다. 평생에 단 한 번뿐인 기회였다. 그는 약자이면서, 나사에 속하지 않은 후보자이기도 했다. 면접관이 그의 특별한 점에 관해 묻자, 그는 이렇게 대답했다.

터키 시골에 두 남자가 살고 있었는데, 둘은 매우 가난한 삶을 살았습니다. 한 명은 버스 운전사 오스만이고, 다른 한 명은 양치기였던 샤카르입니다. 그들의 손자는 영어를 할 줄 모르는 가정에서 자랐고, 그 집안에는 특별한 업적을 이룬 사람도 없었습니다. 그 손자가 지금, 이 앞에 앉아 화성 탐사 임무를 맡고자 면접을 보고 있습니다.

나는 이 이야기를 결코 잊지 못한다. 면접관도 마찬가지였다. 오잔 바롤은 합격 전화를 받았을 때를 회상하며 "마치 무하마드 알리가 전화로 내게 권투 잘하는 팁 좀 달라고 하는 기분이었다"라고 말했다. 현재 오잔 바롤은 전직 스탠퍼드대학교 법학 교수이자 로켓 과학자이자 베스트셀러 작가로 활동 중이다.

당신의 인생 이야기는 엄밀히 말해 당신의 인생 그 자체가 아니다. 그것은 그저 하나의 이야기일뿐이다. 하지만 그 이야기를 어떻게 전달하느냐에 따라 당신의 인생이 바뀔 수 있다.

이야기는 더 현명한 판단을 가능케 하는 강력한 매개체다. 고귀한 대의는 용감한 시민권 운동이나 인권 운동에 영감을 줄 수 있는 만큼, 반란, 러시아 볼셰비키, 자살 폭탄 테러범에게도 큰 영향을 미칠 수 있다. 역사를 통틀어 이야기는 과거의 승리, 현재의 고통, 미래의 승리를 표방하며 사람들의 행동과 태도를 변화시켜 왔다. 최근 로레인 모텔Lorraine Motel을 방문했을 때, 나는 마틴 루터 킹 목사가 암살당한 306번 방 바로 옆에 서서 그를 떠올렸다.

심리학자 댄 매캐덤스Dan McAdams도 이에 동의한다. "우리는 모두 스토리텔러다. 그리고 우리가 이야기 그 자체이기도 하다"라고 그는 말했다.

말로 표현하기 어려울지라도, 우리 모두에게는 개인의 서사가 있다. 당신이 자기 이야기를 통제하지 못한다면, 그 이야기는 당신의 판단력과 평판을 좌주우지할 것이다. 열두 번째 배심원처럼 당신이 어떤 결정을 내린다는 건 당신에게 다른 사람의 삶까지 바꿀 힘이 있음을 의미한다. 여기에는 책임이 따르므로 우리는 이 힘을 현명하게 사용해야 한다.

중요한 문제에 귀를 기울이는 건 차세대 역량을 연마하는 데 도움이 될 수 있다. 이것이 바로 3부의 핵심 주제다.

의사결정 고수가 되기 위한 핵심 원칙

- 이야기는 모든 걸 망라하고, 매혹적이며, 감정을 불러일으켜 시스템 1 사고방식을 자극하는 메커니즘이다. 영화 속 세계에 푹 빠져 버리면, 우리는 잠시 멈추거나 속도를 늦추지 못하고 수사와 현실을 구분하지 못하게 된다.

- 우리 마음이 이야기에 어떻게 반응하는지 이해하는 것은 PERIMETERS 함정에 빠지지 않는 데 도움을 줄 수 있다.

- 모든 이야기와 광고, 뉴스와 발표에는 잘못된 정보가 포함될 수 있으며, 이는 우리 머릿속에서 상충되는 목소리를 하나 더 보태는 셈이다.

- 정보의 진실성은 (메신저의) 유사성, 신뢰성, 호감도의 영향을 받는다. 이들 모두 잘못된 정보의 원천이 될 수도 있고 숨겨진 설득의 무기가 될 수도 있다.

- 최고의 이야기꾼은 사람들이 귀 기울이기 때문에 승리한다. 뭔가 앞뒤가 맞고, 인상적이고, 공감되는 이야기를 반복적으로 듣게 되면 그것을 믿게 된다. 그리고 이는 잘못된 정보의 원천이 될 수 있다.

- 상대방이 당신에게 귀 기울여 주길 바란다면, 의사소통에서 꾸준히 "왜냐하면"이라는 단어를 사용하라.

- 우리는 과정이 아니라 결과로 의사결정을 평가한다. 판단력을 기르려면 결과만큼 수단도 고려해야 한다.

- 스토리텔링은 재능이다. 이 능력은 어떠한 상황도 자신의 의도에 맞게 재구성하고 영향력을 높일 수 있도록 도와준다.

- 이야기는 우리의 의사결정을 방해할 수도 있지만, 책임감 있게 사용된다면 지구를 더 나은 곳으로 만들고 여러 세대에 영감을 주는 사회적 목적을 달성할 수도 있다.

PART 3

귀 기울이기: 시의적절한 판단

"말은 당신이 이미 알고 있는 내용의 반복일 뿐이다.
하지만 귀 기울여 듣는다면 새로운 사실을
배울 수 있을지도 모른다"

달라이 라마Dalai Lama

PERIMETERS 함정과 그에 따른 편견은 우리가 들은 바를 온전히 믿을 수 없다는 사실을 여실히 보여 주었다. 들리는 게 전부가 아니다. 그리고 당신이 하는 말에 모든 사람이 귀 기울이는 것도 아니다.

시끄럽고, 쉴 새 없고, 귀 기울이기 힘든 세상 속에서는 좋은 의도를 가진 의사결정자들조차 대개 첫인상에 의존한다. 그리고 그들조차 모순, 우연, 불일치를 파헤칠 만큼 충분한 시간을 들여 의사결정의 속도를 늦추지는 못한다. 우리에겐 시간이 없기 때문이다. 그 결과로 잘못된 정보의 폭탄이 탄생한다. 이 폭탄은 충분히 예상할 수 있었던 인적 오류를 야기하고, 부수적 피해를 낳으며, 피할 수 있었던 후회를 만든다.

속도를 늦추지 않으면 들려오는 목소리를 선택적으로 걸러낼 수 없다. 그렇게 걸러진 목소리를 재해석하지 않는다면 올바른 판단을 내릴 수 없다. 올바른 판단을 내릴 수 없다면, 올바른 의사결정을 내릴 수 없다.

더 나은 판단을 통해 우리는 시간과 돈을 아끼고, 관계와 평판을 유지할 수 있다. 아드레날린 분출을 잘 조절하고, 주어진 상황 속에서 중요한 목소리에 귀를 기울이고 나머지는 걸러내려는 합리적인 노력만 있으면 된다.

귀를 기울이면 개인, 조직, 사회 모든 면에서 이점을 가져다 준다. 경청하는 개인은 설득력이 높아지고, 차별화되며, 인기를 얻기도 한다. 경청하는 조직은 신뢰도가 상승하며, 지속 가능하고, 생산적인 구조를 갖추게 된다. 경청하는 사회는 더 큰 관용과 평등, 조화를 기대할 수 있다. 또한 예측 가능한 피해는 철저한 대비로 예방할 수 있다.

힘, 성과, 번영의 길을 요약해 보면 다음과 같다.

인간은 편견에 취약한 동물이지만, 그렇다고 해서 편견을 피할 수 없는 건 아니다. 진실을 보고, 듣고, 말할 때, 이것이 당신의 성과와 타인과의 관계에

미치는 영향은 더욱 커진다.

마지막 파트에서는 귀 기울이는 의사결정 고수를 위해 PERIMETERS 함정에서 설명한 편견에 대응할 수 있는 로드맵을 제공할 것이다.

문제 해결자인 당신은 내가 의사결정 마찰이라고 부르는 것을 받아들임으로써 한 걸음 물러나 3D 렌즈를 통해 정보를 재해석할 수 있다. 여기서 3D 렌즈는 심리적 맹점, 농점, 아점을 고려하는 것을 의미한다. 이를 통해 당신은 보이는 것과 들리는 것의 균형을 맞출 수 있을 것이다.

이것이 행복의 슈퍼 전파자이자 현명한 열두 번째 배심원이 되는 지름길이다. 리더, 인플루언서, 그리고 권력자들에게 이는 수탁자의 의무이자 도덕적 의무이기도 하다.

CHAPTER 14

중요한 말 듣기:
청각적 전략

누군가의 모든 것을 빼앗을 수는 있지만, 단 한 가지
뺏을 수 없는 게 있다. 그것은 바로 주어진 상황에서
자신의 태도를 선택할 권리, 자신만의 방식을 선택할 권리다.

빅터 프랭클Viktor Frankl

당신이 곧 내려야 할 중요한 결정에 대해 생각해 보라. 이 장에서 나는 여러분들의 생각을 의도적으로 방해해 의사결정을 최적화하는 데 도움을 줄 수 있는 과학적인 전략들을 제시할 것이다. 이 과정에서 과거의 실수를 떠올려 본다면 다른 관점에서 접근하는 방법에 대해 더 잘 알게 될 것이다.

해석적, 의도적, 선택적으로 경청하는 건 선택의 문제다. 만약 성공적인 의사결정 고수가 되고 싶다면, 먼저 올바른 마음가짐을 가져야 한다. 우선 판단력을 통제할 수 있는 요소라고 생각해야 한다. 그런 다음 무의식적으로 의사결정했을 때의 위험을 의식적으로 평가하여 대응 전략을 선택한다.

좋은 판단력 또한 선택의 결과다. 당신이 의식적으로 의사결정을 내리는가, 아니면 무의식적으로 오류를 범하는가에 따라 그 선택은 자산이 될 수도 있고, 부채가 될 수도 있다. 후회나 보상은 당신이 PERIMETERS 함정에 얼마나 주

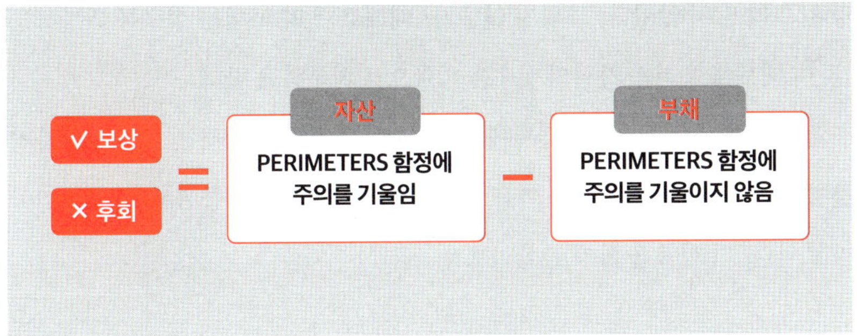

의를 기울이느냐에 따라 달라진다. 다음의 간단한 공식을 보라.

잠재적 오류에 더 의식적으로 주의를 기울일수록, 후회를 피하고 보상을 얻을 가능성이 커진다.

AAA 사고방식: 자산과 부채

우리는 상황을 통제할 수 없다. 하지만 우리가 가진 가장 큰 자산을 통제할 수는 있다. 그것은 바로 우리의 '마음'이다. 체슬리 설런버거 Chesley Sullenberger 는 낮게 날아다니는 캐나다 기러기들이 항공기 엔진을 방해하는 상황을 막을 수는 없었다. 하지만 그는 자기 내면의 목소리를 믿고, 비행기를 허드슨강 Hudson River에 불시착시켜 155명의 목숨을 구했다. 우리 안에 내장된 인지 시스템 덕분에 우리는 결정적인 순간에 훌륭한 판단을 내릴 수 있다. 이는 악성 코드로 인해 발생하는 우리 마음속의 모든 결함을 정복한다.

비결은 우리의 사고 과정을 의도적으로 방해해 시스템 1의 충동을 충분히 늦추는 것이다.

당신이 살면서 내렸던 훌륭한 결정들을 생각해 보라. 그와 비교해 볼 때 재앙은 그리 많지 않았다. 그렇지 않은가? 때때로 우리 사회는 실수를 과장하는데, 이 때문에 우리는 자신의 실수를 비극으로 치부하곤 한다.

결과를 예상해 보는 것, 결과에 대한 태도, 결과를 인정하는 것, 이 세 가지를 조절할 수 있을 때 당신은 마음의 부채를 덜 수 있다. 이를 AAA 사고방식이라고 한다. 각 항목을 차례로 살펴보자.

결과를 예상해 보는 것 이것이 첫 단계다. 최선과 최악의 시나리오를 상상해 봄으로써 과한 감정적 반응을 줄일 수 있다. 퍼듀 제약이 수익보다 생명을 우선시했다면, 오피오이드 사태는 발생하지 않았을지도 모른다. 힐러리 클린턴이 개인 서버와 관련된 언론의 폭발적인 관심을 예상했더라면 미국의 45대 대통령이 되었을지도 모르는 일이다. 알렉 볼드윈, 마크 스탠리, 후안 로드리게스가 지쳤거나 정신이 팔린 상태가 아니었다면, 수많은 생명이 희생되는 일은 없었을 것이다. 인생은 후회와 '만약에', '어쩌면'으로 가득하다. 후회할지도 모른다는 생각은 우리가 느낄 상실감을 상상하게 만들고, 이를 막고 싶은 생각이 들게끔 한다.

결과에 대한 태도 AAA 사고방식을 갈고닦는 다음 단계는 미지의 결과에 대한 당신의 태도를 미리 정하는 것이다. 이 행동이 주는 정신적 가치는 상당히 과소평가 되어 있다. 살인 혐의를 받은 마이클 피터슨은 알포드 항변을 받아들이면서 유죄 판결에 대해 어떤 태도를 보일지 미리 마음을 정했다. 마술사 해리 후디니Harry Houdini는 중국식 물고문 마술에서 사망 위험을 감수했다. 로리 서덜랜드는 자신의 저서 『잘 팔리는 마법은 어떻게 일어날까Alchemy』에서 태도를 만드는 건 우리 자신이라고 주장하며, 이렇게 썼다. "이유를 만들어 주었을 때 행동하지 않는 사람은 있지만, 행동하게 만들었을 때 스스로 이유를 찾지 않는 사람은 드물다[1]" 훌륭한 의사결정자, 인맥왕, 문제 해결사, 인플루언서가

되는 게 여러분의 목표라면, 여러분은 자기 자신을 조금씩 현명한 판단으로 이끌 수 있다.

결과를 인정하는 것　우리가 의도적으로 잘못된 판단을 선택하는 건 아니다. 그저 가끔 판단을 통제할 수 없는 것뿐이다. 결정을 번복할 수 없다면, 결과를 인정하는 건 강력한 자산이다. '그때는 그게 최선이었어'라고 생각하며 결과를 받아들이면 비난을 막을 수 있다. 완벽한 해결책은 없으며, 매번 명중할 수는 없다. 익명의 알코올 중독자들Alcoholics Anonymous 협회는 회원들에게 바꿀 수 없는 건 받아들이라고 말한다. 돌이킬 수 없는 판단 실수의 경우에도 마찬가지다.

AAA의 갑옷을 둘러라. 결과에 대한 기대, 태도, 인정 이 세 가지를 의식적으로 관리한다면, 시끄럽고, 시각적이고, 양극화되어 있는 초고속 사회에서 의사결정의 균형을 바로잡고, 오류에 취약해지지 않도록 더 잘 대비할 수 있다.

심리적 과속방지턱, '의사결정 마찰'

편견을 바로잡는 건 지능이나 성격의 문제가 아니다. 하지만 양심적인 사람은 보통 편견을 깨는 것이 머리에 불이 붙은 채 미친 듯이 행동하는 것보다 더 쉽다는 것을 알게 된다.

의사결정 고수가 되는 유일한 길은 무슨 말이 나오고 무슨 말이 나오지 않았는지를 의식적으로 살피는 데 달렸다. 기자가 정보원을 심문하고, 애널리스트가 이익을 면밀히 조사하며, 수사관이 사건의 실마리를 찾고, 협상가가 거래를 유리하게 이끄는 방식도 마찬가지다. 사고 패턴에 의도적으로 딴지를 걸면, 생각의 속도를 늦추고 해석의 범위를 넓힐 수 있다.

디지털 세상에서 '마찰'은 종종 부정적 의미로 쓰인다. 원활한 고객 경험을 방해하고 에너지를 소모하게 만드는 험난한 과정을 말한다. 예를 들어 구독 취소 버튼을 찾으려면 한참을 스크롤해야 하거나, 매우 긴 가입 신청서를 작성해야 하는 상황이 그렇다. 현명한 기업은 이런 불필요한 마찰을 만들지 않는다.

그러나 어떤 영역의 문제는 다른 영역에서 해결책이 될 수도 있다. 판단을 내리기 전에 의도적으로 자기 생각에 딴지를 걸면, 두 번 생각할 귀중한 시간을 얻을 수 있다. 이것이 내가 '의사결정 마찰'이라고 부르는 개념이다.

더 간단하게 설명해 보자면, 충동적인 시스템 1 사고방식에서 불현듯 벗어나 그보다 신중한 시스템 2 사고방식을 할 수 있도록 도와주는 일종의 알림창, 규칙, 질문과 같은 메커니즘이다. 이러한 마찰은 우리가 잠시 멈춰 갈 수 있도록 해 준다.

온라인상에서 마찰은 그리 달갑지 않은 일이지만, 의사결정 마찰은 잘못된 판단이 발생하기 전에 이를 방지해 주기 때문에 상당히 환영할 만한 일이다. 마음속의 과속방지턱이라고 생각하면 된다. 이는 PERIMETERS 함정을 극복할 수 있을 만큼 우리의 속도를 충분히 줄여 준다.

의사결정이 필요한 순간에 손쉽게 활용할 수 있으려면, 의사결정 마찰은 일시적으로만 필요하다. 마음이 들뜬 우리를 샛길로 빠뜨릴 수 있는 목소리를 걸러낼 정도면 충분하다.

다음으로는 의사결정권자들이 재차 생각하고, 재해석하고, 재평가하는 걸 돕는 과학적 전략을 소개한다. 이는 다섯 개 범주에 걸쳐 있는데, 기억하기 쉽도록 각 전략 범주의 앞 글자를 따서 SONIC이라고 부르자.

Slow down(속도를 늦춰라)

Organise your attention(주의를 정리하라)

Navigate novel perspectives(새로운 관점을 탐색하라)

Interrupt mindsets(사고방식에 딴지를 걸어라)

Calibrate situations, strangers and strategies(상황, 전략, 낯선 이를 평가하라)

각 전략에는 현명한 의사결정자가 기본적인 편향에 대응하는 데 활용할 수 있는 몇 가지 맞춤형 기술이 포함되어 있다. 재조정에 들이는 1분 1초가 판단에 도움을 줄 수 있다.

일부 산업에서는 주 80시간 근무가 표준으로 자리 잡고 있기 때문에, 개인과 그룹 의사결정권자들에게는 일시 정지 대책을 강구하고 속도를 늦추기 위한 손쉬운 해결책을 찾는 게 급선무다. 한 가지 해결책만으로 이러한 책임을 다할 수는 없다. 가용 시간, 의사결정 유형, 의사결정의 심각성, 대략적인 결과에 맞추어 각각의 해결책을 조정해야 한다.

유사한 결정을 내렸을 때의 경험과 자신감을 바탕으로 가장 쉬운 해결책을 선택하라. 모든 상황이나 모두에게 딱 맞는 해결책은 없다. 하지만 해결책 세트가 준비되어 있고, 그중 하나를 선택할 수 있다면 의사결정에 대한 불안과 스트레스를 줄일 수 있다.

피타고라스는 이런 말을 남겼다. "바보는 말하는 것으로 알 수 있고, 현명한 자는 침묵하는 것으로 알 수 있다[2]" 첫 번째인 S 전략부터 시작해 보자. 우리가 듣는 것과 듣지 못하는 것을 재조정하고 재해석할 수 있을 만큼 충분히 속도를

S	O	N	I	C
속도를 늦춰라	주의를 정리하라	새로운 관점을 탐색하라	사고방식에 딴지를 걸어라	상황, 전략, 낯선 이를 평가하라
5 Why 기법	의사결정 환경의 재설계	결정하기 전엔 항상 자문을ACBD	자신을 방해하라: 틀렸다는 전제	PERIMETERS 편향 체크리스트
주장에 반대하는 주장	디지털 방해 요소 차단	드 보노de Bono의 생각하는 모자 2.0	타인을 방해하라: 의사결정 진단	해석 습관
타임아웃 기술	4x 편향 필터	독립성을 위해 넓은 시야를	제3의 귀를 장착하라	의도를 이행하라
	포모도로 기법	아누스 옵션	유턴을 허용하라	

늦추는 방법을 탐구할 시간이다.

S: 속도를 늦춰라

내가 발견한 효과적인 기술 세 가지는 5 Why 기법, 주장에 반대하는 주장, 타임아웃 기술이다.

5 Why 기법

1970년대 일본 자동차 제조업체 도요타는 복잡한 문제를 해결하기 위해 단순한 접근법을 개발했다. 이 5 Why 기법은 전 세계 제조업체, 컨설턴트, 신생 기업에서 6시그마 프로세스의 일부로 활용되고 있다. 이 접근법은 조직의 기술적 문제 대부분이 인적 오류에서 비롯된다는 가정을 기반으로 한다.

이름에서 알 수 있듯이 이 기법은 의사결정 문제가 발생했을 때 경영진이 근본 원인을 찾기 위해 다섯 번 질문을 던지는 기법이다. 이 과정은 잘못된 추론을 드러내고 가정을 정확히 진단하는 데 유용하며, 확률 무시, 손실 회피, 몰입 증가 같은 편향을 완화하는 효과도 있다. 무엇을 해야 할지 확신이 없거나 심적으로 연약한 상태에서도 활용할 수 있다.

어떤 조합의 질문도 가능하며 기억하기 쉽다. 이치에 맞지 않는 말을 들으면 멈춰서 살피고 곰곰이 생각하라. 그리고 이를 다섯 번 반복하라. 이 기법은 당신이 속도를 줄이는 데 도움을 준다. 더 깊이 파고들고, 가장 중요한 목소리를 분석하고 걸러내면서 당신의 관점은 넓어질 것이다. 더 좋은 점은 의도적으로 질문하는 것이 습관으로 자리 잡을 수 있다는 것이다.

주장에 반대하는 주장

속도를 늦추는 또 다른 방법은 사실에 반하는 사고를 활용하는 것이다. 때로는 반대 입장을 취하는 것이라고도 한다. 대학에서 공학을 전공하는 것에 대해 확신이 서지 않는다면, 사실에 반하는 사고는 저널리즘이나 원예학을 전공했을 때의 미래를 상상해 보는 것이다. 또는 당신이 안락사가 고통을 예방한다고 믿는다면, 안락사가 고통을 유발하는 사례를 찾아보는 것이다.

정책 고문이자 수석 보좌관이었던 샌디 버거Sandy Berger는 대통령 구술 역사 프로그램Presidential Oral History Program*을 통해 빌 클린턴이 이 기법을 어떻

---

*　미국 대통령 행정부에서 일했던 핵심 인물들을 인터뷰해서 그 시기의 비공식적 이야기나 경험을 기록으로 남기는 프로젝트.

게 사용했는지를 밝혔다.

반대되는 데이터와 대안을 제시하는 것이 어떻게 의사결정의 정확성을 높이고 과신을 방지하는지는 연구를 통해 밝혀진 사실이다.[3] 일부 의사결정권자는 가정에 대한 스트레스 테스트를 수행하고 기준점을 검증하기도 한다.

더 좋은 시나리오나 안 좋은 시나리오를 시뮬레이션할 수도 있다.[4] 티에리 드 라 비요세는 '마코폴로스의 말을 들으면, 내 고객들의 재정 상태는 더 안정적일 것'이라는 더 나은 시나리오를 테스트할 수도 있었다. 하지만 그는 '메이도프의 말을 들으면, 더 많은 고객이 파멸로 향하게 될 것'이라는 안 좋은 시나리오에 귀를 기울였다.

사실에 반하는 추론은 독단주의, 양극화, 그리고 트레마인 힉스, 프레드 클레이, 조지 플로이드도 경험했던 차별에 대항하는 데 효과적일 수 있다.

타임아웃 기술

세계보건기구는 환자의 의료 혜택을 증진하기 위한 보편적인 프로토콜로 '전국 타임아웃의 날'을 권고한다. 방법은 간단하다. 의료진이 중요한 결정을 내리기 전에 잠시 시간을 내어 진지하게 생각해 보는 하루를 갖는 것이다.

이를 통해 수술 절차를 검토할 수 있고, 원활한 의사소통이 가능해진다.[5]

《뉴잉글랜드저널오브메디슨》은 이 절차가 수술 부작용을 35.2%, 수술 부위 감염을 16.7% 줄인다고 밝혔다.[6] 당연한 얘기지만, 안전성의 향상은 의료과실과 사망률을 낮춘다. 환자들도 진단 지연이나 진단 오류를 줄이기 위해 이 프로토콜에 적극 협조한다.

타임아웃은 의학계에서 환자의 안전을 높이기 위해 사용되지만, 이 개념은 다른 어떤 산업에도 적용될 수 있다. 이에 준하는 정책으로, 일부 회사들에는 '이메일 없는' 금요일, 안식 기간, 자원봉사, 정기적인 사외 활동 등이 있다. 어떤 회사는 원격 근무를 통해 심리적으로 자신을 되돌아볼 시간을 더 쉽게 가질 수 있도록 했다. 당신도 당신과 팀에 가장 적합한 일정과 방식을 선택해 이 기술을 활용할 수 있다.

심리학계에서 확고하게 자리 잡은 인지 과부하 이론에 따르면, 전략적으로 멈추는 것은 압박감 속에서 사고하는 능력을 향상한다.[7] 사실이다. 심사숙고하며 추론하는 것에는 정신적 노력이 상당히 필요하긴 하지만, 이는 진정으로 중요한 문제에 귀를 기울이고 더 현명한 사고를 하는 데에 대한 대가로써는 아주 적은 노력에 해당한다.

생각하기 위해 잠시 쉬어가는 것을 가리켜 미루는 습관을 좋게 포장하는 것이라 주장하는 이도 많다. 어떤 사람들에게는 그럴 수도 있다. 하지만 전략적 미루기 또한 보이는 것보다는 들리는 것을 재고해 보기 위해 속도를 늦추는 데 도움이 될 수 있다. 이는 긴장을 완화하고, 관계를 유지하고, 헛듣기나 잘못된 정보가 초래하는 위기를 예방하는 근본적인 방법이다.

이러한 속도 늦추기 기법은 의도적으로 의사결정 마찰을 일으켜 잠재적으로 잘못된 판단을 내릴 가능성을 줄인다. 물론 이 과정을 산책과 함께 할 수도 있다. 중요한 것은 어떤 방법을 사용하느냐가 아니라, 타임아웃 동안 문제 해결에 충분한 주의를 기울이는 것이다. 적절한 목소리를 찾는 데 주의를 기울인다면, 모두가 해낼 수 있다.

0: 주의를 정리하라

"당신이 무엇에 주의를 기울이느냐가 곧 당신이다" 스토아학파의 철학자인 에픽테토스Epictetus는 이런 말을 남겼다.

당신은 중요한 결정에 얼마나 주의를 집중하는가? 전부? 일부? 아니면 전혀? 무의식적으로 딜레마를 과도하게 확대하여 해석해 이성적인 판단을 가로막거나, 타조 효과처럼 현실을 부정할 수도 있다.

사람들은 주로 자신이 원하는 것에 주의를 기울인다. 이 기술은 내 남편이 완벽하게 숙달한 기술이기도 하다. 어떤 사람들에게는 창고를 정리하는 것보다 토요일 스포츠 경기를 보는 것이 중요하다. 이해하기 어렵다는 것은 나도 안다. 물론 사람들은 각자가 생각하기에 보상이 충분할 때만 판단력을 키우려할 것이다.[8] 바로 이것이 그 유명한 동기화된 추론이다.

데이터 과부하를 방지하고 의사결정에 집중할 수 있도록 돕는 네 가지 핵심 기술을 살펴보자. 의사결정 환경의 재설계, 디지털 방해 요소 차단, 4x 편향 필터, 포모도로 기법이다.

의사결정 환경의 재설계

마트 이용자가 과일을 살지 과일 맛 사탕을 살지, 사과를 살지 사과주스를 살지는 마트에서 통로를 디자인하는 제품 배치 디자이너가 결정한다. 온라인 및 오프라인 소비자들에게 어떤 선택지를 어떻게 보여 줄지 결정하는 행동과학자들과 판매 담당자들에게 선택지의 전략적 배치는 기본적인 문제다.

당신도 의사결정의 설계자로서 이와 같은 원칙을 활용할 수 있다.

생각을 정리하고 중요한 의사결정을 내릴 때 당신이 어디로 향하는지 생각해 보라. 사무실? 주방? 정원? 아니면 침실?

당신이 그 환경을 통제한다. 물리적으로 디자인을 변경하면 인지적 재충전이 쉬워진다. 이것은 첨단 과학 같은 게 아니다. 체중을 줄이고 싶다면 작은 접시에 음식을 담아야 하는 것과 마찬가지다. 금연하고 싶다면, 몰래 쟁여둔 담배를 모두 버려야 하는 것과도 일맥상통한다. 의식적으로 재고하고 마음을 비우려면, 의사결정을 내리는 물리적 공간을 비우고 새롭게 디자인해야 한다.

일부 조직은 직원들에게 숙고하는 시간을 가질 것을 장려한다. 예를 들어 마크 베니오프는 여러 사무실에 마음 챙김 공간mindfulness zone을 마련했다. "혁신은 세일즈포스의 핵심 가치이며, 이는 우리 조직 문화에 깊이 뿌리내리고 있다"라고 그는 말했다.[9]

마음 챙김은 최근 주목받기 시작했지만, 그 기원은 불교의 '초심' 철학까지 거슬러 올라가 2,500년의 역사를 가진다. 마음 챙김은 전문성이 높아질수록 판단을 유보하고 신중해질 것을 권장한다.

조직은 단순히 숙고할 공간을 제공하는 것을 넘어, 성과를 방해하고 직원의 직·간접적 스트레스를 높이는 압박을 줄이는 역할도 해야 한다.

어디에, 어떻게 초점을 맞출지는 개인의 선택이다. 다만 주변 상황이 혼란스럽다면, 먼저 주변을 정리하는 것이 중요하다. 다음 단계는 우리 귀를 채우는 각종 알림음을 관리하는 것이다.

디지털 방해 요소 차단

지금 이 책을 읽는 동안 휴대폰을 옆에 두고 있는가? 보통 컴퓨터에 몇 개의 창을 띄워 놓는가? 부끄럽게도 나는 방금 63개까지 세었다.

수많은 알림이 당신을 방해하는가? 개 짖는 소리, 자동차가 부릉거리는 소리, 아기 울음소리가 귓전에 울리는가?

사람들이 자기 자신을 방해하며 보내는 시간이 44%에 달한다는 사실은 깜짝 놀랄 만한 일이다.[10] 주의력 위기가 발생하는 것도 당연하다.

무엇이 당신의 주의를 산만하게 하는가? 멀티태스킹은 우리가 올바른 목소리, 아니 어쩌면 어떤 목소리에도 귀 기울이지 못하게 한다. 니르 이얄Nir Eyal 은 저서 『초집중』에서 우리의 기술적 산만함이 지루함, 불안, 불안정성에서 비롯된다고 주장한다. 강박적으로 확인하고 훑어보고 스크롤을 내리는 행위는 악순환을 낳는다. 우리를 돕기 위해 설계된 도구가 오히려 우리의 주인 행세를 하게 되는 것이다.

얼마나 참고 나서야 주의를 산만하게 하는 것들을 줄일 수 있을까? 이얄은 디지털 알고리즘의 끊임없는 유혹을 줄이기 위해 알림을 비활성화하고, 휴대폰 사용을 제한하며, 피드를 숨기고, 낚시성 게시물을 제거하며, 일정 기간 인터넷 접속을 차단하는 등의 기술적 방법을 활용할 것을 권장한다. 멀티태스킹 중독자인 나는 할 일을 특정 시간에 할당하는 타임 박스time boxing 기술을 사용한다. 미국의 전 국무장관인 콘돌리자 라이스Condoleezza Rice도 이 방법을 사용하는 것으로 알려져 있다. 나는 이 기법으로 효과를 톡톡히 보고 있다.

이러한 방법은 일시적인 해결책이기는 하나 이 방법을 습관으로 만든다면, 판단을 저해하는 요인을 피하는 데 장기적이고 효과적인 해결책이 될 수 있다.

4x 편향 필터

주의력을 끌어모으는 더 쉬운 방법은 중요한 정보를 재차 확인하는 것이다. 이는 당신의 시간과 비용을 절약하고 평판을 높일 수 있다. 화성 기후 궤도선 팀은 이 점을 높이 평가할 것이다.

사실을 확인하는 능력이 갈고닦아야 할 기술인 것처럼, 편견을 확인하는 것도 마찬가지다. 나는 조직의 리더들에게 중요한 제안, 발표, 계획서를 평가할 때 네 가지 필터링 질문을 사용하라고 조언한다. 이는 올림픽에서 의사결정을 할 때 거치는 일련의 점검 사항이기도 하다. 이 질문들은 앞 글자를 따 BIAS라고 한다.

Bias(편견): 어떤 편견이 해석을 방해할 수 있을까?

Intuition(직관): 이상하거나 틀렸다고 생각되는 부분은 무엇인가?

Authenticity(진정성): 어떤 측면을 더 파고들어야 할까?

Signal(신호): 들어야 할 내용 중 듣지 못한 것은 무엇일까?

4x 편향 필터는 누구나 적용할 수 있는 간편한 점검 도구다. 몇몇은 이를 포스터나 벽보로 만들거나 머그잔 표면에 인쇄해 놓기도 한다. 이를 의사결정 과정에 적용하면 자연스럽게 의사결정 마찰이 발생하게 되므로 인적 오류의 발생 가능성을 줄일 수 있다.

포모도로 기법

생각을 곱씹어 볼 시간을 확보할 수 있는 또 다른 간단한 시간 관리 기법으로는 포모도로 기법이 있다. 프란체스코 치릴로 Francesco Cirillo 박사가 처음 사용한 포모도로 Pomodoro 는 이탈리아어로 '토마토'를 뜻하는 단어에서 유래했으며, 실제로 토마토 모양의 주방용 타이머에서 영감을 받은 것이다. 이 기법은 다음의 다섯 가지 단계를 통해 적용할 수 있다.

1. 집중할 주제를 선택하라.
2. 타이머를 25분으로 설정하라.
3. 작업을 진행하라.
4. 5분간 휴식을 취하라.
5. 문제가 해결될 때까지 2~4단계를 반복하라.

쉽게 산만해지는 사람들은 마음을 차분히 가라앉히고 원치 않는 방해를 줄이는 데 이 방법을 이용할 수 있다. 위의 네 가지 전략들은 중요한 목소리를 걸러내 주의를 기울이는 데 도움을 준다. 어떤 전략을 선택하든지는 크게 상관이 없으므로 뭔가 하나를 선택하기만 하면 된다.

이제 속도를 늦추고 주변 환경을 정리할 수 있는 기술을 연마했으니, 다음으로 해야 할 일은 알맞은 전략을 선택하는 것이다. 알맞은 전략을 선택하면 더 많은 관점을 고려할 수 있게 되고 오류의 3요소를 줄일 수 있다.

N: 새로운 관점을 탐색하라

고상한 사교 모임에서 경청은 형식적인 행위일 수도 있고 때로는 지루하게 느껴질 수 있다. 그러나 지루함의 원인은 경청 그 자체가 아니다. 우리는 모두 자기 목소리를 좋아한다. 사람들은 다른 사람의 말을 듣는 데는 관심이 적지만, 남들이 자기 말을 들어 주는지에 대해서는 지나치게 집착한다. 성공적인 의사결정 고수가 되려면 다양한 관점을 탐색할 줄 알아야 한다. 아리스토텔레스는 말했다. "누군가의 생각을 받아들이지 않더라도, 한 번쯤 고려해 보는 것이 교육받은 사람의 덕목이다"

다른 사람의 의견을 듣고 한 번 생각해 보는 것만으로도 충분하다. 마음은 낙하산처럼 열린 상태여야 한다. 이러한 개방적 태도는 편협한 사고, 양극화, 이미지 관리, 내집단 편향과 같은 의사결정 방해 요소를 뚫고 나아가는 원동력이 된다. 나아가 이는 더 큰 사회적 관용, 공정함, 이해로 가는 지름길이다.

이 단계에서는 네 가지 기법을 소개할 예정이다. 결정하기 전엔 항상 자문을ACBD, 드 보노De Bono의 생각하는 모자 2.0, 독립성을 위해 넓은 시야를, 그리고 야누스 옵션이 그 네 가지다.

결정하기 전엔 항상 자문을ACBD

하버드 로스쿨의 다니엘 샤피로Daniel Shapiro와 함께한 협상 수업에서 이 기법을 처음 접했다. 그는 이를 '결정하기 전엔 항상 자문을Always Consult Before Deciding' 또는 줄여서 'ACBD'라고 부른다. 세렝게티 초원을 우르르 몰려다니는 버펄로처럼, 자신감 넘치는 리더들은 때때로 자문을 구하지 않거나 결과를 고려하지 않은 채 앞으로 돌진한다.

결정하기 전에 자문한다고 해서 반드시 조언에 따른다는 보장은 없다. 심리적 반발감이 싹틀 수 있기 때문이다. 다른 이들에게 결정하거나 거부할 권리를 줄 필요는 없다. 그저 그들이 목소리를 낼 수 있게 하면 된다. 그것이 현명한 시작이 될 수 있다. 외부의 의견을 구하기란 하늘의 별 따기다.

영향력 전문가 로버트 치알디니는 효과적인 기법을 추천한다. '의견'이라는 단어를 '조언'으로 바꾸기만 해도 훨씬 더 호의적인 반응을 얻을 수 있다는 것이다. 그러면 사람들은 당신에게 반걸음 다가갈 것이다.[11] 다시 말하자면, 이것이 적대감을 완화하고 화합을 일으킬 것이다. 왜냐하면 이때 사람들은 마치 한배를 탄 것 같은 느낌을 받기 때문이다.

드 보노의 생각하는 모자 2.0

심리학자 에두아르 드 보노Edward de Bono가 개발한 생각하는 모자 기법 여섯 가지는 수평적인 의사결정에 매우 효과적이다. 이 방법은 개인이 의사결정 딜레마를 해결하는 데 도움을 주거나 조직 내에서 집단사고를 완화하는 데 도움을 준다. 각각의 상상 속 모자는 주어진 상황을 어떻게 해석할지를 상징하는 색을 가지고 있다. 이 기법은 브레인스토밍을 통해 얻은 아이디어를 확장하도록 설계되었다. 예를 들자면 다음과 같다.

- 파란색: 전략적 (계획, 예측)
- 노란색: 낙관적 (편익, 보상)
- 검은색: 비관적 (위험, 약점)
- 흰색: 사실적 (중립적인 데이터, 통계)
- 빨간색: 감정적 (직관, 본능)
- 초록색: 창의적 (새로운 아이디어, 대안)

서로 다른 색상을 사용함으로써 여러분들은 다양한 관점을 경청하고 존중하게 된다. 혁신적인 아이디어 발굴에서부터 이해관계자의 반응을 예측하는 데까지, 각각의 상황에 맞춰 다양한 모자들을 활용할 수 있다. 예를 들어, 고객과 협력할 때 나는 고객, 주주, 언론, 정부, 직원, 규제기관이라는 여섯 가지 관점에서 문제와 해결책 모두를 고려한다. 이때 각 관점은 각자 하나의 경청하는 모자가 된다.

드 보노의 생각하는 모자는 의사결정 과정을 늦추고 의사결정 마찰을 가져올 뿐만 아니라, 문제를 다각도로 검토하고 대안을 모색할 수 있는 보완적인 경로를 제공한다. 테라노스 역시 에디슨 기술에 대한 대안을 마련하기 위해 이 기법을 사용해 볼 수도 있었을 것이다.

새로운 관점을 탐색함으로써 더 나은, 더 창의적인 판단이 가능해진다.

독립성을 위해 넓은 시야를

도덕적 갈등을 겪거나 압박감을 느낄 때, 또는 어쩔 줄 모르는 상황에서 객관성을 유지하기란 쉽지 않은 일이다. 그 유명한 장단점 목록 만들기조차 편견으로 가득 차게 된다. 한발 물러서서 제삼자의 조언을 구하는 것이 PERIMETERS 효과를 줄일 수 있다. 사회심리학자 스콧 플라우스Scott Plous도 이에 동의한다. "가장 효과적인 방법은 대안을 고려하는 것이다"라고 그는 말했다. 이사회가 이해 상충, 윤리적 퇴보, 집단사고를 근절하기 위해 사외이사를 임명하는 이유도 이에 해당한다.

익숙한 목소리보다는 새로운 목소리가 더 공감을 불러일으킬 수 있다. 당신 동료나 파트너가 가끔 당신의 목소리보다 다른 사람의 목소리를 더 감탄하며 듣는 경우가 있지 않은가? 당신은 아마 "내가 지난주에 똑같은 말 했었잖아"라고 한탄할지도 모른다. 색다른 경험이라는 측면이 한몫한 것이다. 낯선 사람의 목소리가 익숙한 목소리에 비해 더 두드러지기 때문에 더 크게 들릴 수 있다. 살짝 짜증스럽긴 하지만, 동시에 유용하기도 하다.

맥스 베이저만 교수는 상업 협상에 관해 광범위한 연구를 수행했다. 그는 협상 과정에서 독립적인 관점을 수용하는 것, 즉 외부의 조언을 고려하는 것이 성공적인 최종 제안을 받을 가능성을 크게 높인다는 것을 발견했다.[12] 더 나은 거래를 원치 않을 사람이 어디 있겠는가?

많은 기업이 수평적 사고를 촉진하고 사고의 폭을 넓히기 위해 파견 근무, 이동 근무, 사수 제도, 지역별 교환 근무 프로그램을 도입하고 있다. 이러한 기법 또한 포용적 의사결정을 고취한다.

관점을 수용하는 또 다른 기법은 다음과 같이 자문해 보는 것이다. "같은 상황에서 내 친구는 어떻게 행동할까?" 다른 사람, 특히 자신이 아끼는 사람이 똑같은 상황에 놓인 걸 머릿속으로 그려봄으로써 감정적 거리감을 형성할 수 있고, 무리 짓기와 확증 편향으로 빠지지 않을 수 있다. 게다가 직관적인 반응은 빠른 결론을 도출하는 데 도움이 된다.

관점을 수용하는 건 여전히 충분히 활용되지 않는 기법이다. 특히 우리가 자아 기반 편견에 빠지기 쉬운 상황에서는 더욱 그렇다.

야누스 옵션

두 개의 머리를 가진 로마 신 야누스는 앞과 뒤를 동시에 바라볼 수 있고, 이에 따라 전체적인 시각을 가지고 있다고 주장한다. 금융회사 스탠다드 라이프 Standard Life 의 모토 '앞을 보고, 뒤를 돌아보고, 주위를 둘러보라'가 생각난다.

가끔은 야누스가 되는 것도 의미 있는 일이다.

CHAPTER 1에서 논의했던 것처럼, 우리는 무의식중에 편협한 사고를 갖고 있으며, 이에 따라 딜레마 상황을 'A 아니면 B'라는 이분법적 선택지를 부여하며 단순화한다. 형제 작가 칩 히스Chip Heath와 댄 히스Dan Heath는 이러한 이 분법적 딜레마가 "당신이 모든 선택지를 충분히 살펴보지 않았다는 전형적인 경고 신호"라고 말한다.[13] 다른 선택지는 얼마든지 존재한다.

집을 사는 것이나 무단 침입하는 것 등 모든 결정에 대해 다음의 여섯 가지 대안을 고려하는 것이 핵심이다.

1. 아무것도 하지 않는다.
2. 결정을 재구성한다.
3. 결정을 미룬다.
4. 도움을 요청한다.
5. 대중의 의견을 따른다.
6. 결정을 내린다.

폭넓은 선택지를 고려하는 건 의사결정 불안을 완화하고, 편견으로 인한 오 류를 줄여 줄 수 있다. 율리우스 카이사르Julius Caesar처럼 폭넓게 사고한다면, 독자들은 자신만의 루비콘Rubicon 강을 건너 자기 이야기를 다시 쓸 수 있다.

아이러니하게도, '사라지는 선택지vanishing options' 기법은 더 많은 선택지를 만들어 내는 데 도움이 된다. 이름에서도 알 수 있듯이 기존 선택지는 사라진 다.[14] 고려하고 있는 선택지 전부를 선택할 수 없다고 상상해 보면 창의력을 발 휘할 수밖에 없다. 이는 군사 전략을 고안하거나, 저조한 실적을 관리하거나, 연인과 이별하는 것처럼 상황이 복잡하다고 느껴질 때 효과적이다. 하지만 치 약을 고르는 일 같은 상황에서는 그다지 효과적이지 않을 것이다. 물론 선택지 가 너무 많아지는 위험도 고려해야 한다.

만약 아직도 양극화된 사고방식에 갇혀 있다고 느낀다면, 다음의 두 가지 질문을 생각해 보라. 어떤 선택을 더 후회하게 될까? 이 시간, 이 돈, 이 자원으로 무엇을 더 할 수 있을까?

여기에 덧붙이자면, 결정을 내리지 못해 이도 저도 할 수 없는 상황에서 나는 '확률 테스트'를 한다. 이는 내가 TEDx 강연에서 언급한 적이 있는 방법이다.

- 일어날 수 있는 최악의 상황은 무엇인가?
- 이러한 상황이 일어난 확률은 얼마나 되는가?
- 그 일이 발생한다면, 나는 어떻게 할 것인가?

언급한 모든 기술은 새로운 관점을 탐색하도록 도울 뿐만 아니라, 자기 생각에 끼어들어 되돌아볼 시간을 갖게 만든다. 여기에 관해서는 다음 단락에서 알아보겠다.

I: 사고방식에 딴지를 걸어라

스마트폰의 진동이나 깜빡임은 글을 쓰거나, 말하거나, 전략을 세울 때 당신 머릿속의 생각과 창의적인 사고 흐름을 방해한다. 『위대한 가속The Great Acceleration』의 저자 로버트 콜빌Robert Colvile에 따르면, 포춘 500 기업 CEO들이 방해받지 않고 보내는 시간은 하루 평균 28분밖에 되지 않는다고 한다.[15] 업무 도중 방해를 받는 사람들은 더 빨리 일하려 하고, 그만큼 더 큰 스트레스를 경험한다. 캘리포니아대학교 어바인 캠퍼스 연구에 따르면, 방해를 받은 후 원래 상태로 회복하는 데 평균 23분이 걸린다고 추정한다. 이는 엄청난 시간 낭비일 뿐 아니라, 판단력에도 분명한 장애를 초래한다.

지금까지 생각의 흐름을 방해하는 것들은 거의 환영받지 못했다. 그러나 의사결정 마찰과 마찬가지로, 의도적인 끼어들기는 의사결정 고수와 그가 영향을 미치고자 하는 팀, 부하 직원, 이해관계자들에게 유용할 수 있다.

의도적이고 전략적인 끼어들기는 PERIMETERS 함정을 완화하기 위해 여러 가지 방법을 통해 달성할 수 있다. 틀렸다는 가정하에 자신을 방해하기, 타인을 방해해 의사결정을 진단하기, 제3의 귀 장착하기, 유턴 허용하기와 같은 방법들이 있다.

자신을 방해하라: 틀렸다는 전제

앨런 그린스펀과 증권거래위원회가 금융계의 경고 신호를 무시하고 파괴적인 결과를 귀담아듣지 않았던 것을 기억하는가? 상대방의 말이 종소리처럼 울려 퍼지면 파블로프의 개처럼 무조건 상대방이 틀렸다고 가정할 것이 아니라, 자신이 틀렸을 수도 있다고 생각해 봐야 한다.

오류가 있을 거라는 생각을 의식적으로 하다 보면 시간과 돈을 아끼고, 불안감을 줄일 수 있다. 인간 중심적이고 의도적인 리더가 되기 위해서는 자제력과 약간의 겸손함이 필요하다.

의사결정 오류가 지적 능력이 부족해서 생기는 것이 아니라, 인간적이기에 생기는 것임을 받아들여야 한다.[16] 슬쩍 찔러보는 것도 도움이 될 수 있다. 〈브레이너리 비즈니스〉라는 팟캐스트의 진행자이자 작가인 멜리나 파머^{Melina Palmer}는 찌르기의 실질적 측면을 탐구한다. 그녀는 특정 행동을 떠올리게 하는 습관을 만들어 예측할 수 있는 오류를 줄일 수 있다고 주장한다. 예를 들면, 자동차 제조업체가 안전띠 경고음을 만들고, 엔진오일 경고등을 설치하는 것이 이에 해당한다.[17]

다른 사람의 실수를 가정하는 태도는 선택적 냉소주의로 이어질 수 있다. 예컨대, 매장 점원에게 게임기 가격을 물어보며 내일 세일 정보를 알려 줄 것을 기대하지만, 그들이 일부러 정보를 숨길 것이라고는 생각하지 못한다. 그러나 사람들은 종종 그렇게 행동한다.

틀렸다고 가정하는 것은 잘못된 판단의 위험에 대비하는 현명한 보험과 같다. 항상 스스로에게 물어라. 이 정보가 말이 되는가? 어떤 PERIMETERS 함정과 관련이 있는가? 어떤 편견이 나를 부추길 가능성이 가장 높은가?

이처럼 건강한 편집증은 의사결정 마찰을 높인다. 뛰어난 형사, 언론인, 심리 상담가, 수사관은 중요한 것, 언급된 것, 언급되지 않은 것에 귀를 기울이며 본능적으로 이 방법을 활용한다. 경영학의 대가 피터 드러커Peter Drucker는 "소통의 핵심은 언급되지 않은 것을 듣는 것"이라고 말했다.

적극적으로 자신을 방해하는 것에 더해, 때로는 갈팡질팡하는 투자자, 꾸물거리는 고객, 곤경에 처한 십 대 청소년, 까다로운 직원들의 사고방식까지 방해해야 할 수도 있다.

타인을 방해하라: 의사결정 진단

다른 사람의 이야기에 속지 않기 위한 또 다른 방법은 의사결정 진단을 적용하는 것이다. 다른 사람들에게 시간을 더 줌으로써 혼란스러운 데이터, 모호한 지시, 상충하는 명령이나 발표문을 명확하게 할 수 있다. 재고를 위한 1분 1초는 그 가치가 있다.

하버드 협상 프로그램의 공동 설립자인 윌리엄 유리William Ury는 "생각을 명확히 하도록 돕는 질문을 통해 당신이 스스로 사실을 확인하기 전까지는 다른 사람들에게 의심할 권리를 주라"는 조언이 있다. 이러한 질문은 열린 질문

수신자 (나)	메시지	메신저 (타인)
이 정보가 직관적으로 말이 되는가? 도움이 필요할까? 내일도 이에 동의할까?	이게 사실인가, 단언인가, 주장인가, 추론인가, 가설인가?	이러한 결정의 전후 사정은 무엇인가? 상대가 편안해 보이는가? 상대가 시간적, 사회적, 금전적 압박을 받고 있는가?
이 상황과 가장 관련성이 높은 함정은 무엇인가?	주장이 일관성 있고, 합리적이며, 검증된 것인가?	메시지를 전달하는 상대방을 좋아하거나, 존중하거나, 질투하거나, 존경하는가? 믿을 만한 상대인가? 당신에게 친숙한 사람이거나 당신과 비슷한 사람인가?
어떤 편견이 부정적인 반응을 유발할 가능성이 가장 높은가?	알려진 위험과 그 결과는 무엇인가? 알려지지 않은 것들은 무엇이 있는가?	상대는 어떤 편견에 취약할 것 같은가? 내집단 사람인가, 외집단 사람인가?

일 수도, 닫힌 질문일 수도 있다. 열린 질문은 더 많은 정보를 얻도록 돕는다. 예를 들어, "이 부분을 더 잘 이해하도록 도와주시겠어요?"나 "그게 무슨 의미죠?"와 같은 질문이다. 반면 닫힌 질문은 들은 내용을 확인하는 질문이다.

　사고를 방해하기 위해 메신저나 메시지에 맞춘 질문을 던질 수 있다. 동료, 환자, 투자자, 고객의 말에 끼어들면서 생각할 시간을 벌 수 있다. 물론 그들이 먼저 당신의 말을 가로채지 않는다는 전제 하에서다. 이러한 의사결정 마찰은 잘못된 선택을 되돌릴 가능성을 높여 준다.

유턴을 허용하라

　와튼 스쿨 교수 애덤 그랜트는 '기존의 아이디어를 재고하는 것이 현명한 일'이라는 지당한 주장을 한다.[18] 그러면 간혹가다 대중의 의견에 이의를 제기하게 될 수도 있고, 어쩌면 자기 의견에 이의를 제기하게 될 수도 있다. 이 전략은 다소 당연하게 여겨질 수도 있다. 하지만 우리가 당연한 것들을 항상 실천하며 사는 건 아니다. 영국 철도 회사와 전미 자동차 노동조합이 직원들의 의견에 귀를 기울였거나 할리우드가 시나리오 작가들의 우려에 귀를 기울였다면, 파업이 일어나지 않았을지도 모르는 일이다.

실제로 그랜트는 생각을 바꾸는 것에 관한 생각을 바꿀 것을 주창한다.

의견을 바꾼다고 낙인을 찍을 게 아니라, 재고했다는 것에 대해 칭찬받아야 마땅하다. 그랜트는 챌린저 네트워크를 구축할 것을 권장한다. 챌린저 네트워크는 '우리가 신뢰하지만, 우리 의견에 동의하지 않는 사람들로 구성되어 맹점을 지적해 줄 수 있는 집단'으로 묘사된다. 누군가에게는 파트너, 혹은 남편이나 아내가 챌린저 네트워크가 될 수도 있다. 그들은 우리가 듣고 싶지는 않지만, 꼭 들어야 할 중요한 피드백을 제공한다. 그들의 역할은 의심을 품는 것, 잘 휘어지는 페이퍼 클립처럼 믿음을 구부리는 것이다.

잠시 시간을 내 당신의 챌린저 네트워크 목록에 두세 명의 경험 많은 리더 이름을 적고, 이들을 당신의 조력자로 임명하라.

제3의 귀를 장착하라

프로이트의 제자 시어도어 라이크Theodor Reik는 제3의 귀로 경청할 것을 주장한다. 물론 비유적 의미에서 말이다.[19] 타인의 목소리를 복음처럼 받들기보다는 다음과 같은 한 단어로 열린 질문을 던질 수 있다. "진짜요?"

이 단어 하나만으로 호기심을 품고는 있지만, 확신하지는 않는다는 것을 전달할 수 있다. 덤으로 이렇게 공격적이지 않은 질문을 통해 상대가 무엇을 아는지 뿐만 아니라 무엇을 모르는지도 알 수 있다.

이러한 판단력 향상 방법은 위워크, FTX, 웰스 파고, RBS, 테라노스의 직원들에게도 제공되었지만, 안타깝게도 많은 직원이 이를 활용하지 않았다. 이 간단한 한마디 질문은 새로운 데이터의 포문을 열어 주는 동시에 상대의 의견을 존중함으로써 적대적인 반응을 막아 주는 역할을 한다.

이렇듯 다양한 방해 전략은 의사결정 고수가 상황situations, 낯선 사람strangers, 이야기stories, 전략strategies을 걸러내고 재평가하는 토대가 된다.

C: 상황, 전략, 낯선 이를 평가하라

잡음으로 가득 찬 세상 속에서 어떤 메시지에 귀 기울일 때, 행동학적 정보에 기반을 둔 다음 세 가지 도구를 활용해 들은 내용을 재평가할 수 있다. PERIMETERS 편향 체크리스트, 해석 습관, 의도 이행이 그것이다.

PERIMETERS 편향 체크리스트

생각하는 일은 상당히 진이 빠지는 과정이다. 하지만 미리 만들어진 PERIMETERS 편향 체크리스트로부터 조언을 얻으면, 취약한 상황에서도 결정을 단순화하는 데 도움이 된다. 이 목록은 웹사이트 www.nualagwalsh.com에서 확인할 수 있으며, 이 책에서 다루는 75개 이상의 편향, 오류, 효과를 종합적으로 보여 준다. 어떤 상황에서든 참조할 수 있는 이 목록은 인간에게는 기본적으로 오류를 저지를 가능성이 있다는 점을 전제로 한다.

의사결정 마찰로써의 SONIC 질문을 보완하며, PERIMETERS 함정과 그에 따른 편향 중 어떤 범주가 당신을 특정 목소리로 이끄는지 자문해 보라. 양심의 목소리, 비판의 목소리, 대중의 목소리인가? 아니면 희망의 목소리, 과장된 목소리, 역사의 목소리인가? 들리는 목소리와 들리지 않는 목소리 모두 다양한 양상을 띨 수 있다는 사실을 기억하라.

체크리스트는 반복적이거나 여러 단계에 걸쳐 진행되는 프로세스처럼 복잡한 환경에서 사용된다. 이러한 목록을 작성하려면 협업이 필요한데, 이에 따라 공동의 책임감이 조성된다. 투자자 찰리 멍거Charlie Munger는 체크리스트가 수익, 책임, 생산성을 수호한다고 믿었다.

나는 체크리스트를 활용해 어려운 문제를 해결하는 것을 정말 중요하게 생각한다. 가능성이 높은 답과 낮은 답 모두를 미리 파악해 두는 것이 좋기 때문이다. 그렇게 하지 않으면 중요한 것을 놓치기 쉽다.[20]

단순하거나 단일한 해결책을 도출하기엔 인간의 행동은 너무나 복잡하다. 체크리스트는 이러한 상황에 엄청난 가치를 지닌다. 하지만 지브뤼헤와 테네리페, 그리고 여러 제조 공장에서처럼 사람들이 이를 따르지 않을 때는 실수가 발생한다.

체크리스트는 확실성을 제공한다기보다는 위험을 줄이는 수단이다. 그리고 이는 평판을 유지하고, 오류를 비껴가고, 성과를 향상하고 싶은 야심 찬 의사결정 고수에게는 아주 실용적인 편향 점검 수단이 될 수 있다.

해석 습관

위험이 큰 상황에 직면했을 때, 단순히 머뭇거리는 것만으로도 의사결정에 마찰을 일으킬 수 있다. 이는 마치 정신적 과속방지턱과 같다. 베스트셀러인

『아주 작은 습관의 힘』의 저자 제임스 클리어James Clear는 큰 결과를 얻기 위해서는 작은 습관에서부터 변화를 불러올 것을 주장한다.[21]

의사결정의 효율성을 극대화하려면, 잠시 멈추고, 캐묻고, 재고하고, 사실을 확인하는 버릇을 들여라. 새로운 습관이 얼마나 빨리 형성될 수 있는지는 코로나19가 우리에게 알려 주었다. 팬데믹이 불러온 온라인 쇼핑, 디지털 헬스 플랫폼, 동영상 스트리밍 플랫폼, 원격 근무를 떠올려 보면 된다.

우리는 이미 자동화된 습관에 익숙해져 있으며, 그것들이 온라인 주문에서부터 자동이체에 이르기까지 모든 면에서 우리의 일상생활을 단순화한다는 것을 알고 있다.

그러므로 '항상 체크리스트를 확인할 것'과 같이 상황에 맞는 조건을 명시하는 규칙을 만들면 된다. 예를 들어, 다음과 같은 특정 상황에서 체크리스트를 확인할 수 있다.

- 이 의사결정이 나의 재정 상태에 영향을 미칠 때
- 이 의사결정이 타인의 복지나 행복에 영향을 미칠 때
- 나 자신이나 내가 속한 조직의 명성이 걸린 일일 때
- 스트레스, 압박, 공황 상태에 있거나 무슨 일을 해야 할지 모를 때

당신 스스로 규칙과 조건을 정하면 된다. 편견을 확인하고 해석하는 것이 습관화되면, 부주의로 인한 청각 소실과 오류의 위험이 사라질 것이다. 그리고 자신만의 방식으로 치열한 경쟁 사회를 재정의할 수 있게 될 것이다.

타이밍 또한 중요하다. 케이티 밀크먼Katy Milkman은 자신의 저서『어떻게 변화할 것인가How to Change』에서 출생, 죽음, 기념일, 새로운 계절과 같은 인생의 중요한 순간들을 활용할 것을 제안한다. 이러한 정서적 새출발은 우리에게 동

기를 부여하는 새로운 습관의 시발점이 된다. 새해 결심처럼 말이다. 그녀는 이에 '새출발 효과fresh start effect'라는 이름을 붙였다.[22]

의사결정 고수가 되기로, 열두 번째 배심원처럼 생각하기로 결심했다면, 작은 단위의 새로운 습관을 만들고 이를 구체적인 계획과 함께 관리함으로써 당신도 충분히 변화할 수 있고, 그게 그렇게 벅찬 일이 아니라는 것을 느끼게 될 것이다. 더불어 자신감이 솟아나고, 당신에게 주도권이 있다고 느낄 것이다.

의도 이행

판단력 파괴의 주범을 피하는 데 도움을 주는 마지막 무기는 의도 이행이다. 이는 나약한 의지력을 극복하기 위한 것으로 잘 알려진 심리적 기법이다. 다이어트나 창고 정리처럼 의지와 행동 사이의 머나먼 간극을 연결해 주는 '만약-그렇다면' 전략이다. 이는 의사결정 고수가 되어 성공하고는 싶지만, 너무 바빠서 시작조차 할 수 없는 이들을 위한 것이다.

피터 골비처Peter Gollwitzer와 파셜 시런Paschal Sheeran은 약속 잘 지키기부터 투표권 행사에 이르기까지 목표를 행동으로 옮길 수 있도록 하는 특정 기술을 발견했다.[23] 투표는 시민의 의무이자 관례인 만큼 습관과도 관련이 있다. 투표할 예정인지에 관해 유권자들에게 질문을 던질 때, "투표하실 건가요?" 대신 "언제 투표할 건가요?"라는 구체적인 질문을 던졌을 때 투표율이 25% 증가했다.[24] 2008년 미국 대선에서는 투표 계획을 묻는 것이 투표 가능성을 4.1% 증가시켰다.[25]

사전 계획은 금연, 운동, 재활용, 약속 잘 지키기 등의 행동 개선에 효과가 있는 것으로 나타났다. 사전에 결정하는 것은 일관성 편향을 유발하기 때문에 효과적이다.[26] 또한 원치 않는 심리적 반발을 살 수 있는 명시적인 지시를 피할 수 있다는 장점이 있다.

의도 이행을 편향 확인에 적용하는 과정은 총 4단계로 이루어져 있다. 먼저, 편견을 확인하는 습관을 들이겠다든가, 의사결정 고수가 되겠다든가 하는 의도를 분명히 밝혀라. 그런 다음 무엇을, 언제, 어디서, 어떻게 할 것인가에 대한 계획을 세운다.

무엇을　　"위험이 큰 상황에서는 PERIMETERS 체크리스트를 확인한다"

언제　　"의사결정에 대한 확신이 없을 때"

어디서　　"사무실, 정원 또는 차 안에서"

어떻게　　"체크리스트를 프린트해서 붙여 놓고, 책의 관련 내용을 참고할 것이다"

덧붙여 계획에 '왜'를 추가하면 더 강력한 서약을 할 수 있다.[27]

왜　　"왜냐하면 최선의 삶을 살고 싶고, 후회하지 않기를 바라니까"

어쩔 줄 몰라 허둥지둥거리는 의사결정권자들에게는 단순히 다시 생각하라는 상기만으로는 충분하지 않다. 바로 이 때문에 의도 이행은 행동을 현실적이고 현재적인 것으로 느끼게 만든다. 의도 이행은 스트레스를 줄이고 미래를 오늘에 더 가깝게 만들어 현재 중시 편향과 현상 유지 편향을 줄인다. 이 방법을 통해 나도 드디어 창고 정리를 마칠 수 있었다.

위와 같은 SONIC 재평가 전략은 전부 신중하게 생각하고 뻔한 오류를 방지하기 위한 의지가 있다는 것을 전제한다. 이러한 의지가 의사결정 고수로 변모하는 시발점이 된다.

당신의 청각 지능을 극대화하라

신경가소성neuroplasticity, 즉 뇌를 갈아 끼울 수 있는 능력은 우리에게 상당히 희망적이다. 이는 의사결정 고수에게 상당히 반가운 소식이며, 좋은 결과를 기대할수록 좋은 결과가 나타날 가능성도 높아진다.

『기대의 발견』에서 데이비드 롭슨David Robson은 기대의 힘을 강조한다. "우리의 자기 변화 능력에 대해서는 비판의 여지가 없다"라고 그는 말한다.[28]

스스로 더 나은 생각을 할 준비가 되어 있다면, 다른 사람들이 더 나은 행동을 하게끔 만들 수 있다.

스스로에게 '넌 똑똑하게 듣고, 해석하고, 문제를 해결해. 사람 보는 눈도 뛰어나지'라고 말한다면, 암시의 힘과 단순 반복 효과를 통해 당신은 그것을 믿게 될 것이고, 또 그렇게 될 것이다. 스스로에게 '넌 열두 번째 배심원과 같아'라고 말한다면, 당신은 성급하게 너무 이른 판단을 내리지 않도록 속도를 늦추려는 사회적, 도덕적 책임감을 더 많이 느끼게 될 것이다.

선택적으로 듣는다는 건 가장 관련성 높은 라디오 채널에 주파수를 맞추는 것을 의미한다. 어떤 순간에도 들려오는 목소리를 전부 들을 수는 없는 노릇이다. 21세기에는 의도적으로 듣고 해석하는 의사소통 능력이 필요하다. 이 책이 제공하는 SONIC 전략의 메뉴들은 상황에 맞추어 개별적으로 사용할 수도, 묶어서 활용할 수도 있다.

특효약이나 완벽한 판단은 존재하지 않지만, 더 나은 결정은 어디에나 존재한다. 아주 작은 노력일지라도 그 빛을 발할 것이며, 청각 지능을 높여 줄 것이다. 중요한 것은 작은 것에서 시작하는 것이다. 단 1%의 차이만으로도 시간과 비용을 절감할 수 있고, 고생을 면할 수 있다.

이 책 전반에 걸쳐, 수많은 인물이 중대한 판단의 순간에 직면했다. 장거리

달리기 선수들은 압박 속에서 중요한 판단을 내린다. 언제 상대를 제치고 앞으로 나아갈지, 그 정확한 지점은 트랙의 어디쯤인지, 어떻게 경쟁자들을 앞지를지와 같은 것들이다. 100분의 1초 차이가 올림픽 금메달과 동메달을 가른다. 기업의 리더, 외과 의사, 심리 상담가, 변호사, 군 장교, 아동 보호 서비스 종사자, 경찰, 비행기 조종사, 우주비행사는 순간에 대처하는 올바른 결정을 내려야만 한다.

제미니 10호기 사령선에서 마이클 콜린스와 승무원들은 예상치 못한 난관에 부딪혔다. 콜린스는 정확히 어디서 별들과 지구의 경계가 나뉘는지를 판별하는 데 애를 먹었다. 지구에 안전하게 재진입하기 위해서는 정확한 지리적 좌표가 중요했다. 그의 결정은 승조원들의 인생에 영향을 미쳤을 뿐만 아니라, 미래의 우주여행에도 영향을 미쳤다.

부조종사 존 영John Young은 단순하게도 "최선을 다하시면 되죠"라고 말했다. 최선을 다하는 건 우리 자신뿐 아니라 우리가 소중히 여기는 사람들을 위해 변화를 만들 때 우리가 할 수 있는 전부이기도 하다. 그거면 충분하다.

CHAPTER 15

발맞추기:
의사결정 고수

지피지기 백전불태 知彼知己, 百戰不殆

부지피이지기 일승일부 不知彼而知己, 一勝一負

부지피부지기 매전필태 不知彼不知己, 每戰必殆.

손자孫子

몇 년 전, 아일랜드 TV 방송국에서는 실종된 한 여학생의 이야기를 다룬 미니시리즈 〈앰버Amber〉를 방영했다. 시청자들은 주인공 앰버의 마지막 흔적이 있었던 던드럼Dundrum부터 던 리어리Dun Laoghaire에 이르기까지 익숙한 더블린의 거리를 살펴보았다.

앰버는 집으로 돌아오지 못했다. 슬픔에 빠진 앰버의 부모는 자책감과 좌절감에 휩싸였다. 그들은 다르게 행동할 수 있었을까? 무슨 일이 일어났던 걸까?

드라마의 마지막 장면은 외딴 길을 걸어가는 앰버의 뒤로 하얀색 승합차가 다가가는 모습을 묘사한다. 시청자들은 '드디어 실마리를 찾았구나'라고 생각했다. 하지만 그렇지 않았다. 그게 전부였다.

시청자들의 분노가 소셜 미디어를 뒤덮었고, 전화통에는 불이 났다. 충격에 휩싸인 시청자들은 허무해졌다. 하지만 나는 개인적으로 그 결말이 훌륭했다고 생각한다. 답을 찾고자 하는 시청자들이라면 누구나 남겨진 부모의 고통에 공감할 수 있을 것이다. 도대체 무슨 일이 있었던 걸까?

정책 입안자, 정치인, 수감자, 배관공, 그리고 부모들은 매일 같이 삶의 의사결정과 예상치 못한 사건에 대한 설명을 찾아 헤맨다. 사람들은 해피엔딩을 원한다. 그래서 만화, 스포츠, 영화 속에서 집으로 돌아온 아이는 낭만적으로 그려지곤 한다. 이것이 바로 독수리 에디가 역경을 딛고 성공할 때 사람들이 환호하는 이유다.

우리는 인생을 바꾸는 열두 번째 배심원이 되기를 원한다.

이제는 그럴 수 있다. 이 책이 당신에게 그 방법을 알려 줄 수 있기를 바란다.

＊＊＊

이 책에 나오는 사례들은 모든 의사결정이 낙천적인 결말로 이어지는 건 아니라는 것을 일깨워 준다. 앰버, MH370편 사건처럼, 미결로 남은 이야기들도 있다.

엘비스 프레슬리나 마이클 잭슨 같은 A급 스타들조차 중요한 순간에 현실을 외면했다. 수백만 명의 평범한 사람들이 그러하듯, 위험 회피 성향의 할리우드 배우들도 가능성이 낮은 위험에 대한 보험으로 과도한 요금을 부담한다.

왜일까? 전후 사정과 인지가 치명적으로 결합해 PERIMETERS 효과가 발생하기 때문이다.

국가 차원에서 보면, 독일, 북아일랜드, 르완다 등지의 경제가 파괴되었다. 중동, 중국, 러시아에서는 비판의 목소리를 무시하는 현상이 계속되고 있다. 그런 목소리가 마음을 불편하게 만들더라도, 우리는 귀를 막음으로써 나타날 수 있는 파괴적인 결과에 집중해야 한다. 그래야만 귀 기울이는 것의 힘을 제대로 이해할 수 있다.

행복의 슈퍼 전파자, 열두 번째 배심원

제대로 관리하지 않으면, 오류의 3요소는 공포의 3요소로 변할 수 있다. 관리되지 않는 PERIMETERS 함정은 의사결정권자들을 잘못된 길로 인도한다.

PERIMETERS 효과가 부당하게 유죄 판결을 받은 사람들 사이에 어떻게 퍼지는지 다시 살펴보자. 각자는 강력한powerful 사법 제도에 맞서 싸웠고, 그들의 자존감ego은 산산이 부서졌으며, 모두가 사형의 위험risk에 직면했다.

모두 범죄자라는 정체성identity을 얻었다. 그 잔혹한 기억memory은 시간이 갈수록 더욱 또렷해졌다. 그들은 이기심에 사로잡혀 잘못을 저지른 자들의 비윤리적unethical 행동으로 인해 부당한 대우를 당했다.

복역하는 동안 이들은 인내심을, 감정적인emotional 분노를 다스리는 방법을, 대중의 집단 심리와 파탄 난 인간관계relationships로부터 비롯되는 부당함을 받아들이는 법을 배웠다. 이 피해자들은 자신의 이야기story를 들려주고, 이제 우리는 그들의 이야기를 받아들인다.

일부는 살아남기 위해 종교에 기대거나, 정의의 여신이나 자기 목소리에 귀 기울였다. 이제 그들에게 최고의 삶을 사는 방법은 매 순간을 소중히 여기는 것이다. 그들은 불운한 상황 속에서도 보복보다는 결단을 선택했다.

줄리아 레아의 말이 그것을 잘 표현한다.

독방에 갇혀 있을 때, 칼라 백합(cala lilies) 꽃다발처럼 생긴 클로버 한 줄기에 매료되었습니다. 덕분에 감사하는 마음이 기쁨에 얼마나 중요한 것인지 깨달았습니다. 제

역사를 통해 배우면 오류를 줄일 수 있다. 독일의 초대 수상 오토 폰 비스마르크Otto Von Bismarck는 이렇게 말했다. "자기 실수를 통해 배우는 건 바보들이나 하는 짓이다. 현명한 사람은 타인의 실수로부터 배운다" 투자계 거물 워런 버핏도 이에 동의한다. 그는 다른 사람들의 실수를 포괄하는 체크리스트를 가지고 있으며, 현재 그의 재산은 1,062억 달러에 달한다. 이런 게 곧 배움이다.

리처드 파인만Richard Feynman의 말을 빌리자면, "계속해서 배우고 배우다 보면, 머지않아 아무도 배우지 못한 것을 배울 날이 올 것이다"

시끄러운 세상 속에서는 의식적인 노력과 아주 적은 신중함만으로도 편향된 판단력을 간파할 수 있다. 들은 내용을 재해석하는 예민함을 갖추는 것이 권력자와 비권력자를 나누는 기준이 된다.

심지어는 자연으로부터 배울 수도 있다. 인간은 동물의 왕국과 진화의 역사를 공유하지만, 서로 다른 종은 인간과는 또 다른 주파수로 소통하며, 인간보다 훨씬 뛰어난 청각 능력을 가진 종들도 많다. 예를 들면, 인간은 20Hz에서 2만Hz까지 들을 수 있는 반면에 집고양이는 최대 6만 4,000Hz의 음높이를 감지할 수 있고, 박쥐는 당신보다 열 배 더 많은 소리를 들을 수 있다. 물론 인간에게는 이러한 한계를 극복해 자신의 능력을 변환시킬 수 있는 지적 능력이 있지만 말이다.

더욱이, 이러한 청취 기술을 한 단계 더 발전시키는 청각 혁명이 시작되었다. 그 시작은 잡음 제거 헤드폰이었는데, 이 기기는 말 그대로 일상의 소음을 차단한다. 오디오 기반의 소셜 네트워크 앱인 클럽하우스Clubhouse는 팬데믹 기간에 폭발적인 성장을 보였다. 매주 천만 명이라는 이용자 수는 누군가에게 자신의 목소리가 닿길 원하는 인간의 본능적인 욕구를 반영한 것이었다. 알렉사, 시리, 오디오북, 애플 홈팟, 스포티파이와 같은 오디오 기기와 스마트 스피커는 우리의 일상에 깊이 자리 잡고 있으며, 이러한 산업의 규모는 수백만 달러에 달한다.

팟캐스트는 필수가 되었다. 사람들은 현재 100개 이상의 언어로 방송되는 200만 개가 넘는 팟캐스트를 청취하고 있으며, 그중 68%는 에피소드 전체를 청취한다. 팟캐스트는 집중력과 소통을 촉진하는 미디어다. 청취자 대부분은 배움을 위해 선택적으로 듣는 경우가 많다.

이해관계자들이 자신들의 의견이 닿지 않는다고 느끼고, 각종 사회 운동이 늘어남에 따라 정부, 미디어, 기업에 대한 신뢰도가 낮아지는 건 우연이 아니다. 하지만 청각 지능과 정서 지능을 그러모아 올바른 판단을 내림으로써 행복의 슈퍼 전파자가 될 기회는 열려 있다.

조화: 성공의 목소리

적절한 목소리에 귀 기울이는 것의 이점은 의심할 여지가 없다. 어떤 경찰관은 조지 플로이드의 말을 묵살했지만, 앨리 제이콥스는 의심의 목소리에 귀를 기울여 18년간 감금당한 피해자가 풀려날 수 있도록 도왔다. 스스로 입을 다무는 배심원들과는 달리, 해리 마코폴로스, 타일러 슐츠, 로저 보이졸리, 에드 피어슨, 펭 슈아이 같은 내부고발자들이 중요한 순간에 어떻게 목소리를 내는지도 보았다.

FBI 요원들이 웨이코Waco 사건, 9.11 테러, 각종 총기 난사 사건의 신호를 놓치기는 했지만, 크리스토퍼 보스 같은 협상가들은 인질범을 설득하는 데 성공했다. 제프리 리넥은 스티븐 스테이너, 제이시 리 두가드, 가상의 인물인 앰버처럼 살해되거나 실종된 어린이들을 찾는 데 자신의 커리어를 바쳤다. 그들이 구한 사람들, 그리고 구하지 못했던 사람들의 메아리는 절대 사라지지 않는다.

많은 사람이 주어진 상황을 더 나아지게 만드는 데 자신의 목소리를 이용했다. 상황은 좋은 걸까, 나쁜 걸까? 농부의 우화에 따르면, 이를 단정하는 건 쉽지 않은 일이다. 하지만 사람들은 길을 찾는다. 매켄로가 말했듯이, 인생은 테니스 경기와 같아서 이길 때도 있고 질 때도 있는 법이다.

최선을 다하는 삶을 살기 위해 사고방식을 바꿀 수도 있다. 우리는 상황을 바꾸기 위해, 잡음을 걸러 내기 위해 귀를 기울이는 사람들로부터 배운다. 오스카 쉰들러는 폭리를 취하고 나서 수백 명을 가스실에서 구해 냈다. 티나 터너는 폭력적인 남편의 말에 귀를 기울였었지만, 후에는 자신의 힘을 되찾았다. 프리실라 프레슬리가 자신의 남편을 떠난 것처럼.

하지만 모두가 승리한 것은 아니다. 시네이드 오코너는 학대당했던 과거의 목소리에 갇혀 평생을 자신의 목소리가 닿길 바랐다. 한때 그녀는 〈제 얘기 들어 주셔서 감사합니다Thank you for hearing me〉라는 곡을 발표하기도 했다.

자신의 전문 분야에서 두각을 나타내는 사람들은 행동에 관한 통찰력을 바탕으로 탁월한 판단력을 발달시킨다. 총명한 의사결정자는 자신의 제품, 환자, 고객, 시장보다는 자기 자신에 대한 이해도가 높은 사람이다.

대부분은 자신이 아끼는 사람들과 자신이 보살피는 사람들에게 도움이 될 수 있도록 실수를 예방하고 옳은 일을 하고 싶어 한다. 잘못된 정보가 어떻게 판단을 저해하는지 이해한다면 실수의 위험을 줄일 수 있다.

독자들은 자기도 모르는 새 이미 다른 사람들의 삶에 변화를 가져다주는 열두 번째 배심원이 되어 있다. 당신은 무의식중에 예측할 수 있는 실수를 예방하고 있다. 이제는 의식적으로 실천하는 게 중요한 때다.

서서히 커지는 위험을 알아차리지 못하는 끓는 물 속의 개구리가 되기는 쉽다. 차선을 빠르게 질주하며 과속으로 빨간 신호를 통과한다면 현명한 판단을 내리기 어렵다. 반면 운전을 잘하는 사람은 녹색 신호를 따르며 속도와 시야의 균형을 맞추고, 트럭 소리, 경적, 쏟아지는 빗소리를 들으며 위험을 감지한다. 그들은 SONIC 전략을 심리적 과속방지턱처럼 여긴다.

좋은 소식은 신호 감지 능력의 향상, 의도적 해석, 지적 경청을 통해 당신도 결정에 대한 보상을 거머쥘 수 있다는 것이다. 일상적으로 의사결정 마찰을 감수한다면, 처음 들려오는 목소리, 가장 큰 목소리, 편리한 목소리, 연장자의 목소리, 유명한 사람이나 친숙한 사람의 목소리가 아닌, 올바른 목소리에 귀 기울이기 위해 숙고할 시간을 몇 초 더 확보할 수 있다.

당신은 불필요하게 큰 혼란을 초래하고, 시간과 돈을 낭비하고, 생명을 앗아가는 의사결정 방해 요소를 무력화할 수 있을 것이다. 또한 개인적 영향력과 직업적 영향력을 최적화하고, 더 현명한 선택을 내리며, 행복의 슈퍼 전파자가 될 가능성이 높아질 것이다.

결국엔 귀를 기울이는 게 승리하는 길이다. 게다가 이를 통해 당신은 놓치거나, 잃거나, 소외되는 일 없이 오히려 돋보이게 될 것이다.

마무리하며: PERIMETERS 관점

아폴로 11호 승무원들은 색다른 시각을 경험해 보는 행운을 누렸다. 지구에서 38만 6,243km 떨어진 곳에서, 그들은 인류를 가장 넓은 시야에서 바라볼 수 있었다. 그러나 그들의 시각은 달의 주기와 태양의 그림자로 인해 왜곡되었을 수 있다.

하지만 달의 고요한 대기로 인해 그들의 청각은 한층 더 두드러졌다. 착각과 환각이 발생할 수 있다는 걸 알고 있기에, 그들은 과학과 감각에 의지했다. 다시 말해 그들은 보고, 듣고, 말하는 것에 의지했다. 휴스턴에서 전달되는 지시 사항을 해석하고 해독하는 능력은 그 무엇보다 중요했다. 그들은 무사 귀환을 위해 자신의 판단력뿐만 아니라 멀리 있는 동료들의 목소리에도 의지했다.

닐 암스트롱은 여러 세대에 영감을 주었다. 달 착륙 때문만이 아니다. 보이지 않는 곳에서 지원했던 수천 명을 포함해 마을 전체가 그 임무에 기여했다고 말했던 그의 겸손함 때문이기도 하다.

인간의 행동을 이해하면 상상 이상으로 큰 진전을 이룰 수 있다. 이 길에서 내디딘 작은 한 걸음이 개인과 조직, 나아가 사회 전체의 더 나은 삶으로 이어지는 큰 도약이 될 수 있다.

우주비행사들은 달에서 지구를 바라보며 지구상의 상징적인 장면들을 떠올렸다. 존스타운 정글의 어두운 면에서부터 엘비스 프레슬리의 찬란한 그레이스랜드까지. 그레이스랜드에 살던 사람들이 달을 더 자주 바라보고, 더 넓은 관점을 가졌더라면 결과는 달라졌을까? 내 생각에는 그랬을 것 같다.

엘비스 프레슬리는 수백만 명에게 영감을 주었지만, 자신의 가능성을 끝까지 펼치지는 못했다. 그의 목소리를 들을 때마다 우리는 스스로 내린(혹은 내리지 않은) 결정이 가져올 위험과 보상, 후회와 안도감을 떠올리게 된다.

개인적·직업적 환경 속에서 당신은 의사결정 고수로서 자신만의 이야기를 새로 써 내려갈 힘과 최고의 결말을 만들어 낼 힘을 가지고 있다. 이 과정은 무료이지만, 때로는 단 몇 초의 용기가 필요할 수도 있다.

권력과 영향력을 가진 사람은 타인의 목소리에 귀 기울임으로써 분열된 세상을 치유하고, 갈등을 해소하며, 불필요한 폭력을 줄일 책임과 기회를 가진다. 의식적이고 전략적으로 귀 기울이는 사람만이 세상을 더 나은 곳으로 바꿀 수 있다.

이 책이 독자들의 관점과 가치의 폭을 조금이라도 넓히길 바란다. 앞으로 중요한 것에 더 귀 기울이고, 다른 사람들이 포착하지 못하는 신호까지 살필 수 있기를 바란다. 무엇보다 당신의 목소리가 타인에게 깊은 울림이 되기를, 그리고 당신이 가장 중요하게 여기는 것을 손에 넣기를 바란다.

그동안 귀 기울여 준 독자들에게 깊은 감사의 말을 전한다.

항상 나의 말에 귀 기울여 주고

내 마음을 잘 이해해 주는

훌륭한 남편 브라이언 고든에게,

당신과 결혼한 건 내가 인생에서 했던

가장 현명한 결정이야.

감사의 말

글쓰기는 고독한 스포츠입니다. 그러나 많은 분의 소중한 지원과 격려가 없었다면 이 책을 완성할 수 없었을 것입니다.

말로 다 표현할 수 없을 만큼 큰 찬사를 보내 주신 최고의 경청자이자 든든한 동반자인 남편께 깊이 감사드립니다. 장군 같은 어머니 역시 이 여정뿐 아니라 수많은 다른 여정에서도 저와 함께 발걸음을 맞춰 주셨습니다. 함께한 길이 어머니께도 의미 있게 느껴지셨기를 바랍니다. 사랑하는 조부모님의 목소리는 이제 들을 수 없지만, 여전히 제 귀에 생생하게 울리고 있습니다.

이 책의 토대는 하버드대학교 제니퍼 러너Jennifer Lerner 교수님과 런던정치경제대학교의 저명한 심리학 및 행동과학 연구소에서 나왔습니다. 러너 교수님과 연구진들께 큰 도움을 받았습니다. 특히 수강생 여러분께 깊은 감사의 마음을 전합니다. 또한 이 글에 인용된 500명이 넘는 전문가 여러분의 평생 연구에도 진심으로 감사드립니다.

이 책에서 판단력의 예시로 언급된 분들께 감히 도덕적 우월감으로 설교할 수는 없다는 말씀을 드리고 싶습니다. 언젠가는 그분들의 이야기가 우리의 이야기가 될 수도 있고, 실제로 그러할 가능성도 높다고 생각합니다. 여러분의 이야기는 그 자체로 소중합니다.

이 책을 쓰며 작가가 되는 일이 결코 쉽지 않다는 사실을 절감했습니다. 작가라는 직함을 가진 모든 분께 깊은 존경심을 갖게 되었습니다.

누군가 제게 성공이 무엇이냐고 물었을 때 저는 이렇게 답합니다. 첫째, 저를 감동시킨 이야기들을 담은 책을 완성하는 것입니다. 몇몇 사람의 이야기는 그 자체로 한 권의 책이 될 가치가 있음을 잘 알고 있습니다. 둘째, 완벽한 것은 없다는 사실, 그리고 완벽함을 향해 최선을 다했다면 그것으로 충분하다는 사실을 받아들이는 것입니다. 셋째, 저와 가장 가까운 사람들이 예측 가능한 실수를 하지 않기를 바라는 마음으로 하루하루를 살아가는 것입니다.

특히 독자 여러분께 깊이 감사드립니다. 건강한 판단력을 독점할 수 있는 사람은 아무도 없습니다. 여러분의 의견을 언제든지 듣고 싶습니다. 편하실 때 nuala.g.walsh@gmail.com으로 연락 주시기 바랍니다.

이 책에 오류가 있다면 전적으로 제 책임입니다. 수정이 필요한 부분을 알려 주시면 향후 개정판에 성실히 반영하도록 하겠습니다.

이 책의 주제에 관심이 있으시다면 nualagwalsh.com을 방문해 주십시오. 이곳에서

- PERIMETERS 체크리스트와 여러 기법을 다운로드하실 수 있고,
- 'PERIMETERS 함정' 테스트를 진행하실 수 있으며,
- 제가 발행한 100편이 넘는 글도 보실 수 있습니다.

귀 기울여 주셔서 진심으로 감사드립니다.

누알라 월시

작가에 대하여

누알라 월시Nuala Walsh는 각종 수상 경력에 빛나는 비즈니스 컨설턴트이자 행동 과학자로, 트리니티 칼리지 더블린Trinity College Dublin 의과 대학의 조교수이다.

금융계에서 가장 영향력 있는 여성 100인 중 한 명으로 꼽히는 그녀는 30년 간의 탁월한 투자 경력을 통해 블랙록, 메릴린치의 임원직과 스탠더드 라이프 애버딘에서의 최고 마케팅 책임자 지위를 역임했다. 특히 라이더 컵 역사상 처음으로 전 세계 스폰서십 계약을 직접 지휘하고 기획했다.

PA 컨설팅 그룹에서 경력을 시작한 그녀는 세계은행 파견 근무를 맡아 아프리카에서 1년간 근무한 경험이 있다. 현재는 마인드에쿼티MINDEQUITY CEO 로서 포춘 500 기업, 상업 브랜드, 인권 단체, 스포츠 협회에 조언을 제공하며 전략, 평판, 문화, 행동 변화 같은 문제에 이바지하고 있다.

누알라 월시는 다수의 고문, 이사회 직책을 맡고 있다. 전 유엔여성기구 부의장을 역임했으며, 브리티시 앤드 아이리시 라이언스와 아일랜드 농구협회의 독립 비상임이사로 활동하고 있다. 또한, 그녀는 세계 응용 행동과학자 협회의 창립 이사이자 하버드-아일랜드 클럽의 회장이며, 잉글랜드 축구협회의 위원이다. 동시에 이노센스 프로젝트의 의장으로, 세계육상연맹의 성평등 고문으로, 영국 증권 투자 협회에서 윤리 위원회 위원으로 활동하고 있다.

'우유부단함 극복하기'를 주제로 한 TEDx 강연을 통해 수백만 명에게 친숙함을 쌓은 그녀는《포브스》《사이콜로지 투데이》《하버드 비즈니스 리뷰》등 유수 언론 매체에 정기적으로 기고하고 있다. 그녀의 통찰력은《파이낸셜 타임스》《폭스 비즈니스》《CNBC》《텔레그래프》《벤치마크 아시아》《BBC 월드 서비스》에도 소개되었다.

누알라 월시는 인시아드, 하버드케네디스쿨, 그리니치대학, 런던정치경제대학과 같은 주요 교육기관에서 비즈니스, 범죄학, 금융학, 의사결정학 프로그램 분야의 객원 강사로 활동하고 있다. 그녀는 런던정치경제대학교를 최우수 졸업하며 행동과학 석사 학위를 취득했다. 유니버시티 칼리지 더블린에서는 최우수 경영학 석사 학위를, 트리니티 칼리지 더블린에서 철학 학사 학위를 받았으며, 범죄심리학 전문 과정을 수료했다.

참고 문헌

서문

1 Hemingway, E. (1998). *Across the River and Into the Trees* (Vol. 2425). Simon and Schuster.

INTRO. 변장한 악마

1 Clarke Keogh, P. (2004). *Elvis Presley: The Man, the Life, the Legend.* Simon & Schuster.

2 Ibid.

3 All Top Everything (2019). "The Best-Selling Solo Music Artists of All Time"

4 Guralnick, P. (2014). *Careless Love: The Unmaking of Elvis Presley.* Little, Brown and Company.

5 Connolly, R. (2017). *Being Elvis: A Lonely Life.* Liveright Publishing.

6 Elvis Presley News. Quotes from Elvis Presley. www.elvispresleynews.com/quotes-from-elvis/

7 Connolly, R. (2017). *Being Elvis: A Lonely Life.* Liveright Publishing.

8 Clarke Keogh, P. (2004). *Elvis Presley: The Man, the Life, the Legend.* Simon &

Schuster.

9 Ibid.

10 *Elvis by the Presleys*. (2005). Edited by David Ritz, Random House.

11 O'Connor, S. (2021). *Rememberings*. Houghton Mifflin.

12 McEnroe, J. (2023). Stanford Commencement Speech, www.youtube.com/watch?v=wzhsT3ojyzo

13 Ibid.

14 Union Avenue 706 (2012). "Elvis Is Everywhere: Springsteen's Darkness on the Edge of Town and The Promise" 12 August, unionavenue706.com/2012/08/12/springsteens-darkness-and-thepromise-elvis-everywhere

15 Schilling, J. & Crisafulli, C. (2007). *Me and a Guy Named Elvis: My Lifelong Friendship with Elvis Presley*. Penguin.

16 Ibid.

17 National Highway Traffic Safety Administration (2015). "Critical Reasons for Crashes Investigated in the National Motor Vehicle Crash Causation Survey," US Data, February, crashstats.nhtsa.dot.gov/Api/Public/ViewPublication/812115

18 Rankin, W. (2007). "MEDA Investigation Process" Boeing.commagazine, Issue Q2, www.boeing.com/commercial/aeromagazine/articles/qtr_2_07/AERO_Q207_article3.pdf

19 Mortality in the US (2021). www.cdc.gov/nchs/products/databriefs/db456.htm

20 McKinsey (2019). "Decision making in the age of urgency"

30 April.

21 Botelho, E. L., Powell, K. R., Kincaid, S. & Wang, D. (2017). "What sets successful CEOs apart" *Harvard Business Review*, 95(3), 70-77.

CHAPTER 01. 흘려듣기, 그릇된 정보 그리고 잘못된 판단

1 Cited in Conan Doyle, A. (2020). *The Boscombe Valley Mystery*. Lindhardt og Ringhof.

2   Association of Certified Fraud Examiners (2022). "Occupational Fraud 2022: A Report to the Nations," legacy.acfe.com/report-tothe-nations/2022.

3   Lynch, D. (2023). "In 2005 I woke to a flurry of texts from Sineadasking me to follow her to Jamaica··· What followed was part odyssey, part superfan lottery win" *Irish Independent*, 30 July.

4   Carluccio, J., Eizenman, O. & Rothschild, P. (2021). "Next in loyalty: Eight levers to turn customers into fans" McKinsey, 12 October.

5   Fitzgerald, M. (2021). "Robinhood sued by family of 20-year-oldtrader who killed himself after believing he racked up huge losses" CNBC.com, 8 February.

6   Klebnikov, S. (2020). "20-year-old Robinhood Customer Dies by Suicide After Seeing a \$730,000 Negative Balance" *Forbes*, 17 June.

7   Farnham Street (2023). "The OODA Loop: How Fighter Pilots Make Fast and Accurate Decisions" www.fs.blog.com

8   Botelho, E. L., Powell, K. R., Kincaid, S. & Wang, D. (2017). "What sets successful CEOs apart" *Harvard Business Review*, 95(3), 70-77.

9   Kahneman, D. (2011). *Thinking, Fast and Slow*. Macmillan.

10   Lee, D., Barak, A. & Uhlemann, M. (1999). Forming clinical impressions during the first five minutes of the counselling interview. *Psychological Reports*, 85(3), 835-844.

11   Myers, S. (2014). "The Shortening of Movies" *Medium*, 14 October.

12   Wordsrated (2022). "Bestselling books have never been shorter"

20   June.

13   Davies, N. (1981). "The Wasted Suspicions of Sutcliffe's Friends" *The Guardian*, 8 May.

14   Evans, R. & Campbell, D. (2006). "Ripper Guilty of Additional Crimes, Says Secret Report" *The Guardian*, 2 June.

15   The Byford Report (1981). www.gov.uk/government/publications/sir-lawrence-byford-report-into-the-police-handling-of-theyorkshire-ripper-case

16   Microsoft (2023). "Work Trend Index Annual Report. Will AI Fix Work?" 9 May,

www. microsoft. com/en‑us/worklab/work‑trendindex/ will‑ai‑fix‑work

17   Sullivan, B. & Thompson, H. (2013). "Brain, Interrupted" *New York Times*, 3 May.

18   Silver, N. (2012). *The Signal and The Noise: The Art and Science of Prediction*. Penguin.

19   Slovic, P. (1973). Behavioral problems of adhering to a decision policy. Paper presented at the Institute for Quantitative Research in Finance, Napa, California, 1 May.

20   Tsai, C, Klayman, J. & Hastie, R. (2008). Effects of amount of information on judgment accuracy and confidence. *Organizational Behavior and Human Decision Processes*, 107(2), 97‑105.

21   Kato, H., Jena, A. B. & Tsugawa, Y. (2020). Patient mortality after surgery on the surgeon's birthday: observational study, *BMJ*, 371(m4381).

22   Yousif, N. & Halpert, M. (2023). "Alec Baldwin Charged with Involuntary Manslaughter in Rust Shooting" BBC News, 31 January.

23   King's College London (2022). "Do we have your attention? How people focus and live in the modern information environment" The Policy Institute, February Issue.

24   Lehmann, S. (2017). The dynamics of attention networks in social media. *Journal of Complex Networks*, 5(1), 96‑123.

25   Hunt, E. (2023). "Is Modern Life Ruing Our Powers of Concentration" *The Guardian*, 1 January.

26   Ibid.

27   Hari, J. (2022). *Stolen Focus: Why You Can't Pay Attention*. Bloomsbury Publishing.

28   Weingarten, G. (2007). "Pearls Before Breakfast: Can one of the nation's great musicians cut through the fog of a D.C. rush hour? Let's find out" *Washington Post*, 8 April.

29   Vedantam, S. & Mesler, B. (2021). *Useful Delusions: The Power and Paradox of the Self-Deceiving Brain*. Norton & Company.

30   Keller, E. & Fay, B. (2012). *The Face‑to‑Face Book: Why Real Relationships Rule in a Digital Marketplace*. Simon and Schuster.

Detailed further in "Comparing Online and Offline Word of Mouth"

31   Harford, T. (2013). "Lies, Damned Lies and Greek Statistics" *Financial Times*, 25 January.

32   Aggarwal, P., Brandon, A., Goldszmidt, A., Holz, J., List, J. A., Muir, I., Sun, G. & Yu, T. (2022). High-frequency location data shows that race affects the likelihood of being stopped and fined for speeding. University of Chicago, Becker Friedman Institute for Economics Working Paper.

33   Collins, M. (2001). *Carrying the Fire: An Astronaut's Journey.* Rowman & Littlefield.

34   Levie, W. H. & Lentz, R. (1982). Effects of text illustrations: A review of research. *ECTJ*, 30(4), 195-232.

35   Potter, M. (2014). Detecting and remembering briefly presented pictures. In K. Kveraga & M. Bar (Eds.), *Scene Vision* (pp. 177-197). MIT Press, Cambridge, MA.

36   CBS News (2022). "Liz Truss gives first speech as Britain's prime minister" 6 September, www.youtube.com/watch?v=_KlyCeVIlYw

37   Taylor, H. (2022). "Kwasi Kwarteng says he and Liz Truss 'got carried away' writing mini-budget and 'blew it'" *Irish Times*, 12 October.

38   Parker, G., Payne, S. & Hughes, L. (2022), "The Inside Story of Liz Truss's Disastrous 44 Days in Office" *Financial Times*, 9 December.

39   Hunt, E. (2023). "Is Modern Life Ruining Our Powers of Concentration" *The Guardian*, 1 January.

40   Shotton, R. (2014). "Fast and Slow Lessons" *The Guardian*, 7 April.

41   Wilson, T. D., Reinhard, D. A., Westgate, E. C., Gilbert, D. T., Ellerbeck, N., Hahn, C., Brown, C. & Shaked, A. (2014). Just think: The challenges of the disengaged mind. *Science*, 345(6192), 75-77.

42   Killingsworth, M. & Gilbert, D. (2010). A wandering mind is anunhappy mind. *Science*, 330(6006), 932-932.

43   Husman, R. C., Lahiff, J. M. & Penrose, J. M. (1988). *Business Communication: Strategies and Skills.* Dryden Press, Chicago.

44   Rowe, M. B. (1986). Wait time: Slowing down may be a way of speeding up!

Journal of Teacher Education, 37(1), 43-50.

CHAPTER 02. 판단 살인마: 맹점, 농점 그리고 아점

1   Markopolos Testimony (2009). Public Documents. *Wall Street Journal*, 3 February. www.wsj.com/public/resources/documents/MarkopolosTestimony20090203.pdf

2   Clark, A. (2010). "The Man Who Blew the Whistle on Bernard Madoff" *The Guardian*, 24 March.

3   Lovitt, B. (2006). "Beyond Gypsy Blancharde: When Mothers Harm Their Kids for Attention" *Rolling Stone*, 25 February.

4   Markopolos Testimony (2009). Public Documents. *Wall Street Journal*, 3 February. www.wsj.com/public/resources/documents/MarkopolosTestimony20090203.pdf

5   Pernar, M. (2019). "Lecture: Ethics: mine, ours, theirs" *Group Analytic Contexts*, Winter Issue.

6   Finn, N (2019). "Inside the Short, Tragic Life of Nicole Brown Simpson and Her Hopeful Final Days" ENews, 12 June, https://www.eonline.com/news/1048564/inside-the-short-tragic-life-ofnicole-brown-simpson-and-her-hopeful-final-days

7   Frammolino, R. & Newton, J. (1995). "Details Emerge of Close LAPD Ties to Simpson" *Los Angeles Times*, 2 February.

8   American Psychological Association (2023). Dictionary, dictionary.apa.org/blind-spot

9   Shepherd, K. (2020). "Philadelphia police shot a man and accused him of rape. After 19 years in prison, he's been found innocent" *Washington Post*, 17 December.

10   Pronin, E. (2008). How we see ourselves and how we see others. *Science*, 320(5880): 1177-1180.

11   Thaler, R. H. (2015). *Misbehaving: The Making of Behavioural Economics*. Norton

& Company.

12   Pronin, E., Lin, D. Y. & Ross, L. (2002). The bias blind spot: Perceptions of bias in self versus others. *Personality and Social Psychology Bulletin*, 28(3), 369-381.

13   Kukucka, J., Kassin, S. M., Zapf, P. A. & Dror, I. E. (2017). Cognitive bias and blindness: A global survey of forensic science examiners. *Journal of Applied Research in Memory and Cognition*, 6(4), 452.

14   Marriage, M. (2021). "KPMG UK Chairman Told Staff to 'Stop Moaning' About Work Conditions" *Financial Times*, 9 February.

15   Kahneman, D. (2011). *Thinking, Fast and Slow*. Macmillan.

16   Simons, D. & Chabris, C. (1999). Gorillas in our midst: Sustained inattentional blindness for dynamic events. *Perception*, 28(9), 1059-1074.

17   Kaponya, P. (1991). *The Human Resource Professional: Tactics and Strategies for Career Success*. Greenwood Publishing Group.

18   Merckelbach, H. & van de Ven, V. (2001). Another White Christmas: fantasy proneness and reports of 'hallucinatory experiences' in undergraduate students. *Journal of Behaviour Therapy and Experimental Psychiatry*, 32(3), 137-144.

19   Scheer M., Bulthoff H. & Chuang L. (2018). Auditory task irrelevance: a basis for inattentional deafness. *Human Factors*, 60(3), 428-440.

20   University College London (2015). "Why focusing on a visual task will make us deaf to our surroundings" 9 December, www.ucl.ac.uk/ news/2015/dec/why-focusing-visual-task-will-make-us-deaf-oursurroundings

21   Singleton, G. (2016). "Akrasia: Why Do We Act Against Our Better Judgement?" *Philosophy Now*.

22   Dobbs, M. (1984). "Publication of French Scandal Report Grips Nation" *Washington Post*, 7 January.

23   Ariely, D. & Jones, S. (2012). *The Honest Truth About Dishonesty*, New York: Harper Collins.

24   Cohn, S. (2009). "Madoff: All SEC Did Before 2006 a 'Waste of Time'" CNBC, 2 November.

25 Restle, H. & Smith, J. (2015). "17 successful executives who have lied on their resumes" *Business Insider*, 15 July.

26 Rodrigues, J. (2016). "The 'Fake Sheikh's' top scoops: from Sophie Wessex to Sven's sexploits" *The Guardian*, 5 October.

27 Sawchuck, S. (2019). "Most School Shooters Showed Many Warning Signs, Secret Service Report Finds" *Education Week*, 7 November.

28 Kutner, M. (2015). "What Led Jaylen Fryberg to Commit the Deadliest High School Shooting in a Decade?" *Newsweek*, 16 September.

29 John Wayne Gacy: Devil in Disguise. (2021). A televised documentary.

30 Bond, C. & DePaulo, B. (2006). Accuracy of deception judgments. *Personality and Social Psychology Review*, 10(3), 214-234.

31 Death on The Staircase. (2004). A televised documentary.

32 Pietrantoni, G. (2017). Jury Deliberation. *The Review: A Journal of Undergraduate Student Research*, 18(1), 7.

33 Maloney, A. & Zeltmann, B. (2022). "Deep Regrets" *The Irish Sun*, 9 January.

34 Chen, L. (2016). "Mayer's role in Yahoo's decline" CEIBS, 10 October.

35 Mason R., Asthana A. & Stewart, H. (2006). "Tony Blair: 'I Express More Sorrow, Regret and Apology Than You Can Ever Believe.'" *The Guardian*, 6 July.

36 Hari, J. (2022). *Stolen Focus: Why You Can't Pay Attention*. Bloomsbury Publishing.

37 Evans, G. (2022). "Alex Jones Told to Pay $965m Damages to Sandy Hook Victims' Families" BBC News, 13 October.

38 Kramer, R. (1997). Leading by listening: An empirical test of Carl Rogers's theory of human relationship using interpersonal assessments of leaders by followers. Doctoral dissertation, George Washington University.

39 Dowd, M. (2013). "Why Did Pope Benedict XVI Resign?" BBC News, 28 November, www.bbc.com/news/magazine-25121121

40 McCarthy, C. (2023). "Lily Allen blasts 'spineless' tributes to Sinead O'Connor in furious social media posts" *Irish Mirror*, 31 July.

41 Walsh, N. (2021). "How to Encourage Employees to Speak Up When They See

Wrongdoing" *Harvard Business Review*.

42 Moberly, R. E. (2007). Unfulfilled expectations: An empirical analysis of why Sarbanes-Oxley whistleblowers rarely win. *William & Mary Law Review*, 49(1).

43 Sinzdak, G. (2008). An analysis of current whistleblower laws: Defending a more flexible approach to reporting requirements. *California Law Review*, 96(6), 1633.

44 Witz, B. (2019). "Judge Overturns Conviction of Ex-Penn State President in Sandusky Case" *New York Times*, 30 April.

45 Douglass, F. (2019). "Frederick Douglass plea for freedom-of-speech in Boston" *Law & Liberty*, 21 August.

46 Mitchell, T. (2020). "Xi Jinping Critic Sentenced to 18 Years in Prison" *Financial Times*, 22 September.

47 Blake, H. (2023). "The Fugitive Princesses of Dubai" *The New Yorker*, 8 May.

48 Marsh, R. & Wallace, G. (2019). "Whistleblower testifies that Boeing ignored pleas to shut down 737 MAX production" CNN Politics, 11 December, https://edition.cnn.com/2019/12/11/politics/fatally-flawed-737-max-had-significantly-higher-crash-risk-faaconcluded/index.html

49 Varol, O. (2023). *Awaken Your Genius: Escape Conformity, Ignite Creativity, and Become Extraordinary*. PublicAffairs.

50 Williams, J. (2017). "Harvey Weinstein Accusers: Over 80 Women Now Claim Producer Sexually Assaulted or Harassed Them" *Newsweek*, 2 November.

51 BBC News. (2012). "Savile Abuse Part of Operation Yewtree Probe 'Complete'" 11 December.

CHAPTER 03. 들리는 모든 말을 믿을 수는 없다

1 Bogue, T. (2013). "'I want to go with you but they won't let me':Memories of My Friend Brian Davis" 14 November, https://jonestown.sdsu.edu/?page_id=34231

2 Bellefountaine, M. (2014). "Christine Miller: A Voice of Independence" 12 March, jonestown.sdsu.edu/?page_id=32381

3   Cited in Stoen, T. O. (2016). *Love Them to Death: At War with the Devil at Jonestown*.

4   Lord, C. G., Ross, L. & Lepper, M. R. (1979). Biased assimilation and attitude polarization: The effects of prior theories on subsequently considered evidence. *Journal of Personality and Social Psychology*, 37(11), 2098.

5   First appeared in Olson, M. (1965). *The Logic of Collective Action*. Harvard University Press.

6   Kunda, Z. (1990). The case for motivated reasoning. *Psychological Bulletin*, 108(3), 480.

7   Civelek, M. E., Aşcı, M. S. & Cemberci, M. (2015). Identifying silence climate in organizations in the framework of contemporary management approaches. *International Journal of Research in Business and Social Science*, 4(4).

8   Wiedeman, R. (2019). "The I in We" *New York Magazine*, Intelligencer, 10 June.

9   Ibid.

10   Brown, E. (2019). "How Adam Neumann's Over-the-Top Style Built WeWork. 'This Is Not the Way Everybody Behaves'" *Wall Street Journal*, 18 September.

11   Duhigg, C. (2020). "How Venture Capitalists are Deforming Capitalism" *The New Yorker*, 23 November.

12   Edgecliffe-Johnson, A. (2022). "WeWork's Adam Neumann on Investing, Startups, Surfing and Masayoshi Son" *Financial Times*, 10 March.

13   Feiner, L. (2020). "SoftBank values WeWork at $2.9 billion, down from $47 billion a year ago" CNBC, 18 May.

14   Reuters (2019). "SoftBank CEO Son says his judgment on WeWork was poor in many ways" 6 November.

15   The VC Factory. "I don't look for companies. I look for Founders" Masayoshi Son.

16   Cited in Robson, D. (2022). *The Expectation Effect: How Your Mindset Can Transform Your Life*. Canongate Books. p. 147.

17   Joseph, S. (2011). "Is Shell Shock the Same as PTSD?" *Psychology Today*, 20 November.

18 BBC Newsbeat (2019). "Simples, whatevs and Jedi added to Oxford English Dictionary" 15 October.

19 Motoring Reporter (2022). "New advert clarifies pronunciation of Hyundai name" 28 December.

20 Stewart-Allen, A. & Denslow, L. (2019). *Working with Americans:How to Build Profitable Business Relationships*. Routledge.

21 Naimushin, B. (2021). "Hiroshima, Mokusatsu and Alleged Mistranslations" *English Studies at NBU*, 7(1): 87-96.

22 Bazerman, M., Loewenstein G. & Moore, D. (2002). "Why Good Accountants Do Bad Audits" *Harvard Business Review*, November.

23 Mak, T. (2017). "Inside the CIA's Sadistic Dungeon" *The Daily Beast*, 12 July.

24 Ross, B. & Esposito, R. (2005). "CIA's Harsh Interrogation Techniques Described: Sources Say Agency's Tactics Lead to Questionable Confessions, Sometimes to Death" ABC News, 18 November.

25 Liptak, A. (2007). "Suspected Leader of 9/11 Is Said to Confess" *New York Times*, 15 March.

26 Megaw, N. (2023). "Investors use AI to glean the truth behind executives soothing words" *Financial Times*, 14 November.

27 Brown, G. & Peterson, R. S. (2022). *Disaster in the Boardroom*. Springer Books.

28 Long, C. (2022). "5 of the biggest product recalls" Yahoo Finance, 14 March.

29 Hall, J. R. (2016). "Review Essay: Tim Stoen, Peoples Temple, the Concerned Relatives, and Jonestown" 22 September, jonestown.sdsu.edu/?page_id=67307

CHAPTER 04. Power, 권력이라는 함정

1 The Asset (2020). "We Must Do Away with Pawnshop Mentality" The Asset.com, 13 November.

2 Yang, J. (2023) "Jack Ma Cedes Control of Fintech Giant Ant Group" *Wall Street Journal*, 7 January.

3   Gardner, J. W. (1993). *On Leadership*. New York Free Press.

4   McGee, S. (2016). "Wells Fargo's Toxic Culture Reveals Big Banks' Eight Deadly Sins" *The Guardian*, 22 September.

5   Henry, M. (2018). "Attorney General Shapiro Announces $575 Million 50-State Settlement with Wells Fargo Bank for Opening Unauthorized Accounts and Charging Consumers for Unnecessary Auto Insurance, Mortgage Fees" 28 December.

6   Prentice, C. & Lang, H. (2022). "Wells Fargo to pay $3.7 billion for illegal conduct that harmed customers" *Reuters*, 20 December.

7   SwissInfo (2016). "Documentary sheds light on Zurich CFO suicide" www.swissinfo.ch/eng/business/pierre-wauthier_documentary-sheds-light-on-zurich-cfo-suicide/42558070

8   Hofling, C., Brotzman, E., Dalrymple, S., Graves, N. & Pierce, C. M. (1966). An experimental study in nurse-physician relationships. *The Journal of Nervous and Mental Disease*, 143(2), 171-180.

9   Zimbardo, P. (2011). "The Lucifer Effect" *The Encyclopedia of Peace Psychology*.

10   Talbert, M. & Wolfendale, J. (2018). *War Crimes: Causes, Excuses, and Blame*. Oxford University Press.

11   Osiel, M. (2002). *Obeying Orders: Atrocity, War Crimes, and the Law of War*. Routledge.

12   Glenza, J. (2015). "Abuse of Teen Inmate at Rikers Island Prison Caught on Surveillance Cameras" *The Guardian*, 24 April.

13   Grant, A. (2021). *Think Again: The Power of Knowing What You Don't Know*. Penguin.

14   O'Connor, S. (2021). *Rememberings*. Houghton Mifflin.

15   Pew Research (1998.) "Popular Policies and Unpopular Press Lift Clinton Ratings" 6 February.

16   Preslaw (1981). Extracts, Complaint Filed by the Presley Estate Against Colonel Tom Parker.

17   Simpson, P. (2022). "The truth behind the mismanagement of Elvis" *Management Today*, 24 August.

18   Tetlock, P. (2005). *Expert Political Judgment: How Good Is It? How Can We Know?* (pp. 1-31). Princeton University Press.

19   Feller, E. (2019). "Why do doctors overprescribe antibiotics?" *Rhode Island Medical Journal*, 102(1), 9-10.

20   Kiser, R., Asher, M. & McShane, B. (2008). Let's Not Make a Deal: An Empirical Study of Decision Making in Unsuccessful Settlement Negotiations. *Journal of Empirical Legal Studies*, 551.

21   O'Neil, M. (2023). "Beware of Wealth Managers Quoting Data" *Financial Times*, 17 August.

22   Banai, I., Banai, B. & Bovan, K. (2017). Vocal characteristics of presidential candidates can predict the outcome of actual elections. *Evolution and Human Behaviour*, 38(3), 309-314.

23   Tigue, C., Borak, D., O'Connor, J., Schandl, C. & Feinberg, D. (2012). Voice pitch influences voting behavior. *Evolution and Human Behaviour*, 33(3), 210-216.

24   Tiedens, L. (2001). Anger and advancement versus sadness and subjugation: the effect of negative emotion expressions on social status conferral. *Journal of Personality and Social Psychology*, 80(1), 86.

25   Gavett, G. (2013). "What It's Like to Work for Jeff Bezos (Hint: He'll Probably Call You Stupid)" *Harvard Business Review*, October.

26   Grind, K. & Sayre. K. (2022). "The Rise and Fall of the Management Visionary Behind Zappos" *Wall Street Journal*, 12 March.

27   Iwata, E. (1988). "NationsBank struck with brutal, military precision" *SFGate*, 25 October.

28   Brooks, R., Jaffe, G. & Brannigan, M. (1988). "Merger Has Rocky Start, With Bicoastal Friction" *Wall Street Journal*, 23 October.

29   Clifford, C. (2019). "Mark Zuckerberg: If I didn't have complete control of Facebook, I would have been fired" CNBC, 3 October. www.cnbc.com/2019/10/03/zuckerberg-if-i-didnt-have-control-offacebook-i-wouldve-been-fired.html

30   Honig, E. (2023). *Untouchable: How Powerful People Get Away with It*. Harper Publishing.

31   Pfeffer, J. (2022). *7 Rules of Power: Surprising – But True – Advice on How to Get Things Done and Advance Your Career*. BenBella Books.

32   Eliason, M. & Storrie, D. (2009). Does job loss shorten life? *Journal of Human Resources*, 44(2), 277-302.

33   McEnroe, J. & Kaplan, J. (2002). *You Cannot Be Serious*. Penguin.

34   Pfeffer, J. (2010). *Power: Why Some People Have It—And Others Don't*. Harper Collins.

35   Wigglesworth, R. (2021). "The Ten Trillion-Dollar Man: How Larry Fink Became King of Wall St" *Financial Times*, 17 October.

36   Bloomberg (2023). "Larry Fink says ESG narrative has become ugly, personal" *Pensions and Investments*, 17 January.

37   Williamson, C. (2019). "BlackRock's BGI acquisition 10 years ago fuels rapid growth" *Pensions and Investments*, 11 June.

38   Ibid.

39   Javetski, B. (2012). "Leading in the 21st century: An interview with Larry Fink" McKinsey, 1 September.

40   Housel, M. (2020). *The Psychology of Money: Timeless Lessons on Wealth, Greed, and Happiness*. Harriman House Limited.

41   Address to Queens University, 25th Anniversary of the Good Friday Agreement, April 2023.

42   Ellick, A. B., Kessel, J. M. & Kristof, N. (2023). "In This Story, George W. Bush Is the Hero" *New York Times*, 21 March.

CHAPTER 05. Ego, 자아라는 함정

1 Katte, S. (2022). "Texas to probe FTX endorsements by Tom Brady, Stephen Curry and other celebs" *Coin Telegraph*, December.

2 Osipovich, A. (2022). "FTX Founder Sam Bankman-Fried Says He Can't Account for Billions Sent to Alameda" *Wall Street Journal*, 3 December.

3 Kahneman, D. (2011). *Thinking, Fast and Slow*. Macmillan.

4 Snyder, B. (2010). "Tony Hayward's Greatest Hits" *Fortune*, June 10.

5 Krauss, C. (2010). "Oil Spill's Blow to BP's Image May Eclipse Costs" *New York Times*, 29 April.

6 Lakhani, N. (2020). "'We've Been Abandoned': A Decade Later, Deepwater Horizon Still Haunts Mexico" *The Guardian*, 19 April.

7 Collinson, D. (2020). "Donald Trump, Boris Johnson and the dangers of excessive positivity" *Medium*, 5 October.

8 Kahneman, D. (2011). *Thinking, Fast and Slow*. Macmillan.

9 Jacobson, J., Dobbs-Marsh, J., Liberman, V. & Minson, J. A. (2011). Predicting civil jury verdicts: How attorneys use (and misuse) a second opinion. *Journal of Empirical Legal Studies*, 8, 99-119.

10 Evans, B. (2021). "10 Reasons Why Salesforce Buying Slack Is the Deal of the Decade" 30 August, accelerationeconomy.com/cloud/10-reasons-why-salesforce-buying-slack-is-the-deal-ofthe-decade/

11 Gara, A. & Aliaj, O. (2023). "Carl Icahn Admits Mistake With Bearish Bet That Cost $9bn" *Financial Times*, 18 May.

12 Oprah (2011). "What Oprah Knows for Sure About Trusting Her Intuition," Oprah.com Magazine, August 11 Issue. https://www.oprah.com/spirit/oprah-on-trusting-her-intuition-oprahs-adviceon-trusting-your-gut

13 Quote from Playboy interview (1980). quotepark.com/quotes/1408293-john-lennon-part-of-me-suspects-that-im-a-loser-and-the-other/

14 Haney, W. V. (1979). *Communication and Interpersonal Relations*. Irwin, Homewood, IL.

15   Accenture (2015). "Accenture Research Finds Listening More Difficult in Today's Digital Workplace" 26 February.

16   PGA Tour Vault (2008). "Rocco Mediate reflects on 2008 U.S. Open playoff with Tiger Woods" www.pgatour.com/video/features/6329565841112/rocco-mediate-reflects-on-2008-u.s-openplayoff-with-tiger-woods

17   Ben-David, I., Graham, J. R. & Harvey, C. R. (2013). Managerial miscalibration. *The Quarterly Journal of Economics*, 128(4), 1547-1584.

18   Hirshleifer, D. A., Myers, J. N., Myers, L. A. & Teoh, S. H. (2008). Do individual investors cause post-earnings announcement drift? Direct evidence from personal trades. *The Accounting Review*, 83(6), 1521-1550.

19   Schrand, C. M. & Zechman, S. L. (2012). Executive overconfidence and the slippery slope to financial misreporting. *Journal of Accounting and Economics*, 53(1-2), 311-329.

20   Barber, B. M. & Odean, T. (2001). Boys will be boys: Gender, overconfidence, and common stock investment. *The Quarterly Journal of Economics*, 116(1), 261-292.

21   Malmendier, U. & Tate, G. (2008). Who makes acquisitions? CEO overconfidence and the market's reaction. *Journal of Financial Economics*, 89(1), 20-43.

22   Brown, J., Muldowney, K. & Effron, L. (2017). "What OJ Simpson juror thinks of Simpson now, two decades after criminal trial" ABCNews, 20 July.

23   McFarland, J. (2001). "Laidlaw was a victim of CEO's overambition" *The Globe and Mail*, 30 June.

24   Bowers, S. & Treanor, J. (2011). "RBS 'gamble' on ABN Amro Deal: FSA" *The Guardian*, 12 December.

25   Wilson, H. & Aldrick, P. (2011). "RBS Investigation: Chapter 2 - The ABN Amro Takeover" *The Telegraph*, 11 December.

26   Sunderland, R. (2007). "Barclays Boss: RBS Overpaid for ABN Amro" *The Guardian*, 7 October.

27   UK Parliament Publications (2009). "Banking Crisis: dealing with the failure of the UK banks - Treasury" publications.parliament.uk/pa/cm200809/cmselect/

cmtreasy/416/416we01.htm

28   Graham, J. R., Harvey, C. R. & Puri, M. (2015). Capital allocation and delegation of decision-making authority within firms. *Journal of Financial Economics*, 115(3), 449-470.

29   Newton, E. (1990). "The rocky road from actions to intentions" Stanford University ProQuest.

30   Rozenblit, L. & Keil, F. (2002). The misunderstood limits of folk science: An illusion of explanatory depth. *Cognitive Science*, 26(5), 521-562.

31   PA (2022). "Boris Becker sentenced to two and a half years in jail after conviction in bankruptcy case" *Sky Sports*, 30 April.

32   Reuters (2011). "Steve Jobs refused cancer treatment too long - biographer" 21 October.

33   Ibid.

34   Turley, G. (1996). "25 Years After Veronica Guerin" EUSTORY History Campus, historycampus.org/2020/25-years-after-veronicaguerin-drug-addiction-in-ireland/

35   Collins, L. (2016). "Graham Turley: 'To Have Been Veronica's Husband Was a Great Privilege'" *The Independent*, 1 May.

36   Vanity Fair (2020). "'Ghislaine, Is That You?': Inside Ghislaine Maxwell's Life on the Lam" July.

37   Benoit, D. & Safdar, K. (2023). "JPMorgan Sues Former Executive Jes Staley Over Jeffrey Epstein Ties" *Wall Street Journal*, 9 March.

38   BBC News (2021). "Jamal Khashoggi: All You Need to Know About Saudi Journalist's Death" 24 February.

39   Nicholson, C. (2014). "Q&A: Why 40% of us think we're in the top 5%" ZDNet, 4 April, www.zdnet.com/article/qa-why-40-of-usthink-were-in-the-top-5/

40   PwC (2020). "Revealing leaders' blind spots" Strategy & Business, PwC publication, Autumn 2020, Issue 100, www.strategy-business.com/article/Revealing-leaders-blind-spots

41   Deloitte Insights (2022). "The C-suite's role in well-being" 22 June.

42   Morris, E. (2010). The Anosognosic's Dilemma: Something's Wrong but You'll Never Know What It Is (Part 1)" *New York Times*, 20 June.

43   Munger, K. & Harris, S. J. (1989). Effects of an observer on handwashing in a public restroom. *Perceptual and Motor Skills*, 69(3-1), 733-734.

44   Ariel, B., Sutherland, A., Henstock, D., Young, J., Drover, P., Sykes, J., Megicks, S. & Henderson, R. (2016). Report: Increases in police use of force in the presence of body-worn cameras are driven by officer discretion: A protocol-based subgroup analysis of ten randomized experiments. *Journal of Experimental Criminology*, 12, 453-463.

45   Ariel, B., Sutherland, A., Henstock, D., Young, J., Drover, P., Sykes, J., Megicks, S. & Henderson, R. (2017). "Contagious accountability" a global multisite randomized controlled trial on the effect of police body-worn cameras on citizens' complaints against the police. *Criminal Justice and Behaviour*, 44(2), 293-316.

46   Cohen, B. (2022). "The NASA Engineer Who Made the James Webb Space Telescope Work" *Wall Street Journal*, 8 July.

CHAPTER 06. Risk, 위험이라는 함정

1   Brueck, H. & Collman, A (2022). "Dead bodies litter Mount Everest because it's so dangerous and expensive to get them down" *Insider*, 24 December.

2   Gigerenzer, G. (2015). *Risk Savvy: How to Make Good Decisions*. Penguin.

3   Collins, M. (2001). *Carrying the Fire: An Astronaut's Journey*. Rowman & Littlefield.

4   Yerushalmy, J. & Kassam, A. (2023). "Titanic Submersible: Documents Reveal Multiple Concerns Raised Over Safety of Vessel" *The Guardian*, 21 June.

5   Sky News (2023). "Titanic sub implosion latest: New mission to debris site 'under way'; passengers had 'concerns' before trip; messages sent by Titanic sub chief revealed" 23 June.

6   Taub, B. (2023). "The Titan Submersible Was 'an accident waiting to happen'" *The*

New Yorker, 1 July.

7 Oxfam International (2022). "Pandemic creates new billionaire every 30 hours now million people could fall" 23 May.

8 Davis, M. (2022). "The Impact of 9/11 on Business" Investopedia, 24 August.

9 Gigerenzer, G. (2015). *Risk Savvy: How to Make Good Decisions*. Penguin.

10 Russo, J. & Schoemaker, P. (1992). Managing overconfidence. *Sloan Management Review*, 33(2), 7-17.

11 Gigerenzer, G. (2004). Dread risk, September 11, and fatal traffic accidents. *Psychological Science*, 15(4), 286-287.

12 DW (2021). "Kremlin critic Alexei Navalny sentenced to prison" dw.com, *Law and Justice*, 2 February.

13 BBC News (2017). "Benazir Bhutto assassination: How Pakistan covered up killing" 27 September.

14 Miller, P (2022). www.linkedin.com/feed/update/urn:li:activity:6968879123012177920/

15 Schad, T. (2021). "Kobe Bryant crash caused by pilot's poor decisionmaking, disorientation, NTSB says" *USA Today*, 2 September.

16 Collins, M. (2001). *Carrying the Fire: An Astronaut's Journey*. Rowman & Littlefield.

17 Associated Press (2017). "Caesars releases casino losses of Celine Dion's husband, Rene Angelil" *Tahoe Daily Tribune*, 1 February.

18 Kahneman, D. & Tversky, A. (2013). Prospect theory: An analysis of decision under risk. In *Handbook of the Fundamentals of Financial Decision Making: Part I* (pp. 99-127) World Scientific Publishing, Hackensack, NJ.

19 Gachter, S., Johnson, E. J. & Herrmann, A. (2022). Individual-level loss aversion in riskless and risky choices. *Theory and Decision*, 92(3-4), 599-624.

20 Duhigg, C. (2022). "How Venture Capitalists Are Deforming Capitalism" *The New Yorker*, 23 November.

21 Plan Radar (2019). "5 Ways to boost construction productivity" 18 October.

22 de Barros Teixeira, A., Koller, T. & Lovallo, D. (2019). "Bias Busters: Knowing when to kill a project" McKinsey Quarterly, 18 July.

23 Krakauer, J. (2016). "When You Reach the Summit of Everest, You Are Only Halfway There" *Medium*, 24 May.

24 Voss, C. (2016). *Never Split the Difference: Negotiating as If Your Life Depended on It*. Random House.

25 Enough, B. & Mussweiler, T. (2001). Sentencing under uncertainty: Anchoring effects in the Courtroom. *Journal of Applied Social Psychology*, 31(7), 1535-1551.

26 Poundstone, W. (2010). *Priceless: The Myth of Fair Value (and How to Take Advantage of It)*. Hill & Wang.

27 Galinsky, A. D., Ku, G. & Mussweiler, T. (2009). To start low or to start high? The case of auctions versus negotiations. *Current Directions in Psychological Science*, 18(6), 357-361.

28 Karnitschnig, M. & Eder, F. (2015). "Why Merkel changed her mind" Politico, 15 September.

29 Aon (2021). "Aon and Willis Towers Watson Mutually Agree to Terminate Combination Agreement" 26 July.

30 Blinder, A. (2023). "PGA Tour and LIV Golf Agree to Alliance, Ending Golf's Bitter Fight" *New York Times*, 6 June.

31 Schulberg, J., twitter.com/jessicaschulb/status/1335265711581614080/photo/1

32 Reinl, J. (2023). "California's doctor-assisted deaths surged 63% to 853 last year" *Daily Mail*, 15 August.

33 Petrou, M. (2010). "Chilean miners: Voices from the underground" Macleans, 5 October, macleans.ca/news/world/voices-from-theunderground/

34 McLaren, S. (2019). "A Top FBI Negotiator Shares 5 Tactics for Getting the Outcome You Want" www.linkedin.com/business/ talent/blog/talent-connect/negotiation-tactics-to-get-ahead-fromformer-fbi-negotiator-chris-voss, 24 October.

35 Rowell, G. (1997). "Climbing to Disaster" *Wall Street Journal*, 29 May.

CHAPTER 07. Identity, 정체성이라는 함정

1   Worrall, S. (2016). "Buzz Aldrin Hates Being Called the Second Man on the Moon" *National Geographic*, 18 April.

2   Whitehouse, D. (2019). "Apollo 11: The Fight for The First Footprint on The Moon" *The Guardian*, 25 May.

3   Collins, M. (2001). *Carrying the Fire: An Astronaut's Journey*. Rowman & Littlefield.

4   Aldrin, B. & Abraham, K. (2010). *Magnificent Desolation: The Long Journey Home from The Moon*. Three Rivers Press (CA).

5   Medvec, V. H., Madey, S. F. & Gilovich, T. (1995). When less is more: counterfactual thinking and satisfaction among Olympic medallists. *Journal of Personality and Social Psychology*, 69(4), 603-10.

6   Matsumoto, D. & Willingham, B. (2006). The thrill of victory and the agony of defeat: spontaneous expressions of medal winners of the 2004 Athens Olympic Games. *Journal of Personality and Social Psychology*, 91(3), 568-81

7   Medvec, V. H., Madey, S. F. & Gilovich, T. (1995). When less is more: counterfactual thinking and satisfaction among Olympic medalists. *Journal of Personality and Social Psychology*, 69(4), 603-10.

8   Veblen, T. (2005). *Conspicuous Consumption* (Vol. 38). Penguin UK.

9   Rhimes, S. (2022). "Inventing Anna" A Netflix Series. www.netflix.com/ie/title/81008305

10   Bazerman, M. H. & Tenbrunsel, A. E. (2012). *Blind Spots: Why We Fail to Do What's Right and What to Do About It*. Princeton University Press.

11   Arcidiacono, P., Kinsler, J. & Ransom, T. (2022). Legacy and athlete preferences at Harvard. *Journal of Labor Economics*, 40(1), 133-156.

12   Walsh, N. (2022). "How to Overcome Indecision" TEDx, www.youtube.com/watch?v=xLSAkVxPOk0

13   Whipp, G. (2020). "Reese Witherspoon's phone stopped ringing. Now she's making the calls" *Los Angeles Times*, 9 June.

14   Varol, O. (2023). *Awaken Your Genius: Escape Conformity, Ignite Creativity, and*

Become Extraordinary. PublicAffairs.

15 Briquelet, K. (2013). "'Harry Potter' author JK Rowling admits she's the scribe behind critically acclaimed detective novel 'Cuckoo's Calling'" *New York Post*, 14 July.

16 Aldrin, B. & Abraham, K. (2010). *Magnificent Desolation: The Long Journey Home from The Moon*. Three Rivers Press (CA).

17 Malone-Kircher, M. (2016). "James Dyson on 5,126 Vacuums That Didn't Work—nd the One That Finally Did" *New York Magazine*,

22 November.

18 Connolly, R. (2017). *Being Elvis: A Lonely Life*. Liveright Publishing.

19 Martin, A. (2016). "Priscilla Presley: I lost myself during marriage to Elvis" UPI Entertainment News, 18 November.

20 Mayoras, D. & Mayoras, A. (2019). "Lisa Marie Presley & The Rise and Fall of the Elvis Estate" *Forbes*, 27 March.

21 Posner, G. & Ware, J. (1986). *Mengele, The Complete Story*. Cooper Square Press, New York

22 Ibid.

23 Bossert, W. (1985). Central Television London interview, HBO's "The Search for Mengele," August.

24 Ibid.

25 Martin, S. & Marks, J. (2019). *Messengers: Who We Listen To, Who We Don't, and Why*. Random House.

26 Kogut, T. & Ritov, I. (2007). "One of us": Outstanding willingness to help save a single identified compatriot. *Organizational Behavior and Human Decision Processes*, 104(2), 150-157.

27 Centers for Disease Control and Prevention. "The Untreated Syphilis Study at Tuskegee Timeline" www.cdc.gov/tuskegee/timeline.htm

28 Somers, M. (2019). "Your acquired hires are leaving. Here's why" *MIT Sloan Review*, 8 January.

29　Baker & MacKenzie (2014). "People matters. Accounting for culture in mergers and acquisitions"

30　Innocence Project Network (2022). "Freed & Exonerated Women Speak Out" 4 October, www.youtube.com/watch?v=ioDTadqj22g

31　Obama, B. (2020). *A Promised Land*. Penguin, New York.

32　en.wikipedia.org/wiki/List_of_nicknames_used_by_Donald_Trump

33　Gross, T. (2018). "Muhammad Ali Biography Reveals a Flawed Rebel Who Loved Attention" NPR, 21 September.

34　Goh, Z. K. (2021). "Vera Wang talks about her Olympics ambitions" Olympic Channel, 19 April.

35　UNDP (2020). "Innovative ringtone messages positively impact knowledge, perceptions and behaviours related to COVID-19 in Pakistan" 24 July, www.undp.org/pakistan/blog/innovativeringtone-messages-positively-impacts-knowledge-perceptionsand-behaviours-related-covid-19-pakistan

36　Bond, R. M., Fariss, C. J., Jones, J. J., Kramer, A. D. I., Marlow, C., Settle, J. E. & Fowler, J. H. (2013). A 61-million-person experiment in social influence and political mobilization. *NIH Public Access Author Manuscript*, 489(7415), 3-9.

37　BBC Archive. "1980: Change of Direction: Buzz Aldrin on depression" www.facebook.com/watch/?v=630964334647868

38　Bernard Mannes Baruch. en.wikiquote.org/wiki/Bernard_Baruch

CHAPTER 08. Memory, 기억이라는 함정

1　Whittingham, R. B. (2004). *The Blame Machine: Why Human Error Causes Accidents*. Oxford: Elsevier Butterworth-Heinemann.

2　LA Times Archives (1987). "Judge Blames 'Sloppiness' in Ferry Wreck" *Los Angeles Times*, 24 July.

3　The Maritime Executive (2017). "Remembering the Herald of Free Enterprise" 6 March.

4   Department of Transport (1987). mv Herald of Free Enterprise, Crown report. assets. publishing. service. gov. uk/media/54c1704ce5274a15b 6000025/ FormalInvestigation_HeraldofFreeEnterprise-MSA1894. pdf

5   RTE (2021). Colm Toibin: On Memory's Shore -inside the new documentary.

6   Ebbinghaus, H. (1885). "Memory: A Contribution to Experimental Psychology" Teachers College, Columbia University, New York.

7   Aftermath (2022). "2021 Accidental Gun Death Statistics in the US" February, www. aftermath. com/content/accidental-shootingdeaths-statistics/

8   Lagasse, J. (2016). "Damages from left-behind surgical tools top billions as systems seek end to gruesome errors" *Healthcare Finance*, 6 May.

9   Hales, B. M. & Pronovost, P. J. (2006). The checklist—a tool for error management and performance improvement. *Journal of Critical Care*, 21(3), 231-235.

10 Lieber, M. (2018). "Surgical sponges left inside woman for at least 6years" CNN.

11 Runciman, W., Kluger, M. T., Morris, R. W., Paix, A., Watterson, L. & Webb, R. (2005). Crisis management during anaesthesia: development of an anaesthetic crisis management manual. *BMJ Quality & Safety*, 14(3), e1.

12 de Vries, E. N., Hollmann, M. W., Smorenburg, S. M., Gouma, D. J., Boermeester, M. A. & STS Task Force, the Netherlands Association of Anaesthesiologists, and the Dutch Society of Surgery. (2010). Development and validation of the Surgical Patient Safety System (SURPASS) checklist. *Quality and Safety in Health Care*, 19(6), e36.

13 Kirabo, J. C. & Schneider, H. S. (2015). Checklists and Worker Behavior: A Field Experiment. *American Economic Journal: Applied Economics*, 7(4): 136-68.

14 McKie, R. (2009). "How Michael Collins Became the Forgotten Astronaut of Apollo 11" *The Guardian*, 19 July.

15 Hoare, C. (2020). "'I Have Some Regrets' Michael Collins' Candid Moon Landing Confession 50 Years on Revealed" *The Express*, 9 May.

16 Wood, T. (2020). Original documentary series, "Ted Bundy: Falling for a Killer,"

Amazon Reviews.

17   Daniel, K. (2017). *Thinking, Fast and Slow*. Penguin.

18   Amar, M., Ariely, D., Bar-Hillel, M., Carmon, Z. & Ofir, C. (2011). Brand names act like marketing placebos. The Hebrew University of Jerusalem. Center for the Study of Rationality. Discussion Paper, *566*, 1-8.

19   Loftus, E. F. (2005). Planting misinformation in the human mind: A 30-year investigation of the malleability of memory. *Learning & memory*, 12(4), 361-366.

20   Loftus, E. F. & Pickrell, J. E. (1995). The formation of false memories. *Psychiatric Annals*, 25(12), 720-725.

21   Loftus, E. F. (2005). Planting misinformation in the human mind: A 30-year investigation of the malleability of memory. *Learning & Memory*, 12(4), 361-366.

22   East Kent Mercury Reporter (2017). "Zeebrugge ferry disaster: Seaman blamed for causing tragedy" 6 March. www.kentonline.co.uk/dover/news/seaman-haunted-by-ferry-disaster-121619/

23   Ibid.

24   Associate Press (2009). "Garrido's Odd Behaviour on Berkeley Campus Would Unravel Dugard Case" *Reno Gazette Journal*, 29 August.

25   Echterhoff, G., Hirst, W. & Hussy, W. (2005). How eye-witnesses resist misinformation: Social post- warnings and the monitoring of memory characteristics. *Memory & Cognition*, 33(5), 770-782.

26   Hirst, W., Phelps, E. A., Buckner, R. L., Budson, A. E., Cuc, A., Gabrieli, J. D., Johnson, M. K., Lustig, C., Lyle, K. B., Mather, M. & Meksin, R. (2009). Long-term memory for the terrorist attack of September 11: flashbulb memories, event memories, and the factors that influence their retention. *Journal of Experimental Psychology: General*, 138(2), 161.

27   Byfield, C. (2022). "Sir Alex Ferguson's Five Most Frightening Hairdryer Treatments: 'Tears In My Eyes'" *The Daily Express*, 1 January.

28   Twitter, twitter.com/SkySportsPL/status/1584947713975750657

29   Gibbs, S. & Hanrahan, J. (2018). "How Life Was Different In 1970s Australia"

Daily Mail Australia, 20 December.

30 Ebbinghaus, H. (1885). "Memory: A Contribution to Experimental Psychology" Teachers College, Columbia University, New York.

31 Asch, S. (1946). Forming impressions of personality. *Journal of Abnormal and Social Psychology*. 41(3), 258-290.

32 Strack, F., Martin, L. & Schwarz, N. (1988). Priming and communication: Social determinants of information use in judgments of life satisfaction. *European Journal of Social Psychology,* October-November, 18(5), 429-42.

33 Zajonc, R. B. & Rajecki, D. W. (1969). Exposure and affect: A field experiment. *Psychonomic Science*, 17(4), 216-217.

34 Pennycook, G., Cannon, T. D. & Rand, D. G. (2018). Prior exposure increases perceived accuracy of fake news. *Journal of Experimental Psychology: General*, 147(12), 1865.

35 Pennycook, G., McPhetres, J., Zhang, Y., Lu, J. G. & Rand, D. G. (2020). Fighting COVID-19 misinformation on social media: Experimental evidence for a scalable accuracy-nudge intervention. *Psychological Science*, 31(7), 770-780.

36 Jacques, J. (2013). "Your Memory: More Powerful Than You Realize!" *Philadelphia, The Trumpet*, January.

37 Associated Press (2004). "NASA studying 'Rain Man's' brain" NBC News, 8 November.

38 Dresler, M., Shirer, W. R., Konrad, B. N., Muller, N. C., Wagner, I. C., Fernandez, G., Czisch, M. & Greicius, M. D. (2017). Mnemonic training reshapes brain networks to support superior memory. *Neuron*, 93(5), 1227-1235.

39 Pennycook, G. & Rand, D. G. (2022). Nudging social media toward accuracy. *The ANNALS of the American Academy of Political and Social Science*, 700(1), 152-164.

CHAPTER 09. Ethics, 윤리라는 함정

1 Steig, C. (2019). "What Exactly Was the Theranos Edison Machine Supposed to

Do?" Refinery 29, 12 March.

2   Leuty, R. (2018). "'Ultimately, Elizabeth made the decisions': A look inside Theranos's ineffective board" www.Bizjournals.com, 8 August.

3   McKay, R. (2015). "Former peanut company CEO sentenced to 28 years for salmonella outbreak" *Reuters*, 22 September.

4   Sifferlin, A. (2015). "When Tainted Peanuts Could Mean Life in Prison" *TIME*, 17 September.

5   McGreal, C. (2022). "McKinsey Denies Illegally Hiding Work for Opioid-Maker Purdue Pharma While Advising FDA" *The Guardian*, 27 April.

6   Jordan, D. (2019). "Is This America's Most Hated Family?." BBC News, 22 March.

7   Hoffman, J. (2022). "CVS and Walgreens Near $10 Billion Deal to Settle Opioid Cases" *New York Times*, 2 November.

8   Forsythe, M. & Bogdanich, W. (2021). "McKinsey Settles for Nearly $600 Million Over Role in Opioid Crisis" *New York Times*, 3 February.

9   Bogdanich, W. & Forsythe, M. (2020). McKinsey Issues a Rare Apology for Its Role in OxyContin Sales" *New York Times*, 8 December.

10   Dash, M. (2012). "Colonel Parker Managed Elvis' Career, but Was He a Killer on the Lam?" *Smithsonian Magazine*, 24 February.

11   Comey, J. (2018). *A Higher Loyalty: Truth, Lies, and Leadership*. Pan Macmillan.

12   PBS Frontline (2000). "Jefferson's Blood, Is It True?" www.pbs.org/wgbh/pages/frontline/shows/jefferson/true/

13   Vohs, K. D. (2015). Money priming can change people's thoughts, feelings, motivations, and behaviours: An update on 10 years of experiments. *Journal of Experimental Psychology: General*, 144(4), e86.

14   Stothard, M. (2016). "Jerome Kerviel's SocGen Damages Slashed to €1m" *Financial Times*, 23 September.

15   AA.com (2022). "149 medals revoked due to doping violations in Olympic history" www.aa.com.tr/en/sports/149-medals-revokeddue-

to-doping-violations-in-olympic-history/2503085

16   Majendie, M. (2015). "Doping Scandal: Russian Athletes Suspended after IAAF and Sebastian Coe Get Tough" *The Independent*, 13 November.

17   Phillips, M. (2016). "Athletics: Coe lauds 'landmark changes'" Yahoo Sports, 11 August.

18   Bamberger, M. & Yaeger, D. (1997). Over the edge. *Sports Illustrated*, 14, 62-70.

19   Associated Press (2017). "Nazi doctor Josef Mengele's Bones used in Brazil Forensic Medicine Courses" *The Guardian*, 11 January.

20   Zhong, C.-B., Liljenquist, K. & Cain, D. M. (2009). Moral selfregulation: Licensing and compensation. In D. De Cremer (Ed.), *Psychological Perspectives on Ethical Behavior and Decision Making* (p. 75-89). Information Age Publishing, Inc.

21   Monin, B. & Miller, D. T. (2001). Moral credentials and the expression of prejudice. *Journal of Personality and Social Psychology*, 81(1), 33.

22   IMDb (2021). "Savile: Portrait of a Predator" Documentary, www.imdb.com/title/tt15581190/

23   Kassirer, S., Jordan, J. J. & Kouchaki, M. (2023). Giving-by-proxytriggers subsequent charitable behavior. *Journal of Experimental Social Psychology*, 105, 104438.

24   Bazerman, M. H. & Tenbrunsel, A. E. (2012). *Blind Spots: Why We Fail to Do What's Right and What to Do About It*. Princeton University Press.

25   Viewpoints unplugged (2019). "What is Ethical Fading?" November, viewpointsunplugged.com/2019/11/26/what-is-ethical-fading/

26   Global Prison Trends (2023), www.penalreform.org

27   Benner, K. & Dewan, S. (2019). "Alabama's Gruesome Prisons: Report Finds Rape and Murder at All Hours" *New York Times*, 3 April.

28   Tenbrunsel, A. E. & Messick, D. M. (2004). Ethical fading: The role of self-deception in unethical behavior. *Social Justice Research*, 17, 223-236.

29   CBS News (2011). "Sandusky on horsing around in the shower: 'That was just me'" www. cbsnews. com/news/sandusky-on-horsingaround-in-the-shower-that-was-just-me, 5 December.

30 Yad Vashem, "Oskar and Emilie Schindler" www. yadvashem. org/righteous/stories/schindler. html

31 Brockell, G. (2021). "'A Japanese Schindler': The remarkable diplomat who saved thousands of Jews during WWII" *Washington Post*, 27 January.

32 Awad, E., Dsouza, S., Kim, R., Schulz, J., Henrich, J., Shariff, A., Bonnefon, J-F. & Rahwan, I. (2018). The moral machine experiment. *Nature*, 563(7729), 59-64.

CHAPTER 10. Time, 시간이라는 함정

1 ASN Accident Description (2011). Aviation Safety Network, May 11.

2 BBC News (2019). "Grenfell Tower: What Happened" 29 October.

3 Mortimer, J. (2020). "Grenfell Tower Inquiry: The 6 key findings for anyone who hasn't followed the investigation" MyLondon, 14 June.

4 Knapton, S. & Dixon, H. (2017). "Eight Failures That Left People of Grenfell Tower at Mercy of the Inferno" *The Telegraph*, 16 June.

5 Gladwell, M. (2006). *Blink: The Power of Thinking Without Thinking*. Penguin.

6 Mischel, W. & Ebbesen, E. (1970). Attention in delay of gratification. *Journal of Personality and Social Psychology*, 16(2), 329.

7 Whitmer, M. " Factory Workers and Asbestos" www. asbestos. com/occupations/factory-workers

8 Watts, H. G. (2009). The consequences for children of explosive remnants of war: land mines, unexploded ordnance, improvised explosive devices, and cluster bombs. *Journal of Paediatric Rehabilitation Medicine*, 2(3), 217-227.

9 Taylor, H. (2022). "Kwasi Kwarteng says he and Liz Truss 'got carried away' writing mini-budget and 'blew it'" *The Irish Times*, 10 December.

10 Shendruk, A. (2021). "As the US Supreme Court revisits Roe v. Wade, let's revisit its history of overturned rulings" *Quartz*, 4 December.

11   Forest History Society. "Mann Gulch Fire, 1949" foresthistory.org/research-explore/us-forest-service-history/policy-and-law/fire-us-forest-service/famous-fires/mann-gulch-fire-1949/

12   Nobel, C. (2016). "Bernie Madoff Explains Himself" Harvard Business School, Working Knowledge, 24 October.

13   Dixit, P. (2023). "'Buying Netflix at $4 billion would've been better instead of…': Former Yahoo CEO Marissa Mayer" *Business Today,* 8 May, https://www.businesstoday.in/technology/news/story/buying-netflix-at-4-billion-wouldve-been-better-instead-offormer-yahoo-ceo-marissa-mayer-380349-2023-05-07

14   Mellers, B. A. & McGraw, A. P. (2001). Anticipated emotions as guides to choice. *Current Directions in Psychological Science*, 10(6), 210-214.

15   The Beatles (2000). *The Beatles Anthology*. Chronicle Books, San Francisco.

16   Salthouse, T. A. (1994). The aging of working memory. *Neuropsychology*, 8(4), 535.

17   Financial Conduct Authority (2017). "The Ageing Population: Ageing Mind. Literature Review Report" Commissioned to the Big Window Consulting.

18   Campbell, R. (1969). *Seneca: Letters from a Stoic*. Penguin.

19   Woodzicka, J. & LaFrance, M. (2001). Real versus imagined gender harassment. *Journal of Social Issues*, 57(1), 15-30.

20   Kahneman, D., Sibony, O. & Sunstein, C. R. (2021). *Noise: A Flaw in Human Judgment*. Hachette UK.

21   Grimstad, S. & Jorgensen, M. (2007). Inconsistency of expert judgment-based estimates of software development effort. *Journal of Systems and Software*, 80(11), 1770-1777.

22   Einhorn, H. J. (1974). Expert judgment: Some necessary conditions and an example. *Journal of Applied Psychology*, 59(5), 562-571.

23   Rowe, M. B. (1986). Wait time: Slowing down may be a way of speeding up! *Journal of Teacher Education*, 37(1), 43-50.

24 Cited in Robson, D. (2019). *The Intelligence Trap: Revolutionise Your Thinking and Make Wiser Decisions*. Hachette UK.

25 Charles Schwab (2020). "Judge the Judges: With Guests Daniel Kahneman, James Hutchinson & G. M. Pucilowski" Choiceology with Katy Milkman, 15 March.

26 Agnew, P. (2023). "Mr Beast: How to Capture the Attention of Billions" NudgePodcast.com, 1 January.

CHAPTER 11. Emotion, 감정이라는 함정

1 Rinek, J. & Strong, M. (2018). *In the Name of the Children: An FBI Agent's Relentless Pursuit of the Nation's Worst Predators*. BenBella Books.

2 Ibid.

3 Indursky, M. (2012). "In Search of Happiness" *Huffington Post*, 3 July.

4 Lerner, J. S., Li, Y., Valdesolo, P. & Kassam, K. S. (2015). Emotion and decision making. *Annual Review of Psychology*, 66, 799-823.

5 Herbert, I. (2020). "The day Kevin Keegan QUIT in the loos" *The Daily Mail*, 6 October.

6 Loewenstein, G., Nagin, D. & Paternoster, R. (1997). The effect of sexual arousal on expectations of sexual forcefulness. *Journal of Research in Crime and Delinquency*, 34(4), 443-473.

7 UN Women (2019). "UN Women Statement: Confronting femicide—the reality of intimate partner violence" 13 November.

8 Mail Foreign Service (2020). "The 60-year-old feud that got the boot: Adidas and Puma finally bury the hatchet" *The Daily Mail*, 18 September.

9 Schwar, H. (2018). "Puma and Adidas' rivalry has divided a small German town for 70 years — here's what it looks like now" *Insider*,

1 October.

10 Talaska, C. A., Fiske, S. T. & Chaiken, S. (2008). Legitimating racial discrimination: Emotions, not beliefs, best predict discrimination in a meta-

analysis. *Social Justice Research*, 21(3), 263-296.

11 Botti, S. (2004). The psychological pleasure and pain of choosing: when people prefer choosing at the cost of subsequent outcome satisfaction. *Journal of Personality and Social Psychology*, 87(3), 312.

12 Simonson, I. (1992). The influence of anticipating regret and responsibility on purchase decisions. *Journal of Consumer Research*, 19(1), 105-118.

13 P&I Investments (2013). "Blackstone's Schwarzman regrets selling BlackRock in 1994" 30 September.

14 Schwarzman, S. (2019). "Why There are No Brave Old People in Finance" *Forbes*, 16 September.

15 Mehrotra. K. (2022). "Where Are Cary and Steven Stayner's Parents Now?" *The Cinemaholic*, April.

16 Steiner, S. (2012). "Top Five Regrets of The Dying" *The Guardian*, 1 February.

17 Brainy Quotes. www.brainyquote.com/authors/neil-armstrongquotes

18 Vedantam, S. (2020). "The Influence You Have: Why We Fail To See Our Power Over Others" Hidden Brain, 24 February, www.npr.org/transcripts/807758704

19 Ethan Allen HR Services (2018). "Revenge in the Workplace: Top 10 Ways Employees Get Back at Each Other," Employee Relations, 18 May.

20 Kolhatkar, S. (2023). "Inside Sam Bankman-Fried's Family Bubble" *The New Yorker*, 25 September.

21 Gielan, M. (2016). "You Can Deliver Bad News to Your Team Without Crushing Them" *Harvard Business Review*, 21 March.

22 Karlsson, N., Seppi, D. & Loewenstein, G. (2005). The 'ostrich effect': Selective attention to information about investments (Working Paper Series). Social Science Research Network.

23 Aversa, J. (2005). "Alan Greenspan Enjoys Rock Star Renown" *Houston Chronicle*, 5 March.

24 Stewart, H. (2005). "After Greenspan, the Deluge?" *The Guardian*, 30 October.

25 Pierce, A (2002). "The Queen Asks Why No One Saw the Credit Crunch Coming"

The Guardian, 5 November.

26 Sky News (2012). "Queen Asks Bank Bosses About Financial Crisis" 13 December. news.sky.com/story/queen-asks-bank-bossesabout-financial-crisis-10460821

27 Huet. E. (2022). "There Are Now 1,000 Unicorn Startups Worth $1 Billion or More" *Bloomberg Law*, Feb 9.

28 Sharot, T. (2017). *The Influential Mind: What the Brain Reveals About Our Power to Change Others*. Henri Holt and Co.

29 Sutherland, R. (2019). *Alchemy: The Surprising Power of Ideas That Don't Make Sense*. Random House.

30 According to usaforafrica.org.

31 Ferdinand, D. (2005). "Interview: Deirdre Fernand meets Claire Bertschinger" *The Times*, 3 July.

32 Carucci, J. (2020). "35 years after Live Aid, Bob Geldof assesses personal toll" *Washington Post*, 10 July.

CHAPTER 12. Relationships, 관계라는 함정

1 "Post Office and Horizon -Compensation: interim report" House of Commons, 8 February 2022, committees.parliament.uk/publications/8879/documents/95841/default

2 Hetherington, M., Anderson, A., Norton, G. & Newson, L. (2006). Situational effects on meal intake: A comparison of eating alone and eating with others. *Physiology & Behavior*, 88(4-5), 498-505.

3 De Castro, J. M. (2000). Eating behavior: lessons from the real world of humans. *Nutrition*, 16(10), 800-813.

4 Shimizu, M., Johnson, K. & Wansink, B. (2014). In good company. The effect of an eating companion's appearance on food intake. *Appetite*, 83, 263-268.

5 Wansink, B. & Van Ittersum, K. (2012). Fast food restaurant lighting and music can reduce calorie intake and increase satisfaction. *Psychological Reports*, 111(1),

228-232.

6   Nevill, A. M., Balmer, N. J. & Williams, A. M. (2002). The influence of crowd noise and experience upon refereeing decisions in football. *Psychology of Sport and Exercise*, 3(4), 261-272.

7   Mitchell, J. P., Banaji, M. R. & MacRae, C. N. (2005). The link between social cognition and self-referential thought in the medial prefrontal cortex. *Journal of Cognitive Neuroscience*, 17(8), 1306-1315.

8   White, J. B., Langer, E. J., Yariv, L. et al. (2006). Frequent Social Comparisons and Destructive Emotions and Behaviors: The Dark Side of Social Comparisons. *Journal of Adult Development*, 13, 36-44. 9 Kuhn, P., Kooreman, P., Soetevent, A. & Kapteyn, A. (2011). The effects of lottery prizes on winners and their neighbors: Evidence from the Dutch postcode lottery. *American Economic Review*, 101(5), 2226-2247.

10 Surowiecki, J. (2005). *The Wisdom of Crowds*. Anchor.

11 Nadeau, R., Cloutier, E. & Guay, J. H. (1993). New evidence about the existence of a bandwagon effect in the opinion formation process. *International Political Science Review*, 14(2), 203-213.

12 Kiss, A. & Simonovits, G. (2013). Identifying the bandwagon effect in two-round elections. *Public Choice*. 160(3-4), 327-344.

13 Baggs, M. (2019). "Fyre Festival: Inside the World's Biggest Festival Flop" BBC Newsbeat, 18 January.

14 Huddleston, T. (2019). "Fyre Festival: How 25-year-old scammed investors out of $26 million" CNBC Make It, 18 August.

15 Mackay, C. (1841). *Extraordinary Popular Delusions and the Madness of Crowds*, The Tulipomania, Chapter 3.

16 Moehring, C. (2021). "Season 3, Episode 2: Eugene Soltes, Harvard Professor With an Inside Look to the Mind of White Collar Criminals" University of Arkansas, Walton College, 28 January, walton.uark.edu/business-integrity/blog/eugene-soltes.php

17 Higginbotham, A. (2002). "Doctor Feelgood" *The Guardian*, 11 August.

18 Hodge, N. (2020). "KPMG faces $306m negligence claim over Carillion audit" *Compliance Week*, 13 May.

19 Timmins, B. (2022). "Bain consultancy banned from government work over 'misconduct'" BBC News, 3 August, www.bbc.com/news/business-62408116

20 Waters, N. L. & Hans, V. P. (2009). A jury of one: Opinion formation, conformity, and dissent on juries. *Journal of Empirical Legal Studies*, 6(3), 513-540.

21 Kuran, T. (1997). *Private Truths, Public Lies: The Social Consequences of Preference Falsification*. Harvard University Press.

22 Associated Press (2023). "Months after Adidas cut ties with Kanye West, Yeezy shoes are back on sale" NBC News, 31 May.

23 Irish Independent (2018). "Coca-Cola launches 'Designated Driver' campaign to help save lives on Irish roads this Christmas" 5 December.

CHAPTER 13. Story, 이야기의 함정

1 Power, S. (2001). "Bystanders to Genocide" *The Atlantic*, September Issue.

2 Vedantam, S. (2020). "Romeo & Juliet In Rwanda: How a Soap Opera Sought to Change a Nation" Hidden Brain, 13 July, www.npr.org/transcripts/890539487

3 Staub, E., Pearlman, L. A., Gubin, A. & Hagengimana, A. (2005). Healing, reconciliation, forgiving and the prevention of violence after genocide or mass killing: An intervention and its experimental evaluation in Rwanda. *Journal of Social and Clinical Psychology*, 24, 297-334.

4 Vedantam, S. (2020). "Romeo & Juliet In Rwanda: How a Soap Opera Sought to Change a Nation" Hidden Brain, 13 July, www.npr.org/transcripts/890539487

5 Shead, S. (2021). "Elon Musk's tweets are moving markets —and some investors are worried" CNBC.com, 29 January.

6 Martin, S. & Marks, J. (2019). *Messengers: Who We Listen To, Who We Don't, and Why*. Random House.

7   Durantini, M. R., Albarracin, D., Mitchell, A. L., Earl, A. N. & Gillette, J. C. (2006). Conceptualizing the influence of social agents of behavior change: A meta-analysis of the effectiveness of HIV-prevention interventionists for different groups. *Psychological Bulletin*, 132(2), 212.

8   Karlan, D. & Appel, J. (2011). *More Than Good Intentions*. Dutton, New York.

9   Morisky, D. E., Nguyen, C., Ang, A. & Tiglao, T. V. (2005). HIV/AIDS prevention among the male population: results of a peer education program for taxicab and tricycle drivers in the Philippines. *Health Education & Behavior*, 32(1), 57-68.

10   Hartford, T. (2016). "The Dubious Power of Power Poses" *Financial Times*, 10 June.

11   Landy, D. & Sigall, H. (1974). Beauty is talent: Task evaluation as a function of the performer's physical attractiveness. *Journal of Personality and Social Psychology*, 29(3), 299.

12   Manavis, S. (2021). "How the internet dehumanised Chris Whitty" *The New Statesman*, 29 June.

13   Lee, S., Pitesa, M., Pillutla, M. & Thau, S. (2015). When beauty helps and when it hurts: An organizational context model of attractiveness discrimination in selection decisions. *Organizational Behavior and Human Decision Processes*, 128, 15-28.

14   Shahani, C., Dipboye, R. L. & Gehrlein, T. M. (1993). Attractiveness bias in the interview: Exploring the boundaries of an effect. *Basic and Applied Social Psychology*, 14(3), 317-328.

15   Duhigg, C. (2020). "How Venture Capitalists are Deforming Capitalism" *The New Yorker*, 23 November.

16   Staunton, C. (2019). "Wicked, shockingly evil and despicably vile··· so why are we so fascinated by serial killers?" *The Journal*, 2 February.

17   Antonakis, J. & Dalgas, O. (2009). Predicting elections: Child's play! *Science*, 323(5918), 1183-1183.

18   Etcoff, N. (2011). *Survival of the Prettiest: The Science of Beauty*. Anchor.

19   Moreland, R. L. & Beach, S. R. (1992). Exposure effects in the classroom: The development of affinity among students. *Journal of Experimental Social Psychology*, 28(3), 255-276.

20   Stewart, J. E. (1985). Appearance and punishment: The attractionleniency effect in the courtroom. *The Journal of Social Psychology*, 125(3), 373-378.

21   Thornton, J. I. (1996). A Review of Hung Jury: The Diary of a Menendez Juror. *Journal of Forensic Sciences*, 41(5), 899-899.

22   Goldstein, N. J., Cialdini, R. B. & Griskevicius, V. (2011). The influence of social norms on compliance: The role of context and strength of norm. *Social Influence*, 6(4), 215-226.

23   Forrest, A. (2018). "Jair Bolsonaro: the worst quotes from Brazil's far-right presidential frontrunner" *Independent*, 8 October.

24   Brenner, M. (1997). "American Nightmare: The Ballad of Richard Jewell" *Vanity Fair*, February.

25   Ibid.

26   Postman, L. J. & Allport, G. W. (1965). *The Psychology of Rumour*. Russell & Russell, New York.

27   Told to Daily News in 2016.

28   Duhigg, C. (2020). "How Venture Capitalists are Deforming Capitalism" *The New Yorker*, 23 November.

29   Tinsley, C., Dillon. R. & Madsen, P. (2011). How to Avoid Catastrophe. *Harvard Business Review*, April.

30   Rahim, S. (2016). "The People vs OJ Simpson: to win the argument, tell a story" Prospect, 18 April.

31   Cantrell, L. (2020). "Where Are They Now: The OJ Simpson Trial" *Town & Country*, 3 October.

CHAPTER 14. 중요한 말 듣기: 청각적 전략

1　Sutherland, R. (2019). *Alchemy: The Surprising Power of Ideas That Don't Make Sense*. Random House.

2　Cummings, J. (2023). "Sometimes silence says a lot" Center for Effective School Operations, 26 April, www.theceso.com

3　Koriat, A., Lichtenstein, S. & Fischhoff, B. (1980). Reasons for confidence. *Journal of Experimental Psychology: Human Learning and Memory*, 6(2), 107.

4　Markman, K. D., Gavanski, I., Sherman, S. J., & McMullen, M. N. (1993). The mental simulation of better and worse possible worlds. *Journal of Experimental Social Psychology*, 29, 87-109.

5　Altpeter, T., Luckhardt, K., Lewis, J., Harken, A. & Polk Jr, H. (2007). Expanded surgical time out: a key to real-time data collection and quality improvement. *Journal of the American College of Surgeons*, 204(4), 527-532.

6　Haynes, A. B., Weiser, T. G., Berry, W. R., Lipsitz, S. R., Breizat, A. H., Dellinger, E. P., Gawande, A. A. et al. (2009). A surgical safety checklist to reduce morbidity and mortality in a global population. *New England Journal of Medicine*, 360(5), 491-499.

7　Lee, J. Y., Donkers, J., Jarodzka, H., Sellenraad, G. & van Merrienboer, J. (2020). Different effects of pausing on cognitive load in a medical simulation game. *Computers in Human Behavior*, 106385.

8　Gabaix, X. (2019). Behavioural inattention. In *Handbook of Behavioural Economics: Applications and Foundations 1* (Vol. 2, pp. 261-343). North-Holland.

9　Harvard Business Review Analytic Services (2019). "The CEO's Innovation Playbook"

10　Gallup (2006). "Too Many Interruptions at Work?" Interview with Gloria Mark, *Business Journal*, June 8.

11　Asprey, D. (2021). "7 Ways to Influence People -Robert Cialdini, Ph.D" Interview #821, Bulletproof Radio, May, www.daveasprey.com

12　Bazerman, M. H. & Neale, M. A. (1982). Improving negotiation effectiveness under final offer arbitration: The role of selection and training. *Journal of Applied Psychology*, 67(5), 543.

13 Heath, C. & Heath, D. (2013). *Decisive: How to Make Better Choices in Life and Work*. Random House.

14 Ibid.

15 Colvile, R. (2017). *The Great Acceleration: How the World Is Getting Faster, Faster*. Bloomsbury Publishing.

16 Thaler, R. H. & Sunstein, C. R. (2009). *Nudge: Improving Decisions About Health, Wealth, and Happiness*. Penguin.

17 Palmer, M. (2022). "NUDGES and Choice Architecture: Introducing Nobel-Winning Concepts" Interview with Cass Sunstein, The Brainy Business Podcast #35.

18 Grant, A. (2021). *Think Again: The Power of Knowing What You Don't Know*. Penguin.

19 Safran, J. D. (2011). Theodor Reik's listening with the third ear and the role of self-analysis in contemporary psychoanalytic thinking. *The Psychoanalytic Review*, 98(2), 205-216.

20 Munger, C. "My mental models' checklist" www.mymentalmodels.info/Mental-Models-Checklist.pdf

21 Clear, J. (2018). *Atomic Habits: An Easy & Proven Way to Build Good Habits & Break Bad Ones*. Penguin.

22 Milkman, K. (2021). *How to Change: The Science of Getting from Where You Are to Where You Want to Be*. Penguin.

23 Gollwitzer, P. M. & Sheeran, P. (2006). Implementation intentions and goal achievement: A meta-analysis of effects and processes.
Advances in Experimental Social Psychology, 38, 69-119.

24 Greenwald, A. G., Carnot, C. G., Beach, R. & Young, B. (1987). Increasing voting behaviour by asking people if they expect to vote. *Journal of Applied Psychology*, 72(2), 315.

25 Nickerson, D. W. & Rogers, T. (2016). Do you have a voting plan? Implementation intention, voter turnout, and organic plan making. *Psychological Science*, 21(2), 194-199.

26 Rogers, T., Milkman, K. L., John, L. K. & Norton, M. I. (2015). Beyond good intentions: Prompting people to make plans improves follow-through on important tasks. *Behavioral Science & Policy*, 1(2), 33-41.

27 Goldstein, N. J., Martin, S. J. & Cialdini, R. (2008). Yes! *50 Scientifically Proven Ways to Be Persuasive*. Simon and Schuster.

28 Robson, D. (2023). *The Expectation Effect: How Your Mindset Can Transform Your Life*. Canongate.

CHAPTER 15. 발맞추기: 의사결정 고수

1 Innocence Network (2022). "Freed and Exonerated Women Speak Out" 4 October, www.youtube.com/watch?v=ioDTadqj22g

2 McEnroe, J. (2023). Stanford Commencement Speech, www.youtube.com/watch?v=wzhsT3ojyzo

튠인

펴낸날 2026년 1월 20일 1판 1쇄

지은이 누알라 윌시
옮긴이 이주영
펴낸이 金永先
편집 김샛별
디자인 검정글씨 민희라

펴낸곳 다빈치하우스
주소 경기도 고양시 덕양구 청초로 10 GL 메트로시티한강 A1-2002호
전화 (02) 323-7234
팩스 (02) 323-0253
홈페이지 www.mfbook.co.kr
출판등록번호 제 2-2767호

SBN 979-11-94812-14-2 (03190)

이든서재와 함께 새로운 문화를 선도할 참신한 원고를 기다립니다.
이메일 dhhard@naver.com (원고 투고)